孙正军

著

路径与技艺

中古官制、碑志、史料批判研究及其他

上海古籍出版社

清华大学基础文科发展项目

清华大学人文学院历史系与首都师范大学历史学院共建经费

目 录

官 制 研 究 篇

官制研究篇

第一章　何为制度

——中国古代政治制度研究的三种理路

如所周知，几乎从历史学在中国诞生的那一刻起，典章制度便作为一类重要知识备受关注。《尚书》已见尧舜设官分职的详细记载(《尧典》《舜典》)，《左传》亦留下三皇五帝官职构成的点滴记忆(《昭公十七年》)，[1]稍晚成书的《周礼》，[2]更是以对国家整体结构的精巧设计，充分展现了时人对于制度建设的巨大热情。自秦汉以降，制度在历史学中的地位有增无减。有着"正史"之称、作为中国古代史乘最重要代表之"二十五史"，其中大多设有"百官志""职官志"，即集中显示出古人对制度的长期关注。

现代历史学于中国形成后，传统政治制度研究亦在其中占据重要篇幅。注重史实考订的史料学派自不待言，即便主张理论先行的

---

[1]《尚书正义》卷二《尧典》、卷三《舜典》，阮元校刻十三经注疏本，北京：中华书局，1980年，第119、130—132页；《春秋左传正义》卷四八《昭公十七年》，阮元校刻十三经注疏本，第2083—2084页。

[2] 关于《周礼》的成书时间，参见彭林《〈周礼〉主体思想与成书年代研究(增订版)》，北京：中国人民大学出版社，2009年。

史观学派,也对制度倾注巨大心力。①　其结果便是,几乎围绕每个历史时期的史学研究,制度研究都构成其中重要一环,相关成果数量之多,称之汗牛充栋,殆非虚言。不断涌现的新出文献亦为制度研究持续注入源头活水,无论是甲骨金石,还是简纸文书,都揭示出许多传世文献未见的官职设置和行政运作,推动制度研究走向具体、走向细节。自 20 世纪 90 年代以降,一些敏锐的研究者还尝试提炼、总结制度研究的理论方法。其中明确通过标举概念揭橥研究理路的,以中文世界而论,即有邓小南先生倡导的"活"的制度史、阎步克先生主张的制度史观、刘后滨先生推动的政务运行机制研究、侯旭东先生提倡的日常统治研究,以及历史人类学研究者所持"结构过程"理论,等等。理论方法的提出表明制度研究已很深入,但同时也显现出对于什么是制度、如何研究制度,研究者之间还存在不少分歧。

　　对于百余年来的制度研究,无论是围绕某个制度专题,还是某个历史时期的制度,抑或某个研究阶段的制度考察,学界都已有为数甚夥的学术史回顾。不过,这些旨在介绍研究进展的文字多为罗列已有成果,对于何为制度以及如何研究制度,则罕有论及。对后者的探求,显然更有赖于对制度研究理论方法的回顾与反思。因此,本文聚焦于前文所及制度研究理路,梳理它们的理论核心、酝酿过程及后续进展,进而以此为基础,尝试探讨各种研究理路的差异核心、优劣短长,以及未来制度研究当予留意的地方。考虑到政务运行机制侧重研究对象,而"结构过程"理论论及的乃是整个区域社会的历史变迁,并不限于制度,②故本文将目光瞄准"活"的制度史、

---

① 史料学派、史观学派的概念采自王学典《近五十年的中国历史学》,《历史研究》2004 年第 1 期。

② 关于政务运行机制研究,参见刘后滨《汉唐政治制度史中政务运行机制研究述评》,《史学月刊》2012 年第 8 期;关于"结构过程"理论,最新梳理参见(转下页)

制度史观及日常统治研究三者。希望本文的讨论,不仅可以为业已丰富的制度研究回顾呈现另一视角的观察,同时在理论方法上亦能对如何认识、探求中国古代政治制度提供些许启示。

一、"活"的制度史:从文本制度到现实制度

"活"的制度史首次提出是在 2001 年举办的"宋代制度史百年"研讨会议上,后以《走向"活"的制度史——以宋代官僚政治制度史研究为例的点滴思考》为题,于《浙江学刊》2003 年第 3 期正式刊出。① 在这次会议上,围绕新形势下宋代制度史研究如何深入,如何创新,学者基于各自领域提出不同取径,邓小南先生以"活"的制度史为号召,提倡研究贴近历史实际的制度史研究。

所谓"活"的制度史,按照邓先生定义,是指"一种从现实出发,注重发展变迁、注重相互关系的研究范式"。② 这种研究理路,"不再拘泥于典章的梳理,转而同时注意其功能与效用,注重动态的实施方式与运作过程"。③ 由此可见,与基于史志及各种典章文献,着意

（接上页)赵世瑜《结构过程·礼仪标识·逆推顺述——中国历史人类学研究的三个概念》,《清华大学学报(哲学社会科学版)》2018 年第 1 期。

① 邓小南《走向"活"的制度史——以宋代官僚政治制度史研究为例的点滴思考》,初刊《浙江学刊》2003 年第 3 期,后收入包伟民主编《宋代制度史研究百年(1900—2000)》,北京:商务印书馆,2004 年,第 10—19 页;邓小南《朗润学史丛稿》,北京:中华书局,2010 年,第 497—505 页。

② 邓小南《走向"活"的制度史:以宋代官僚政治制度史研究为例的点滴思考》,《朗润学史丛稿》,第 500 页。

③ 邓小南《宋代政治史研究的"再出发"》,初刊《历史研究》2009 年第 6 期,后收入氏著《朗润学史丛稿》,第 521 页。

于制度的结构、功能、等级、沿革等方面的传统制度史研究不同，"活"的制度史致力于探讨现实政治中实际运作的制度，这种制度并非静止地见于某一文本，也未必结构整齐、等级有序，而是一种动态的存在。制定者的设计和运作者的实施都会对其产生影响，尤其是后者基于现实效用和运作过程的考虑，不时会改变原初设计，使得制度常常处于不断的变动和调适之中。

邓先生将目光越出文本记载而聚焦"活"的制度，与她对制度的认识是分不开的。关于什么是制度，邓先生在不少场合都有表述，其中以她为《政绩考察与信息渠道：以宋代为重心》一书所作"前言"论述最为详细，兹引如下：

> 有些制度史的研究者，包括我自己在内，往往把制度与现实的关系作习焉不查的颠倒理解。我们以为制度是恒定存在的，而人为因素则是个别出现、一时干扰且系偶发的。尽管全无实施成效，制度的存在却毋庸质疑。实际上，制度本身即是"规范"与"人事"折中的结果；制度所试图提供、试图规约的，基本上是行为的模式。而特定的官方行为模式在历史上究竟存在与否，取决于它是否曾经通过运行过程体现出来。在我们面对的——无论是作为研究对象而面对，或者是由于生活于其中而无从逃逸的——社会中，人群间的各类关系都可能被利用为、演化为、简约为类似于"交换"的关系。制度，不过是对于这类过程的引导、干预与约束；同时也是"人事"作用的结果。①

在邓先生看来，制度存在与否，端赖"它是否曾经通过运行过程体现出来"；没有付诸实施，没有在实施中产生效用，也就无所谓"制度"。

---

① 邓小南《政绩考察与信息渠道：以宋代为重心》，"前言"，北京：北京大学出版社，2008 年，第 16—17 页。

因此,制度并非在现实政治之外客观独立地存在,而是依附于现实政治。只有在现实政治中发挥作用,对政治过程和政治行为产生影响,才是真实存在的制度,亦即"活"的制度。

　　见于纸面的制度规定乃是精心设计的产物,是静止的、有形的;"活"的制度则依附于现实政治而生,变动不居。相比而言,后者的捕捉更为不易。关于此,邓先生提示了两个视角。其一,作为"过程"的制度史。她认为,"官僚政治制度不等于静止的政府型态与组织法,制度的形成及运行本身是一动态的历史过程,有'运作'、有'过程'才有'制度',不处于运作过程之中也就无所谓'制度'"。①这里的"过程"其实包括两重含义——历史性和现实性。前者立足"长时段",强调不同朝代间制度的关联,注重从制度沿革脉络探讨制度的形成,将制度形成视为历时性演变的结果;后者基于现实政治,关注诸如王朝的政策选择及倾向、不同政治集团的构成及性质、体制的传承及内外压力、乃至"话语"体系等对制度的影响,亦即重视实际运作中的制度面貌。显然,无论哪重含义的"过程"中的制度,都是动态发展的,都属于"活"的制度。其二,作为"关系"的制度史。"所谓'关系',既包括一制度与它制度相互之间的外在关系,也包括决定制度本身性质的内在关系。制订制度的人、形成制度的过程、制度的规定与实施,无不反映着形形色色的利益关系;正是各类关系与制度本身之间形成的'张力',决定着制度运行的实际曲线。"②不难看出,基于"关系"视角的观察,乃是重视制度与其他制度、制度全体乃至政治场域、社会氛围、文化环境、思想活动等他者的联系,

---

① 邓小南《走向"活"的制度史:以宋代官僚政治制度史研究为例的点滴思考》,《朗润学史丛稿》,第 500 页。

② 邓小南《走向"活"的制度史:以宋代官僚政治制度史研究为例的点滴思考》,《朗润学史丛稿》,第 502 页。

亦即注重从整体、全局的立场认识制度,强调在此关照下的制度,才是实际运行的制度。要之,"过程""关系"视角下的制度史,旨在说明制度的形成及运行乃是历史基础、现实需求及各种关系合力作用下的产物,因此,认识制度也应从这三个维度予以把握。

在"活"的制度史提出之前,对于文本制度之外的现实制度,学者并非没有关注;①不过"活"的制度史提出后,学者关注实际运作中的制度的意识更为明确、自觉,或者说起到凝聚议题、指引方向的作用,却也毋庸置疑。那么,邓先生为何在21世纪伊始提出"活"的制度史呢? 其他研究的"刺激"固是原因,如寺地遵在宋代政治史研究中提倡的"政治过程论",宋代法制研究对司法实践的重视,其他断代学者对制度运作过程的探讨等,大约都曾对她有所启示。② 不过笔者更想说明的是,邓先生此前对制度的研究中,事实上已经蕴含了"活"的制度史的萌芽,她在1986—1993年发表的论文中,已有多处触及"活"的制度史的相关内容。在《西汉官吏考课制度初探》③一文中,她已注意在春秋战国以降官吏考课制度的脉络中进行论述。在《试论北宋前期任官制度的形成》④、《宋代铨选中"阙"的分类》⑤、《试

① 如早在20世纪20年代,梁启超即提示应重视制度的实际运作状况。参见梁启超《中国历史研究法补编》,北京:中华书局,2015年,第368—370页。

② 对此,《走向"活"的制度史》一文注释已有提示。法制研究对司法实践的重视,与邓小南先生别处提到的"动态的法律文化"或有类似。参见邓小南《中国古代政治史研究管窥——以中日韩学界对于宋代政治史的研究为例》,《北京大学学报(哲学社会科学版)》2008年第3期;《宋代政治史研究的"再出发"》,《朗润学史丛稿》,第517—518页。

③ 邓小南《西汉官吏考课制度初探》,《北京大学学报(哲学社会科学版)》1987年第2期。

④ 邓小南《试论北宋前期任官制度的形成》,《北京大学学报(哲学社会科学版)》1990年第2期,后收入氏著《朗润学史丛稿》,第112—133页。

⑤ 邓小南《宋代铨选中"阙"的分类》,邓广铭、漆侠主编《国际宋史研讨会论文选集》,保定:河北大学出版社,1992年,第404—422页。

论宋代资序体制的形成及其运作》①三篇文章中,她也将北宋考课、铨选制度中的相关内容溯源至唐朝乃至汉代,梳理其超越王朝的历时性演变。这些基于长时段、对相关制度形成脉络的考察,都表明邓先生对作为"过程"的制度的关注。此外,在《北宋文官考课制度考述》②一文中,她尝试依据现存考词观察北宋对州县官的考课,显示出对制度运作现实的关注。《北宋文官磨勘制度初探》③一文中,她已隐约触及后来成为"活"的制度史研究重点的信息沟通、信息渠道问题。不过,这些早期研究虽然在内容、史料或视角上与"活"的制度史多有契合,但从具体呈现看,毋宁说尚待完善。如在对长时段的探讨中,对于制度演变环节的分疏略有欠缺,未能从根本上解决从"静态"到"动态"的问题,而对于呈现制度运作现实的史料,虽然已有利用,但仍不充分。

　　1996 年和 1997 年是萌生"活"的制度史的关键时期。邓先生在此期间发表的《课绩与考察——唐代文官考核制度发展趋势初探》④、《略谈宋代对于地方官员政绩之考察机制的形成》⑤二文中,均明确指出唐宋考课监察的法规条文与实际运作存在差异,提示应

---

① 邓小南《试论宋代资序体制的形成及其运作》,《北京大学学报(哲学社会科学版)》
　　1993 年第 2 期,后收入《朗润学史丛稿》,第 134—152 页。

② 邓小南《北宋文官考课制度考述》,《社会科学战线》1986 年第 3 期。

③ 邓小南《北宋文官磨勘制度初探》,《历史研究》1986 年第 6 期。

④ 邓小南《课绩与考察——唐代文官考核制度发展趋势初探》,初刊《唐研究》第 2
　　卷,北京:北京大学出版社,1996 年,第 295—324 页,后改题《课绩与考察——试谈
　　唐代文官考核制度的发展趋势》,收入氏主编《政绩考察与信息渠道:以宋代为重
　　心》,第 3—37 页。

⑤ 邓小南《略谈宋代对于地方官员政绩之考察机制的形成》,初刊田余庆主编《庆祝
　　邓广铭教授九十华诞论文集》,石家庄:河北教育出版社,1997 年,第 239—247 页,
　　后改题《考课与监察的结合:宋代地方政绩考察机制的形成》,收入氏主编《政绩考
　　察与信息渠道:以宋代为重心》,第 39—53 页。

贴近历史现实、更为确切深入地把握彼时考课的实际状况,后者还首次正式论及地方官考察的信息渠道。关于信息渠道,邓先生在2007年回忆道:

> 十年前的 1997 年春,我在美国耶鲁大学从事"吐鲁番历史与文化"的合作研究,校报上的一则边角消息偶然地引起了我的注意。那是法学院一场辩论会的布告,预定的主题是法庭辩论是否应该以"Truth Seeking"(寻求真实)作为目标。这使我联想起自己当时正在申请的研究项目:唐宋时期中央考察地方政绩的信息渠道,也促使我进一步思考历史上帝王与朝廷经营信息渠道的根本目的。[①]

可以看到,在 1997 年,邓先生已确立以信息渠道为研究计划的重点。由此不难推知,在 1997 年前后,她已充分注意到制度条文与制度现实的差异,并开始致力于以信息渠道为中心展开"活"的制度史研究。

在"活"的制度史提出之后,邓先生继续在不同场合推进和深化此一研究理路。其中尤其值得注意的是以下两点。第一,明确以信息渠道、信息沟通,以及与之相关的政令文书为研究重点。在《中国古代政治史研究管窥》一文中,邓先生说道:

> 作为激励与约束的手段,制度本身是"规范"与"关系"折中的结果;制度所试图提供的,基本上是行为的模式。这种"模式"在历史上实际存在与否,取决于它是否曾经实施。值得指出的是,目前的探讨,不再满足于制度的起讫两端,也就是说,不仅注意政令规定及其实施结果,也注意到连结两端的路径,

---

① 邓小南《政绩考察与信息渠道:以宋代为重心》,"前言",第 1 页。

即制度的实际运行方式。对于文书制度——包括各类官方文书(敕旨制诰、内降御批、奏札章疏、表状符牒、簿历帐籍等等)负载的信息、形成的过程、传递的途径、处理的环节——之集中关注,正反映出这一趋势。①

在《宋代政治史研究的"再出发"》一文中,她也指出:

> 以往我们较多注意的,是"刚性"有形的制度、事件、人物;而最近的制度史研究,不再拘泥于典章的梳理,转而同时注意其功能与效用,注重动态的实施方式与运作过程。在这种思路导引下,对于政令载体、运行路径、递接程序等问题的关心便成为自然,海峡两岸相继出现了聚焦于文书传布与信息渠道的研究项目。②

可以看到,邓先生强调制度研究不应满足于探讨制度的起讫两端,即政令规定和实施结果,而应注重究明连结两端的"路径""流程"。在她看来,后者才是制度的实际运行方式,据此也才可以观察到制度"活动"的过程。与"路径""流程"最直接相关者,即信息渠道、信息沟通,以及承载信息的政令文书。以此而言,信息渠道、政令文书乃是探讨制度实际运行的直接线索,二者成为"活"的制度史的研究重点也就理所当然了。

第二,于"过程""关系"视角外又增加"行为"视角。邓先生于2015年3月19日在北京大学才斋讲堂关于"活"的制度史的演讲纪要,以及同年10月15日在台湾大学历史系同题演讲的提纲中,均可看到她对"行为"的重视。尤其是后一次演讲中,"行为"被置于与

---

① 邓小南《中国古代政治史研究管窥——以中日韩学界对于宋代政治史的研究为例》,《北京大学学报(哲学社会科学版)》2008年第3期。
② 邓小南《宋代政治史研究的"再出发"》,《朗润学史丛稿》,第521页。

"过程""关系"同等的位置。在此之前的《中国古代政治史研究管窥》一文中，邓先生也提出"活"的制度史就是"倡导透过事件过程、人物活动、关系演变，去探究制度的形成与运作"。① 固然，在"活"的制度史提出之际，邓先生已提示"人与制度间的互动，塑就了制度实施过程中的不同特质"，注意到人的行为对现实制度的影响。不过，彼时"行为"处于"关系"视角之下，尚未与"过程""关系"等量齐观。她提升"行为"视角，远因大约是受到重视行为的"博弈论"的影响，②近因毋宁说是她研究"祖宗之法"的启示。在《祖宗之法》一书的"序引"中，邓先生将过程、行为、关系设定为政治史讨论的三个对象，对于行为的重要性，文中认为：

> 政治史是丰富鲜活而非干瘪抽象的。这种鲜活，集中体现在它对于政治过程中人的"行为"的关注。在政治史研究中，事件与人物固然是行为的组合；体现为"过程"的制度，其形成、运作与更革，亦与"行为"密不可分。政治原则正是产生于、行用于现实政治行为之中。特定的时间环节、空间位置上发生的行为，即构成为政治运作的动力与经过。③

由"政治"而"制度"，显然，邓先生强调行为对于"制度"的重要性，乃是基于行为对于"政治"重要性的延伸。据此不难推知，邓先生在"活"的制度史中突出"行为"意义，大约正是受到她对宋代政治史，尤其是关涉宋代政治史的核心命题——"祖宗之法"研究的影响。

---

① 邓小南《中国古代政治史研究管窥——以中日韩学界对于宋代政治史的研究为例》，《北京大学学报（哲学社会科学版）》2008 年第 3 期。
② 邓小南《政绩考察与信息渠道：以宋代为重心》，"前言"，第 3 页。
③ 邓小南《祖宗之法——北宋前期政治述略》，"序引：问题的提出"，北京：生活·读书·新知三联书店，2006 年，第 6 页。

此外,制度运作如何纳入政治空间①、提出制度文化概念②等,也是邓先生后续对"活"的制度史的认识中值得重视的动向,由于论述不多,于此不赘。要之,尽管"活"的制度史在 2001 年已正式提出,但邓先生对此研究理路的思考却没有停止。这些思考,既包括研究内容的明确,也包括观察视角的扩充。借助这些思考,"活"的制度史内涵和外延更加清晰,作为一种研究理路也更为成熟。

除了上述理论思考外,邓先生还身体力行,将"活"的制度史由理论付诸实践。如关于信息渠道,2001 年以降即先后发表《关于宋代政绩考察中的"实迹":要求与现实》(2003)③、《多面的な政治業績調査と宋代の情報処理システム》(2006)④、《宋代信息渠道举隅:以宋廷对地方政绩的考察为例》(2008)⑤、《"访闻"与"体量":宋廷考察地方的路径举例》(2008)⑥、《从"按察"看北宋制度的运

---

① 邓小南《过程·空间:宋代政治史再探研》,"序言",北京:北京大学出版社,2017年,第 2—3 页。

② 邓小南《从"按察"看北宋制度的运行》,初刊柳立言主编《第四届国际汉学会议论文集:近世中国之变与不变》,台北:"中研院",2013 年,后收入氏著《宋代历史探求:邓小南自选集》,北京:首都师范大学出版社,2015 年,第 299—300 页;《信息渠道的通塞:从宋代"言路"看制度文化》,《中国社会科学》2019 年第 1 期。

③ 邓小南《关于宋代政绩考察中的"实迹":要求与现实》,初刊云南大学中国经济史研究所、云南大学历史系编《李埏教授九十华诞纪念文集》,昆明:云南大学出版社,2003 年,第 118—132 页,后收入《朗润学史丛稿》,第 153—176 页。

④ 邓小南《多面的な政治業績調査と宋代の情報処理システム》,初刊平田茂树等编《宋代社会の空間とコミュニケーション》,东京:汲古书院,2006 年,第 97—127页,中译《多途考察与宋代的信息处理机制:以对地方政绩的核查为重点》,收入邓小南主编《政绩考察与信息渠道:以宋代为重心》,第 55—81 页。

⑤ 邓小南《宋代信息渠道举隅:以宋廷对地方政绩的考察为例》,《历史研究》2008 年第 3 期。

⑥ 邓小南《"访闻"与"体量":宋廷考察地方的路径举例》,初刊北京大学中国古代史研究中心编《邓广铭教授百年诞辰纪念论文集》,北京:中华书局,2008 年,第900—924 页,后收入氏著《朗润学史丛稿》,第 177—209 页。

行》(2013)、《信息渠道的通塞：从宋代"言路"看制度文化》(2019)等。这些围绕中央对地方官吏课绩考察、最高统治者信息渠道建设与滞碍的研究，就议题而言或是以往研究的延续，但另一方面也应看到，这些研究较之以往更为明确地聚焦于信息渠道、信息沟通等环节，这无疑是受到"活"的制度史的"引导"。又关于政令文书，先后发表的成果有《掩映之间——宋代尚书内省管窥》(2009)①、《南宋地方行政中的文书勾追——从"匣"谈起》(2010)②、《书法作品与政令文书：宋人传世墨迹举例》(与张祎合撰，2011)③、《再谈宋代的印纸历子》(2013)④等。这些研究，既包括对政令文书本体，如类型、格式、功能的考察，也包括对文书传递机构、流程乃至辅助工具的探讨，由此在诸多细节呈现连结制度起讫两端的"路径""流程"，深化了学界对相关制度实际运作过程的理解。其中尤其是《掩映之间——宋代尚书内省管窥》一文，聚焦于史籍中或隐或现的宋代尚书内省，勾勒其官署构成、空间位置、官职等级，进而揭示其在通向皇帝的文书流转过程中的关键位置，充分展现了以传统议题、常见史料挖掘制度运作实际的空间和可能。此外，邓先生还牵头申请了以信息渠道和政令文书为题旨的科研项目，并主编或与他人联合主编了《政绩考察与信息渠道：以宋代为重心》(2008)、《文书·政

---

① 邓小南《掩映之间——宋代尚书内省管窥》，初刊《汉学研究》第 27 卷第 2 期，2009年，第 5—42 页，后收入《朗润学史丛稿》，第 210—252 页。

② 邓小南《南宋地方行政中的文书勾追——从"匣"谈起》，初刊朱凤玉、汪娟编《张广达先生八十华诞祝寿论文集》，台北：新文丰出版股份有限公司，2010 年，第 469—502 页，后收入《宋代历史探求：邓小南自选集》，第 308—339 页。

③ 邓小南、张祎《书法作品与政令文书：宋人传世墨迹举例》，初刊《故宫学术季刊》第 29 卷第 1 期，2011 年，第 81—100 页，后收入《宋代历史探求：邓小南自选集》，第 340—359 页。

④ 邓小南《再谈宋代的印纸历子》，初刊《国学研究》第 32 卷，2013 年，第 1—32 页，后收入《宋代历史探求：邓小南自选集》，第 207—250 页。

令·信息沟通：以唐宋时期为主》（2012）、《过程·空间：宋代政治史再探研》（2017）等聚焦于制度实际运作的研究论著。这些围绕"活"的制度史的"实践"，极大地推动了学界对此研究范式的认识。

现如今，制度史研究应"活化"已成为多数研究者的共识，"活"的制度史作为一种研究范式，也为不止于宋史学界的学人广泛接受。在此指引下，研究者更关注制度的实际运作，关注"过程""行为""关系"交错作用的各类制度，尤其是信息渠道和政令文书，相关研究进展很大。邓先生指导的学生中，即有多位以此为题完成学位论文；①海内外学人中，接受并运用"活"的制度史进行研究者也多有其人。凡此种种，均显示出"活"的制度史已成为当下中国古代尤其是宋代制度史研究中最具活力的研究范式，推动制度研究走向深入。

二、制度史观：由制度观社会

与"活"的制度史相比，"制度史观"一词正式问世稍晚一些，大约始于 2009 年出版的一部兼具学术与通俗性质的著作——《波峰与波谷——秦汉魏晋南北朝的政治文明》，在该书"序言"部分，阎步克先生首次提出要在经济史观和文化史观外采用"制度史观"。② 随

---

① 王化雨《宋朝君主的信息渠道研究》，北京大学博士学位论文，2008 年；张祎《制诏敕札与北宋的政令颁行》，北京大学博士学位论文，2009 年；周佳《听政·文书·集议：北宋仁宗朝日常政务研究》，北京大学博士学位论文，2010 年；刘江《北宋公文形态考述——以地方公文及其运作为中心》，北京大学博士学位论文，2012 年；丁义珏《宋代的御前文字》，北京大学硕士学位论文，2009 年等。
② 阎步克编著《波峰与波谷——秦汉魏晋南北朝的政治文明》，"序言"，北京：北京大学出版社，2009 年，第 11 页。

后在 2010 年出版的《中国古代官阶制度引论》中,他再次明确将基于政治体制观察、阐述中国社会历史变迁的史观称为"制度史观"。①

阎先生之所以提出制度史观,首先源自他对中国古代社会何者为重的认识。20 世纪以来的中国史研究,围绕历史如何分期,先后盛行两种历史观。其一是经济史观,以郭沫若为代表,诸多马克思主义史学家秉持此论;其二是文化史观,内藤湖南首倡此说,因"唐宋变革论"而为学人熟知。经济史观重视经济基础,故以经济关系为探讨历史脉络的出发点;文化史观注重文化在历史演进中的主体性,故提倡从广义的文化综合观察社会形态。不过,阎先生意识到中国古代乃是一个"政治优先"的社会,政治体制及其等级安排,在塑造社会形态上显示出巨大的权重。故在他看来,较之经济、文化,制度在塑造社会形态上往往更具决定性意义。

其次,制度史观的提出,与阎先生对以往史观多强调历史阶段性差异的质疑不无关联。无论是经济史观还是文化史观,均在反击"停滞论"的基础上将中国历史进程划分为不同阶段,前者分五种社会形态,按照原始社会、奴隶社会、封建社会、资本主义社会、社会主义社会的顺序依次进化;后者持三世说,遵循古代、中世、近世逐步发展。阎先生认为这些阶段划分乃是以西方历史为参照、反观中国历史进程的思考,从中国历史自身的逻辑看,其演进更突出地表现为一种连续发展的历史,具有明显的"连续性"。"连续性"并不等同于"停滞论"或"循环论",而是容纳了发展、进化、变态、断裂,是与周期性甚至阶段性相联动的一个概念。因此,这种"连续性"所描摹的中国历史并不是一个直线上升的历程,而是"螺旋式上升"的演化轨迹。而中国历史"连续性"的主体便是中国特有的政治文化体制,由

———————

① 阎步克《中国古代官阶制度引论》,北京:北京大学出版社,2010 年,第 7—9 页。

此政治体制成为探寻中国历史"连续性"的基础也就成了应有之义。据此可见,对中国历史"连续性"的强调,也是推动阎先生提出制度史观的重要因素。

制度史观的上述缘起,使得基于此的观察尤其注重挖掘政治体制在中国古代社会中的巨大意义,以及中国历史发展的延续性,即如阎先生所述,"'制度史观'所强调的,是中国政治体制在塑造社会形态上的巨大能动性,及其发展的连续性"。① 制度史观所侧重的这两个命题,如果追根溯源,可以发现至迟在 2004 年发表的《断想:王朝体制的延续性与周期性》一文中已见端倪。文中,阎先生质疑经济史观采用经济基础决定上层建筑、上层建筑决定意识形态的直线决定论,提出,"在传统中国,由于专制集权和官僚政治的存在,政治子系统在决定社会形态上显示了更大权重,从而使经济及其他变迁导致的社会形态'变化率'大为减小"。具体到传统政治制度的研究,他认为,"在各种着意凸显阶段性差异的'分期'和'变革'的参考系之外,似可再度揭橥帝国体制的连续性问题,并重新推进被冷落已久的'周期'模式"。② 可以看到,尽管彼时制度史观尚未提出,但阎先生对制度在中国古代社会中突出地位的认识以及中国历史连续性的思考已与制度史观下的观察完全一致。

如果再往前追,还可发现制度史观的更早雏形。在为吴宗国先生主持的"中国古代官僚政治制度研究"项目所写作的"魏晋南北朝"一节中,针对学者倾向于将魏晋南北朝定义为一个特殊时代,阎先生提出:

① 阎步克《中国古代官阶制度引论》,第 9 页。
② 阎步克《断想:王朝体制的延续性与周期性》,《历史研究》2004 年第 4 期。此外在次年《读书》所刊发的一组关于政治文化的讨论中,阎先生亦提出应以延续性、波动性和周期性的思考重新审视中国古代史。参见邓小南等《历史学视野中的政治文化》,《读书》2005 年第 10 期。

两千年专制集权体制和儒生官僚体制的存在及其连续性，构成了一个巨大权重，它使经济变迁所带来的社会形态"变化率"，相对大为减小。即使在魏晋南北朝，专制官僚制传统也依然作为一个"常态"的"模板"，显示着深远的影响，尽管在现实中这个体制的运作发生了众多扭曲和变态。①

虽然该项目成果《中国古代官僚政治制度研究》一书出版于 2004 年，但据阎先生回忆，上述文字早在 1990 年代即已完成。② 从中不难看出，制度史观的两个重要命题——制度的巨大权重和连续性，其中都已提及。这显示出在 20 世纪 90 年代，阎先生已经初步形成制度史观的基本认识。

和邓小南先生提出"活"的制度史乃是基于她对制度的理解一样，阎先生提出制度史观同样植根于他对制度为何的认识。在《品位与职位》一书"后记"中，阎先生这样说道：

曾听过一种说法：制度的规定是死东西，与实际政治并不是一回事儿，人的活动才是真正的政治。不过这说法我不怎么信服。制度规定虽不等于实际政治行为，但在我眼中，它们仍不止一纸空文而已。政治制度同样有血有肉，它们的结构有如精微的有机体，它们的运动呈现出韵律和节奏；它们也经历着生、住、异、灭，像生命界的花木鸟兽一般；它们有时高歌猛进，有时也误入歧途，有时分道前行，有时又百川归海；不同制度间的碰撞、排斥、渗透和配合，同样错综多变、跌宕起伏，其精彩和微妙不亚于不同势力的联手、敌对和纵横捭阖。

① 吴宗国主编《中国古代官僚政治制度研究》，北京：北京大学出版社，2004 年，第102 页。
② 阎步克编著《波峰与波谷——秦汉魏晋南北朝的政治文明》，"后记"，第247 页。

并称：

> 我心目中的"制度"是制约政治活动的行为框架,细心体察
> 它们每一个律动和呼吸,都能为理解其时政治,提供足以由微
> 知著的蛛丝马迹、雪泥鸿爪。①

可以看到,与邓先生认为只有付诸实施、并在实施中产生效用的制度
才是制度不同,阎先生更重视制度的主体性、独立性,强调制度并不依
附于现实政治而存在。基于此,阎先生的制度史研究更愿意采用制度
内部视角,注重梳理、挖掘制度设计内在的规则、原理。② 这样的研究
方式也被称为"制度史主体"或曰"制度本位"的研究。③ 阎先生认为:

> 从"政治史主体"的立场观察,有血有肉的人的活动才是历
> 史,人的思想言行、人与人的关系,集团、事件和冲突,才是历史
> 的中心。而在"制度史主体"的目光中,人的活动也好,政治事
> 件也好,它们都发生在一个结构之中。……在"制度史主体"的
> 立场中,研究应首先从法定成文制度开始,随后是其运行状况,
> 最后才是其与政治、文化、经济、社会、民族等因素的关系。制
> 度的最基本要素就是结构、功能和形式,所以形式排比和结构
> 分析,是制度史研究的基本方法。④

---

① 阎步克《品位与职位——秦汉魏晋南北朝官阶制度研究》,"后记",北京:中华书
局,2002 年,第 647 页。
② 在最新的表述中,阎先生将制度内在的规则、原理称之为"技术原理"。参见阎步克
《古代政治制度研究的一个可选项:揭示"技术原理"》,初刊《河北学刊》2019 年第 1
期,后改题《揭示古代政治制度的"技术原理":以"组织二重性"为例》,收入氏著《中
国古代政治制度史札记》,香港:香港中文大学出版社,2024 年,第 199—217 页。
③ 张小稳《独树一帜的制度史研究——阎步克先生〈品位与职位〉、〈从爵本位到官本
位〉评介》,《史学月刊》2010 年第 5 期。
④ 阎步克《服周之冕——〈周礼〉六冕礼制的兴衰变异》,"附记",北京:中华书局,
2009 年,第 461 页。

不难看出,虽然阎先生也重视制度的实际运行状况,但排在第一位的却是"法定成文制度"。在此认识下,制度乃是一种结构或曰行为框架,规范和制约着人的活动和政治事件的展开,亦即制度对于政治、文化、经济、社会、民族等具有决定性影响。正是基于这样的认识,阎先生才会将制度置于经济、文化之上,从而提出基于政治体制观察、阐述中国社会历史变迁的制度史观。

另一方面,在制度史观的形成过程中,社会科学理论的启迪应也起到重要的催生作用。阎先生善于从现代社会科学理论中汲取灵感,并将社会科学理论的分析框架与历史学史实考订有机结合。因此他的研究,从第一部书,也就是在博士论文基础上完成的《察举制度变迁史稿》开始,便带有浓厚的理论色彩;[1]2010 年出版的《中国古代官阶制度引论》,俨然已是一部历史的社会学或政治学著述。制度史观中亦不难发现社会科学理论的影子,其中最显见的是 20 世纪五六十年代占据社会学理论主导地位的"结构—功能"主义。阎先生对此颇为推重,对该学派重要学者如帕森斯(Talcott Parsons)、艾森斯塔得(S. N. Eisenstadt)等的研究极为熟悉,并曾翻译后者的《帝国的政治体系》一书。[2] "结构—功能"主义注重结构,而制度正是最重要的结构之一,故在阎先生看来,制度史研究是一种结构功能研究。[3] 在"结构—功能"主义中,结构被视为对于人的行动与思

---

[1] 阎步克《察举制度变迁史稿》,沈阳:辽宁大学出版社,1991 年;北京:中国人民大学出版社,2009 年。

[2] 艾森斯塔得《帝国的政治体系》,阎步克译,贵阳:贵州人民出版社,1992 年。

[3] 阎步克《从爵本位到官本位——秦汉官僚品位结构研究》第一章《品位结构的研究框架》,北京:生活·读书·新知三联书店,2009 年,第 3 页。又可参《结构化的制度史研究:阎步克个人学述》,初刊杜泽逊主编《国学季刊》总第 10 期,济南:山东人民出版社,2018 年,后改题《结构功能化的制度史研究的一个尝试》,收入氏著《中国古代政治制度史札记》,第 243—264 页。

想具有深刻的规范和制约作用,这与制度史观所云制度在政治、社会中的巨大权重不谋而合。

　　与帕森斯相比,艾森斯塔得对制度史观的影响似乎更为直接。在帕森斯归纳出的社会诸系统中,承担达鹄(Goal Attainment)功能的政治子系统并不具有主导位置。艾森斯塔得虽然也未明确将历史帝国中的政治系统置于其他系统之上,但已强调政治系统具有某种程度的自主性,并约略提及在包括中国在内的一些社会里,政治领域和国家是最为强大的社会因素。此外,他将中国自秦汉以降政治体系的变迁类型归为调适性变迁,亦在一定程度上揭示中国古代政治体制的延续性。① 这些都与制度史观有相通之处。

　　当然,艾森斯塔得对中国的认识还比较简单,他从"结构—功能"主义切入,导致其思考缺乏时间维度;专注于跨国家的比较分析,亦使得其对中国古代政治体系的理解浅尝辄止。阎先生则从中国历史的实际演进出发,将这种共时性的社会学思考内化为一种历时性的历史学观察,在细致梳理政治制度、政治体制长时段变迁的基础上,发现"中国政治体制在塑造社会形态上的巨大能动性,及其发展的连续性"。正是经过这种"内化",阎先生将现代社会科学理论融入中国历史实际,故能更为清晰地呈现制度在中国社会演进中的巨大意义,进而酝酿出制度史观。

　　在制度史观正式提出后,阎先生在此后的研究中也续有探讨,②其中尤为值得注意的是《波峰与波谷》一书第二版"前言"中的论述:

---

① 艾森斯塔得《帝国的政治体系》,第 370、93、328—337 页。
② 阎步克《以"制度史观"认识中国历史》,王绍光主编《理想政治秩序:中西古今的探求》,北京:生活·读书·新知三联书店,2012 年,第 147—154、167—168 页;《川本芳昭的〈中华的崩溃与扩大〉》,《读书》2012 年第 4 期;《一般与个别:论中外历史的会通》,初刊《文史哲》2015 年第 1 期,后改题《一般与个别:略论中外历史的会通》,收入氏著《中国古代政治制度史札记》,第 219—241 页,等等。

> 所谓"制度史观",就是从政治体制、政治形态来观察、阐述社会历史变迁。这里所理解的"政治体制",包括政治制度和政治势力两方面。所谓政治制度,主要是政权的组织制度、人事制度和法律制度;所谓政治势力,指不同群体、集团、阶层、阶级的相互关系。前一个可以说是"制"的方面,后一点可以说是"人"的方面。"制"与"人"二者的结合,共同构成了"政治体制"。①

对"政治势力"的强调是近年来阎先生探讨传统政体问题时的重要补充。② 承此,制度史观下作为立论基础的对政治体制的考察亦加入了"政治势力"维度。但政治制度与政治势力并非犹如共生式的对应存在,如阎先生所论,相同的政治制度结构下,可能有不同的政治势力结构;不同的政治制度结构下,也可能存在相似的政治势力结构。因此,政治制度与政治势力的关系是复杂的,二者既存联系又彼此独立;甚至从中国历史的具体情形看,独立毋宁说是主要的,大部分时期内,政治制度变迁与政治势力更迭都不同步。独立于政治制度的政治势力成为观察、阐述社会历史变迁的重要维度,对从制度史主体演化而来的制度史观下制度的地位或有削弱。不过另一方面,新维度的加入也使得制度史观更显完善,也更具解释力度。

前已云及,制度史观的提出乃是有意识地相对于经济史观、文化史观,③这种"自觉"使得制度史观作为一种历史观,呈现出与经济

---

① 阎步克编著《波峰与波谷——秦汉魏晋南北朝的政治文明(第二版)》,"第二版前言",北京:北京大学出版社,2017年,第1页。
② 阎步克《中国传统政体问题续谈》,初刊《北京大学学报(哲学社会科学版)》2017年第2期,后改题《"中国专制主义"问题续谈》,收入氏著《中国古代政治制度史札记》,第43—82页。
③ 需要说明的是,这种"相对于"并不意味着以制度史观取代经济史观、文化史观。在阎先生看来,制度史观只是观察历史的一种方式,不同史观与其说是矛盾对立,不如说是互补共存。

史观、文化史观类似的研究倾向：其一，关注长时段——显然，无论历史存在分期还是一贯延续，基于长时段的考察都是必要的；其二，探讨诸如政治体制、社会形态这样根本性的问题。上述倾向从被阎先生举为中国学者"制度史观"开山之作的梁启超《中国专制政治进化史论》一文也可一览无遗。[1] 长时段，以及直面中国社会变迁的根本问题，这对历史研究极为必要，但在当下细节化、碎片化的研究环境中，却不可避免地限制了制度史观的应用。故从实践层面来看，迄今可被确认以制度史观为指导的具体研究尚不丰富，前引阎先生《波峰与波谷——秦汉魏晋南北朝的政治文明》则为代表。书中阎先生借鉴田余庆先生在《东晋门阀政治》中的思考，以秦汉以来形成的官僚帝国体制为观察视角，通过揭举"常态—变态—回归"的分析框架，为叙述魏晋南北朝历史提供了一个新模式。在此模式下，"分期论"所着意强调其特殊性的魏晋南北朝时代，事实上只是稍稍偏离历史的中轴，发生一定程度的扭曲、变态，从起始两端看，它从常态中来，最终亦回归常态；因此汉唐间的社会，与其说断裂式地分属不同阶段，不如说是连续性的。在此研究中，无论是政治体制的巨大权重还是中国社会历史变迁的连续性，都获得充分揭示。

如果不限于史观层面，单就方法论意义上的制度史观——即由政治制度观察社会历史变迁——而言，阎先生的研究还可举出更多。在《品位与职位》中，阎先生借助"品位分等—职位分等""自利取向—服务取向"等概念指出历代官阶演变大致可以归纳为一种"五段落"分期：第一阶段为先秦，品位分等色彩浓厚，政治体制上对应贵族政治；第二阶段为秦汉，等级安排中品位因素淡薄，官僚维持浓厚的服务取向；第三阶段为魏晋南北朝，品位分等秩序逐渐建

---

[1] 阎步克《一般与个别：略论中外历史的会通》，《中国古代政治制度史札记》，第225页。

立,官僚自利取向扩张,呈现一定的贵族化倾向;第四阶段为唐宋,官阶制中"阶职分立",品位待遇优厚,官僚仍残留一定的贵族性质;第五阶段为明清,君主专制强化使得"阶职分立制"遭破坏,职位分等色彩突出,官僚服务取向亦变得浓厚。① 显然,阎先生对官阶制的探讨并未停留于官阶的构成、级差及待遇等,而是"试图通过官阶制的折光,来透视传统官僚政治的长时段变迁"。② 同样以官阶制为课题的《从爵本位到官本位》,虽然重点在于发现早期帝国品位结构经历从周代"爵本位"体制,经由秦汉具有二元性的"爵—秩"体制,逐渐进化为一元性的"官本位"体制,但在此过程中也揭橥彼时官僚政治中的一些动向,如汉代政治中存在"宦皇帝者"和"吏"两大群体,"吏"群体在西汉一朝逐步扩张,西汉中期以后中央朝廷确立对地方的政治强势等。③ 大体同时成书的《服周之冕》,围绕服饰礼制与政治权力的关联,在意识到六冕礼制背后是一个特定的政权结构和神权结构的基础上,从《周礼》"六冕"礼制在历代兴衰演变中抽绎出王朝宗经、复古、尊君、实用等政治文化取向。至于俨然纯粹理论性著述的《中国古代官阶制度引论》,即如开篇所说四个视点所示,各种品位安排背后的政治、社会动向亦在关照之列,④尤其是在"官—官"层面,通过"贵—贱""士—吏""文—武""宫—朝""胡—汉"五线索,揭示中国官阶的政治调控功能,充分显示了作者对各种政治、社会势力的关注。这些立足"制度史主体"、基于品位视角的

---

① 需要说明的是,这个分期模式并不妨碍阎先生对中国历史连续性的判断。在他看来,各个分期下的官僚政治,其变化仍是有限度的,并不足以导致一种全然不同的政治体制。《品位与职位——秦汉魏晋南北朝官阶制度研究》,第 70 页。

② 阎步克《品位与职位——秦汉魏晋南北朝官阶制度研究》,"后记",第 645 页。

③ 阎步克《从爵本位到官本位——秦汉官僚品位结构研究(增补本)》,北京:生活·读书·新知三联书店,2017 年。

④ 阎步克《中国古代官阶制度引论》,第 7 页。

官制研究,探寻重点乃是制度内在的规则、原理,但包裹在制度周边、为制度所规范制约的政治、社会亦未脱离视野。这种借由制度窥探政治、社会历史变迁的方式,乃是"制度取径"的研究,也可以说是一种"制度史观"。①

三、日常统治研究：文化 人类学的知惠

日常统治研究是侯旭东先生近年来所主张的一种研究思路,虽然在 2005 年,侯先生已在公开的文字中使用"日常统治"一词,②但作为一个兼具方法和对象的学术概念,其正式提出始于 2008 年的《传舍使用与汉帝国的日常统治》一文。文中针对以往古代国家统治研究或专注于重大事件与重要人物,或致力于职官制度的渊源、演变,极少注意国家统治的日常状态,侯先生指出,国家统治的基调是反复出现的各种日常活动,制度则是统治活动的依托,重大事件只是基调上突显出来的极少数高音。因此,欲更为全面地认识古代国家的形态与统治机制,必须对作为基调的日常统治加以研究。③

那么何为日常统治？ 侯先生一再声明,日常统治并无领域与范

---

① 关于作为一种研究取径、即方法论意义上的"制度史观",参本书第二章。

② 侯旭东《北朝村民的生活世界——朝廷、州县与村里》,"代结论：朝廷、州县与村里——北朝村民的生活世界",北京：商务印书馆,2005 年,第 340 页;增订版,北京：商务印书馆,2022 年,第 302 页。

③ 侯旭东《传舍使用与汉帝国的日常统治》,初刊《中国史研究》2008 年第 1 期,后改题《传舍使用与汉朝的日常统治》,收入氏著《汉家的日常》,北京：北京师范大学出版社,2022 年,第 13—47 页。

围的意味,不是一块可以明确画出边界的独有领地。① 不过,日常统治也非毫无指涉,前引《传舍使用与汉帝国的日常统治》一文中,日常统治的内容被罗列如下:

> 各种文书的处理,巡行视察活动,定期举行的仪式性与非仪式性活动,如朝会、祭祀、廷议、上计,各种物资的收集、调运等。

此外,侯先生惠示笔者的《秦汉三国时期的日常统治与国家治理》项目申请书中亦将日常统治描述为:

> 王朝自皇帝到乡里小吏从事的定期或不定期反复而持续展开的事务处理,核心是各种层级的文书行政,亦包含文书命令下进行的各种活动:从百姓生产完成后的产品分配,到人员、物资的调配,价格的控制,以及朝廷官府举行的各类仪式活动,同时围绕这些活动出现的各种言论,亦将纳入视野。

由此可见,侯先生所界定的日常统治并不完全等同于制度,但关注对象与制度有相当大的重合,不仅统治的主体包括大量官吏,处理的事务亦多与制度相关。基于此,笔者将日常统治研究视为制度研究的一种取径。

对于统治日常的关注并非日常统治研究所独有,前述邓先生亦在多个场合提示需关注制度运行的日常状态。② 不过,侯先生所谓

---

① 侯旭东 2018 年 3 月 22 日给笔者的邮件。又在《侯旭东谈"信—任型君臣关系"与西汉历史》一文中,侯先生亦表明其所关注的制度并非边界相对清晰的实体化的制度。《南方周末》2018 年 5 月 10 日第 23 版。

② 邓小南《关于宋代政绩考察中的"实迹":要求与现实》,《朗润学史丛稿》,第 173页;《宋代政治史研究的"再出发"》,《朗润学史丛稿》,第 521 页,等等。

日常统治研究仍有侧重,即更强调观察角度、思考或提问方式的独特。在 2018 年 3 月 23 日给笔者的邮件中,侯先生这样表述道:

> 日常统治研究,我的理解,实际是将文化人类学的思考方式与问题意识引入到国家的研究中。传统上文化人类学研究的是前国家的社会,即便是费孝通的"文明"研究,亦几乎不关心国家。文化人类学重视的即是日常状态,就国家而言,亦有其日常状态,即其日复一日的统治实践,过去长期关注的则是重大事件、制度或政治文化。借助这种视角,可以将过去忽略的一些面向与现象(可能是更根基性的面向)纳入研究中。

据此,侯先生并不执着于明确日常统治研究的范围,而是强调日常统治研究在思考方式和问题意识上对于文化人类学的借用。这也就意味着,尽管在研究对象上,日常统治研究与别的关注制度常态的研究不乏重合(如都关注文书行政),但进入问题的方式却显有差异——如果说后者大致仍属历史学的思考,日常统治研究则突出地表现为基于文化人类学的反思。当然,文化人类学倾心的日常活动是前国家社会的日常,将其引入对国家的思考或存在一定风险,需要重新界定、阐释,但前国家社会与国家出现以后的社会内在相通,却也使得这种借用变得可能。借助这一来自其他学科的思考,在侯先生看来,乃是"以不同的姿态与目光进入学界久已涉足的领域与范围",由此化熟为生,"发现一些久被遮蔽或忽视、或遗忘的现象,将一些既存的,但因以往视角的限制而无法看到的现象或联系,揭示出来"。[①]

　　和邓先生提出"活"的制度史、阎先生提出制度史观乃是基于长

---

① 侯旭东 2018 年 3 月 22 日给笔者的邮件。

期研究的积累一样,侯先生提出日常统治研究同样渊源有自。在写作于2013—2014年的《近观中古史》"自序"中,侯先生自言,"最近十年,关注的核心是秦汉六朝时期国家的日常统治与形态",①据此,至少在日常统治研究提出前的4—5年,侯先生已关注国家的日常统治。从实际发表的文字看,这一研究取向可能出现更早。如在2000年发表的对汪桂海先生《汉代官文书制度》的书评中,侯先生已提示应关注制度及重大政治事件、现象置身的日常政治生活,认为只有将目光投向这里,"才能切实感受到制度是如何在生活中延续与变化的,重大事件与现象如何产生又有何种影响,统治是如何运行的,岁月又是如何流逝的"。② 在大致同一时期发表的《北朝的"市":制度、行为与观念——兼论研究中国古史的方法》(2001)③、《北朝乡里制与村民的生活世界——以石刻为中心的考察》(2001)④、《北朝"三长制"四题》(2002)⑤、《造像记所见民众的国家认同与国家观念——北朝村里社会研究之一》(2003)⑥等,尽管讨论重点是底层民众的日常生活,但其中已或隐或显地涉及国家的日常统治。若此

---

① 侯旭东《近观中古史:侯旭东自选集》,"自序",上海:中西书局,2015年,第4页。
② 侯旭东《读汪桂海著〈汉代官文书制度〉》,《中国史研究动态》2000年第8期。
③ 侯旭东《北朝的"市":制度、行为与观念——兼论研究中国古史的方法》,初刊《中国社会历史评论》第3卷,北京:中华书局,2001年,第282—306页,后收入氏著《北朝村民的生活世界——朝廷、州县与村里(增订版)》,第152—203页。
④ 侯旭东《北朝乡里制与村民的生活世界——以石刻为中心的考察》,初刊《历史研究》2001年第6期,后改题《北朝乡里制与村民的空间认同》,收入氏著《北朝村民的生活世界——朝廷、州县与村里(增订版)》,第118—151页。
⑤ 侯旭东《北朝"三长制"四题》,初刊《中国史研究》2002年第4期,后改题《北朝"三长制"》,收入氏著《北朝村民的生活世界——朝廷、州县与村里(增订版)》,第95—117页。
⑥ 侯旭东《造像记所见民众的国家认同与国家观念——北朝村里社会研究之一》,初刊郑振满、陈春声主编《民间信仰与社会空间》,福州:福建人民出版社,2003年,第10—41页,后改题《造像记所见民众的国家观念与国家认同》,收入氏著《北朝村民的生活世界——朝廷、州县与村里(增订版)》,第235—263页。

理解不误,大约从 2000 年开始,侯先生已有意识地围绕日常统治展开研究。

如果再往前追溯,不难发现侯先生早年关于民众日常生活的研究对日常统治研究的提出实具有前导性作用。如以 1996 年完成的博士论文为基础修改而成的《五、六世纪北方民众佛教信仰——以造像记为中心的考察》一书,讨论的虽是民众的佛教信仰,但显然可归入民众日常生活研究的范畴;①在 2001—2005 年期间写作并结集出版的《北朝村民的生活世界——朝廷、州县与村里》,则明确宣称是以"自下而上"的目光瞄准民众日常生活。正是在后一研究中,侯先生逐渐触及国家对民众的日常统治。因此,侯先生提出日常统治研究的路径或可概括如下:即关注重点由民众日常生活到民众日常生活与国家日常统治的交集,再到泛及皇帝臣民的国家日常统治。换言之,侯先生乃是将社会史的思考引入政治史,由此展开对国家日常统治的研究。

侯先生关注日常,得益于社会学尤其是人类学的知惠。② 这样的学术背景,也深刻影响了侯先生对制度的认识。案人类学理路下的制度研究往往强调人的行为对于制度运作的意义,历史人类学者多持此论,这里可以刘志伟先生的论述为代表。在集中体现其治学思想的《在历史中寻找中国》一书中,刘先生阐述了他的观点:

> 我认为做王朝制度史研究,需要把所研究的历史的主体从

① 侯旭东《五、六世纪北方民众佛教信仰——以造像记为中心的考察》,北京:中国社会科学出版社,1998 年;增订本,北京:社会科学文献出版社,2015 年。
② 人类学已如前述,社会学的影响参见侯旭东《中国古代人"名"的使用及其意义——尊卑、统属与责任》,初刊《历史研究》2005 年第 5 期,后收入氏著《近观中古史:侯旭东自选集》,第 2 页。

国家转到人,以人的行为作为分析的出发点,然后才可能在人的行为层面上解释制度怎么运作,以及它怎样去形塑一个社会的结构。从人的行为出发,你去理解那些很枯燥的法规条文,才可以活起来。

对基于人的行为产生的"下有对策",刘先生进一步说明:

> 所谓"下有对策",我们现在常常会理解为对制度的一个抵制或者是一个偏离。其实"下有对策"也是一种制度适用的方式,在很多情况下,是一种制度的实践机制。研究这个"下有对策",对于认识和理解这个制度来说,比起解读制度条文更为重要。我们现在从事研究时所说的"制度",常常是从英文 institution 这个词的意义来理解和使用的,这就意味着可以有两层意义,一是用文字写下的条例、规则,二是惯性化的运作机制和规范化的行为方式。……所谓"对策",一旦呈现为一种结构性和规范化的方式或运作机制,本身就是一种制度化的东西,或者可以直接视之为一种制度。这种制度可能同文字书写下来的条文规定不同,甚至对立,但对于我们认识历史来说,可能是更重要的"制度"。①

刘先生并不否认国家成文法令在现实政治、社会中的影响,但在他看来,从分析人的行为出发所观察到的惯性化的运作机制和规范化的行为方式也是一种宽泛而灵活的制度,且这种制度较之成文法令,可能更为重要。

侯先生亦重视从人的行为观察制度。前引《读汪桂海著〈汉代

---

① 刘志伟、孙歌《在历史中寻找中国——关于区域史研究认识论的对话》,上海:东方出版中心,2016 年,第 58、49—50 页。

官文书制度〉》(2000)一文已质疑以往的制度史研究只见制度不见人,往往脱离特定时代、特定人(皇帝、官吏、民众)的活动抽象地谈论制度。随后与许兆昌先生合撰的对阎步克先生《乐师与史官》的书评,其中亦对阎先生赋予结构、制度以"主体"地位提出批评,认为这一立场忽视了人的能动性。① 在近期一次访谈中,侯先生再次明确对制度的这一认识。

> 从人的角度分析人与制度的关系,人(皇帝、官吏与百姓)如何与制度周旋,所谓"周旋"包含的内容不止是如何在制度支配下活动(宦皇帝者/从官的持续设置、园郎故事的持续),也包括无视与超越制度(金敞留侍成帝),改造制度,以及围绕制度的表述与争夺(包裹在公私话语下的上奏)。或许可以说,是用"人(复数的)与制度〔的〕关系"(不是"制度与人的关系")研究,补充与丰富"制度"研究。②

显然,侯先生特别侧重从人的角度出发,由此在"自上而下"的视角外还注意"自下而上",关注生活实践中的制度运作,强调要"以研究不同的人与制度之间的复杂互动来替代单调的制度分析"。由此可见,尽管侯先生并未对何为制度明确定义,但他对制度的认识中特别注重人的能动性,瞩目人的行为对制度的影响,这一点毋庸置疑。这样"制度见人"的制度认识与历史人类学研究者对制度的理解颇多一致。

基于上述认识,侯先生在对日常统治的研究中亦注重从人与制度的关系考察制度,此即"关系思维"。在前引访谈中,侯先生阐明

---

① 许兆昌、侯旭东《阎步克著〈乐师与史官〉读后》,《中国史研究》2003 年第 4 期。
② 侯旭东《谁说几滴水中不包含大海的某些特质》,澎湃新闻,2018 年 4 月 15 日,https://www.thepaper.cn/newsDetail_forward_2070269。

他对制度的分析侧重"从人的角度分析人与制度的关系",关注"人(皇帝、官吏与百姓)如何与制度周旋"。侯先生特别强调,他所期待的制度分析是用"人(复数的)与制度的关系"而非"制度与人的关系"进行研究,将"人"置于制度之先,表明他充分重视制度中人的存在。

在惠示笔者的项目申请书中,侯先生还阐明日常统治研究的另外两种分析方法。其一,"语境分析",即"不是孤立地将对象切割下来,而是将其置入现实的制度、事务等历史场景中"。其二,"过程分析",强调"共时性的关系之外,还要历时性地揭示事务从文书产生、传递,到执行与反馈的全过程,以事务过程为焦点,超越注重机构与抽象职掌的思路,可以更加动态地认识王朝如何维持"。显然,无论"语境分析"还是"过程分析",都离不开人的参与。这两种分析方法,同样植根于侯先生对制度的认识。

在新近出版的《宠:信—任型君臣关系与西汉历史的展开》一书"后记"中,侯先生提及十年前转而关注早期帝国的日常统治时,曾设想若干可能的方向:文书行政、官场运作、郡县统治和君臣关系。① 从具体研究看,侯先生正是沿着这四个方向展开日常统治研究的。文书行政是日常统治的骨架、核心,②亦是日常事务的具体落实之处,其成为日常统治研究的焦点势所必然。关于此,侯先生先后发表《长沙三国吴简三州仓吏"入米簿"复原的初步研究》(2006)③、《长沙走马楼吴简〈竹简〉〔贰〕"吏民人名年纪口食簿"复原的初步

---

① 侯旭东《宠:信—任型君臣关系与西汉历史的展开》,"后记",北京:北京师范大学出版社,2018年,第304页。

② 侯旭东《读汪桂海著〈汉代官文书制度〉》,《中国史研究动态》2000年第8期,第29页。

③ 侯旭东《长沙三国吴简三州仓吏"入米簿"复原的初步研究》,《吴简研究》第2辑,武汉:崇文书局,2006年,第1—13页。

研究》(2009)①、《长沙东牌楼东汉简〈光和六年诤田自相和从书〉考释》(2012)②、《长沙走马楼吴简"嘉禾六年(广成乡)弦里吏民人名年纪口食簿"集成研究：三世纪初江南乡里管理一瞥》(2013)③、《後漢「乙瑛碑」における卒史の增置に見える政務處理について—「請」・「須報」・「可許」・「書到言」を中心に》(2013)④、《西北所出汉代簿籍册书简的排列与复原——从东汉永元兵物簿说起》(2014)⑤、《湖南长沙五一广场东汉简 J1③：264–294 考释》(2014)⑥、《湖南长沙走马楼三国吴简性质新探——从〈竹简肆〉涉米簿书的复原说起》(2017)⑦、《西北出土汉代文书简册的排列与复

---

① 侯旭东《长沙走马楼吴简〈竹简〉〔贰〕"吏民人名年纪口食簿"复原的初步研究》，初刊《中华文史论丛》2009 年第 1 期，后收入氏著《近观中古史：侯旭东自选集》，第 81—107 页。

② 侯旭东《长沙东牌楼东汉简〈光和六年诤田自相和从书〉考释》，黎明钊编《汉帝国的制度与社会秩序》，香港：牛津大学出版社，2012 年，第 247—275 页。

③ 侯旭东《长沙走马楼吴简"嘉禾六年(广成乡)弦里吏民人名年纪口食簿"集成研究：三世纪初江南乡里管理一瞥》，初刊邢义田、刘增贵主编《第四届国际汉学会议论文集：古代庶民社会》，台北："中研院"，2013 年，第 103—147 页，后收入氏著《近观中古史：侯旭东自选集》，第 108—142 页。

④ 侯旭东《後漢「乙瑛碑」における卒史の增置に見える政務處理について—「請」・「須報」・「可許」・「書到言」を中心に》，初刊藤田胜久编《東アジアの資料学と情報伝達》，东京：汲古书院，2013 年，第 235—271 页；中译《东汉〈乙瑛碑〉增置卒史事所见政务处理：以"请""须报""可许"与"书到言"为中心》，初刊《中国中古史研究》第 4 卷，北京：中华书局，2014 年，第 43—69 页，后收入氏著《汉家的日常》，第 346—378 页。

⑤ 侯旭东《西北所出汉代簿籍册书简的排列与复原——从东汉永元兵物簿说起》，《史学集刊》2014 年第 1 期。

⑥ 侯旭东《湖南长沙五一广场东汉简 J1③：264–294 考释》，北京大学中国古代史研究中心编《田余庆先生九十华诞颂寿论文集》，北京：中华书局，2014 年，第 113—119 页。

⑦ 侯旭东《湖南长沙走马楼三国吴简性质新探——从〈竹简肆〉涉米簿书的复原说起》，长沙简牍博物馆编《长沙简帛研究国际学术研讨会论文集》，上海：中西书局，2017 年，第 59—97 页。

原》(2019)①等。这些研究,或瞩目于簿册复原,或聚焦于某件或某类文书的剖析,或梳理以文书为中心的日常事务的处理过程,从多个角度展示王朝日常统治的若干侧面。其中《长沙走马楼吴简〈竹简〉〔贰〕"吏民人名年纪口食簿"复原的初步研究》一文,首次尝试利用揭剥图复原文书簿册,对当下基于揭剥图等各种考古信息复原简册的研究影响尤著。

对于官场运作,侯先生探讨的重心是传舍。在他看来,文书传递犹如人体的血脉神经,对于保证帝国日常统治功不可没,传舍则如同血脉上的"加油站",维持血脉畅通,同样不可或缺。② 据此,侯先生对传舍的探讨,可谓是他关注文书行政的延伸。围绕传舍,除前揭《传舍使用与汉帝国的日常统治》(2008)外,侯先生还发表有《西北汉简所见"传信"与"传"——兼论汉代君臣日常政务的分工与诏书、律令的作用》(2008)③、《汉代律令与传舍管理》(2010)④、《从朝宿之舍到商铺——汉代郡国邸与六朝邸店考论》(2011)⑤、《皇帝的无奈——西汉末年的传置开支与制度变迁》(2015)⑥、《西汉张掖郡肩水候官驿北亭位置考》(2016)⑦等。这些研究聚焦于此

---

① 侯旭东《西北出土汉代文书简册的排列与复原》,《简帛》第 18 辑,上海:上海古籍出版社,2019 年,第 109—132 页。

② 侯旭东《传舍使用与汉帝国的日常统治》,《汉家的日常》,第 46 页。

③ 侯旭东《西北汉简所见"传信"与"传"——兼论汉代君臣日常政务的分工与诏书、律令的作用》,初刊《文史》2008 年第 3 辑,后收入氏著《汉家的日常》,第 48—114 页。

④ 侯旭东《汉代律令与传舍管理》,初刊《简帛研究 二〇〇七》,桂林:广西师范大学出版社,2010 年,第 151—164 页,后收入氏著《汉家的日常》,第 115—136 页。

⑤ 侯旭东《从朝宿之舍到商铺——汉代郡国邸与六朝邸店考论》,初刊《清华大学学报(哲学社会科学版)》2011 年第 5 期,后收入《汉家的日常》,第 221—245 页。

⑥ 侯旭东《皇帝的无奈——西汉末年的传置开支与制度变迁》,初刊《文史》2015 年第 2 辑,后收入氏著《汉家的日常》,第 137—220 页。

⑦ 侯旭东《西汉张掖郡肩水候官驿北亭位置考》,《湖南大学学报(社会科学版)》2016 年第 4 期。

前学者多基于分门别类的传统制度史或交通史研究探讨的传舍邸置亭,转而将目光投向"传舍如何使用",分疏其构成、分布、职能、开支,以及管理律令、形态变迁,尤其注重探求人的行为与传舍的联系,呈现皇帝与官吏围绕传舍的种种互动、博弈。此外,侯先生《长沙走马楼三国吴简所见给吏与吏子弟——从汉代的"给事"说起》①、《西汉张掖郡肩水候系年初编——兼论候行塞时的人事安排与用印》(2014)②、《汉代西北边塞他官兼行候事如何工作?》(2017)③等,同样亦是关涉官场日常运作的力作。前一文瞩目秦汉以来官、民临时脱离本职、本机构到其他机构承担某种工作的"给事",后二文聚焦西北边塞颇为常见的他官兼行候事,考察兼任者的人员选择、除任方式、工作流程、私印行事等。三文均将目光投向王朝基层行政中的人事管理,由此揭示彼时不见于典章规定的日常统治的具体面貌。

至于郡县统治与君臣关系,前举诸文均不同程度有所涉及。关于后者,还可补充一些专论之作,前揭《宠:信—任型君臣关系与西汉历史的展开》即为其中代表。书中作者以西汉十二朝皇帝信—任型关系的建立、维持、废止及重构为中心重新梳理西汉历史;在作者看来,信—任型关系不仅存在于皇帝与臣僚之间,还存在于官府长官与属吏之间,二者相通相联,形成更大的关系网络。这样,作者借助关系思维,通过西汉历史的展开,具体揭示了这一超越日常但又

① 侯旭东《长沙走马楼三国吴简所见给吏与吏子弟——从汉代的"给事"说起》,初刊《中国史研究》2011 年第 3 期,后收入氏著《汉家的日常》,第 475—512 页。
② 侯旭东《西汉张掖郡肩水候系年初编:兼论候行塞时的人事安排与用印》,初刊西北师范大学历史文化学院、甘肃简牍博物馆《简牍学研究》第 5 辑,兰州:甘肃人民出版社,2014 年,第 180—198 页,后收入氏著《汉家的日常》,第 449—474 页。
③ 侯旭东《汉代西北边塞他官兼行候事如何工作?》,初刊张德芳主编《甘肃省第三届简牍学国际学术研讨会论文集》,上海:上海辞书出版社,2017 年,第 158—179 页,后收入氏著《汉家的日常》,第 417—448 页。

反复出现的特殊君臣关系，并将围绕此关系展开的言行视为人生与历史展开的动力。此外，早先发表的《中国古代人"名"的使用及其意义——尊卑、统属与责任》(2005)，指出透过人名的使用(如"策名委质"、登录户籍等)，帝国建立了君—臣—民之间普遍的统属关系；《渔采狩猎与秦汉北方民众生计——兼论以农立国传统的形成与农民的普遍化》(2010)①以战国以来农民的普遍化为线索，揭示秦汉君臣关系建构的另一途径；《丞相、皇帝与郡国计吏：两汉上计制度变迁探微》(2014)②、《西汉御史大夫寺位置的变迁：兼论御史大夫的职掌》(2015)③、《前漢"君相委託制度"說賸義—刺史の奏事対象とあわせて》(2018)④则将目光投向作为西汉臣僚最高代表之丞相、御史大夫，通过观察御史大夫办公地点及职掌、郡国计吏上计对象、丞相实际职责及政治地位等在两汉不同时期的变化，重新审视二者与皇帝的关联，在王朝最高层展现汉代日常统治的诸多面向。

四、余论：何为制度

如前所述，"活"的制度史披露于2001年，制度史观于2009年明

---

① 侯旭东《渔采狩猎与秦汉北方民众生计——兼论以农立国传统的形成与农民的普遍化》，初刊《历史研究》2010年第5期，后收入氏著《近观中古史：侯旭东自选集》，第31—63页。

② 侯旭东《丞相、皇帝与郡国计吏：两汉上计制度变迁探微》，初刊《中国史研究》2014年第4期，后收入氏著《汉家的日常》，第314—345页。

③ 侯旭东《西汉御史大夫寺位置的变迁：兼论御史大夫的职掌》，初刊《中华文史论丛》2015年第1期，后收入氏著《汉家的日常》，第283—313页。

④ 侯旭东《前漢"君相委託制度"說賸義—刺史の奏事対象とあわせて》，《中央大学アジア史研究》第42号，2018，第1—43页；中译《西汉"君相委托制度"说賸义：兼论刺史的奏事对象》，初刊《中国中古史研究》第7卷，上海：中西书局，2019年，后收入氏著《汉家的日常》，第249—282页。

确提出,日常统治研究在 2008 年正式问世。在 21 世纪的第一个十年,学者们先后提出三种理解制度的方式,这不得不说是一件很巧合的事。当然,若从他们自身的学术脉络看,"巧合"背后却又顺理成章。无论是对既有研究的延伸、发展,还是对之前研究的挑战、质疑,三种研究理路的提出都与三位学者此前的学术积累有着密不可分的联系,均是在各自已有研究基础之上的总结与提炼。可以认为,正是这样的联系,使得几乎同一时期提出的三种制度研究理路呈现出诸多区别。①

如果溯本求源,不难发现三种研究理路差异的核心在于三位学者对何为制度的认识。"活"的制度史这一研究视角下,制度依附于社会现实和政治,只有在政治生活中付诸实践并产生效用的制度才能获得认可,基于此,制度的实际运作构成探讨对象,围绕制度的过程、关系及人事行为备受关注。而在制度史观中,制度独立于政治存在,且作为基本结构制约政治活动的展开,由此成文制度成为研究起点,形式排比和结构分析被视为基本方法,制度内在的原理、规则亦为学者瞩目。至于日常统治研究,则是受到文化人类学关注日常、重视人的能动性的启示,强调从人的行为观察制度,故而以人为中心展开的日常统治成为研究焦点。

对制度的不同定义决定了学者不同的研究取径。在各种汉语词典中,制度多被定义为一定历史条件下形成的法令、礼俗等规范,尽管不同词典的表述仍存差异,但其内涵、外延大抵明确。然而在历史学领域,学者基于对制度在政治和社会中的地位、制度与政治的关联、制度中人的作用等的不同估量,对于何为制度却有着相差极大的认识,进而发展出不同的研究理路。一种认识倾向于将制度

---

① 当然也有许多共通之处,尤其在具体研究的场合,研究手法多有一致。不过,在若干代表性研究及关于研究理路的理论阐释中,三种研究理路的区别还是很明显的。

理解为静态存在的法令条文,由此侧重分析制度的结构、功能、等级、沿革乃至"技术原理"等;另一种认识则视制度为各种关系、过程以及人的行为交错下的产物,由此瞩目制度的动态运作过程,尤其注重包裹其中的人的行为。前者关注制度内在,可称为制度内部视角的研究,制度史观即为典型;①后者立足制度实施,可称为制度外部视角的研究,"活"的制度史和日常统治研究大致皆可归入此类。

当然,无论哪一视角,都不否认制度是中央与地方的联结,维系着国家对社会的统治。循此出发,不同视角下的制度似乎又可引申出如下研究取向,即立足中央还是地方,关注国家还是社会,目光自上而下还是自下而上。大体而言,制度内部视角的研究以国家颁布的统一法令条文为基础,故常常采取自上而下的目光,强调中央对地方的统摄,以及国家对社会的支配。与之相对,制度外部视角的研究则瞩目制度在不同地域、不同场合的实际运作、效用,故多采取自下而上的目光,注重地方对中央政令的偏离,以及社会对国家统治的反拨。二者的差异整理如下:

表1-1　制度研究的内部视角与外部视角

视　角	何为制度	研　究　取　向			
内部视角	法令条文	制度的支配性	中央	国家	自上而下
外部视角	现实运作	人的能动性	地方	社会	自下而上

当然,这样的差异也非绝对,更多研究或可类比为处于一条连续光谱两个极端之间的位置,只是在程度上偏于某一端。

---

① 需要说明的是,制度史观关注静态存在的法令条文,并不意味着其研究是静态的。事实上,制度自身的运动节奏正是制度史观考察的重心,制度的运行状况亦在研究范围之内。

20世纪以来的中国古代政治制度研究,在90年代以前,大抵采用内部视角,制度的结构、功能是学者关注的焦点,诞生了极为丰富的研究成果。[1] 这些本自典章文献所记成文制度的探讨,犹如传统"百官志"或"职官志"的现代书写,奠定了我们对中国古代政治制度的基本理解。自20世纪90年代以降,学者越来越多地意识到制度条文与制度现实间的差距,意识到制度运作过程中出现的变异和扭曲,由此转而采用外部视角,致力于考察制度实际运作的效果和过程。不过,这种研究取向上的年代差别,并不意味着前者已无价值,后者可取而代之。固然,传统的制度内部视角研究存在诸如忽视制度实际运作、效用,忽视地区、场合差异,忽视具有知识和能力的行动者的主观能动性等问题,但诸多深入制度内部,探究其结构设置乃至内在原理、规则的研究的成功,表明该视角的考察仍有巨大空间。而制度外部视角的观察固然揭示了许多典章文献中无法发现的内容,其细致入微、深入现场的分析,以及融入人的能动性的思考,使得制度研究细节丰富、生动鲜活,充分展现了探求制度运作实际的意义和魅力;但另一方面,这样的立场或也导致对制度缺乏宏观和整体把握,使得认识制度呈现相对性的一面,譬如过于推重制度实施过程中的非制度性干扰,可能会使制度研究陷入暂时性、局部性的困境。最极端的情形是,制度在每一处场所、每一个瞬间甚至每一位接受者那里都呈现不同的面貌,这样的制度显然难以捉摸。此外,对人的行为能动性的强调,如果联系政治学中新制度主义对行为主义和理性选择理论的批判,则其有效性也不免令人生

---

[1] 在此期间亦有学者注意到制度运作中的人事影响,如钱穆在20世纪50年代揭橥制度研究七项原则,有三项都与人事相关;增渊龙夫初刊于1962年的文字亦提示关注制度的实际表现形式。参见钱穆《中国历代政治得失》,"前言",北京:生活·读书·新知三联书店,2001年,第4—7页;增渊龙夫《中国古代的社会与国家》,"序论",吕静译,上海:上海古籍出版社,2017年,第1—59页。

疑。因此,正如通往罗马的大道不止一条,未来的制度史研究,视角也不应偏于一端,因应不同的分析对象或问题意识,采用不同的观察视角,甚至在一些场合,两种视角兼而用之。唯如此,制度史研究才能宏观与微观兼备,静态与动态结合,从而真切、全面地把握历史中存在的各种制度。

附记:本文完成于 2018 年 3—6 月驻访北京大学人文社会科学研究院期间,文研院的跨学科交流促成了本文的写作。又本文初稿完成后,曾呈请邓小南、阎步克、侯旭东三位先生指正,蒙三位先生提供诸多宝贵教示。此外,叶炜、顾江龙、游自勇、张祎、凌文超、陈文龙、孙齐等师友亦先后在不同场合惠赐修改意见。对于以上帮助,谨此一并致谢。唯文中错误,概由笔者一人承担。

补记:本文原刊《中国社会科学评价》2019 年第 4 期,收入本书时略有增补。所补内容主要为邓小南、阎步克、侯旭东三位先生围绕三种理路的具体研究实践。需要说明的是,这部分内容同样写作于 2018 年驻访北大文研院期间,因此未能呈现三位先生之后的研究成果,这一点尚祈读者谅解。又关于"活"的制度史,邓小南先生后复有精彩论述,张祎老师也有深入解读;对于日常统治研究,侯旭东先生更是有专著系统阐述,[1]希请一并参看。

---

① 邓小南《再谈走向"活"的制度史》,《史学月刊》2022 年第 1 期;张祎《关于"'活'的制度史"》,邓小南主编,方诚峰执行主编《宋史研究诸层面》,北京:北京大学出版社,2020 年,第 84—105 页。侯旭东《什么是日常统治史》,北京:生活·读书·新知三联书店,2020 年。

第二章 另一种"制度史观"
——"制度取径"的历史研究刍议

近年来的历史研究,一个引人瞩目的现象即以往多被视为终点的对于研究对象的究明,现在或成为新研究的起点。譬如在政治史领域,有学者倡言政治事件研究应由"事件史"转向"事件取径"的历史,即不再把政治事件视为自足的研究对象,而将其作为透视事件背后所隐藏的社会结构及其变迁的研究路径和视角。[①] 又如在史学史领域,历史书写研究或史料批判研究亦不满足于确认史料文献真伪,而是通过对史料文本生成过程的探讨,追究围绕此过程的政治动向、社会风尚或文化面貌等。[②] 中国古代制度研究领域亦存在此取径,阎步克先生提倡的"制度史观",即为显例。所谓"制度史观",本义是指基于政治体制观察、阐述中国社会历史变迁,这是阎先生于2009年正式提出的一种认识中国历史演进的历史观。阎先生不仅以对政治体制、政治形态的理论思考为基础,不断充实和发展制

---

① 李里峰《从"事件史"到"事件路径"的历史——兼论〈历史研究〉两组义和团研究论文》,初刊《历史研究》2003年第4期,后收入氏著《中国政治的历史向度》,南京:南京大学出版社,2018年,第20—38页。

② 参孙正军、安部聪一郎、徐冲、赵晶《笔谈:"历史书写"的回顾与展望》,《中国史研究动态》2016年第4期。又可参本书史料批判研究篇部分。

度史观,还以秦汉魏晋南北朝政治文明的演变为例,将制度史观付诸实践,充分展示了这一基于中国历史自身逻辑的历史观应用于制度研究的巨大空间和潜力。①

不过另一方面,由于制度史观乃是有意识地相对于经济史观、文化史观而提出,这种"自觉"使得制度史观作为一种历史观,呈现出与经济史观、文化史观类似的研究倾向:其一,关注长时段;其二,探讨诸如政治体制、社会形态这样根本性的问题。长时段,以及直面中国社会变迁的根本问题,这对历史研究极为必要,但在当下细节化、碎片化的研究环境中,却不可避免地限制了制度史观的应用。那么,处于当下研究环境,制度史观如何能被更多制度研究采用?笔者认为,发展限制更少的"制度取径"的历史研究或是可选途径之一。在此取径下,研究者只需遵循制度史观的字面意义——通过制度观察其他历史图景,即在明确制度的结构、功能、等级、沿革等自身内容的基础上,以此为线索或视角,进一步探求围绕在制度周边、与制度具有直接或间接联系的政治、社会、民族、文化等。换言之,"制度取径"的历史研究或可被视为方法论意义上的制度史观的中短程取径,政治体制、社会形态、历史阶段未必一定是落脚之处,历史的阶段性或连续性亦非应有之义,长时段的观察也不再是必然要求,中时段的某一历史时段或某个王朝统治时期,短时段的某位帝王在位期间甚至某年某月,皆可成为观察窗口。

一、"制度取径"的历史研究

制度史观以中程或短程时段为观察窗口,这并非笔者异想天

---

① 关于制度史观,参本书第一章。

开。事实上,阎先生自己所定义的制度史观,在政治制度外加入政治势力作为衡量因素后,制度史观取径中短时段也成为可能。毕竟与政治制度的稳定性相比,政治势力的变动极为频繁,前者可以"百代皆行秦政制"或"两千年一贯制",或者虽有变态、异动,但起伏波动中仍存在一个延续性很强、称为"常态"的"中轴"。政治势力却很难以两千年为一观察窗口,阎先生曾以东汉历史为例:"东汉二百年间的政治制度相当稳定,然其初年与后期的政治势力格局却变化甚大:东汉后期,清议名士以其巨大影响力影响社会生活、参与政治斗争,以及士族的崛起。"①而从中国历史看,类似东汉这样的情形并不罕见,绝大多数历史时期或王朝内,政治势力都很快发生变动。西汉军功受益阶层退出历史不过百年时间,东汉军功显贵甚至在立国伊始即迅速完成从台前到幕后的转换,而东汉中后期宦官、外戚、名士更是此起彼伏,转瞬即逝。及至三国,曹魏有曹氏、司马氏之争,②蜀汉有荆益新旧派别之斗,孙吴也有淮泗集团与江东大族的兴替。③晋世以下亦莫不如此,围绕政治权力,各种政治势力你方唱罢我登场,常常旋起又骤灭。要之,政治势力变动所呈现的中国历史是"城头变幻大王旗",是"旧时王谢堂前燕,飞入寻常百姓家",而在长时段视角下,这些都是难以窥见的。因此,随着政治势力进入制度史观的观察范畴,中短程取径不仅成为可能,也是必要的。

---

① 阎步克《波峰与波谷——秦汉魏晋南北朝的政治文明》,"第二版前言",北京:北京大学出版社,2017年,第3页。

② 关于曹氏、司马氏之争的最新理解,参仇鹿鸣《魏晋之际的政治权力与家族网络》,上海:上海古籍出版社,2012年。

③ 关于蜀汉、孙吴内政治势力的变动,参田余庆《李严兴废与诸葛用人》《孙吴建国的道路——论孙吴政权的江东化》《暨艳案及相关问题——再论孙吴政权的江东化》三文,均收入氏著《秦汉魏晋史探微(重订本)》,北京:中华书局,2004年,第190—207、262—295、296—327页。

没有了长时段与政治体制、政治形态等根本性问题的限制,中短程取径的制度史观或曰"制度取径"的历史研究拥有更大的施展空间,也有更多研究可被纳入范畴。陈寅恪先生分梳南北朝隋唐礼制、职官、刑律、音乐等制度的流变,高屋建瓴地提出隋唐典章制度三源说;[①]论述宇文泰援引《周礼》复古改制,揭示其背后的政治意图,即试图建立与承孝文以来洛阳文化之东魏北齐及神州文化正统所在之江左相抗衡的关中文化本位政策;[②]对府兵制的探讨,亦在结合关中本位政策的基础上抽绎出主导北周隋唐三朝政治权力核心之关陇集团。[③] 唐长孺先生考察九品中正制的创立、发展,亦注意其与现实政治的关联——从曹魏时与大族名士的对抗、妥协到西晋以下服务于权门世族;而对包括土地制度、兵制、赋役制度等发生在唐代中叶以降的一系列变化,从中提炼出影响深远的"南朝化"命题。[④]周一良先生探析南朝文武官位及清浊,亦旁及政治、社会中的文/武、士/庶、高门/次门、南人/北人等问题;讨论北朝领民酋长和六州都督,则又窥视北魏之民族政策及北魏后期北人之动向。[⑤] 气象宏大的钱穆先生更善此道,无论是据汉代相权之重否认中国古代皇帝

---

① 陈寅恪《隋唐制度渊源略论稿》,初刊 1944 年,北京:生活·读书·新知三联书店,2001 年。

② 陈寅恪《隋唐制度渊源略论稿·职官》,第 98—107 页。

③ 陈寅恪《隋唐制度渊源略论稿·兵制》,第 137—155 页;《唐代政治史述论稿》上篇《统治阶级之氏族及其升降》,初刊 1943 年,北京:生活·读书·新知三联书店,2001 年,第 198—199 页;万绳楠整理《陈寅恪魏晋南北朝史讲演录》,合肥:黄山书社,1987 年,第 303—316 页。

④ 唐长孺《九品中正制度试释》,《魏晋南北朝史论丛》,初刊 1955 年,北京:中华书局,2011 年,第 81—121 页;《魏晋南北朝隋唐史三论》,初刊 1992 年,北京:中华书局,2011 年,第 468—473 页。

⑤ 周一良《南齐书丘灵鞠传试释兼论南朝文武官位及清浊》,初刊 1948 年,《领民酋长与六州都督》,初刊 1948 年,二文后皆收入氏著《魏晋南北朝史论集》,北京:中华书局,1963 年,第 94—116、177—198 页。

专制,还是从九卿多掌皇室事务揭示汉代政治多封建制度残余,抑或是从汉武帝时选官制度的若干变化看到士人政府之出现等,均显示出越出制度之外的宏阔视野。① 这些以制度为中心的论述均未自设牢笼,仅着眼制度,而是以对制度的探讨为基础,观看包裹在制度周边、推动制度生住异灭之政治、社会、民族、文化等。这之中,既有相对宏观的整体时局,也有具体而微的临时举措;既有中长时段的社会风尚,也有一时一地的特定考虑。这些围绕制度却又不限于制度的思考,无疑都可被视作"制度取径"的历史研究之先驱。

与中国学者相比,日本学者在这方面的意识似乎更为明确、自觉,这或许得益于他们对"国制"②的强烈关心。据笔者所见,日本学者很少会把制度研究局限于制度本身,而是多由制度出发,引申扩展,或旁涉其他制度,或论及国制整体。譬如同样探讨二十等爵,中国学者多围绕二十等爵制自身,如爵制构成、爵位分等、得爵依据、附属权益、爵位继承、官爵关系、爵制变迁等展开讨论,日本学者则在此基础上进一步发挥,借以构建秦汉政治或社会结构。③ 西嶋定生从二十等爵制中发现"个别人身支配",进而揭示秦汉皇帝与臣民

---

① 钱穆《中国历代政治得失》,初刊1952年,北京:生活·读书·新知三联书店,2001年,第1—10页;《国史大纲》,初刊1940年,修订本,北京:商务印书馆,1994年,第144—149页。

② 所谓"国制",即是从历史角度审视国家基本法制结构,试图相对更为综合与全面地、在王权与官僚制度等个别问题或法制史、政治史研究的基础上来理解国家。参吉本道雅《先秦时期国制史》,刁小龙译,佐竹靖彦主编《殷周秦汉史学的基本问题》,北京:中华书局,2008年,第48页。

③ 中国学者研究参杨眉《秦汉爵制问题研究综述》,《中国史研究动态》2010年第1期;师彬彬《两汉二十等爵制问题研究综述》,《史志学刊》2016年第3期。日本学者研究参高村武幸《日本における近十年の秦漢国制史研究の動向—郡県制·兵制·爵制研究を中心に》,《中国史学》第18卷,2008年,第110—115页;楯身智志《前漢国家構造の研究》序章《先行研究の総括と問題の所在》,东京:早稻田大学出版部,2016年,第3—9页。

之间的统治秩序，即为典型。① 又如九品中正制，中国学者的研究虽然也涉及制度外的政治、社会等，但总体仍以究明制度为主。② 日本学者则在六朝贵族制论的视角下将其提升至政治形态层面予以考察，允为代表者即宫崎市定初刊于 1956 年的《九品官人法研究》。③此外对于与任官相关的印绶制度，中国学者多聚焦于印绶的形态、等级、使用、功能等，栗原朋信、阿部幸信等日本学者则致力于从"内—外""上—下""古—今""南—北"等维度对国家结构、政治文化进行探讨。④ 当然，中日学者的这种差异也不绝对，中国学者的制

---

① 西嶋定生《中国古代帝国的形成与结构——二十等爵制研究》，日文版初刊 1961 年，武尚清译，北京：中华书局，2004 年。

② 相关研究参李毅婷《20 世纪以来九品中正制研究综述》，《中国史研究动态》2011 年第 1 期；张旭华《九品中正制研究》绪论《回顾、问题与交流》，北京：中华书局，2015 年，第 2—6 页。

③ 最新梳理参川合安《南朝贵族制研究》序篇第二章《日本の六朝贵族制研究》，东京：汲古书院，2015 年，第 37—60 页；林晓光《比较视域下的回顾与批判——日本六朝贵族制研究平议》，《文史哲》2017 年第 5 期。

④ 栗原朋信《文献にあらわれたる秦漢璽印の研究》，《秦漢史の研究》，东京：吉川弘文馆，1960 年，第 123—286 页。阿部幸信《漢代における印綬賜与に関する一考察》，《史学雑誌》第 107 編第 10 号，1998 年，第 1—26 页；《漢代の印制・綬制に関する基礎的考察》，《史料批判研究》第 3 号，1999 年，第 1—27 页；《綬制よりみた前漢末の中央・地方官制—成帝綏和元年における長相への黒綬賜与を中心に》，《集刊東洋学》第 84 号，2000 年，第 37—53 页；《漢代における朝位と綬制について》，《東洋學報》第 82 卷第 3 号，2000 年，第 1—24 页；《漢代における印綬の追贈》，《東方學》第 101 辑，2001 年，第 16—30 页；《前漢末~後漢における地方官制と『周礼』》，《東洋文化》第 81 号，2001 年，第 161—179 页；《漢代における綬制と正統観—綬の規格の理念的背景を中心に》，《福岡教育大学紀要》第 2 分册《社会科編》第 52 号，2003 年，第 1—18 页；《漢代官僚機構の構造—中国古代帝国の政治的上部構造に関する試論》，《九州大学東洋史論集》第 31 号，2003 年，第 1—43 页；《後漢時代の赤綬について》，《福岡教育大学紀要》第 2 分册《社会科編》第 53 号，2004 年，第 1—19 页；《皇帝六璽の成立》，《中国出土資料研究》第 8 号，2004 年，第 63—87 页；《前漢時代における内外観の変遷—印制の視点から》，《中国史学》第 18 卷，2008 年，第 121—140 页，中译《西汉时期内外观的变迁：（转下页）

度研究亦不乏越出制度外的论述,日本学者也有一些研究通篇纯粹坚实,缺少扩展提炼,但即便如此,后者仍多在文末有所延伸,显示对制度以外内容的关心。

笔者以往的制度研究亦对制度外的内容有所留意。《从"五等"到"三等"——北魏道武帝"制爵三等"原因钩沉》考察北魏道武帝爵制改革,在探求道武帝改五等为三等,舍弃伯、男二爵的缘由之余,指出彼时制度变革不宜简单贴上"汉化"或"胡化"标签,其实质毋宁说是"实用化";①《也说〈隋书〉所记梁代印绶冠服制度的史源问题》探讨《隋书》所记梁陈印绶冠服制度的史料来源,确认其并非本于梁陈之制,由此提示应对史志记载进行史料批判研究;②《二王三恪所见周唐革命》梳理二王三恪在周唐革命前后的三次异动,注重挖掘隐藏于制度变化背后的政治意图;③《东晋南朝的东西省》考察在江左政权中尤为醒目的东西省,在明确东西省官职性质的基础上,反思盛行已久的六朝贵族制论;④《官还是民:唐代三卫补吏称"释褐"小考》以"释褐"一词的使用为线索,揭示唐代

（接上页）印制的视角》,黄桢译,《浙江学刊》2014 年第 3 期;《汉晋间绶制的变迁》,徐冲译,余欣主编《中古时代的礼仪、宗教与制度》,上海:上海古籍出版社,2012 年,第 224—249 页;《魏晋南北朝皇帝玺窥管：玉玺・金玺と「伝统」の虚像》,《中央大学アジア史研究》第 41 号,2017 年,第 1—45 页,中译《魏晋南北朝皇帝玺管窥：玉玺、金玺与"传统"的虚像》,孙正军译,楼劲、陈伟主编《秦汉魏晋南北朝史国际学术研讨会论文集》,北京：中国社会科学出版社,2018 年,第 228—262 页等。

① 拙稿《从"五等"到"三等"——北魏道武帝"制爵三等"原因钩沉》,《文史》2010 年第 1 辑。

② 拙稿《也说〈隋书〉所记梁代印绶冠服制度的史源问题》,《中华文史论丛》2011 年第 1 期。

③ 拙稿《二王三恪所见周唐革命》,《中国史研究》2012 年第 4 期。

④ 拙稿《东晋南朝的东西省》,《中国中古史研究》第 3 卷,北京：中华书局,2013 年,第 105—144 页。

三卫作为候选官介于官民之间的性质,留意与其他时代的候选官进行对比;①《制造士人皇帝——牛车、白纱帽与进贤冠》揭橥六朝皇帝舆服仪制中加入来自臣民服饰的元素,旨在呈现六朝皇帝性格的士人化倾向;②《〈通典〉"晋太尉进贤三梁冠"小札》指出太尉于西晋初年由着进贤冠改着武冠,复古改制思潮实具重要影响;③《禅让行事官小考》检讨汉魏禅让和魏晋禅让对奉送玺绶行事官的不同选择,发现其与新王朝的政治理念"不谋而合";④《魏晋隋唐的九卿排序》瞩目魏晋隋唐九卿排序的变动,在具体梳理的基础上提炼影响变动的两个元素——汉代故事和现实需求;⑤《宗子维城——北朝隋唐宗子军小考》聚焦北魏至李唐宗子军的兴衰演变,借以折射拟制血缘在北族和华夏文化中的不同意义;⑥《汉武帝朝的秩级整理运动——以比秩、中二千石、真二千石秩级的形成为中心》论述比秩、中二千石、真二千石三种秩级皆形成于汉武帝前期,阐明武帝对秩级的精心设计,进而揭示武帝意欲建立垂范后世的"汉家制度"的意图;⑦《汉代九卿制度的形成》考察九卿制度在汉代的形成过程,指出九卿

---

① 拙稿《官还是民:唐代三卫补吏称"释褐"小考》,《复旦学报(社会科学版)》2013年第4期。

② 拙稿《制造士人皇帝——牛车、白纱帽与进贤冠》,北京大学中国古代史研究中心编《田余庆先生九十华诞颂寿论文集》,北京:中华书局,2014年,第264—287页;修订后收入游自勇主编《切偲集》第1辑,上海:上海古籍出版社,2016年,第126—155页。

③ 拙稿《〈通典〉"晋太尉进贤三梁冠"小札》,《烟台大学学报(哲学社会科学版)》2014年第4期。

④ 拙稿《禅让行事官小考》,《史学集刊》2015年第2期。

⑤ 拙稿《魏晋隋唐的九卿排序》,《中国中古史集刊》第4辑,北京:商务印书馆,2017年,第1—41页。

⑥ 拙稿《宗子维城——北朝隋唐宗子军小考》,《魏晋南北朝隋唐史资料》第37辑,上海:上海古籍出版社,2018年,第73—93页。

⑦ 拙稿《汉武帝朝的秩级整理运动——以比秩、中二千石、真二千石秩级的形成为中心》,《文史哲》2020年第5期。

制度建立乃是经典古制、传统故事、理性行政及政治意图合力推动的结果,复古改制并非唯一动力;①等等。这些附于文末、在制度讨论之外引申发挥的思考,虽然内容或多或少,或浅或深,与制度的关联或远或近,主题也千差万别,但从中不难看出,笔者对制度的探讨并未局限于制度自身,而是以制度讨论为基础,或提炼总结共性、规律,或借以窥视其他制度、政治、社会、文化领域的历史内容。这种研究方式,无疑也可被视为"制度取径"的历史研究。

要之,在"制度取径"的历史研究的视角下,长时段不再是必然限制,政治体制、社会形态也非不可或缺的立论元素,举凡以制度究明为基础,进而关照其他历史内容的研究,都可被纳入研究范畴。而所关照者,从时间上看,以中短程时段为主,譬如某一历史阶段、某个王朝统治期间或某一特定时间;从内容上看,既可以是与本制度相关的同时期其他制度或制度全体,抑或不同时期的类似制度,又或是围绕在制度周边,影响制度生成、流衍乃至消亡的政治、社会、民族、文化等。简言之,立足制度观察其他,此即"制度取径"的历史研究的基本内涵。

二、两种境界:观所曾观与
观未曾观

王国维在《人间词话》里论及"古今之成大事业、大学问者",曾提出著名的"三种境界"之说:第一种境界"昨夜西风凋碧树,独上高楼,望尽天涯路";第二境界"衣带渐宽终不悔,为伊消得人憔悴";

---

① 拙稿《汉代九卿制度的形成》,《历史研究》2019 年第 5 期。

第三种境界"众里寻他千百度，回头蓦见，那人正在、灯火阑珊处"。尽管据文句本义，三种境界是指在求学立功道路上所处的不同阶段，对应于时间维度，但三者间存在高下之别也是显而易见的。

"制度取径"的历史研究也存在高下之别的两种境界。其一，"观所曾观"；其二，"观未曾观"。所谓"观所曾观"，即是由制度观察此前曾有观察的内容，由于所观察的内容属已知，因此这一过程与其说是"发现"，毋宁说是"印证"。

从迄今所见"制度取径"的历史研究看，主体仍是"观所曾观"，即以印证基于其他研究所获得的历史认识为主。这一点从认知心理的角度也可获得解释。现代认知心理学认为，知觉是个体对感觉信息的组织和解释，亦即获得感觉信息的意义的过程，这个过程相应地被看作是一系列连续阶段的信息加工过程，依赖于过去的知识和经验。因此，知觉是由感觉察觉的现实刺激和已贮存的知识经验相互作用的结果。而过去的知识经验参与知觉的方式，在持知觉的假设考验说的学者看来，主要是以假设、期望或图式的形式在知觉中起作用，即人在知觉时，接受感觉输入，在已有经验的基础上，形成关于当前刺激是什么的假设，或者激活一定的知识单元而形成对某种客体的期望。[1] 显然在此过程中，过去的知识经验发挥了极为关键的作用，在此基础上生成的知识，其势必既受到个人先天倾向的影响，同时也受到个人原先所获知识的影响，即受到个体知识结构的限制。[2] 概言之，即所知引导所见。明乎此，"制度取径"的历史研究以"观所曾观"为主也就不难理解了。基于依赖已有知识经验的认知心理，学者在由制度引申观察其他历史内容时，往往倾向于

---

[1] 王甦、汪安圣《认知心理学（重排本）》，北京：北京大学出版社，2016 年，第 20、25 页。

[2] 梁宁建《当代认知心理学（修订本）》，上海：上海教育出版社，2014 年，第 191 页。

先与旧有知识相联系,在旧有知识框架内进行理解。这一思路不仅便利,且行之有效,很自然成为学者首选,然而由此观察到的内容却不可避免只是"所曾观",而非之前不为人知的全新内容。[①]

　　当然,即便是"观所曾观",其间亦有高低之分。其低者,经由制度所观察的内容不仅已为人知,甚至可以说是非常熟悉,接近常识。在此场合下,制度只是构成印证已有知识的一个视角,可以丰富已有知识,但非不可或缺,已有知识在此之前已然作为广被认可的知识为人熟知,并不依赖制度研究而存在。这种场合的"制度取径"的历史研究,与其说是借制度观察其他历史内容,毋宁说给制度的兴衰变异提供一个可以被理解的历史图景,已有知识对于制度研究的意义远大于制度研究对于已有知识的意义。笔者对唐代前期二王三恪的梳理或属此类。无论是武则天面对李唐的尴尬定位还是神龙政变后李唐君臣对于武则天的矛盾心理,乃至周唐革命暧昧模糊

[①] "制度取径"的历史研究倾向于"观所曾观"与"二重证据法"下对新出史料的理解颇为类似。按照王国维自述:"吾辈生于今日,幸于纸上之材料外,更得地下之新材料。由此种材料,我辈固得据以补正纸上之材料,亦得证明古书之某部分全为实录,即百家不雅驯之言,亦不无表示一面之事实。"《古史新证——王国维最后的讲义》第一章《总论》,北京:清华大学出版社,1994 年,第 2 页。陈寅恪归纳为"取地下之实物与纸上之遗文互相释证"。《王静安先生遗书序》,初刊 1940 年,后收入氏著《金明馆丛稿二编》,北京:生活·读书·新知三联书店,2001 年,第 247 页。又陈寅恪在 1935 年"晋至唐史"课上对新出文献与传世文献之关联另有形象比喻,"必须对旧材料很熟悉,才能利用新材料。因为新材料是零星发现的,是片断的。旧材料熟,才能把新材料安置于适宜的地位。正像一幅已残破的古画,必须知道这幅画的大概轮廓,才能将其一山一树置于适当地位,以复旧观"。蒋天枢《陈寅恪先生编年事辑(增订本)》,上海:上海古籍出版社,1997 年,第 96 页。可以看到,"二重证据法"倾向于将新出文献与传世文献结合起来进行理解,甚至是将新出文献嵌入传世文献呈现的历史框架中进行考察。不过对于这种方法,近来也有学者提出疑义,强调新出文献之主体性、独立性。参孟彦弘《评〈走马楼吴简初探〉——关于新史料与传世文献的比对》,《吴简研究》第 2 辑,武汉:崇文书局,2006 年,第285—291 页;凌文超《走马楼吴简采集簿书整理与研究》,桂林:广西师范大学出版社,2015 年,第 6、470—471 页。

的历史进程,学者借由政治、官制、礼制以及宗教文化的种种异动已有所揭示,周唐革命前后二王三恪的三次变动固然可以更为系统、细节地呈现这一进程,但相当程度上只是佐证,并不能提供超越上述认识的新知,所有经由二王三恪制度所"发现"的历史认识都可在已有知识中寻出对应。在此研究中,二王三恪对于围绕周唐革命的相关认识并不关键,相反后者却为如何理解前者超乎寻常的变动提供直接的历史背景。

"观所曾观"的高者,虽然观察的内容此前亦为人知,但多不过只言片语的提示,未经论证,甚至可以说即是假说。这种场合的"制度取径"的历史研究,制度不再无足轻重,而是印证已有知识(假说)的重要线索,缺少了基于制度的观察,已有知识很可能仍停留于假说阶段。仍以笔者自身研究为例。案南朝皇帝性格的士人化,学者已据南朝帝王陵墓中装饰竹林七贤与荣启期拼砌砖画发现南朝皇帝追慕士人风尚,[①]尽管皇帝性格的士人化与皇帝追慕士人风尚仍有差异,但二者仅一步之遥。笔者通过对南朝皇帝舆服结构中出现此前未见的牛车、白纱帽、进贤冠的追索,确认三者原本皆为臣民服饰元素,南朝皇帝因模仿士人着用风尚,故在舆服仪制中引入,由此揭示南朝皇帝性格的士人化倾向。固然,这一揭示也可以说是对此前学者基于南朝帝王陵墓中装饰竹林七贤与荣启期拼砌砖画的发现之"印证",但从此前研究的论述看,以往的发现即便不是假说,至少也非被广泛接受的知识,借助于基于南朝皇帝舆服仪制的思考,南朝皇帝的士人化面向才变得更为清晰。这一经由制度探讨所观

---

① 林圣智《〈竹林七贤与荣启期图〉研究》,台湾大学艺术史研究所硕士论文,1994年,第69—72页;韦正《地下的名士图——论竹林七贤与荣启期墓室壁画的性质》,初刊《民族艺术》2005年第3期,后收入氏著《将毋同——魏晋南北朝图像与历史》,上海:上海古籍出版社,2019年,第85—88页。

察到的历史认识还可成为理解其他历史现象的基础或线索,譬如南朝皇帝肖像画盛行、传阎立本绘《历代帝王图》中南朝皇帝多呈文士状等,皆可由南朝皇帝性格的士人化获得解释。① 由此可见,印证简单提示甚至假说的"观所曾观",虽未提供全新知识,但其意义并不因此减色,仍然是探寻历史面貌的重要途径,甚至在某些场合,还可构成新研究的起点。

当然,无论哪一种"观所曾观",所观察的终究是已有知识,尽管后者的接受度和普及度存在不同。与之相较,观察完全属于新知的"观未曾观",境界更高一筹,也更具挑战。如前所述,在认知心理上人们学习、接受新事物时更容易与已有知识经验联系,在旧有知识框架下进行理解。"观未曾观"则是放弃与已有知识联系,放弃在熟悉的知识框架下进行理解,这既是对思维惰性的超越,也是对路径依赖的克服,其难度可想而知。循此路径观察的内容,不再是对已有认识的"印证",而是"发现"此前不为人知的全新知识。对于历史研究而言,"发现"价值更大。

无待赘言,"发现"是以"空白"为前提的,越多"空白"也就越有可能"发现"。这就意味着,在现代历史学传入中国的 20 世纪初期,由于研究基础薄弱,"观未曾观"的机会更大;而随着百余年研究的累积,原本四处可见的"空白"渐被填满,所余"空白"微乎其微,由此基于制度的"观未曾观"理论上也更为艰难。从实践来看也确实如此,很多"观未曾观"的"制度取径"的历史研究都出现在 20 世纪前半叶,时代越晚,所观内容越易陷入日益丰富的其他研究所建构的历史认识,变为"观所曾观"。不过另一方面也应看到,由于新资料的大量出现,以及研究视角的积极转换,近年来历史研究又出现许

---

① 拙稿《重视图像自身的脉络——以〈历代帝王图〉皇帝异服为线索》,《唐研究》第24卷,北京:北京大学出版社,2019年,第301—339页。

多"空白",由此立足制度研究的"观未曾观"也重见契机。关于新资料的推动,可以阎步克先生对汉代"宦皇帝者"及"吏"群体扩张的研究为例。尽管"宦皇帝者"传世文献已见,学者也略有揭示,但正是借助于张家山汉简《二年律令》多处记载"宦皇帝者"的存在,以及王朝对"宦皇帝者"和"吏"管理的差异,阎先生才揭示出汉代政治中存在两大官员群体:其一是"宦皇帝者",他们侍从皇帝,构成一支武装力量,经常被派遣承担各种随机事务,且是行政官员的重要来源;其一是"吏",为王朝行政事务的承担者。① 阎先生对汉代"吏"群体扩张的"发现"同样得益于《二年律令·秩律》对汉初秩级的记载,以此为基础,进而比对汉代中期以后的秩级序列,阎先生勾勒出禄秩序列向上伸展的轨迹,呈现"吏"群体政治扩展的方向。② 至于视角转换的影响,阎先生基于品位—职位视角观察历代官阶制的五期演化允为典型。③ 无论是汉代官僚群体的"宦—吏"二分、"吏"群体的扩张,还是官阶制的五段分期,都是以往研究未能究明的,正是借助于张家山汉简《二年律令》等新资料,以及"品位—职位"的新视角,阎先生才能在几无"空白"的秦汉史领域发现"空白",实现"制度取径"的历史研究的"观未曾观"。

以上我们提出"制度取径"的历史研究之两种境界——"观所曾

① 阎步克《论张家山汉简〈二年律令〉中的"宦皇帝"》,《中国史研究》2003 年第 3 期;又可参阎步克《从爵本位到官本位——秦汉官僚品位结构研究》,北京:生活·读书·新知三联书店,2009 年,第 88—123、370—407 页。

② 阎步克《从〈秩律〉论战国秦汉间禄秩序列的纵向伸展》,《历史研究》2003 年第 5 期;又可参阎步克《从爵本位到官本位——秦汉官僚品位结构研究》,第 285—341 页。

③ 阎步克《"品位—职位"视角中的传统官阶制五期演化》,《历史研究》2001 年第 2 期;又可参阎步克《品位与职位——秦汉魏晋南北朝官阶制度研究》,北京:中华书局,2002 年,第 48—71 页;《中国古代官阶制度引论》,北京:北京大学出版社,2010 年,第 469—483 页。当然,阎先生后来基于"品位—职位"视角观察到更多内容,于此不赘。

观"和"观未曾观",前者又可细分出高、低两种。需要说明的是,第一,"制度取径"的历史研究虽然存在"观所曾观"和"观未曾观"两种境界,但这并不等同于研究本身亦对应地划分高下,"观所曾观"和"观未曾观"的高下之分只是针对基于制度所观察的内容而言。第二,一项"制度取径"的历史研究未必只对应一种境界,基于制度所观察的内容完全既可能是"所曾观",也可能是"未曾观"。譬如阎先生对"宦皇帝者"的考察,揭示汉代官僚群体存在"宦—吏"二分,这是"观未曾观";文中指出汉代政治体制依然带有诸多原始残迹,则又属于"观所曾观"。笔者对南朝皇帝着用牛车、白纱帽、进贤冠的探讨,揭示彼时皇帝性格的士人化,印证的是此前已有的简单提示,属于"观所曾观"中的高者;文末对六朝贵族制的反思,回应的乃是广为人知的传统命题,则又落入"观所曾观"中低者的一面。

三、一个陷阱：观非所观

无论是"观所曾观"还是"观未曾观",指向的都是"制度取径"的历史研究积极的一面。不过,这里亦存在陷阱,即"观非所观"。所谓"观非所观",即是指宣称由制度所观察的内容,实际据制度不能引申至此,制度与所观察的内容之间并不存在对应关系。造成"观非所观"的原因有许多,常见的有以下几种。

1. 制度自身探讨存在疑问,以此为基础观察的其他内容也难以成立。譬如西嶋定生曾据汉代新帝存在天子即位和皇帝即位两个过程,判断汉代皇帝具有神圣和世俗二重属性。[1] 不过,近年来的研

---

[1] 西嶋定生首倡此说,尾形勇、李俊方、渡邊義浩等续有论述,参西嶋定生《漢代における即位儀礼—とくに帝位継承のばあいについて》,初刊 1975 年,后（转下页）

究却显示汉代新帝即位只有皇帝即位。① 若此说可从，则汉代皇帝的二重属性无从谈起。

  2. 基于制度观察的内容与制度本身并无联系，学者牵强附会地将二者进行联结。这种状况较多出现在以论带史、结论先行的研究中，为了证成某个结论，强行将制度与结论进行比附，结果表面看来是"制度取径"的历史研究，实际却是"观非所观"，制度探讨无法引申观察出预设结论。譬如对于唐代中书、门下、尚书三省分立之制，内藤湖南、内藤乾吉瞩目于门下省的审议封驳之权，以此论证唐代施行的乃是贵族政治。② 不过，这样的认识近年来已被抛弃，研究者更强调三省制在文书形态转变和政务运行中的作用

（接上页）收入氏著《中国古代国家と東アジア世界》，东京：东京大学出版会，1983 年，第 93—113 页；尾形勇《中国古代的"家"与国家》，张鹤泉译，北京：中华书局，2010 年，第 206—213 页；尾形勇《中国の即位儀礼》，井上光贞等编《東アジア世界における儀礼と国家》，东京：学生社，1982 年，第 21—48 页；李俊方《两汉皇帝即位礼仪研究》，《史学月刊》2005 年第 2 期；渡邊義浩《漢魏における皇帝即位と天子即位》，《東洋研究》第 165 号，2007 年，第 1—27 页。

① 松浦千春、金子修一、陈浩等均持此说，参松浦千春《漢より唐に至る帝位継承と皇太子―謁廟の礼を中心に》，《歴史》第 80 辑，1993 年，第 63—82 页；松浦千春《漢代の即位儀礼についての覚え書き―西嶋定生論の検証》，《一関工業高等専門学校研究紀要》第 39 号，2004 年，第 64—51 页；金子修一《中国古代皇帝祭祀研究》第八章《中国古代即位仪礼与郊祀、宗庙祭祀》，张子如译，西安：西北大学出版社，2018 年，第 311—320 页；金子修一《古代中国与皇帝祭祀》第六章《中国古代即位礼仪的场合》，肖圣中等译，上海：复旦大学出版社，2017 年，第 148—154 页；陈浩《西汉皇帝即位礼仪再研究——以"二重即位"为中心》，清华大学人文学院历史系硕士学位论文，2012 年等。

② 内藤湖南《概括的唐宋時代観》，初刊《歴史と地理》第 9 卷第 5 号，1922 年，中译《概括的唐宋时代观》，黄约瑟译，收入刘俊文主编《日本学者研究中国史论著选译》第 1 卷《通论》，北京：中华书局，1992 年，第 12—13 页；又有中译《概括性的唐宋时代观》，林晓光译，收入内藤湖南《东洋文化史研究》，上海：复旦大学出版社，2016 年，第 106 页；内藤乾吉《唐の三省》，初刊《史林》第 15 卷第 4 号，1930 年，中译《唐代的三省》，徐世虹译，收入刘俊文主编《日本学者研究中国史论著选译》第 8 卷《法律制度》，北京：中华书局，1992 年，第 225—227 页。

和意义。① 这样的例子并不罕见,不少卷入历史分期论争的制度研究,都易陷入以论代史,被有意无意地解释为支撑某一分期理论的依据。

3. 制度与所观内容间逻辑链条过长,使得前者不足以支撑后者。逻辑链条越长,关联也就越弱,逻辑遂失去效力。譬如对于"二重君臣关系"中长官与属吏之间的第二次君臣关系,学者或据长官辟召属吏的制度,或据辟召后属吏"策名委质"的仪式,引申论证第二次君臣关系的存在。② 不过,这里似乎有一个误解,即把第二次君臣关系看成某种制度性关系,但实际上第二次君臣关系只是一种观念性存在。因此,辟召制度或"策名委质"仪式与第二次君臣关系之间并不能直接联系,中间尚存在长官与属吏关系的界定、时人观念变化的把握等诸多环节,缺少了这些环节,第二次君臣关系即不能成立。这一点从辟召及"策名委质"出现后第二次君臣关系没有随即出现可获得印证。③ 要之,尽管事实上辟召或"策名委质"推动了第二次君臣关系的形成,但并不能直接由辟召制度或"策名委质"仪式引申论证第二次君臣关系的存在,亦即仅据辟召或"策名委质",事实上无法观察到第二次君臣关系。

4. 忽略制度的时效性。一种制度的建立及充分实施,大多仅发

---

① 较近的研究参刘后滨《唐代中书门下体制研究——公文形态·政务运行与制度变迁》,济南:齐鲁书社,2004 年;增订版,北京:中国人民大学出版社,2022 年。

② 前者如钱穆、吕思勉,后者如甘怀真。参钱穆《国史大纲》,第 217—218 页;吕思勉《秦汉史》,《吕思勉全集》(4),上海:上海古籍出版社,2016 年,第 366—368 页;甘怀真《中国中古时期"国家"的形态》《中国中古时期的君臣关系》,二文均收入氏著《皇权、礼仪与经典诠释:中国古代政治史研究》,上海:华东师范大学出版社,2008 年,第 172—178、197—198 页。

③ 第二次君臣关系大约在两汉之际逐渐形成,晚于辟召制度及策名委质仪式的出现。参李迎春《秦汉郡县属吏与长官关系考论——兼谈东汉"君臣之义"的政治实质与作用》,《社会科学战线》2014 年第 5 期。

生在特定时段,超出时间界限,实际行用的制度便与其最初形态产生距离,在此状况下展开的"制度取径"的历史研究,因通常以完整、显见的最初形态为据,便会出现制度与所观察内容之间的"错位"。而即便以实际行用的制度为据,考虑到制度自身有其变迁脉络,制度与其他历史现象的分离使得前者经常超前或滞后于后者,在此状况下,"错位"观察同样难以避免。这里可以学者对汉代六玺制度的考察为例。对于以"皇帝行玺""皇帝之玺""皇帝信玺""天子行玺""天子之玺""天子信玺"为名的皇帝六玺,一般认为完整存在于两汉,进而据此印证或论断汉代皇权具有"皇帝—天子"二重属性。①不过据阿部幸信分析,皇帝六玺至汉成帝时方始完备,此前仅有源自秦/齐、面向王朝直属地的"皇帝信玺",和源自楚制、面向诸侯的"皇帝行玺"。② 按照这一说法,即便汉代皇帝具有二重属性,至少从西汉中前期的皇帝玺制是看不出的。如果忽略六玺的存在时间,仅据其使用差异便推测两汉皇帝一直具有二重属性,这样论述显然欠妥。

5. 模糊制度书写与制度现实之间的距离。制度研究的依据是现存各种记载制度兴衰变异的制度文本,以往学者多据这些文本探讨文本所标榜的某个时期的制度,譬如以《汉书·百官公卿表》为代表的历代正史之《百官志》《职官志》,便被视为显示当朝官制的主要依据。不过,随着研究的深入,学者发现这些制度文本与其所标榜

① 根据皇帝六玺论述皇帝具有"皇帝—天子"二重属性,西嶋定生为首倡,不过西嶋仍注意到六玺并非一开始即存在,武帝以后始备。《皇帝支配の成立》,初刊《岩波講座 世界歴史》(4),1970 年,后收入氏著《西嶋定生東アジア史論集》第 1 卷《中国古代帝国の秩序構造と農業》,东京:岩波書店,2002 年,第 31—39 页。

② 阿部幸信《皇帝六璽の成立》,《中国出土資料研究》第 8 号,2004 年,第 63—87 页。又在此之前,栗原朋信已推测汉初仅皇帝三玺,西汉中期以降增天子三玺,形成六玺。《文献にあらわれたる秦漢璽印の研究》,《秦漢史の研究》,第 154 页。

的制度现实之间常常存有龃龉。如陈梦家注意到《汉表》所记俸例与汉简所见西汉实际行用的官职俸禄不符，阿部幸信也注意到《续汉书·舆服志》将绶制作为礼制而非官制的认识与汉人观念有别，小林聪和笔者则发现《宋书·礼志五》和《隋书·礼仪志六》所记皇太子以下百官印绶冠服制度与刘宋和梁陈实际多存差异。① 这种不符或是源自书写者自身或书写时代的干扰，或是由于依据了别一时期的史源，无论如何，其结果便是制度书写与制度现实之间出现距离，试图在基于前者的制度与围绕后者的其他历史内容间建立联系，势必也是徒劳。由此可见，不仅制度有其时效性，制度书写的时效亦需留意，忽略了这一点，"制度取径"的历史研究只能是"观非所观"。

以上我们罗列了可能导致"制度取径"的历史研究"观非所观"的几种原因，此外还有其他可能，于此不赘。要之，"制度取径"的历史研究的成立，其基础有二，一是制度，二是制度与所观内容间的联系，二者有一存在疑问，旨在基于制度观察其他历史内容的"制度取径"的历史研究便容易误入歧途，滑向"观非所观"。

四、余论：从制度史到"制度取径"的历史研究

无待赘言，就制度言制度，乃是一种封闭的研究态势。"制度取

---

① 陈梦家《汉简所见奉例》，初刊《文物》1963 年第 5 期，后收入氏著《汉简缀述》，北京：中华书局，1980 年，第 135—147 页；阿部幸信《後漢車制考―読『続漢書』輿服志劄記・その一》，《史艸》第 47 号，2006 年，第 56—58 页；小林聪《六朝時代の印绶冠服規定に関する基礎の考察―『宋書』礼志にみえる規定を中心にして》，《史淵》第 130 辑，1993 年，第 77—120 页；拙稿《也说〈隋书〉所记梁代印绶冠服制度的史源问题》，《中华文史论丛》2011 年第 1 期。

径"的历史研究,则将眼光越出制度之外,将原本分属于不同课题的研究连结起来,由此制度研究趋于敞开,显现出明显的开放性、包容性。基于此的审视,一些原本已知的知识可再度获得确认,一些之前未知的知识也变得有迹可循,尤其是从制度揭示潜伏在历史表象之后、沉默而隐秘的政治、社会结构,更能体现制度研究的巨大意义。试想一下,如果没有从爵制中发现"个别人身支配",进而揭示秦汉王朝的统治秩序,西嶋定生的二十等爵制研究或许只是优秀,未必能在 20 世纪学术史上留下浓墨重彩的一笔;如果只是对"宦皇帝者"的构成、等级略作梳理,或是对秩级伸展有所指摘,没有揭示汉代官僚群体的"宦—吏"二分结构,以及王朝政治结构中"吏"群体的扩张,阎步克先生的前述研究大约也不会如此令人印象深刻。可以认为,正是由于两位学者没有局限于就爵制谈爵制,就官制谈官制,而是注重在此基础上引申"发现"隐藏在制度背后的深层王朝政治结构,上述研究才得以放大意义,成为制度研究中的经典之作。

另一方面,即便是认识制度自身,"制度取径"的历史研究也多有裨益。制度有其独立性自不待言,但其存在亦非孤立。故早在1950 年代,钱穆即论及研究制度应注意制度与其他制度及全部历史文化的联系,①近年来陈长琦先生提倡制度研究应具整体观,也是基于"制度内部的各个部分之间是相互联系的,同时制度与社会的各个部分之间也是相互联系的"。② 制度既是整体制度乃至社会的一部分,由其他制度以及包裹在制度周边、与制度遥相呼应的政治、社会、民族、文化等反观制度,无疑是可能的,也是必要的。对于后者的探讨,势必有助于认识制度自身。

---

① 钱穆《中国历代政治得失》,"前言",第 4—7 页。
② 陈长琦《制度史研究应具整体观》,《史学月刊》2007 年第 7 期。

要之,由制度观察其他历史内容的"制度取径"的历史研究,学界并不陌生,甚至从现代历史学建立之初就已开始积累。然而不得不说,迄今为止的中国古代制度研究,仍以究明制度为主,仍多局限于纯制度研究,真正从制度引申观察其他历史内容的"制度取径"的历史研究仅占少数。纯制度研究固然重要,不过,若考虑制度在中国古代社会的巨大权重,考虑制度对生活于其中的人、事所具整体性的规训和引导作用,仅仅论述制度自身似乎未尽其材,没有充分发挥制度研究的价值。因此,我们揭举"制度取径"的历史研究,希望借助此,推动研究者更有意识地经由制度观察其他历史内容,由此扩大制度研究的视野和意义。

附记:本文写作于 2018 年 3—6 月驻访北京大学人文社会科学研究院期间,感谢文研院在物质和智识上的诸多帮助。本文初稿完成后,曾先后于业师阎步克先生主持的研讨班及 2018 年 5 月在复旦大学举办的"何谓制度?——中古制度文化新研"学术工作坊上提交发表,蒙师友提供诸多宝贵意见。对于以上帮助,谨此一并致谢。

补记:本文原刊《中国中古史研究》第七卷"何谓制度"专号,上海:中西书局,2019 年,第 305—319 页,收入本书时略有调整。

第三章　传统官僚制度研究的新可能

——新文化史视角下的官职与官制

　　谈起中国古代政治制度尤其是官僚制度研究,大家首先萌发的感受,大约即是认为这是一个传统甚至有些陈旧的课题。有此感受并不奇怪,毕竟国人对制度产生兴趣渊源甚早,几乎从历史学在中国诞生的那一刻起,制度便作为一类重要知识备受关注。先秦时代后期或是秦汉之际成书的《周礼》,[①]已充分显示出时人对制度建设的巨大热情,及唐人杜佑撰述中国首部制度通史——《通典》,对制度的重视更是与时俱进、再上层楼。而在现代历史学传入中国之后,制度史也是率先兴起的领域之一。[②] 另一方面,20 世纪七八十年代方始兴起的新文化史,尽管在西方历史学界早已如火如荼,甚至可能开始"走向其生命周期的终结",[③]但在相对保守的中国古代

① 关于《周礼》成书时间,彭林有系统梳理,参氏著《〈周礼〉主体思想与成书年代研究(增订版)》,北京:中国人民大学出版社,2009 年。

② 最新论述参侯旭东《"制度"如何成为了"制度史"》,《中国社会科学评价》2019 年第 1 期。

③ 彼得·伯克(Peter Burke)语,见氏著《什么是文化史》,蔡玉辉译,北京:北京大学出版社,2009 年,第 148 页。

史研究中,则多少还算是新鲜事物。传统"陈旧"的官僚制度史与方兴未艾的新文化史,看起来多少有些驴唇不对马嘴,搭不上界,不过,如果注意到新文化史带来的不仅是研究领域的扩展和转向,即"从社会的结构和历程转移到广义的日常生活的文化上面来",①同时还伴有研究方法、研究视角的更新,用彼得·伯克(Peter Burke)的话说就是,"文化史学家的共同基础也许可以这样来表述:他们关注符号(the symbolic)以及对符号内涵的解释";周兵也认为"新文化史在方法上借助了文化人类学、心理学、文化研究等学科的理论和方法,通过对语言、符号、仪式等文化象征的分析,解释其中的文化内涵与意义",②则官僚制度史与新文化史倒也不是风马牛不相及的两个领域。

事实上,正如学者所观察到的那样,同样保守"陈旧"的中国古代政治史研究,立足新文化史视角的观察业已蔚然成风。政治文化研究硕果累累固不必说,③即便具体政治事件、政治人物乃至权力结构等,也不乏从语言、符号、仪式切入的思考。④ 而中国古代官僚制度研究,同样也有学者有意或无意地基于新文化史进行了有益探索,诞生了一批富有启发的成果。不过,与数量庞大的传统官僚制

---

① 格奥尔格·伊格尔斯(Georg G. Iggers)《二十世纪的历史学——从科学的客观性到后现代的挑战》,何兆武译,北京:商务印书馆,2020 年,第 18 页。

② 彼得·伯克《什么是文化史》,第 3 页;周兵《新文化史:历史学的"文化转向"》,上海:复旦大学出版社,2012 年,第 66 页。

③ 李里峰、仇鹿鸣、杨华等有简要概括,分见李里峰《新政治史的视野与方法》,初刊《福建论坛(人文社会科学版)》2009 年第 6 期,后收入氏著《中国政治的历史向度》,南京:南京大学出版社,2018 年,第 58 页;仇鹿鸣《事件、过程与政治文化——近年来中古政治史研究的评述与思考》,《学术月刊》2019 年第 10 期;杨华《二十年来新文化史在中国大陆的传播、影响及实践》,《史学月刊》2022 年第 4 期。

④ 语言方面,中古史研究中的历史书写或史料批判研究即有不少触及政治史;符号、仪式方面的考察,可以中古碑志的政治景观研究为例。相关学术史参本书第四、七、八章。

度研究相比,这些研究占比仍不高,新文化史视角对于中国古代官僚制度研究的价值尚未充分体现。以下,笔者即以学界现有成果为基础,提炼共性,辨析异同,以期呈现新文化史视角下中国古代官僚制度研究未来可能发展的方向。不当之处,还请方家指正。

一、官制的文化表征之一:语言

首先需要说明的是,新文化史对中国古代官僚制度研究的价值并不仅限于"通过对语言、符号、仪式等文化象征的分析,解释其中的文化内涵与意义",新文化史提倡微观研究、注重感性描述乃至强调日常等,对于后者同样不无启示,这里仅就重视分析文化表征言之。案官制作为社会上层建筑,本质上亦属相对于经济、社会的文化表征。不过,当我们把落脚点置于官制,则官制同样具有附属在其上的文化表征,具体而言即语言、符号、礼仪等。

所谓语言,在符号学意义上包容极为广泛,任何一种文化系统都是一种语言,既包括由语言符号构成的语言,也包括由非语言符号构成的语言。[①] 这里将其简化理解,即官制如何被书写。案古代官制知识最重要的载体是各类官制文本,主要包括纪传体王朝史中的百官志、职官志,以及重在记载典章制度的政书,此外一些类书中也有集中记载官制的文字。对于这些官制记载,学者一般视为王朝官制的直接反映,进而根据其字面记载复原王朝官制。这样的理解和处理方式固然不误,不过如果更进一步,将这些文字视为文化表征,注重解释其文化内涵与意义,则其中尚有巨大的研究空间。譬

---

① 张宪荣、季华妹、张萱《符号学Ⅰ——文化符号学》,北京:北京理工大学出版社,2013年,第136—138页。

如官制文本的篇名，如表3-1所见，以唐代前期为界，此前正史官制文本一般以"百官"为名，而从唐代前期开始，"职官"之名异军突起，在正史官制文本中占据半壁江山。从"百官"到"职官"，究竟只是无关紧要的一字之差，还是另有深意——譬如是否关涉时人对官制的认识，恐怕不无探索的价值。①

表3-1　正史官制文本志目

正史	汉书	续汉书	宋书	南齐书	魏书	晋书	隋书	旧唐书	旧五代史	新唐书	辽史	金史	宋史	元史	明史	清史稿
志目	百官公卿表	百官志	百官志	百官志	官氏志	职官志	百官志	职官志	职官志②	百官志	百官志	百官志	职官志	百官志	职官志	职官志
成书时间③	东汉	西晋	萧齐	萧梁	北齐	唐太宗朝	唐高宗朝	后晋	宋太祖朝	宋仁宗朝	元至正四年	元至正四年	元至正五年	明	清	民国

　　篇名之外，官制文本在全书中的位置，也值得深究。譬如《通典》九门，《职官》次序第三，杜佑在解释九门顺序时曾自述道：

---

① 笔者曾约略涉及，参拙稿《从"百官志"到"职官志"——中国古代官制文本书写变化之一瞥》，《中国中古史研究》第8卷，上海：中西书局，2020年，第77—100页。
② 《旧五代史》书志志目为清人所拟，且不乏错误，如"郡县志"应为"地理志"，参陈尚君《清辑〈旧五代史〉评议》，《学术月刊》1999年第9期，第102页；《点校本旧五代史修订前言》，《旧五代史》，北京：中华书局，2015年，第8页。不过官制文本名"职官志"应无疑问，《职官分纪》以下多引《五代史·职官志》可以为证。参陈尚君《旧五代史新辑会证》卷一四九《职官志》，上海：复旦大学出版社，2005年，第4549—4579页。又北宋仁宗景祐四年（1037）诏御史台与太常礼院详定部分官职在集议场合的位次，太常礼院奏言亦引及《五代史·职官志》。《宋会要辑稿·仪制八》，上海：上海古籍出版社，2014年，第2452页。
③ 特指官制文本的撰成时间。

所纂《通典》，实采群言，征诸人事，将施有政。夫理道之先在乎行教化，教化之本在乎足衣食。《易》称聚人曰财。《洪范》八政，一曰食，二曰货。《管子》曰："仓廪实知礼节，衣食足知荣辱。"夫子曰："既富而教。"斯之谓矣。夫行教化在乎设职官，设职官在乎审官才，审官才在乎精选举，制礼以端其俗，立乐以和其心，此先哲王致治之大方也。故职官设然后兴礼乐焉，教化隳然后用刑罚焉，列州郡俾分领焉，置边防遏戎敌焉。是以食货为之首，选举次之，职官又次之，礼又次之，乐又次之，刑又次之，州郡又次之，边防末之。或览之者庶知篇第之旨也。①

据此可知，《职官》被置于第三的位置乃是杜佑费心斟酌的结果，与他对"理道"的认识密切相关，绝非随意安排。准此而言，在正史或类书中次序颇有参差的官制文本，其排序或许也未必没有耐人寻味之处。此外，虽然不与排序相关，官制文本在汉魏六朝时期从"表"内转为"志"下，同样涉及其在全书中的位置，大约也有深意存焉。②

如果说官制文本的篇名及在全书的位置，其文化内涵尚在隐约

---

① 杜佑《自序》，《通典》卷一，北京：中华书局，1988 年，第 1 页。
② 从"表"内转为"志"下，意味着个人任官记录消失，中村圭尔认为这是因为百官志并非旨在叙述现实官制，而是具有强调王朝秩序整体的更高意图；徐冲围绕司马彪《续汉书·百官志》，怀疑或与模拟《周礼》的意识相关；佐藤达郎在徐氏基础上进一步推测《续汉志》可能直接受到西晋泰始律令编纂形式的影响。参中村圭尔《六朝における官僚制の叙述》，《東洋学報》第 91 卷第 2 号，2009 年，第 31—62 页，中译《六朝官僚制的叙述》，付晨晨译，《魏晋南北朝隋唐史资料》第 26 辑，武汉：武汉大学文科学报编辑部，2010 年，第 276—283 页；徐冲《〈续汉书·百官志〉与汉晋间的官制撰述——以"郡太守"条的辨证为中心》，初刊《中华文史论丛》2013 年第 4 期，后改题《〈续汉书·百官志〉与汉晋间的官制撰述》，收入氏著《观书辨音：历史书写与魏晋精英的政治文化》，北京：北京大学出版社，2020 年，第 113—148 页；佐藤达郎《『統漢書』百官志と晋官品令》，初刊《関西学院史学》第 42 号，2015 年，第 1—19 页，后收入氏著《漢六朝時代の制度と文化·社会》，京都：京都大学学术出版会，2021 年，第 171—190 页。

之间,官制文本如何编排各具体官职亦即书写体例,内涵就颇为明确了。案官制文本的书写体例,涉及的内容很多,学者曾对其中两个方面有所留意:其一,官职次序;其二,叙述模式。关于前者,吴宗国注意到《隋书·百官志》编次萧梁时期的三省与之前不同,即改变过去把三公九卿作为基本制度置于卷首的写法,在叙述已经成为虚衔的诸公之后,首先记叙三省。在作者看来,《隋书·百官志》如此处理并非偶然,而是与三省在萧梁时期的发展密切相关。① 至于后者,楼劲与笔者曾先后指出正史官制的叙述模式前后存在差异,即如表3-2所见,《晋书·职官志》以前,多采用以官署长官提领记载的"长官为纲"模式,《隋书·百官志》以降,则多采用凸显官署存在的"官署为纲"模式(楼文分别称之为"以官存司"与"以司存官")。正史官制叙述模式在唐代前期何以会发生巨大转换? 对此学者尚存分歧,楼劲认为这植根于汉—唐整套行政体制包括长官与佐官关系、长官/佐官与属吏关系等的深刻变迁,笔者则倾向于认为这显示出汉唐时期官制认识相应地发生从长官至上到官署优先的转变。② 无论如何,正史官制书写模式变化绝非只是撰者的随心之举,而是蕴含深刻的文化内涵,这一点毋庸置疑。

表3-2　正史官制叙述模式

正史	汉书	续汉书	宋书	南齐书	魏书	晋书	隋书	旧唐书	旧五代史	新唐书	辽史	金史	宋史	元史	明史	清史稿

① 吴宗国《三省的发展和三省制的确立》,初刊《唐研究》第3卷,北京:北京大学出版社,1997年,第155—156页,后改题《三省的发展与三省体制的建立》,收入氏主编《盛唐政治制度研究》,上海:上海辞书出版社,2003年,第2—3页。

② 楼劲《从"以官存司"到"以司存官"——〈百官志〉体例与汉唐行政体制变迁研究》,《历史研究》2021年第1期;拙稿《官者何也:汉唐间官制认识转变试析》,《清华大学学报(哲学社会科学版)》2025年第1期。

续　表

叙述模式	长官为纲	长官为纲	长官为纲	长官为纲	建制变化	长官为纲	官署为纲	官署为纲	建制变化	官署为纲	官署为纲	官署为纲	官署为纲	官署为纲	官署为纲

在后续文章中,楼劲还注意到汉唐官制叙述模式存在另一变化,见于长官与属官关系的记载。《汉书·百官公卿表》重视官位甚于职能,是为"以官相属";两《唐书》职官志以职能为导向编排官职,是为"以职相从"。在他看来,这同样反映出汉唐行政体制的变化,即在台阁秩序主导下,皇权统治和集权官僚政体内生规则不断发育。[1]在此论述中,书写体例的变化同样指向了值得深究的制度内涵。

至于官制文本中的具体描述,蕴含的内涵就更为丰富了,这里仅举一例。对于中国古代的宰相,基于科学史学的立场,可以抽绎出判定是否构成宰相的两个必要条件,即必须拥有议政权,以及必须拥有监督百官执行的权力。[2] 不过,翻检历代文献,却不时可见一些与此职权无关甚至存在出入的描述,譬如汉代文献或称宰相"理阴阳,顺四时","调和阴阳",魏晋以下文献常常强调宰相为"枢机""近要之官",唐代后期文献重新出现将宰相比拟为"论道之官"的声音。这些与职权无关甚至存在出入的文字,虽然近似文学性描述,语义略显暧昧,但却真实反映出不同时代士人理想中的宰相形象,聚焦这些描述,当可更加贴近历史现场,切实掌握某一时期宰相的存在状况。[3]

---

[1] 楼劲《从"以官相属"到"以职相从"——〈百官志〉体例与汉唐行政体制变迁续论》,《中国历史研究院集刊》2023 年第 1 辑。

[2] 祝总斌《两汉魏晋南北朝宰相制度研究》,北京:北京大学出版社,2017 年。

[3] 关于前者,参祝总斌《两汉魏晋南北朝宰相制度研究》,第 20—23 页;关于中者,参方诚峰《从唐宋宰相概念论君主支配模式》,初刊《史学月刊》2021 年第 3 期,后改题《从唐宋"宰相概念"论君主支配模式》,收入氏著《君主、道学与宋王朝》,(转下页)

　　进言之,不仅形诸文字的语言——无论形式还是内容——可以成为分析内涵的文化表征,官制文本中那些理应出现但却没有被记载的语言,同样具有探赜索隐的价值。譬如唐代中外上下广泛分布、作为王朝行政重要构成的使职——杜佑所谓"设官以经之,置使以纬之",①《唐六典》《通典》《旧唐书·职官志》《新唐书·百官志》等四大唐代职官书却绝少甚至完全不记载。据赖瑞和分析,职官书只记载正规的、规范的职事官,使职因"随事立名",不属于"编制内"的规范官职,因而不被收载。② 类似,《唐六典》不记载已然成为唐代宰相群体重要构成的差遣类宰相——亦即通过加同中书门下平章事等而以"他官执政"的宰相,张耐冬推测或与《唐六典》排斥缺乏法令依据的"不典"现象、致力于维护传统官僚制度及其运行原则相关。③ 这些论断均揭示出时人官制认识的某些面向,丰富了我们对王朝某类官职甚至官僚体系的理解。此外,东汉胡广《汉制度》、蔡邕《独断》仅记载策书、制书、诏书、诫敕(戒书)四类王言,却不记现实政治中并不罕见的玺书和皇帝口谕,在侯旭东看来,同样有深意存焉,亦即胡、蔡试图将皇帝所发文书纳入"法制"或"制度"的轨道,以限制皇帝权力行使的随意性。④ 这一讨论虽然并非围绕官僚制度本

　　(接上页)北京:北京大学出版社,2024 年,第 17—52 页;关于后者,参王孙盈政《唐人宰相观念转变与宰相政务官化》,《北方论丛》2011 年第 1 期。

① 《通典》卷一九《职官一·历代官制总序》,第 473 页。

② 赖瑞和《唐职官书不载许多使职的前因与后果》,初刊《唐史论丛》第 19 辑,西安:三秦出版社,2014 年,第 1—21 页,后收入氏著《唐代高层文官》,北京:中华书局,2017 年,第 53—74 页。

③ 张耐冬《〈唐六典〉所见唐前期宰相观念考论》,《中国高校社会科学》2024 年第 3 期。

④ 侯旭东《胡广/蔡邕"帝之下书有四"说的"显"与"隐"》,初刊北京大学历史学系、北京大学中国古代史研究中心编《祝总斌先生九十华诞颂寿论文集》,北京:中华书局,2020 年,第 120—153 页,后收入氏著《汉家的日常》,北京:北京师范大学出版社,2022 年,第 379—416 页。

身,但对认识彼时官僚在皇权体制下的位置,同样不无启示。

二、官制的文化表征之二: 符号(一)印绶

在符号学范畴中,对于符号是什么,学者众说纷纭,迄无定论,不过历史学者在使用符号这个概念时,似乎更倾向于那些可以被看到的符号。譬如科大卫(David Faure)在描述"重要礼仪标识(significant ritual marker)"这一概念时,即将其定义为"地方社会的成员认为是重要的、实际可见的礼仪传统指示物(indications of ritual traditions)","实际可见"构成"标识"的重要前提。后续他还罗列了一系列重要礼仪标识,包括称谓、拜祭核心(神? 祖先?)、建筑模式(家庙只是其中一个)、宗教传统、控产合股、非宗教性的社会组织等;①赵世瑜将此范围进一步延伸,认为还包括神圣性的自然物(比如榕树、社坛里的石头)、口述传统、壁画雕塑等图像、仪式行为(如打醮)以及碑刻、科仪书等文本,②显然,这些被列举出来的礼仪标识大多具有显著的视觉效应。在中国古代政治制度研究领域,学者也意识到可视性标识的价值,阎步克、邢义田先后指出诸如商周

---

① 科大卫《从礼仪标签到地方制度的比较——"中国社会的历史人类学"研究项目介绍》,末成道男总主编,刘志伟、麻国庆主编《人类学与"历史":第一届东亚人类学论坛报告集》,北京:社会科学文献出版社,2014 年,第 233—239 页。关于 significant ritual marker,原文译作"关键性的礼仪标签",这里采用赵世瑜的译法,作"重要礼仪标识",定义描述亦同。参赵世瑜《结构过程·礼仪标识·逆推顺述——中国历史人类学研究的三个概念》,《清华大学学报(哲学社会科学版)》2018 年第 1 期。

② 赵世瑜《结构过程·礼仪标识·逆推顺述——中国历史人类学研究的三个概念》,《清华大学学报(哲学社会科学版)》2018 年第 1 期。

青铜礼器及秦汉印绶、鞶囊、衣服、田宅、车马、陵墓等可视性标识对于研究政治制度尤其是等级制度具有重要意义。[①] 基于此，本文在讨论作为官制文化表征的符号时，也瞩目那些可视性的物质存在，譬如印绶、舆服、朝位等。对于官僚制度而言，它们构成最具视觉效应的符号体系，不仅可以彰显官员身份地位，同时还具有展示官制结构的意义。

首先来看印绶。所谓印绶，印即印章，绶指系印的丝织品，秦汉时期印章常以绶带系于腰间。印的原初功能是用作信物，许慎《说文解字》"印，执政所持信也"，蔡邕《独断》"玺者印也，印者信也"，均是在此意义上言之。[②] 不过，随着印制发展，印尤其是官印逐渐衍生出标识身份地位的功能，学者多有引用的汉人朱买臣的如下轶事，即极为明确地展示了这一点。《汉书·朱买臣传》记载：

> 初，买臣免，待诏，常从会稽守邸者寄居饭食。拜为太守，买臣衣故衣，怀其印绶，步归郡邸。直上计时，会稽吏方相与群饮，不视买臣。买臣入室中，守邸与共食，食且饱，少见其绶。守邸怪之，前引其绶，视其印，会稽太守章也。守邸惊，出语上计掾吏。皆醉，大呼曰："妄诞耳！"守邸曰："试来视之。"其故人素轻买臣者入内视之，还走，疾呼曰："实然！"坐中惊骇，白守丞，相推排陈列中庭拜谒。[③]

---

① 阎步克《学术讲座：制度史视角中的酒爵酒尊——周代爵制的原生可视形态》，2018年9月17日，后收入氏著《席位爵与品位爵——东周礼书所见饮酒席次与爵制演生研究》，上海：上海古籍出版社，2023年，第299—333页；邢义田《从制度的"可视性"谈汉代的印绶和鞶囊》，阎步克、邢义田、邓小南等《多面的制度——跨学科视野下的制度研究》，北京：生活·读书·新知三联书店，2021年，第43—106页。
② 许慎《说文解字》卷九上，北京：中华书局，2020年，第290页；蔡邕《独断》卷上，四部丛刊三编本，上海：商务印书馆，1936年，叶3。
③《汉书》卷六四上《朱买臣传》，北京：中华书局，1962年，第2792—2793页。

如上所见,当朱买臣身着"故衣"像往常一样返回会稽郡邸时,郡邸旧人视若无睹,不加礼遇,但随着朱买臣显露会稽太守印章,郡邸旧人纷纷一改常态,拜谒施礼。郡邸旧人前倨后恭,源自朱买臣身份的转变,而印章即构成展示这一身份变化最为直观的符号。

印章如何标识身份地位?印章所刻文字固不必说,不过与之相比,视觉可见的印章形制或许才是促使印章具备此功能更为重要的原因。汉代不同等级的官员往往佩带不同形制的印章,卫宏《汉旧仪》载西汉印制:

> 诸侯王印,黄金橐驼纽,文曰玺,赤地绶。列侯黄金印,龟纽,文曰印。丞相、大将军黄金印,龟纽,文曰章。御史大夫章。匈奴单于黄金印,橐驼纽,文曰章。御史、二千石银印,龟纽,文曰章。千石、六百石、四百石铜印,鼻纽,文曰印。章,二百石以上,皆为通官印。①

据此,西汉官印在形制上的差异主要表现为三点:其一,材质,有金、银、铜三种,如果再加上帝后玉玺,则分四等;其二,纽式,有橐驼、龟、鼻三种,加上帝后螭虎纽,也分四等;②其三,印文属性,有玺、章、印之分。三点之中前两点均与视觉效应相关。这也意味着,官印在与视觉密切相关的形制上的差异,使得它们的尊卑之分一目了然,时人即便不看印文,也能轻易辨识出佩印者的身份地位。

不过,由于汉印较小,只有一寸见方,亦即边长约 2.3 厘米左右,略大一些的帝后玺印边长也不过 2.6—2.8 厘米上下,因此印章的视

---

① 卫宏撰,孙星衍辑《汉旧仪补遗》卷上,周天游点校《汉官六种》,北京:中华书局,1990 年,第 93 页。
② 关于西汉帝后印制,《汉旧仪》亦有记载。参卫宏撰,孙星衍辑《汉旧仪》卷上、卷下,周天游点校《汉官六种》,第 62、76—77 页。

觉效应其实并不明显。相比而言,悬于腰间、长达一丈甚至数丈且色彩斑斓的绶往往更具辨识度,朱买臣意欲自炫身份时首先"少见其绶",即是明证。故在孙机看来,绶乃是"权贵们最重要的标识",其地位且在以梁数区分官职高低的文官进贤冠之上,邢义田也结合图像资料进一步确认这一点。① 由此可见,绶作为秦汉时期彰显官员身份地位的符号,其重要性有目共睹。应劭《汉官仪》称"绶者,有所承受也,所以别尊卑,彰有德也",②将"别尊卑"视为绶的主要功能,可谓深得绶之意义三昧。

进言之,绶又是如何区别官员身份高低的呢?大体而言,绶的长度、颜色及织造的细密程度,构成绶制等级高低的主要标准。如《续汉书·舆服志下》所见:

乘舆黄赤绶,四采:黄、赤、缥、绀,淳黄圭,长二丈九尺九寸,五百首。

诸侯王赤绶,四采:赤、黄、缥、绀,淳赤圭,长二丈一尺,三百首。

相国绿绶,三采:绿、紫、绀,淳绿圭,长二丈一尺,二百四十首。

公、侯、将军紫绶,二采:紫、白,淳紫圭,长丈七尺,百八十首。

九卿、中二千石、二千石青绶,三采:青、白、红,淳青圭,长丈七尺,百二十首。

---

① 孙机《说"金紫"》,初刊《文史知识》1984 年第 1 期,后收入氏著《中国古舆服论丛(增订本)》,上海:上海古籍出版社,2013 年,第 183 页;邢义田《从制度的"可视性"谈汉代的印绶和鞶囊》,阎步克、邢义田、邓小南等《多面的制度——跨学科视野下的制度研究》,第 43—106 页。

② 应劭撰,孙星衍辑《汉官仪》卷下,周天游点校《汉官六种》,第 188 页。

千石、六百石黑绶，三采：青、赤、绀，淳青圭，长丈六尺，八十首。四百石、三百石长同。

四百石、三百石、二百石黄绶，一采，淳黄圭，长丈五尺，六十首。

百石青绀绶，一采，宛转缪织圭，长丈二尺。①

所谓"采"指颜色，四采即四种颜色；"首"指经线丝缕的密度，一首为二十根经丝，五百首就是一万根；"圭"具体所指学者尚存争议，邢义田推测为绶带两端圭形部分。如上所见，圭虽然也因应使用者身份不同存在差异，但等级性并不明显，相对而言，绶的长度、颜色及织造的细密程度则呈现对应于身份的严密格差，大抵身份越高，绶的长度越长，色彩越多，织造越细密。②

印绶与官僚制度的联系已如上述，不过，将印绶视作符号进而分析制度内涵的研究，如果仅停留在论述印绶用作信物及区分官员身份高低，不得不说仍是不够的。对于官僚制度而言，印绶犹如一座宝山，其中仍有许多宝藏有待发掘。譬如与立足印绶常规制度分析官职高低相比，一些特殊印绶安排或许更值得留意。以前引绶制规定为例，如上所见，九卿、中二千石、二千石乃至千石、六百石使用三采之绶，而地位更高的公、侯、将军所用之绶却只有二采；③又四百石、三百石长不使用四百石、三百石通用之绶，却使用与千石、六百石官员同等规格的绶。此外，引文中虽未提及，《汉书·百官公卿表》载成帝绥和元年（前8）至哀帝建平二年（前5）王朝曾令四百石、

---

① 《续汉书·舆服志下》，《后汉书》，北京：中华书局，1965年，第3673—3675页。
② 关于印绶，以上论述多参邢义田《从制度的"可视性"谈汉代的印绶和鞶囊》，阎步克、邢义田、邓小南等《多面的制度——跨学科视野下的制度研究》，第43—106页。
③ 邢义田怀疑"二"或为"三"之讹，不过从后文仅举两种颜色看，是否为"三"不无疑问。

三百石的县长、侯国相使用千石至六百石之官所用的黑绶;《续汉书·舆服志》注引《汉官》也称六百石的尚书仆射使用高于其秩级的青绶。[1] 这些绶制安排,或是高级别官使用低级别绶,或是低级别官使用高级别绶,都与常规制度设计存在出入。而这些官职之所以不循常规地使用印绶,自然与王朝对它们的定位相关,这也就意味着,特殊印绶安排指向的是部分官职的特殊之处,其内涵值得深思。[2]

作为符号的印绶不仅可以彰显部分官职的特殊之处,有时还可以折射出王朝官制整体结构的某些面向。譬如汉代存在一批无印之官,西汉据《汉书·百官公卿表》,可确认包括光禄大夫、中大夫、大夫、博士、御史、谒者、郎官等;[3]东汉虽无明确记载,不过《续汉书·舆服志下》注引《东观书》载东汉建武元年(25)百官禄秩印绶,在列举完有印之官后,复罗列侍中、中常侍、光禄大夫、太中大夫、尚书、谏议大夫、侍御史、博士、议郎、中谒者、小黄门、黄门侍郎、中黄门、郎中、太子舍人等职秩级,但却没有提到所用印绶,阿部幸信推断它们为无印之官,[4]其说可从。[5] 同为王朝官员,却存在有印、无印之分,这绝非偶

---

[1] 分见《汉书》卷一九上《百官公卿表上》,第 743 页;《续汉书·舆服志下》,《后汉书》,第 3675 页。

[2] 对此学者已有所讨论,譬如关于西汉末长、相黑绶及尚书青绶,参阿部幸信《漢代の印制·綬制に關する基礎的考察》,《史料批判研究》第 3 号,1999 年,第 1—27 页;《綬制よりみた前漢末の中央·地方官制—成帝綏和元年における長相への黑綬賜与を中心に》,《集刊東洋学》第 84 卷,2000 年,第 37—53 页。

[3]《汉书》卷一九上《百官公卿表上》,第 743 页。

[4] 阿部幸信《漢代官僚機構の構造—中国古代帝国の政治的上部構造に関する試論》,《九州大学東洋史論集》第 31 号,2003 年,第 8—17 页。

[5] 阿部幸信系据《东观书》叙述方式及这些官职与西汉无印之官存在亲缘关系进行论证,可以稍作补充的是,这些官职大抵不负责具体处理文书事务,且除尚书、侍御史、中谒者外皆无员额限制,也可佐证这一点。又需说明的是,《东观书》列举百官禄秩印绶部分,其中一句中华书局点校本断作“尚书、中谒者、谒者、黄门冗从、四仆射、诸都监、中外诸都官令、都候、司农部丞、郡国长史、丞、候、司马、千人秩皆六百石……以上皆铜印墨绶”,据此似乎尚书、中谒者、谒者、中黄门等佩有(转下页)

然。尽管围绕此差异，学者认识并不一致，或理解为治事之官与不治事之官之别，①或理解为吏、宦之别，②或理解为统领官属与不统领官属之别，③无论如何，有印、无印之官并存，显示出汉王朝官僚体系可以区分出两大群体。④ 又如前述成帝绥和元年绥制改革，阿部幸信指出王朝试图通过模仿"周制"、建立涵括统治机构全体成员的"公—卿—大夫—士"等级序列，分解借由官印造成的以"拟制性封建"为单位的各官府内部秩序。⑤ 而印绥历时性的变迁，如官印从秦汉以来的官职印转为隋唐以降的官署印，绥制在晋宋时期由展现以皇帝为顶点、通贯帝国整体的唯一绝对秩序转向重在表现官府、官署内部的阶层性秩序，学者也从中辨识出制度内涵。在他们看来，二者均对应着官制结构的变迁，前者意味着政府形态从"设官分职"型政府转向"分司统职"型政府，后者意味着新的绥制下王朝更注重官府、官署内部秩序，并在此基础上建立包摄官府重层结构的整体秩序。⑥

（接上页）印绥。不过，这里句读有误，"尚书、中谒者、谒者、黄门冗从、四仆射"应断作"尚书、中谒者、谒者、黄门冗从四仆射"，即指尚书仆射、中谒者仆射、谒者仆射、中黄门冗从仆射四职，亦即《东观书》原文表达的是尚书仆射、中谒者仆射等长官或佐官有印绥，尚书不在其列。

① 曾资生《中国政治制度史》第 2 册，重庆：南方印书馆，1943 年，第 277 页；安作璋、熊铁基《秦汉官制史稿》，济南：齐鲁书社，2007 年，第 959 页。

② 阎步克《从爵本位到官本位——秦汉官僚品位结构研究（增补本）》，北京：生活·读书·新知三联书店，2017 年，第 442—443 页。

③ 阿部幸信《漢代における印綬賜与に関する一考察》，《史学雑誌》第 107 编第 10 号，1998 年，第 1—26 页。

④ 魏晋南北朝时期也存在一批无印之官，或与官职属性相关，或与除授方式相关，同样也凸显彼时官制结构的某些取向。

⑤ 阿部幸信《漢代の印制·綬制に関する基礎的考察》，《史料批判研究》第 3 号，1999 年，第 1—27 页。

⑥ 分见代国玺《汉唐官印制度的变迁及其历史意义》，《社会科学》2015 年第 8 期；阿部幸信《汉晋间绥制的变迁》，徐冲译，余欣主编《中古时代的礼仪、宗教与制度》，上海：上海古籍出版社，2012 年，第 224—249 页。

印绶在行政文书中的实际使用方式,尤其是那些不循常规的官印使用,也是观察官僚制度内涵的重要切口。譬如秦汉无官印者在公文书中以私印或小官印行事,唐代使职差遣在没有专用官印的情况下或临时借用其他官印处理文牒,宋代节度使赋闲在家或身有差遣时可通过节度使印上书言事,等等。这些官印使用的另类形式,不仅可以强化对部分官职特殊属性的认知,对于理解官僚制度的实际运作,亦多有裨益。①

三、官制的文化表征之二:符号(二)舆服

接着来看舆服。在社会学、人类学领域,舆服尤其是服饰一直都是学者眼中的"香饽饽",相关考察极为丰富。历史学领域也不例外,古今中外不少舆服,都曾被学者视作线索,借以探索历史上某一时期的政治演进或社会文化动向。而在中国古代官僚制度研究中,作为符号的舆服同样大有用武之地。

和印绶一样,舆服最主要的功能也是提供区分官职尊卑的标杆,《逸周书·谥法解》称:"车服者,位之章也";《南齐书·舆服志》赞云"分别礼数,莫过舆服",②皆此之谓也。现实政治、社会中以车服标识

---

① 关于秦汉以私印或小官印行事,学者讨论甚夥,最新讨论参陈韵青《秦汉官吏用印研究》,清华大学博士学位论文,2023 年,第 110—216 页;关于唐代使职借印,参见子凡《唐代使职借印考——以敦煌吐鲁番文书为中心》,《敦煌吐鲁番研究》第 16 卷,上海:上海古籍出版社,2016 年,第 201—213 页;关于宋代节度使印的使用,参周佳《宋代官印行用考》,初刊《東方学報》第 92 册,2017 年,第 368—336 页,后收入邓小南主编,方诚峰执行主编《宋史研究诸层面》,北京:北京大学出版社,2020 年,第 325—355 页。

② 黄怀信、张懋镕、田旭东《逸周书汇校集注(修订本)》卷六《谥法解》,上海:上海古籍出版社,2007 年,第 625 页;《南齐书》卷一七《舆服志》,北京:中华书局,1972 年,第 343 页。

官职尊卑,史传中也颇有其例。东汉桓荣拜太子少傅,光武帝赐以辎车、乘马,于是"荣大会诸生,陈其车马、印绶,曰:'今日所蒙,稽古之力也,可不勉哉!'"①桓荣为激励诸生向学,采取了大陈车马、印绶的方式。桓荣之所以如此,自然是因为车马和印绶一样,具有彰显官员身份的意味。又南齐吕安国自湘州刺史征为光禄大夫、加散骑常侍,"安国欣有文授,谓其子曰:'汝后勿作袴褶驱使,单衣犹恨不称,当为朱衣官也。'"②吕安国告诫其子勿为袴褶官,而应做朱衣官,至少也是单衣官。这里所谓袴褶、单衣、朱衣官,均指向不同身份的官员。③ 两个例子中,舆服彰显官员身份、标识官职尊卑的意义可谓显而易见。

不过,与印绶分等元素较为简单不同——汉代如前所述,大抵以印的材质、纽式和绶的长度、颜色、织造密度等进行区分,同为官名印时代的魏晋南北朝,分等元素趋于简化,仅余印的材质与绶的颜色二者,至官署印时代的唐宋以下,则基本以印的材质和印面尺寸区分,相比而言,舆服的分等元素要复杂得多。首先是车舆,案中国古代帝制时代官员日常所用交通工具,不同时期颇有差异,就其主要交通工具而言,大致可以分为四个阶段,即汉至隋为车,包括马车和牛车,唐、北宋为骑马,南宋、明及清代大部分时期为轿子,清代后期复易轿为车。汉隋时期初行马车,汉末以降牛车逐渐盛行,但无论马车还是牛车,驾畜数目和纹饰均构成车舆体系中划分官员等级最重要的两个元素,尤其是后者,更是贯彻汉隋时期各类车型。④表3-3为《续汉书·舆服志上》所见东汉车饰等级,如表所见,从较

①《后汉书》卷三七《桓荣传》,第1251页。
②《南齐书》卷二九《吕安国传》,第538页。
③ 张玉安《朱衣、单衣及袴褶之意味》,《艺术探索》2015年第5期。
④ 刘增贵《汉隋之间的车驾制度》,初刊《"中研院"历史语言研究所集刊》第63本第2分册,1993年,后收入蒲慕州主编《台湾学者中国史研究论丛·生活与文化》,北京:中国大百科全书出版社,2003年,第163—220页。

表 3 - 3 东汉车饰等级①

身份 车饰	皇帝	太皇太 后,太后	诸侯王、 太子	公、 列侯	卿	二千石、 中二千石	千石	六百 石	三百 石	二百 石下	吏	民	贾人
斿,旗	12斿 9仞 日月 升龙	12斿 9仞 日月 升龙	9斿 7仞 降龙	9斿 7仞 降龙	5斿 降龙								不得乘马车
樊缨	12就	12就											
轮	朱轮 班牙	朱轮 班牙	朱班轮	朱班轮									
飞軨	苍龙 白虎	苍龙 白虎	鹿文	鹿文	鹿文	无画							
较轼	倚龙 伏虎	倚龙 伏虎	倚鹿 伏鹿	倚鹿 伏熊									
衡	鸾	鸾											

① 出自刘增贵《汉隋之间的车驾制度》，蒲慕州主编《台湾学者中国史研究论丛·生活与文化》，第178页。

续表

身份 车饰	皇帝	大皇太后、太后	诸侯王、太子	公、列侯	卿	二千石、中二千石	千石	六百石	三百石	二百石下	吏	民	贾人
盖	羽盖华蚤	羽盖华蚤	青盖华蚤	皂缯	皂缯	皂缯	皂缯	皂布	皂布	白布			
轓	文画	文画	文画	黑	朱	朱	朱左	朱左					
轭	吉阳筩龙首衡	吉阳筩	吉阳筩	吉阳筩	吉阳筩	吉阳筩	吉阳筩	吉阳筩					
轼	文	云文	文画										
杠	四维杠衣	四维杠衣	四维杠衣	四维杠衣	四维杠衣	四维杠衣	四维杠衣	四维杠衣	四维杠衣	四维杠衣	赤画	青	
五末	金	金	金	铜	铜	铜	铜	铜					
纛	左												

为显眼的斿旐、车盖、车輤(车耳)、车轮,到相对不彰的较、轼、轭,乃至极其细微的飞軨、五末,各类纹饰均因应不同身份的用车人群而设,由此形成明确格差。① 而基于车饰形成的格差,虽然不同时期标准存在差异,所涉及的纹饰也或有丰寡,但车饰始终构成划分上自帝王、下至吏民用车的重要元素,这一点毋庸置疑。

唐及北宋骑马时代,驾畜数量无所用之,骑乘马匹的纹饰成为区分交通工具等级、进而标识官员地位高低的唯一元素。所谓马匹纹饰,具体而言即是马匹所附鞍、鞯、镫等的装饰,文献中或称为鞍勒之制。鞍勒之制在中晚唐初见端倪,五代后梁后唐时期粗具规模,至宋代方比较完备。② 据《宋史·舆服志二》,宋代赐群臣鞍勒之制,其非赐者也有令式,其中赐群臣者凡八等,不同规格的鞍勒被赐予各级官员,如最高一等金涂银闹装牡丹花校具八十两、紫罗绣宝相花雉子方鞯、油画鞍、白银衔镫,③赐给宰相、亲王、枢密使带使相等高级官僚,最低一等白成洼面校具十二两、蓝黄绌圆鞯,赐给诸班。④ 由此可见,所谓鞍勒之制,即是通过质地、重量、图案等的差异,将鞍勒划分为不同等级,分别对应高低有别的大小官员。在这样的制度设计下,鞍勒装饰也就成为彰显官员地位高低的标识。

---

① 关于车之各部件所指,参孙机《汉代物质文化资料图说(增订本)》,上海:上海古籍出版社,2008 年,第 123—136 页。

② 黄正建《王涯奏文与唐后期车服制度的变化》,初刊《唐研究》第 10 卷,北京:北京大学出版社,2004 年,第 297—327 页,后改题《唐后期车服制度的变化——以文宗朝王涯奏文为中心》,收入氏著《走进日常——唐代社会生活考论》,上海:中西书局,2016 年,第 75—77 页。

③ 校具指悬挂于马匹攀胸(自马鞍向前绕过马胸的带子)和鞦(自马鞍向后绕过马尻的带子)上的装饰品,鞯指马鞍下的垫子,今名鞍褥。关于校具等所指,参孙机《唐代的马具与马饰》,初刊《文物》1981 年第 10 期,后收入氏著《中国古舆服论丛(增订本)》,第 96—100 页。

④《宋史》卷一五〇《舆服志二》,北京:中华书局,1977 年,第 3511—3512 页。

　　自南宋正式开启的轿子时代,纹饰仍然构成彰显官员地位高低最重要的标识。宋代轿子尚未见严密分明的等级划分,不过至明代,如洪武元年(1368)令所见,职官一品至三品,用间金妆饰银螭,绣带青缦;四品至五品,用素狮头,绣带青缦;六品至九品,用素云头,素带青缦,由装饰、颜色及质地区分为三种等级的轿子分别配属三个层级的官职,轿子与官员品级形成严格对应关系。清代除以纹饰用作轿子分等元素外,与驾畜数量类似的舆夫人数也一度形成格差,出现八人轿、四人轿、二人轿之分,对应于各级官员。尽管明清两代曾限制轿子使用人群,如明景泰四年(1453)下令轿子只许文官在京三品以上使用,清乾隆十五年(1750)谕令文臣年及六旬实不能骑马者才可坐轿,但总体而言,在明清相当长的时间内,基于纹饰和舆夫人数形成的轿子等级均与官员品级存在对应关系,由此前者也就不可避免地成为显示后者地位高低的重要符号。①

　　清乾隆以后,官员出行逐渐易轿为车,以马车为主的驾畜之车重新成为官员日常交通工具,并再次衍生出高低各种规格。譬如形制上有四尺长辕车、三尺八大鞍车、三尺六小鞍车,装饰上有蓝色红障泥、绿油障泥,车夫也或有一人、二人。不同形制、装饰等的车形成高下等级,为各级官员所用,譬如各部长官多乘四尺长辕车,用蓝色红障泥,五品以下官乘三尺八大鞍车,用绿油障泥,等等。② 尽管清代后期见诸马车的这种格差并非出自王朝规定,马车规格与官职间的对应关系也难称严密,但二者存在相关性,由此马车构成彰显

---

① 关于明清两代的轿子分等,参巫仁恕《明代士大夫与轿子文化》,初刊《"中研院"近代史研究所集刊》第 38 期,2002 年,第 1—69 页,后改题《消费与权力象征——以乘轿文化为例》,收入氏著《品味奢华:晚明的消费社会与士大夫》,北京:中华书局,2008 年,第 75—76 页;林永匡、王熹《清代社会生活史》,北京:中国社会科学出版社,2016 年,第 156—159 页。

② 林永匡、王熹《清代社会生活史》,第 159 页。

官员身份地位的符号,这一点毋庸置疑。

从汉代马车大行其道到清代后期马车重新"粉墨登场",两千年间官员日常交通工具不断发生变迁,但无论交通工具如何变化,其等级性贯彻始终。交通工具自身所具由纹饰、驾畜数量(舆夫人数)等呈现的等级差异,加之附属于交通工具的导从、仪仗同样存在高下之别,使得交通工具成为异常醒目的等级符号,清晰折射出使用者的身份地位。不难想见,当由规模巨大、装饰华美的官员所乘交通工具及随行组成的车队或马队在人群中穿行,势必对周边人群造成视觉冲击,并引发看官对车中或轿中人员身份的猜测甚至艳羡。东汉光武帝的人生理想之一"仕宦当作执金吾",就是因为巡行京师的执金吾"车骑甚盛"。① 车驾作为分等符号的意义由此可见一斑。②

与车驾分等类似,衣服的分等内涵同样繁复多维,甚至更为复杂。一方面,因应场合差异,古代官员往往身着不同衣服,如汉至隋初,大致可以区分为祭服、朝服;③隋大业年间至唐代,则有祭服、朝

---

① 《后汉书》卷一〇上《皇后纪上·光烈阴皇后纪》,第405页。《续汉书·百官志四》"执金吾"条注引《汉官》曰:"执金吾缇骑二百人,持戟五百二十人,舆服导从,光满道路,群僚之中,斯最壮矣。"(《后汉书》,第3606页)于执金吾仪仗描述更详。

② 值得一提的是,车驾之于官员的分等意义除见于视觉效应突出的诸符号外,官员车驾出行时发出的声音同样具有彰显身份地位的意义,且具有确切的分等功能。如清代外官出行往往鸣锣开道,其中督抚13响,司道11响,知府、丞、倅9响,州、县7响,锣声数量与官员等级正向对应。参方濬师《蕉轩随录》卷九"鸣锣开道"条,北京:中华书局,1995年,第365—366页。关于官员车驾出行时声音的分等意义,承学棣陈宇航提示,谨致谢忱。

③ 魏晋以降,部分官职朝服或为朱服、皂零辟朝服、单衣取代。参小林聡《晋南朝における冠服制度の変遷と官爵体系—『隋書』礼儀志の規定を素材として》,《東洋学報》第77巻第3、4号,1996年,第1—34頁;《「朝服」制度の行方—曹魏~五胡東晋時代における出土文物を中心として》,《埼玉大学紀要 教育学部》第59巻第1号,2010年,第69—84頁。

服、公服、常服(燕服)四种；①宋代在保留唐代祭服的基础上，合公服入朝服，变常服为公服，另增加岁时赏赐的时服；明代复衣冠如唐制，仍设祭服、朝服、公服、常服四种，但具体构成已与时俱进，焕然一新；清代百官服制趋简，仅余朝服一种。由此可见，在帝制时代大部分时期内，官员衣服都不止一种，且每种衣服都包括独立的分等标准和形式。另一方面，较之车驾，附属于衣服的配饰更为丰富，如汉代有佩玉、佩刀、簪笔等，唐代有佩剑、佩玉、佩绶、②鱼袋、纷、鞶囊、簪导、簪笔等，其他朝代亦是如此，这些配饰往往也具有特定的分等形式。衣服丰富，配饰多元，二者叠加之下，衣服分等趋于复杂也就在所难免。

就历朝官员最常用衣服的主体部分而论，帝制时代的衣服分等大致可以分为三个阶段：汉魏六朝，以进贤冠梁数分等；隋唐及宋，以衣服颜色分等；明清两朝，以补服或曰补子分等。关于汉魏六朝官员衣服以进贤冠梁数分等，《续汉书·舆服志下》记载汉制如下：

> 进贤冠，古缁布冠也，文儒者之服也。前高七寸，后高三寸，长八寸。公侯三梁，中二千石以下至博士两梁，自博士以下至小史私学弟子，皆一梁。宗室刘氏亦两梁冠，示加服也。③

如上所见，进贤冠主要用于文官——准确说是部分文官，其梁亦即穿在进贤冠展筩上的铁骨④的数目自三梁逐渐递减，分三梁、二梁、

---

① 或认为隋唐百官衣服有五种，祭服、朝服、公服、公事之服及燕服，可备一说。参阎步克《从爵本位到官本位——秦汉官僚品位结构研究(增补本)》，第160—177页。

② 绶本为系印之带，隋代官印归于官府、身不自佩后，绶仍然保留，经剪断、重叠成为衣服的装饰。参孙机《两唐书舆(车)服志校释稿》卷二，《中国古舆服论丛(增订本)》，第378—379页。

③《续汉书·舆服志下》，《后汉书》，第3666页。

④ 孙机《进贤冠与武弁大冠》，初刊《中国历史博物馆馆刊》总第13、14期，1989年，后收入氏著《中国古舆服论丛(增补本)》，第160页。

一梁三等,分别对应于公侯以下各级官员,由此进贤冠的梁数遂成为彰显文官身份地位的标识,梁数越多,地位越高。汉代形成进贤冠分等的基本结构后,后世大抵因循不改,只是进贤冠梁数渐多、级别愈密,部分官职的进贤冠等级也或有升降,进贤冠用于部分文官并以梁数为分的基本格局迄未改变。

隋大业六年(610),炀帝在北周将五种不同颜色的衣服配属天台近侍及宿卫之官的基础上,将服色扩展至文武百官乃至全体吏民,规定"五品已上,通着紫袍,六品已下,兼用绯绿,胥吏以青,庶人以白,屠商以皂,士卒以黄",试图通过"杂用五色"的方法实现"贵贱异等"。① 伴随这一改制,影响中国近千年的服色分等开始登上历史舞台。不过,隋代官员服色仅分两等,略显粗疏,后世稍作扩展,分三等或四等。如唐初分四等,三品以上服紫,五品以上服绯,六品、七品服绿,八品、九品服青;②唐后期复调整为三等,六品以下皆可服绿。③ 唐后期确定的三等分法大体为后世所继承,宋辽金迄至明代,均维持以紫、绯、绿三色划分三等的模式,只是三色如何配于九品官品,各朝或有不同。④ 无论如何,三色分等下的官员服色与官品存在对应关系,特定服色指向特定等级的官职。

明代衣服三色分等见于公服,官员更常穿着的常服则依照补服划分等级。以各种纹饰尤其是动物形象构成的补服,其渊源可上溯

---

① 《隋书》卷一二《礼仪志七》,北京:中华书局,1973 年,第 279 页。

② 唐高宗上元年间一度细化为七等,即三品以上服紫,四品服深绯,五品服浅绯,六品服深绿,七品服浅绿,八品服深青,九品服浅青。参《旧唐书》卷五《高宗纪下》,第 99 页;卷四五《舆服志》,第 1952—1953 页。

③ 关于唐后期的调整,参黄正建《唐后期车服制度的变化——以文宗朝王涯奏文为中心》,《走进日常——唐代社会生活考论》,第 62—65 页。

④ 《宋史·舆服志五》称宋因唐制,服色初分四等,至元丰元年(1078)去青不用,始改为三等。不过据学者考辨,北宋前期服色亦分三等。参陈文龙《论唐宋时期的"赐绯紫"》,《北大史学》第 17 辑,北京:北京大学出版社,2013 年,第 48—49 页。

至武则天时期,至明清正式确立。明代文官补服分十一等,即一品仙鹤,二品锦鸡,三品孔雀,四品云雁,五品白鹇,六品鹭鸶,七品鸂鶒,八品黄鹂,九品鹌鹑,杂职练鹊,风宪官獬廌;武官补服分六等,一品、二品狮子,三品、四品虎豹,五品熊罴,六品、七品彪,八品犀牛,九品海马。清代在继承明制的基础上略有调整,文官补服分十等,一品鹤,二品锦鸡,三品孔雀,四品雁,五品白鹇,六品鹭鸶,七品鸂鶒,八品鹌鹑,九品练雀,都御史等风宪官獬豸;武官补服分八等,一品麒麟,二品狮,三品豹,四品虎,五品熊,六品彪,七品、八品犀牛,九品海马。可以看到,在以补服进行分等的服制下,补服与官品的对应关系更为细密,由此前者在标识官员身份地位时也更为精确。

帝制时代官员最常用衣服的分等情况大致如上所述,概言之,尽管各朝分等或有粗疏、细密之别,但衣服与特定等级的官员相联系、由此具有作为显示后者身份地位符号的意义,这一点可谓一以贯之。考虑到官员车驾分等与衣服分等并不重合,不难想见,当舆服二者结合、构成一个二维坐标系定位某个官职时,其所显示的官员身份地位当更为明晰。

不仅如此,与印绶相比,舆服对于官员还有显著的分类意义。固然,中国古代某些时期印绶也具备区分官职类型的功能,譬如南朝陈时规定镇、卫、骠骑、车骑至四平将军金章虎钮,冠军将军、四方中郎将及忠武、军师等二十号将军金章豹钮,轻车、镇朔等十号将军金章貔钮,威雄等十威将军、武猛等十武将军银章熊钮,猛毅等十猛将军银章罴钮,壮武等十壮将军、骁雄等十骁将军、雄猛等十雄将军银章羔钮,忠勇等十忠将军、明智等十明将军、光烈等十光将军、飙勇等十飙将军银章鹿钮,龙骧、虎视等三十号将军银印菟钮,这些多以猛兽为钮式的印章,显然与它们配属武职的属性密切相关。不过,总体而言,印绶发挥官职分类功能的场合较为有限,舆服则在许多场合都显示出明确的分类色彩。前述明清时期限制武官乘轿已折射文武差异,文武官补服分别选择禽鸟、猛兽,也清晰展现两类官职的不同。而在首服为重的历史前期,种类繁多的诸冠更是精准指向各类官职。如阎步克据《续汉书·舆服志》分析秦汉冠服时指出(参表3-4),秦汉冠服体现了一种"不同冠服用于不同事务或人群"的精神,不同职事承担者往往使用不同冠服,"因职而冠",因此冠服的职事分类色彩极为突出。[①] 魏晋以降,官员衣服官职分类意义下降、级别分等色彩趋于浓厚,[②]但官员衣服的分类功能并未完全消失。一方面,一些新衍生出的衣服本身即指向特殊官职,如东晋南朝时期部分穿着朝服的官职改穿朱服、皂零辟朝服、单衣,由此这些官职与朱服、皂零辟朝服、单衣产生密切联系,促使后者呈现显著的官职分类功能;[③]另一方面,衣服所附配饰在不少时期均维持浓厚的分类色彩。如在萧梁冠服体系中,原本百官皆可佩带的剑,使用群体被缩小为仅是事关朝政实施、为梁武帝所看重的重要官职;[④]又在宋代文官衣服体系中,诸如鱼袋、革带等配饰也被限定为特定官僚群体使用,二者均发挥着官职分类的功能。[⑤]

---

① 阎步克《从爵本位到官本位——秦汉官僚品位结构研究(增补本)》,第132—144页。

② 阎步克《从爵本位到官本位——秦汉官僚品位结构研究(增补本)》,第144—154页。叶炜也认为南北朝后期以降冠服分类色彩转弱。参叶炜《南北朝隋唐官吏分途研究》,北京:北京大学出版社,2009年,第18—23页。

③ 小林聡《晋南朝における冠服制度の変遷と官爵体系—『隋書』礼儀志の規定を素材として》,《東洋学報》第77卷第3、4号,1996年,第1—34页。

④ 小林聡《魏晋南朝時代の帯剣・簪筆に関する規定について—梁の武帝による着用規定の改変を中心に》,《埼玉大学紀要 教育学部(人文・社会科学Ⅲ)》第46卷第1号,1997年,第73—85页。

⑤ 任石《宋代文官的冠服等级——兼谈公服制度中侍从身份的凸显》,初刊《文史》2019年第4辑,后收入邓小南主编,方诚峰执行主编《宋史研究诸层面》,第365—380页。

表 3-4　东汉常服冠式类型

冠　式	使　用　者
通天冠	皇　帝
远游冠	诸　王
进贤冠	文儒者
法　冠	执法者
武　冠	武　官
却非冠	宫殿门吏仆射
却敌冠	卫　士
樊哙冠	司马殿门大难卫士
术氏冠	无
赵惠文冠	侍中、中常侍
鹖　冠	五官、左右虎贲、羽林五中郎将，羽林左右监，虎贲将、虎贲武骑

　　舆服具有显著的分等、分类功能，意味着其作为标识官员身份地位的符号意义更为突出，这也就决定了其在中国古代官僚制度研究中可以发挥巨大作用。事实上，一些特殊的舆服安排，确构成端倪，展现某些官职的独特之处。譬如汉代主要施于文官的进贤冠三等，大抵按秩级配属各级官员。尽管具体如何配属，诸书记载不一，[①]但六

---

① 除前引《续汉书·舆服志下》外，蔡邕《独断》记载"公侯三梁，卿大夫、尚书、博士两梁，千石、六百石以下一梁"；应劭《汉官仪》云"三公、诸侯冠进贤三梁；卿大夫、尚书、二千石、博士冠两梁，二千石以下至小吏冠一梁"；《晋书·舆服志》则称二千石及千石以上两梁，六百石以下一梁。分见蔡邕《独断》卷下，叶 12；应劭撰，孙星衍辑《汉官仪》卷下，周天游点校《汉官六种》，第 186 页；《晋书》卷二五《舆服志》，北京：中华书局，1974 年，第 767 页。

百石以下着一梁,殆无疑问。① 不过事实上东汉六百石一级,却有若干官职超越制度安排,着两梁冠,除诸书已有提及的博士、尚书外,还有太官令、太医令、符节令、侍御史,②这些官职能够服用高于其秩级的进贤冠,表明它们在官僚体制中地位独特。③ 又在舆服设计中,常可见到一些王朝或对京内官职外出时加以额外礼遇。譬如宋代鞍勒之制,享受第二等金涂银闹装太平花校具七十两等的官职,如果出使,则加红牦牛缨,金涂银钹,使相在外,也加红织成鞍复。④ 又清代前期汉官三品以上可乘轿,在京时舆夫四人,出京则可增至八人,地方官员使用舆夫的数量也较同级京官为多。⑤ 京官外出或地方官员礼遇更高,也提示王朝官制设计中存在某些官品表或职官志无法体现的耐人寻味之处。

学者的解读也印证了舆服作为符号对于官制研究的巨大意义。围绕特定官职,譬如对于西晋时期的太尉,笔者注意到其并未像汉魏时期那样服进贤三梁冠,而是改着武冠,由此判断以西晋八公制的设立及公分文、武为契机,太尉的武职属性得到进一步加强。⑥ 又如唐代刺史、节度使等地方行政长官或穿着镶韝服,黄正建通过辨析相关史料,指出镶韝服在唐代是一种戎服,是刺史谒见观察使、兵马使谒见节度使、低级节度使谒见高级节度使,以及节度使谒见宰

---

① 片冈理认为千石以下着一梁,不过结合《晋书·舆服志》,谨慎起见,这里仅讨论六百石以下的情况。片冈理观点见『独断』研究ゼミナール《蔡邕『獨斷』の研究(六)》,《史滴》第 7 号,1986 年,第 114—116 页。

② 《汉官仪》称太医令、太官令千石,若此说可信,当是之后提升秩级的结果。应劭撰,孙星衍辑《汉官仪》卷上,周天游点校《汉官六种》,第 135 页。

③ 《续汉书·舆服志下》注引荀绰《晋百官表注》,《后汉书》,第 3667 页。

④ 《宋书》卷一五○《舆服志二》,北京:中华书局,1974 年,第 3511 页。

⑤ 《清史稿》卷一○二《舆服志一》,北京:中华书局,1977 年,第 3030 页。

⑥ 拙稿《〈通典〉"晋太尉进贤三梁冠"小札》,《烟台大学学报(哲学社会科学版)》2014 年第 4 期。

相或朝廷使臣时穿的礼服，穿上它，不仅表示对上级、对宰相、对朝廷的尊敬，同时也表示自己具有领兵权，在黄氏看来，刺史在特定场合穿着橐鞬服，表明刺史具有一定的军事长官色彩。① 此外，对于唐代宦官，陈文龙发现唐代宦官服色不像其他官员一样依据散官，而是例着黄色，针对宦官的赐绿、赐绯及赐紫，也与散官关系不大，由此确认唐代宦官身份具有双重属性：一方面，唐代宦官的官僚化程度已经很高，故对宦官的管理采用了散官、职事官等常规管理方式；另一方面，宦官"皇帝私臣"的色彩仍相当浓厚，因此其服色不由散官决定，而必须通过皇帝赐予。②

中古官僚政治中有一个特殊的官僚群体，即所谓"侍臣"。侍臣基本特征是在皇帝身边工作，经常有机会接触皇帝，往往承担警卫、服务、顾问等多种职能。不过，中古侍臣的构成比较复杂，且屡有变化，加之彼时典章制度对于侍臣所指界定并不明确，因此如何判定侍臣便成了一件繁难之事。叶炜注意到晋唐间侍臣在冠服上有一个突出标志，即武冠、貂蝉，基于此，确认中古不同时期侍臣具体所指：魏晋时期，侍臣仅指以门下省为核心的门下省、散骑省与侍中省官员；南北朝，除了制度上规定的门下、集书省高级官员仍为侍臣外，中书省高级官员在南北朝后期实际政治中也渐被视为侍臣；隋和唐前期，门下省和中书省官员作为侍臣在制度上落实下来，同时在实际政治中，尚书省官员也步入侍臣行列；唐中期至宋，侍臣群体又加入诸学士。这样，以武冠、貂蝉为线索，结合史传所记对侍臣的指认，叶氏发掘出中古不同时期侍臣所包括的官僚范围，并揭示冠服制度滞后于现实政治的一面，深化了学界对中古侍臣构成及其职

---

① 黄正建《唐代戎服"橐鞬服"与地方行政长官的军事色彩》，初刊《中国史研究》2002年第4期，后收入氏著《走进日常——唐代社会生活考论》，第50—55页。
② 陈文龙《论唐宋时期的"赐绯紫"》，《北大史学》第17辑，2013年，第43—48页。

能的认知。①

　　和印绶一样,作为符号的舆服对于探讨王朝官制结构乃至帝制时代官僚制整体面貌,也富有启示。案从两汉到魏晋南北朝,王朝百官品秩位阶有一个秩级逐渐被官品取代的过程,舆服相关配置亦可佐证这一点。小林聪对西晋冠服制度的考察指出,尽管秩级仍在西晋包括舆服的礼制世界具有重要影响,但诸如五品以下基本不给佩玉,朝服按官品分为给五时朝服、五时朝服、给四时朝服、四时朝服、"朝服"、皂朝服、皂零辟朝服七等,均表明佩玉、朝服安排已与秩级关联不大;即便遵循汉制传统、仍依照秩级分等的进贤冠,从爵制序列依官品穿着以及出现诸多服制安排特例不难看出,也已不可避免地受到官品影响。② 而在此后的进程中,服制设计中唯一基本依照秩级进行分等的进贤冠也更弦易帜,如《隋书·礼仪志》载北齐服制所见,至迟到北齐时期,进贤冠也撇开秩级,完全按官品划分等级。③ 至此在服制安排中,官品作为分等标准完成对秩级的取代。

　　魏晋以降官僚制度的另一变化是汉代尚无根本区分的官、吏逐渐开启实质性分途,这一点在冠服制度上也有体现。叶炜注意到,

————————————

① 叶炜《从武冠、貂蝉略论中古侍臣之演变》,《唐研究》第 13 卷,北京:北京大学出版社,2007 年,第 149—176 页。可补充说明的是,不同时期侍臣可能还存在其他舆服特征,《宋史》卷一五〇《舆服志二》称:"天禧元年(1017),令两省谏舍、宗室将军以上,许乘狨毛暖坐,余悉禁。"(第 3513 页)所谓"狨毛暖坐"是宋代鞍勒之制的一部分。据此,则自真宗后期开始,乘坐狨毛暖坐又构成北宋侍臣——两省谏舍以上正是侍臣的主要构成——舆服的又一重要特征。关于宋代侍臣构成,参张袆《宋代侍从官的范围及相关概念》,《国学研究》第 34 卷,北京:北京大学出版社,2014 年,第 83—107 页。

② 小林聪《六朝时代の印绶冠服规定に关する基础的な考察—「宋书」礼志にみえる规定を中心にして》,《史渊》第 130 辑,1993 年,第 77—120 页。

③《隋书》卷一一《礼仪志六》,第 240 页。

南北朝后期,官僚群体中出现流内与流外的区分,但在冠服制度上,这种区分尚未得到体现,无论冠服,均完全或部分兼及流内、流外。不过从隋代开始,开皇和大业年间的两次调整,使得流内、流外的冠服差别愈发明显并固定于制度,汉唐间应用广泛、遍及官吏的进贤冠、武冠被确定为流内九品以上官所戴之冠,流外官不再有着冠的权力,他们有帻而无冠;服制方面,流外官和诸杂任有了专属礼服绛公服和绛褠衣,而以服色分等的常服,隋代胥吏以青,唐代以黄,均与流内官存在显著差别。故在叶氏看来,隋唐时期,冠服已然成为一种醒目的身份符号,清晰标示出官与吏之间产生了以职位为基础的质的差别。①

　　除了上述之外,透过舆服探讨官制整体的研究还有一些。譬如黄正建以唐文宗朝王涯奏文为中心,瞩目唐后期车服制度的变化。他根据王涯奏文强调只有"经职事官成及食禄者"才可以"服绿及青",以及唐后期赐绯紫依照职事官品级,指出唐后期散官地位下降;复根据王涯奏文提到"服青碧者,许通服绿",亦即八九品应服"青碧"者可以服六七品才能服的"绿",判断官员等级制度出现变化,由唐初四等减少为三等。② 阎步克对冠服体制的考察更是辐射整个官僚制度演进,在他看来,冠服功能由注重职事分类到强调级别分等,体现出帝国品位结构的深刻变迁。注重职事分类,表明彼时品位结构还相对松散,其一元性、精巧性和内部整合程度,均有待提升;而随着官僚制度演进,官僚等级日益森严,纵向的品位之别日趋细密严明,体制内部高度整合,成为一座一元化的金

---

① 叶炜《南北朝隋唐官吏分途研究》,第 67—79 页;又可参氏撰《从冠服制度看南北朝隋唐之际的官吏分途》,《中国中古史研究》第 1 卷,北京:中华书局,2011 年,第 248—259 页。

② 黄正建《唐后期车服制度的变化——以文宗朝王涯奏文为中心》,《走进日常——唐代社会生活考论》,第 59—64 页。

字塔,冠服体制遂更强调级别分等的一面。① 固然,上述通过舆服揭示的官僚制现象,未必只有立足舆服才能发现,但舆服作为彰显官员身份地位的符号,确为观察或印证这些现象提供了直接且有效的线索。

四、官制的文化表征之二: 符号(三)朝位

最后来看朝位。所谓朝位,又称朝班、班位、班序,系指官员参与朝会时的位置。与印绶、舆服作为彰显官员身份地位的视觉性符号相比,朝位的符号意义可谓优劣并存。一方面,朝位以位次先后标识地位,其直观、醒目无与伦比,且因其"涵盖性"与"大排队",能够发挥贯通和汇总各种位阶的作用,让各种位阶的官贵"欢聚一堂",由此展现不在同一位阶序列的官员的地位参差。② 但另一方面,朝位往往只发生在朝堂等少数特定场合,故只涉及参与朝会的少数官员,普通吏民也无从观览。当然,对于研究者而言,后一劣势并不构成问题,后见之明的优势使得研究者得以立足上帝视角,无视空间限制地审视官员在朝堂上的位置。

至于前一劣势,也有化解之法,此即朝位概念的抽象化,将原本具象的朝堂席位升华为一般性的尊卑等级。譬如地方官平时不在京师,无法参加日常朝会,但史传记载地方官也有位次;又汉代朝会

---

① 阎步克《从爵本位到官本位——秦汉官僚品位结构研究(增补本)》,第124—160页。

② 关于朝位的上述特征,参阎步克《中国古代官阶制度引论》,北京:北京大学出版社,2010年,第200—206页。

文武分列,朝堂上的文官与武职原本无从一较高低,史传中却有"大将军、骠骑位次丞相"这样的记载。显然,这里的位次都是一种抽象化的等级。与具体的朝堂位次相比,这种抽象化的朝位牺牲了视觉性,但另一方面,正是这种抽象化的朝位概念,使得基于朝位的观察能够将无法参与朝会的官员也纳入视野,由此整个帝国的官员都可被置于朝位的审视之下。①

　　抽象化的朝位,使用无时空限制,具象化的朝位,则主要发生在朝会的场合。② 帝制时代的朝会,大致可以分为四类。第一类是在重大节日举行、礼仪属性突出的大朝会,如汉代发生在岁首的大朝会,汉武帝改以正月为岁首后,遂为元旦(元正、正旦、元日)朝会。唐代大朝会包括元旦朝会与冬至朝会,宋代因袭唐后期制度,另增加五月朔大朝会,明清则每逢元旦、冬至、万寿圣节举行大朝会。这类大朝会规模巨大,参与人数或逾万人。蔡质《汉仪》载东汉元会仪,参与者包括百官、四夷、郡国计吏及宗室诸刘,"万人以上"。唐代元旦朝贺,据学者估算,参与者包括在京九品以上官员 2 600 人,加上地方朝集使和外国使节团,正式参与者至少 3 000人以上,如果再加上仪仗兵士,人数更是多达 1.5 万人。③ 第二类

---

① 关于抽象化的朝位概念,参阎步克《品位与职位——秦汉魏晋南北朝官阶制度研究》,北京:中华书局,2002 年,第 247 页。

② 除朝会外,其他一些场合官员也需遵循朝位确定位置或次第。宋代如内宴座次、集议座次、经筵讲读位次、朝臣上下马次序等,明代如岁时令节宴、郊祀庆成宴、会试恩荣宴、经筵日讲等。分见任石《以职事官为重心:试析北宋元丰后的文官班位》,《中华文史论丛》2018 年第 2 期,第 254 页注②;胡丹《明代"朝班"考述》,《故宫博物院院刊》2009 年第 1 期。

③ 渡边信一郎《天空的玉座—中国古代帝国的朝政与仪礼》,东京:柏书房,1996 年,第 123—125、166 页;《元会的建构——中国古代帝国的朝政与礼仪》,周长山译,沟口雄三、小岛毅编《中国的思维世界》,南京:江苏人民出版社,2006 年,第 372、390—391 页。

是每月定期举行的朝会,典型代表即朔望朝参,每月初一、十五两日举行。朔望朝参汉代已见,一些不能参与常朝的官员或被给予朔望朝参的机会,唐代朔望朝参则规定"京司文武职事九品以上"均需参与,明代甚至尚未取得一官半职的国子监生一度也可参与。据此可见,朔望朝参礼仪属性也较突出,参与人数同样庞杂众多。第三类是日常朝会,或称常朝。汉代常朝自汉宣帝以降大抵五日一朝,参与者为在京师当朝执勤的官员,包括公卿、侍中、尚书及五营校尉、将大夫以下等朝臣。唐代常朝每日举行,参与者为在京诸司五品以上职事官、八品以上供奉官以及员外郎、监察御史、太常博士。北宋常朝最为繁复,一方面沿用唐制设置常朝,由不厘务的朝臣参与,另一方面又设置百官大起居与常起居作为常朝的补充——前者源自五代后唐明宗时的五日内殿起居,文武朝臣厘务、不厘务者并赴;后者为北宋新设,宰臣、枢密使以下要近职事者并武班参与。常朝、常起居均逐日举行,百官大起居每五日举行一次,也称六参。第四类是只限于少数官员参加的内朝或入阁议事。汉代参与内朝议事的官员称内朝官或中朝官,包括大司马、左右前后将军、侍中、左右曹、诸吏、散骑、常侍、给事中、尚书等。[①]唐代入阁议事者前后有别,前期参与者为中书门下两省、三品以上官员及谏官、史官,安史乱后只有少数宰相和专权宦官参加。宋代亦只有宰执等少数官员能入阁议事。清代雍乾以降,皇帝接见军机大臣、部院大臣轮班值日奏事,发挥了前朝入阁议事的功能。内朝或入阁议事参与人数最少,不过数十人甚至数人,但政务功能最

---

① 劳榦《论汉代的内朝与外朝》,初刊《中研院历史语言研究所集刊》第 13 本,1948年,后收入氏著《劳榦学术论文集甲编》,台北:艺文印书馆,1976 年,第 547—587页。内朝为汉史研究的重要课题,研究成果丰富,相关学术史,参渡边将智《後漢政治制度の研究》,东京:早稻田大学出版部,2014 年,第 1—18 页。

为突出。①

在上述大小朝会中，官员位次如何安排？大致而言，帝制时代官员朝位安排的基本原则有二：其一，文武分列；其二，高低排序。关于前者，至迟从叔孙通为刘邦制定朝仪伊始，文武官员即分出两班排列。②《史记·叔孙通列传》记载：

> 汉七年(前200)，长乐宫成，诸侯群臣皆朝十月。仪：先平明，谒者治礼，引以次入殿门，廷中陈车骑步卒卫官，设兵张旗志。传言"趋"。殿下郎中侠陛，陛数百人。功臣列侯诸将军军吏以次陈西方，东乡；文官丞相以下陈东方，西乡。……③

---

① 以上论述，汉代朝会，参李俊芳《汉代皇帝施政礼仪研究》，北京：中华书局，2014年。唐代朝会，参松本保宣《唐王朝の宫城と御前会議―唐代聴政制度の展開》，京都：晃洋书房，2006年；杨希义《唐代君臣朝参制度初探》，《唐史论丛》第10辑，西安：三秦出版社，2008年，第66—78页；杜文玉《唐大明宫含元殿与外朝朝会制度》，《唐史论丛》第12辑，西安：陕西师范大学出版社，2012年，第1—25页；杜文玉、赵水静《唐大明宫紫宸殿与内朝朝会制度研究》，《江汉论坛》2013年第7期。宋代朝会，参任石《北宋元丰以前日常朝参制度考略》，《文史》2016年第3辑；《北宋元丰后的内廷朝参制度》，《史学月刊》2017年第9期；《南宋朝参考论》，《文史》2023年第3辑。明代朝会，参许冰彬《明代朝仪述略》，《故宫学刊2009》，北京：紫禁城出版社，2009年，第60—75页。清朝朝会，参李文杰《辨色视朝——晚清的朝会、文书与政治决策》上编《朝会的变迁》，上海：上海人民出版社，2020年，第31—177页。渡边信一郎曾系统考察汉代以降迄至唐代的元旦朝会，参渡边信一郎《天空の玉座―中国古代帝国の朝政と儀礼》，第105—193页；《元会の建构——中国古代帝国の朝政と礼仪》，沟口雄三、小岛毅编《中国的思维世界》，第361—409页。

② 《周礼·秋官·朝士》称："朝士掌建邦外朝之法，左九棘，孤、卿、大夫位焉，群士在其后；右九棘，公、侯、伯、子、男位焉，群吏在其后；面三槐，三公位焉，州长众庶在其后。"若《周礼》反映早期朝位的某些特征，则在历史早期，百官可能并非分两班排列，且即便左右两班，也非依照文武区分。又《尚书·顾命》载康王即位，召公、毕公率诸侯朝贺，"太保率西方诸侯入应门左，毕公率东方诸侯入应门右"，可见此次朝会虽然分为两班，但系以方位为准，与文武之别无关。

③ 《史记》卷九九《叔孙通列传》，北京：中华书局，1959年，第2723页。

汉初以十月为岁首,故诸侯群臣朝十月实际就是汉武帝以后的元旦朝会。如引文所见,在此次朝会中,功臣列侯诸将军军吏等武官东向立,丞相以下文官西向立,二者班列井然有别。史传的这一记载也得到出土文献的确认,湖北江陵张家山三三六号墓及荆州胡家草场墓曾出土汉简《朝律》,以更为详尽的后者为例:

> 丞相立东方,西面。彻侯为中二千石者以位次次,中二千石次,诸侯丞相次,吏二 2903 千石次,诸侯太傅次,中郎将、太中大夫次,故吏二千石次,千石至六百石、博士次,皆 2905 北上。都官吏五百石至三百石陪立千石以下后,北上。太尉立西方,东面。将军次,北 2908 上。军吏二千石次,故军吏二千石次。①

尽管文字稍有差异,但丞相以下文官东向立、太尉以下武官西向立,二者分班排列,这一点与史传完全一致。② 汉代文武分列的朝位原则也为后世所继承,迄今所见文武官员一同参与的朝贺,大抵均循此展开。

与文武分列相比,高低排序的原则渊源更早。《孟子·公孙丑章句下》"朝廷莫如爵,乡党莫如齿";《庄子·天道》"朝廷尚尊,乡党尚齿";《文子·上仁》"乡里以齿,老穷不遗,朝廷以爵,尊卑有差"。这些文字近似的表述都指向同一个秩序意识,即朝廷排序,当以官爵高低为参照。汉初叔孙通制朝仪,尽管百官站位时如

---

① 熊佳晖《胡家草场汉简〈朝律〉所见文帝时期的朝仪与职官》,《江汉考古》2023 年第 2 期。张家山三三六号墓出土《朝律》,见彭浩主编《张家山汉墓竹简(三三六号墓)》上册,北京:文物出版社,2022 年,第 211—216 页。

② 宋人徐天麟撰《西汉会要》收录一份西汉班序表,百官分三列排序,且不分文武,见《西汉会要》卷三七《班序》,上海:上海人民出版社,1977 年,第 438—441 页。揆其内容,应是徐天麟据《汉书·百官公卿表》等推测的官职高低列序,并非实际朝位如此。

何排序史传表述尚显模糊，但据其后"诸侯王以下至吏六百石以次奉贺"、①"诸侍坐殿上……以尊卑次起上寿"，推测朝位排序以官员身份高低为据，当不算无稽。及魏晋以降，曹魏末年诞生的官品本就是百官朝位的抽象展现；②《唐六典》称唐代"凡文武百僚之班序，官同者先爵，爵同者先齿"，其小字注云"谓文武朝参行立：二王后位在诸王侯上，余各以官品为序。致仕官各居本色之上。若职事与散官、勋官合班，则文散官在当阶职事者之下，武散次之，勋官又次之。官同者，异姓为后。若以爵为班者，亦准此"，将朝位依官爵高低排序的原则解释得尤为详明，③唐代甚至出现显示朝会中百官位次的一品班、二品班、三品班、四品班、五品班这样的朝位标识。④至于宋代以降，从标识百官朝会时站位的石位（排班石）、品级山，以及传世明《奉天殿丹墀班位图》《奉天殿常朝侍立图》、清《太和殿朝贺位次图》等可知，朝会之际官员同样遵循身份高低排序。⑤

　　文武分列与高低排序是朝位安排的基本原则，但官员朝位又非完全由此决定，其他一些因素也会影响官员具体排位。譬如在部分朝会中，一些具有特定属性的官员或被特殊对待。阎步克注意到《晋书·百官表》引西晋傅咸奏云："公品第一，执珪，坐侍臣之上；特进品第二，执皮帛，坐侍臣之下。"⑥案西晋时侍臣，如前引叶炜文所

①关于奉贺，张家山三三六号墓出土《朝律》记载尤详，其顺序分别是诸侯王—丞相、太尉—诸侯王使者—将军—吏二千石、诸侯丞相—故吏二千石—千石。
②阎步克《品位与职位——秦汉魏晋南北朝官阶制度研究》，第226—255页。
③《唐六典》卷二《尚书吏部》"郎中二人"条，北京：中华书局，1992年，第33页。
④《唐会要》卷二五《文武百官朝谒班序》，上海：上海古籍出版社，2006年，第560—563页。
⑤阎步克《中国古代官阶制度引论》，第209—210页；《学术讲座：制度史视角中的酒爵酒尊——周代爵制的原生可视形态》，《席位爵与品位爵——东周礼书所见饮酒席次与爵制演生研究》，第322—324页。
⑥阎步克《品位与职位——秦汉魏晋南北朝官阶制度研究》，第249页。

见,系指以门下省为核心的门下省、散骑省与侍中省官员,官品大约分布在三品至五品之间。① 三品以下的侍臣,座位却在二品特进之上,这显然超出一般朝位安排,而侍臣能享有如此礼遇,与其皇帝近臣身份密不可分。《唐会要》载唐代《文武百官朝谒班序》,也提到一些官员被特殊安排,包括由左右散骑常侍、门下中书侍郎、谏议大夫、给事中、中书舍人、起居郎及舍人、左右补阙、左右拾遗、通事舍人组成的供奉官,"在横班序";御史大夫、御史中丞不与御史台其他官员合班,居六品班之后,而是各自别立于三品官、五品官之上。案两省供奉官所在横班,指朝谒之时侧近官员横向(东西向)序位于殿前、较之殿下班列更临近殿上御座的位置,与宋代指称内客省使至阁门使、副使的武阶之横班不同。据此,在唐代百官朝谒中,两省供奉官及御史大夫、御史中丞皆有其特定班位,不与其他官员混立。② 及至宋代,枢密、宣徽等内职在朝会秩序中异军突起,在内廷朝参中大抵先于宰臣以下外朝官员入殿起居;明代则是侍从群体尤受眷恩,于朝位中享有"超脱"位置。③

　　另一方面,当存在多个位阶序列时,朝会时官员位次安排也会变得复杂。以位阶序列最为繁复的唐宋为例,唐代如前引《唐六典》述唐代文武百僚班序时所见,在散、职、勋、阶乃至前任官、致仕官等各种位阶并存的情况下,排序时并非只考量单一位阶,而是各种位阶皆纳入考虑,但有先后次序,依次为职事官、文散官、武散

---

① 叶炜《从武冠、貂蝉略论中古侍臣之演变》,《唐研究》第 13 卷,2007 年,第 151—152 页。

② 任石《唐代朝谒班序与台谏地位》,中央民族大学硕士学位论文,2011 年,第 13—14 页。

③ 分见任石《北宋元丰以前日常朝参制度考略》,《文史》2016 年第 3 辑;《北宋元丰后的内廷朝参制度》,《史学月刊》2017 年第 9 期;胡丹《明代"朝班"考述》,《故宫博物院刊》2009 年第 1 期。

官、勋官、爵,前任官、职事官则在同品之上。如果《隋书》所谓隋代班序原则"以品之高卑为列,品同则以省府为前后,省府同则以局署为前后焉"①为唐代所继承,则官员所属官署的属性亦在考量之列。宋代亦是多种位阶综合考虑,如任石所论,"北宋前期,用以排定等级、决定班位的因素已不局限于官品或职事部门,而是发展为一个十分复杂的综合体。更确切地说,是在以无职掌的本官阶为'衡量基准'的前提之下,有选择性地叠加一系列与职任相关的'插入项',包括等级较高的一部分差遣、职名,任职先后,资序深浅,二府旧臣或前任两制等因素"。②元丰改制以后,虽然"衡量基准"渐向职事官转移,但具体排序受诸多"插入项"影响,则依然如故。③概言之,宋代官员朝位安排虽然存在单一的衡量基准,但因诸多插入项的存在,使得官员具体排位复杂多变,担任同一官职的官员,其位次在不同时期可能相差极大。

此外,官员朝位还受场合限制,不同朝会场合,位次可能也会有差异。前引唐《文武百官朝谒班序》即显示了这种状况。任石注意到,御史大夫、御史中丞在横行参贺辞见时,分别位于散骑常侍之上和谏议大夫之下,与常朝时朝位不同。④又同班序载供奉官常朝时位列横班,入阁则各随左右省,同样表明随朝会场合不同,部分官员朝位发生变化。⑤宋代亦有类似情况。任石分析元丰改制前文官班位时曾举若干例子,如皇祐五年(1053)因田况上书诏田况、高若讷、

---

① 《隋书》卷二八《百官志下》,第 794 页。
② 任石《分层安排:北宋元丰改制前文官班位初探》,《中国史研究》2018 年第 2 期,第 158 页。
③ 任石《以职事官为重心:试析北宋元丰后的文官班位》,《中华文史论丛》2018 年第 2 期;《试论南宋班位——兼谈杂压功能的多元化趋向》,《古代文明》2022 年第 1 期。
④ 任石《唐代朝谒班序与台谏地位》,第 17 页。
⑤ 《唐会要》卷二五《文武百官朝谒班序》,第 560 页。

王举正排位,常朝起居依据内职,殿门外序班及宴会座次依据皇祐旧例;熙宁三年(1070)诏依编修阁门仪制所言,以带学士职名的权御史中丞冯京,正衙常朝、内殿起居以中丞立班,杂压从学士之仪;咸平五年(1002)御史台上言提及右谏议大夫、权中丞王化基,正衙常参立中丞砖位,内殿起居立本官班等,体现的都是这种官员朝位因朝会不同或朝会内环节不同而出现差异的情况。① 在新近发表的《官、爵、尊卑之间:宋代宗室班位》一文中,任石还提到不同场合宗室班位的变化,指出相比朝会立班、大敕系衔突出官僚等级,官位、资历得以优先,宴饮、行香、转官更重视宗亲身份,礼遇尊长,尊卑也颇具取代官位先决地位的可能,②亦即在不同场合,宗室朝位安排各有侧重,由此具体位次也存在参差。

　　以上种种突破朝位设定基本原则的情形,严格说来都是制度性的,事实上,史传所见官员朝位非同常规的安排,也有不少出自非制度性的干扰。任石研究中已举出若干宋代的例子,如明道二年(1033)仁宗不顾阁门建议,将范讽朝位提升至狄棐之上,源自宰相李迪对范讽的偏袒;治平四年(1067)神宗不满阁门依照任职先后排出的执政官班序,将次序第四的张方平提升至第二,因神宗试图尊重"旧德"、重用张方平;元丰六年(1083)神宗出于个人因素,不顾同知枢密院先于尚书左右丞的旧制,强行将同知枢密院事安焘移至尚书右丞李清臣之下;元祐五年(1090),宣仁后同样出自优待、重用旧臣的考虑,打破此前三年刚刚确立的执政"以除授为先后"的原则,将先除授的同知枢密院韩忠彦序于尚书左丞苏颂之下,等等。③ 其

---

① 任石《分层安排:北宋元丰改制前文官班位初探》,《中国史研究》2018 年第 2 期。
② 任石《官、爵、尊卑之间:宋代宗室班位》,《中华文史论丛》2024 年第 2 期。
③ 分见任石《分层安排:北宋元丰改制前文官班位初探》,《中国史研究》2018 年第 2 期;《以职事官为重心:试析北宋元丰后的文官班位》,《中华文史论丛》2018 年第 2 期。

他历史时期,类似事件同样屡见不鲜。《续汉书·百官志一》载将军位次:"世祖中兴,吴汉以大将军为大司马,景丹为骠骑大将军,位在公下……明帝初即位,以弟东平王苍有贤才,以为骠骑将军;以王故,位在公上,数年后罢。……和帝即位,以舅窦宪为车骑将军,征匈奴,位在公下;还复有功,迁大将军,位在公上;复征西羌,还免官,罢。安帝即位,西羌寇乱,复以舅邓骘为车骑将军征之,还迁大将军,位如宪,数年复罢。"①东汉大将军、骠骑将军、车骑将军,其位次或在三公上,或在三公下,完全视人而定,人为干扰因素极为突出。要之,正如中国古代官制设计始终存在诸如以人置官、废官、授官、尊官乃至改变官职清浊等非理性元素,官员朝位安排同样难以摆脱人为因素影响,部分官职位次因人而异,乃至与制度不合,也就不难理解了。

通过以上论述可知,古代官员朝位设计虽然存在基本原则,但最终确认官员在某一场合具体朝位的决定性因素,却可能复杂多变。不过,总体而言,朝位仍然是一种身份展示,展示官员地位高低——这种地位高低可能是通过某个位阶序列进行展示的制度性安排,也可能是某一历史时刻的现实政治地位,无论如何,朝位先后对应着身份高低,这一点毋庸置疑。正是在此意义上,可以认为区分官员等级乃是朝位最基本的功能。而除分等之外,朝位还具有不逊于舆服的分类意义。前述文武分列以及具有特定属性的官员被特殊对待,业已一定程度地体现这一点,传世各类朝会仪或朝会图所见宋代以降朝位安排,更是充分且直接表明朝位的分类功能极为突出。任石曾制作多幅北宋徽宗朝编《政和五礼新仪》所记朝会百官起居立位的图示,包括紫宸殿望参、垂拱殿四参及垂拱殿日参。以垂拱殿日参为例,如图3-1所示,在此内朝班与外朝班合班起居

---

① 《续汉书·百官志一》,《后汉书》,第3563页。

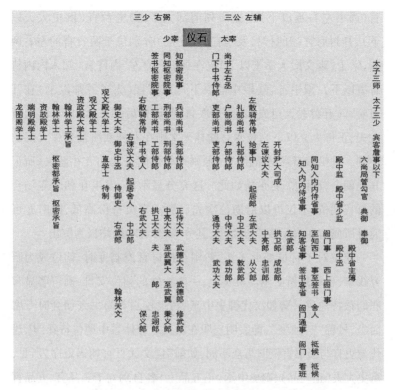

图 3－1　垂拱殿日参仪之群臣起居立位①

的朝会场合,各类官员"物以类聚,人以群分",依照官职属性及机构集合站位:宰执三公(太师、太傅、太保)、三少(少师、少傅、少保)、②左辅(侍中)、右弼(中书令)、太宰(尚书左仆射)、少宰(尚书右仆射)居于班列最前,枢密院除都承旨、承旨外,其余(知枢密院事以下)集中位于西列之首,两省官(门下侍郎、中书侍郎以下)、尚书台

① 出自任石《北宋元丰后的内廷朝参制度》,《史学月刊》2017 年第 9 期,第 61 页。
② 关于《政和五礼新仪》中三公的性质,参龚延明《"三公官"从相之别称到正官考识》,初刊《浙江大学学报(人文社会科学版)》2009 年第 5 期,后收入氏著《中国古代制度史研究》,杭州:浙江大学出版社,2013 年,第 34—35 页。

官(尚书左右丞以下)占据班列前部大半,御史台官(御史大夫以下)、开封府官(开封尹)及学官(大司成)分别位于两省官的左右两侧,学士(观文殿大学士以下)更在御史台官左,内侍官(知入内内侍省事以下)、殿中省官(殿中监以下)、东宫官(太子三师以下)在开封府官(开封尹大司成)右侧依次排列,班列后部主体为武阶(通侍大夫、正侍大夫以下),伎术官翰林天文则在左列武阶最末保义郎的左侧。垂拱殿日参时群臣立位原则并非孤例,《政和五礼新仪》所记其他朝会,群臣立位亦是如此。这充分显示出,发生在朝会等场合的百官朝位,不仅可以借助位次先后展示官员身份高低,同时亦可通过所属官职群呈现官职类型,其分等、分类功能均极为突出。

朝位对于官员如此重要,然则在探讨官僚制度时,朝位成为研究线索,也就理所必然。事实上,一些特殊的朝位安排,确可彰显官职的独特地位。譬如汉代御史中丞、司隶校尉与尚书令朝会时专席而坐,号称"三独坐",即表明三职在汉代官僚体系中地位特殊。[1] 唐代御史官与尚书官依旧与众不同,如前引《文武百官朝谒班序》所见,御史大夫(正三品)、御史中丞(正五品上)各自别立于三品官、五品官之上,尚书诸职则序于二品班以下各班之首,御史官与尚书官虽不专席而坐,但别立、居首的朝位安排仍然显示诸职地位超脱。又汉魏六朝九卿朝位,西汉前期廷尉、内史排名靠前,东汉以降太常稳居九卿之首,在阎步克看来,廷尉、内史、太常位次的反转,不仅反映三者政治地位发生变化,同时还折射出秦汉官僚政治文化的变迁,即秦及西汉"以刀笔吏治天下",东汉以降制度设计则深受儒家文化影响。[2]

---

[1]《后汉书》卷二七《宣秉传》,第 927 页;卫宏撰,孙星衍辑《汉旧仪补遗》卷上,周天游点校《汉官六种》,第 88 页。

[2] 阎步克《从〈秩律〉论战国秦汉间禄秩序列的纵向伸展》,《历史研究》2003 年第 5 期。

此外,唐代翰林学士殿廷立班,以职事官叙位,内廷侍宴,座位则跃居宰相之下、一品之上,与其"内相"身份若合符契,宋代翰林学士不只参与外朝排班,且拥有相对固定的立班位置,同样适配于彼时翰林学士走出内廷的情形;南宋"合班之制"中,品级偏低的中书、门下两省官与尚书省官一般压在品级较高的寺监官之上,品级偏低的京官压在品级较高的选人之上,也显示不同机构、不同属性的官员实际政治地位的参差;北宋后期,三衙管军逐渐获得正式班位,南宋时原本叙位班在枢密之下的管军,凭借军功获得高过宰执的阶官,甚至可能公然跃居枢密之上,表明武臣等级地位在北宋后期以降日益提升。① 在这些例子中,朝位均构成彰显官职、官员身份地位的重要符号,提示现实政治中官职、官员地位的变迁。

朝位安排还显示出某类官职的特殊性。宋代文官群体就"纵向"等级而言,大致形成宰执、侍从、庶官三个身份等级:宰执为宰相与执政的总名,包括宰相、参知政事、枢密长贰等;侍从包括两省给舍及谏议以上、带待制以上职名、两制以上;侍从以下则为庶官。如任石所论,三类官职在北宋前期排位原则并不一致,其中宰执群体,本官与差遣的分离最为彻底,差遣(任职先后)能够优先于本官,独立决定班位;侍从群体,本官与差遣的分离不够彻底,本官、职名、差遣、资序之间密切关联,综合主导官员排序;庶官群体,本官与差遣的分离最不彻底,以优先本官为主,三司副使、权副使、权发遣,则需要借助本官,进一步区分序位层次。② 由此可见,不同的朝位安排原则,实际反映出宋代文官三个身份等级官职属性的差

① 分见任石《分层安排:北宋元丰改制前文官班位初探》,《中国史研究》2018 年第 2 期;《以职事官为重心:试析北宋元丰后的文官班位》,《中华文史论丛》2018 年第 2 期;《试论南宋班位——兼谈杂压功能的多元化趋向》,《古代文明》2022 年第 1 期。
② 任石《分层安排:北宋元丰改制前文官班位初探》,《中国史研究》2018 年第 2 期。

异,其为本官、差遣抑或二者之间,在朝位安排上也能获得一定程度的印证。

和印绶、舆服一样,朝位也能折射中国古代官制结构的某些特点。前引任石研究曾提及,宋代内廷朝参除按"先文后武""自高至低"排定群臣班次外,还有一个原则在其中发挥作用,即"由内及外",譬如枢密以下内职先于宰臣以下外朝官员入殿起居。所谓内职,按照《宋史·职官志》的描述即是"枢密、宣徽、三司使副、学士、诸司而下",该身份群体的出现,根源于其供职内廷的使职原本的内臣属性,亦即内职从属于内朝,原初与皇帝关系近密。① 无独有偶,在其他历史时期,与皇帝关系近密的官僚,其朝位安排常常也较突出。譬如晋朝侍臣,座位在一品公之下,二品特进之上;明代侍从,尽管品秩多不高,但朝位安排"难拘品级",百官入朝时独侍从可以上殿,其余文武官五品以下,则并列于丹陛左右。至于唐代,如《文武百官朝谒班序》所见,由左右散骑常侍、门下中书侍郎等组成的供奉官,位在更临近殿上御座的横班序,而左右散骑常侍等,正是唐代侍臣的主要构成。② 要之,在帝制时代多数时期,与皇帝关系近密的侍臣、内职在朝位安排上均显示出邻近皇帝的特征,与外朝臣僚相区分。而官僚群体的内外之分——并非中央官与地方官,而是中央官内部分出内官、外官或曰宫廷官、朝廷官,正是中国古代官制结构一以贯之的重要特征。③ 和田清且提出中国古代官制演变"波纹式循环发生"的经典结构,即皇帝身边的内臣不断侵夺外朝官

---

① 任石《北宋元丰以前日常朝参制度考略》,《文史》2016 年第 3 辑,第 174—175 页;《分层安排:北宋元丰改制前文官班位初探》,《中国史研究》2018 年第 2 期,第 159—160 页;《北宋元丰后的内廷朝参制度》,《史学月刊》2017 年第 9 期,第 62 页。
② 叶炜《从武冠、貂蝉略论中古侍臣之演变》,《唐研究》第 13 卷,2007 年,第 155—159 页。
③ 阎步克《中国古代官阶制度引论》,第 64—74 页。

僚权力,与此同时自身也逐渐外朝化,最终为新的内臣所取代,如此周而复始。① 要之,朝位安排中优先内职以及由此衍生的内外之分,尽管与官制结构中的内外之分未必完全吻合,但二者存在共通之处,这一点毋庸置疑。在此意义上,朝位亦是窥视官制结构的可能符号之一。

印绶、舆服、朝位之外,还有不少附丽于官职的物质性待遇,同样允为具有显著视觉效应的官制文化表征。譬如古已有之的各级官署规模,汉代业已存在的官贵房宅门施行马;至迟从北周开始出现、官府及官僚私门皆可设置的门戟;②唐代官员家庙的数量,房屋的间架,死亡后的赠赗,送葬时的辒车规格、铭旌长度,埋葬时的墓园及封土大小,墓上碑碣及石人石兽的构成,墓内随葬品的尺寸、数量,等等,③无不与官员的身份地位紧密关联,无不可以成为探讨官职、官制的重要符号。要之,这些配属各级官员、视觉效应突出的物质性待遇,虽然未必能反映诸如王朝日常管理、行政事务运作等官

---

① 和田清编著《支那官制発達史(上)—特に中央集権と地方分権の消長を中心として・序説》,东京:汲古书院,1973 年,第 4—8 页。案和田清此说,章太炎已有类似论断,参余时《"君尊臣卑"下的君权与相权》,《中国思想传统的现代诠释》,南京:江苏人民出版社,1989 年,第 106—107 页。

② 关于门戟,参杨泓《中国古代的戟》,《中国古兵器论丛(增订本)》,北京:文物出版社,1985 年,第 188—189 页。

③ 宿白《西安地区的唐墓形制》,初刊《文物》1995 年第 12 期,后收入氏著《魏晋南北朝唐宋考古文稿辑丛》,北京:文物出版社,2011 年,第 148—159 页;孙秉根《西安隋唐墓葬的形制》,《中国考古学研究——夏鼐先生考古五十年纪念论文集(二)》,北京:科学出版社,1986 年,第 151—190 页;齐东方《试论西安地区唐代墓葬的等级制度》,北京大学考古系编《纪念北京大学考古专业三十周年论文集(1952—1982)》,北京:文物出版社,1990 年,第 286—310 页;齐东方《唐代的丧葬观念习俗与礼仪制度》,《考古学报》2006 年第 1 期;吴丽娱《终极之典——中古丧葬制度研究》,北京:中华书局,2012 年,第 405—532 页等。

僚制度最核心的内容,但因与官员息息相关,具有折射官员身份地位的意义,故理应进入视野,用以探讨中国古代的官职、官制。如果借用《论语》中子夏的名句并稍稍转换其语义,基于印绶、舆服、朝位等符号对官制的探讨,未尝不是"虽小道,必有可观者焉"。

五、官制的文化表征之三:礼仪

严格说来,上述所论印绶、舆服、朝位等附丽于官职的物质性待遇,亦属礼仪,不过这类物质性待遇大抵属于静态展示的礼仪形式,本节则更关注那些具有完整程序及动态过程的礼仪,譬如祭祀、婚冠、朝会、丧葬、册授官爵、皇帝即位等。礼仪也是社会学、人类学关注的重心,传统礼制史、社会史、思想史乃至政治史亦对礼仪青睐有加,而有着众多官员参与的各类礼仪,无疑也是探讨王朝官职、官制的绝佳场域。

案帝制时代官员参与的礼仪,以官员参与方式为基准,大致可以分为两类,一类以皇帝或皇室为主角,官员仅是辅助性的角色。这类礼仪主要见于王朝礼典,正史礼仪志也多有载录,王朝层面的吉、凶、军、宾、嘉五礼,大抵皆属此类。第二类以官员为参与主体,皇帝未必参与,即便参与,也非绝对主角。这类礼仪大抵以仪注形式存世,王朝礼典及正史礼仪志多不记载。两类礼仪,前者主要见于王朝礼典,姑名之为"典礼",后者借用应劭《汉官仪》之名,或可称为"官仪"。[1] 当然,上述区分亦非绝对,譬如《大唐开元礼》即载有以官员为主体的册授官爵(卷一〇八、卷一〇九)、品官婚冠丧(卷一

---

[1] 也有学者称"公仪"或"官礼"。

一七至卷一二五、卷一三八至卷一五〇）乃至朝集使于尚书省礼见、任官初上相见、京兆河南牧初上、万年长安河南洛阳令初上（并卷一二六）等，不过总体而言，以典礼、官仪分别对应以皇帝、皇室为主体和以官员为主体的礼仪，大致可以成立。

王朝典礼虽不以官员为主角，但官员在其中仍不可或缺。譬如东汉皇帝即位，太尉奉送传国玺绶；郊祀天地，太尉掌亚献，司徒掌省牲视濯，司空掌扫除乐器；皇帝大丧，太尉掌告谥南郊，司徒掌奉安梓宫，司空掌将校复土。需要说明的是，在这些典礼中，太尉等三公只是主要执事者，其他众多官员也未缺席，不夸张地说，诸如皇帝即位、郊祀、大丧等重要典礼，几乎牵动帝国官僚全体。

无待赘言，王朝典礼中参与的官员，其性质并不一致。一类官员是典礼之各仪式、环节的具体执行者，是为执事或曰行事，缺少了他们，典礼便无法进行。前述东汉诸礼中的太尉等三公，即属此类；又东汉皇帝大丧仪中，充当执事者除典掌丧事的三公，负责仪卫的中黄门、虎贲郎、羽林郎、北军五校等各类侍卫外，还包括奏东园秘器的东园匠、考工令，安排参与者位次的大鸿胪、谒者、治礼，上太牢奠的太常，负责次奠的太官食监、中黄门尚食等。这类官员参与典礼大抵以职事为依据，如告谥南郊、奉安梓宫、将校复土均明确见于东汉三公职掌，奏东园秘器、安排参与者位次也是东园匠、考工令、大鸿胪、谒者等的固有职责。史传中屡见不鲜的执事官原缺，往往由其他官员兼其职而行事，尤能证明执事官参与典礼的基础在于其职掌。

对于牵动官员全体的重大典礼而言，充当执事的官员只是极少一部分，更多官员则是以普通参与者的身份参与。总体而言，作为普通参与者的官员，其参与典礼时的位置、次序乃至方式，主要以地位高低为依据。前述朝会位次安排已显示这一点，东汉皇帝大丧礼中大鸿胪排定的百官位次——三公、特进、中二千石、列侯、二千石、六百石、博士，①以及前引张家山三三六号墓出土《朝律》所见汉初岁首朝会时群臣奉贺顺序：诸侯王—丞相、太尉—诸侯王使者—将军—吏二千石、诸侯丞相—故吏二千石—千石，均遵循地位高低依次排列，也可印证这一点。

地位高低之外，在一些场合，与皇帝关系的远近或也构成影响典礼环节的因素。北魏太和十四年（490）九月，文明太后去世，孝文帝在与群臣多次论辩后，最终确定群臣丧服方案如下（表3−5）。可以看到，在丧服等级与服丧时长的安排上，尽管地位高低也发挥作用，但更具决定性意义的则是侍臣、内职、外臣、小官、庶民等身份，与皇帝关系最近的侍臣丧服最重、丧期最长，关系不及侍臣的内职次之，外臣又次之，小官、庶民与皇帝关系最为疏远，服制也最轻。在此丧服安排中，与皇帝关系的远近，作用更为突出。②

表3−5　北魏吏民为文明太后服丧表③

服　等	职　官	服丧时长
除服即吉	庶民、小官	无
素服	羽林中郎以下、虎贲郎以上的内职，五品以下无衰服的外臣	三月

① 中华书局点校本作"治礼引三公就位，殿下北面；特进次中二千石；列侯次二千石；六百石、博士在后"（《续汉书·礼仪志下》，《后汉书》，第3142页），据此，群臣位次似为三公、中二千石、特进、二千石、列侯、六百石、博士。考《汉官仪》称"诸侯功德优盛，朝廷所敬者，位特进，在三公下；其次朝侯，在九卿下；其次侍祠侯"，且学者也确认特进列于"公"位，故点校本标点当有误，应作"治礼引三公就位，殿下北面；特进次；中二千石、列侯次；二千石、六百石、博士在后"。分见应劭撰，孙星衍辑《汉官仪》卷上，周天游点校《汉官六种》，第155页；藤井律之《特进的起源与变迁—列侯从光禄大夫来》，《東洋史研究》第94卷第4号，2001年，第11—13页。
② 黄桢《北魏前期的官制结构：侍臣、内职与外臣》，《民族研究》2016年第3期。
③ 出自黄桢《北魏前期的官制结构：侍臣、内职与外臣》，《民族研究》2016年第3期。

服　等	职　官	服丧时长
练	外臣五品以上衰服者	三月
	诸王、三都、驸马,高于羽林中郎的内职	六月
君服斯服	侍臣	一年

王朝典礼中官员的参与情况大致如上所述,由官员担当主角的官仪,以是否有皇帝或官方参与,也可分为两类。一类有皇帝或官方参与,如拜授官爵、接待臣僚、大臣丧礼等;另一类无皇帝或官方参与,最典型的就是官员会面之礼。关于前者,《大唐开元礼》详细记载拜授官爵和大臣丧礼的仪式环节,其中拜授官爵大致按官爵高低,分临轩册命诸王大臣、朝堂册命诸臣及遣使册授官爵三等;大臣丧礼亦明确以官品为标准,分三品以上丧、四品五品丧、六品以下丧三等。汉代拜授官爵也有格差,《汉旧仪》载西汉仪式如下:

> 拜御史大夫为丞相,左、右、前、后将军赞,五官中郎将授印绶;
>
> 拜左、右、前、后将军为御史大夫,中二千石赞,左、右中郎将授印绶;
>
> 拜中二千石,中郎将赞,御史中丞授印绶。[1]

如上所见,西汉拜授丞相、御史大夫、中二千石时,其赞者及授印绶者身份依次递降,拜授仪式出现明显等级差异。

《汉旧仪》还记载皇帝接见臣僚时的礼仪亦存差异:

> 皇帝见诸侯王、列侯起,侍中称曰:"皇帝为诸侯王、列侯

---

[1] 卫宏撰,孙星衍辑《汉旧仪补遗》卷上,周天游点校《汉官六种》,第 66 页。

起!"起立,乃坐。太常赞曰:"谨谢行礼。"皇帝在道,丞相迎谒,
谒者赞称曰:"皇帝为丞相下舆"。立乃升车。皇帝见丞相起,
谒者赞称曰:"皇帝为丞相起。"立乃坐。太常赞称:"敬谢行
礼。"宴见,侍中、常侍赞,御史大夫见皇帝称"谨谢",将军见皇
帝称"谢",中二千石见皇帝称"谢",二千石见皇帝称"制曰
可",太守见皇帝称"谢"。①

可以看到,刨去皇帝见诸侯王、列侯、丞相时需要起立、下舆不论,单从
皇帝回答大臣行礼时的用语也可看出,皇帝接见臣僚时的礼仪至少
可以区分出三等,即诸侯王、列侯、丞相一等,答曰"谨谢行礼"或"敬
谢行礼";御史大夫一等,答曰"谨谢";将军、中二千石、二千石、太守
一等,答曰"谢"。② 三种答语虽仅数字之差,其间尊卑皎然可见。

　　至于官员会面之礼,其下又可分出官员初上之礼与日常会面之
礼。所谓官员初上之礼,也称上事仪,即指官员初到任与同僚相见之
礼。该礼较受王朝重视,《大唐开元礼》专门记载了任官初上(诸州上
佐同)、京兆河南牧初上(诸州刺史都督同)、万年长安河南洛阳令初上
(诸县令同)时的官员相见仪式。唐代之前亦有类似初上之礼,譬如汉
代八座丞郎初拜,并集都座交礼。③ 此交礼如何进行,今已不可晓,但
汉代尚书台诸职新官上任会见同僚时存在一定仪节,这一点殆无疑
问。又汉代对新上任官员拜谒非同官署官员也有规定,如吏二千石初
除,诣丞相府东曹掾拜部,谒者赞之;司隶校尉初除,谒大将军、三公,
通谒持板揖;诸州刺史初除,比诸(有脱文),持板揖,不拜,等等,④这

---

① 卫宏撰,孙星衍辑《汉旧仪补遗》卷上,周天游点校《汉官六种》,第 66 页。
② "二千石见皇帝称'制曰可'"一句殊不可解,疑有讹误。
③ 应劭撰,孙星衍辑《汉官仪》卷上,周天游点校《汉官六种》,第 143 页。
④ 卫宏撰,孙星衍辑《汉旧仪》卷上,周天游点校《汉官六种》,第 67 页;蔡质撰,孙星
　衍辑《汉官典职仪式选用》,周天游点校《汉官六种》,第 208、209 页。

类仪节大约也属官员初上之礼。

与官员初上之礼相比，官员日常会面之礼出现的频率更高，也更能反映官职间的相互关系。按照会面场所，官员日常会面之礼又可进一步细分为"相见礼"与"路遇礼"，前者指官员在公共场合会面时的仪节，既可能是一人前往另一人的衙署府邸谒见，也可能是两人在第三方提供的场所会面，后者指官员在道路相遇时应行的礼仪。① 官员相见礼的相关礼仪，岸本美绪据清顺治年间的《文武相见仪注》总结为如下几点：其一，进入拜访衙门的方式，包括1. 落轿或下马的位置，2. 受访者到哪里迎送，3. 从哪个门进入；其二，会面时各种规定，包括1. 服装，2. 会面时的身体礼仪，3. 座席位置；其三，往来文书形式，包括1. 公文往来所用文书，2. 会面时递呈的"手本"。② 无待赘言，这些礼仪同样适用于其他历史时期的官员相见之礼。关于路遇礼的相关礼仪，小野达哉对唐代后半叶路遇礼的考察指出，彼时路遇礼可以分出两大类：其一是下马礼与敛马礼，前者指下马路边等待，后者不必下马，驻马路边即可；其二是回避礼，即道路回避。下马礼仅见于四品以下官施于三公、亲王，东宫四品以下官施于太子三师，六部郎中施于尚书仆射，敛马礼主要施于同一官署内品阶相差二品以上且有直接统属关系的官员；回避礼除用于宰相、御史中丞外，另多用于御史台官。两类路遇礼施行人群的差异表明二者施敬原则不同，下马礼、敛马礼以官阶高低及统属关系的上下为依据，是为阶统式秩序；回避礼以职权大小为依据，是为职权式秩序。而施敬原则不同，导致相关官员道路相遇时对于如何施行路遇礼或存在冲突。③

---

① "相见礼"与"路遇礼"的区分，承学棣高鑫提示，谨致谢忱。

② 岸本美绪《清初の「文武相見儀注」について》，《東洋史研究》第68卷第2号，2009年，第97—107页。

③ 小野达哉《唐代後半の路遇礼と官人の秩序》，《文化史学》第68号，2012年，第71—93页。

要之,唐代后半叶官员相遇礼的核心在于对道路优先通行权的争夺,地位卑者往往需要对尊者礼让退避。这样的通行原则,在其他王朝也是共通的。

大体而言,官员会面礼是对参与会面的两个或多个官员地位高低的直观反映,因此在原则上,官员会面时,地位卑者需向尊者行礼。不过在实际政治中,官员会面之礼却颇为复杂。首先,官员并非要向所有地位高于己者行礼。譬如唐《仪制令》规定官员会面应隔品致敬("拜"),接受致敬的官员官品需高于致敬者两品以上,如三品拜一品,四品拜二品,且隔品致敬仅限于本司"相统属者",没有统属关系则不需致敬。① 而汉代,尽管官员致敬是否也和唐代一样需要隔品尚存疑问,但致敬对象仅限于所属官府秩级高者,则与唐代如出一辙。② 此外,唐《仪制令》还规定官员之间若有长幼亲戚关系,则从私礼。③ 该规定在明洪武二十年(1387)确认官员相见之礼的《礼仪定式》中仍可见到。④ 在从私礼的原则下,官品卑者若亲属地位较高,则不必向官品尊者行礼致敬。

其次,致敬可能限于特定的空间位置。《宋书·礼志二》引史臣按语:

> 今朝士诣三公,尚书丞、郎诣令、仆射、尚书,并门外下车,履,度门阈乃纳展。汉世朝臣见三公,并拜。丞、郎见八座,皆

---

① 仁井田陞《唐令拾遗·仪制令第十八》,东京:东方文化学院东京研究所,1933年,第490—491页。

② 青木龙一《後漢の相見儀制:公儀における「敬」を中心に》,《集刊東洋学》第121号,2019年,第62—81页。青木文且提及汉唐官员致敬方式不同,唐代致敬指行"拜"礼,汉代致敬则为"执板",或"执板拜""执板揖"。

③ 仁井田陞《唐令拾遗·仪制令第十八》,第491—493页。

④ 杨一凡、田涛主编《中国珍稀法律典籍续编》第3册《明代法律文献(上)》,哈尔滨:黑龙江人民出版社,2002年,第380页。

持板揖,事在《汉仪》及《汉旧仪》,然则并有敬也。陈蕃为光禄
勋,范滂为主事,以公仪诣蕃,执板入阁,至坐,蕃不夺滂板,滂
投板振衣而去。郭泰责蕃曰:"以阶级言之,滂宜有敬;以类数
推之,至阁宜省。"然后敬止在门,其来久矣。①

按照礼仪,作为僚佐的光禄勋主事范滂应向长官光禄勋致敬,但致
敬只需在阁门之外,范滂"执板入阁",意味着进入阁门后仍保持施
敬状态,而陈蕃并未制止("不夺滂板"),结果惹得范滂不快,"投板
振衣而去"。阁门内外何以官员相待方式存在差异,对此学者尚无
确切解释,②无论如何,阁门成为汉代官员会面时致敬与否的重要标
志物,阁门外致敬如仪,门内则不需。而从史臣按语可知,官员致敬
"敬止在门",这一原则至少在刘宋时期仍然沿用。

再者,一些官员可以跳出礼敬原则,享有特殊礼遇。学者注意
到,汉代的尚书台官、谒者台官、侍中、黄门侍郎及御史台官等,在官
员日常会面中地位特殊。譬如尚书仆射、左右丞郎、御史中丞、侍御
史在东汉南北宫之间的复道上遇见三公、列卿、将、大夫、五营校尉
时,秩级更高的三公、列卿等需要"豫相回避"。③ 尚书台官和侍中还
可跳出没有统属关系无需致敬的原则,分别接受他官署的司隶校
尉、左都候(卫尉属官)、谒者和河南尹、司隶校尉等的致敬。考虑到
司隶校尉秩比二千石,与侍中相当,高于任何尚书台官,河南尹中二
千石,秩次在侍中之上,此点尤不可思议。④ 当然,司隶校尉亦非普

①《宋书》卷一五《礼志二》,第412页。
② 青木龙一怀疑可能与公礼、私礼相关,然未有详细论述。参青木龙一《後漢の相見
儀制:公儀における「敬」を中心に》,《集刊東洋学》第121号,2019年,注(15)。
③ 东汉尚书仆射六百石,尚书左右丞、郎四百石,御史中丞千石,侍御史六百石,三公、
列卿等除大夫间有千石以下者外,其余均在比二千石以上。
④ 青木龙一《後漢の相見儀制:公儀における「敬」を中心に》,《集刊東洋学》第121
号,2019年,第71—76页。

通官员。如前引《宋书·礼志二》所见,"汉世朝臣见三公,并拜",司隶校尉面对大将军、三公时却可以"公仪、朝贺无敬",据此,司隶校尉礼遇虽不及尚书台官、侍中,但也出于一般庶官之上。又光禄勋所属、秩级比三百石至比六百石的三署郎,亦"于三公诸卿无敬",然则三署郎在汉代官员日常会面中也享有礼遇。①类似一些官员享有特殊礼遇的情形,在其他历史时期同样存在。②

官员初上之礼与会面之礼是官员在特定场合所展示的交往礼仪的一个瞬间,如果稍稍扩展开去,则官员日常交际——也包括官与吏、官与民之间的交际,未尝不是一种由官员担当主角的礼仪行为。明代不知名者撰官箴书《初仕要览》云"交际者,士人所不免",③清人潘杓灿撰官箴书《未信编》也说:

> 交际之礼,居官必不可缺。凡庆令节,上下同寮,例用馈送。同城者,只开揭帖亲送;远者,上司宜大启,同寮宜小启,差役呈送。其献新祝贺谢候等事,必周旋以图和好,慢事惜费者多致参商也。④

① 蔡质撰,孙星衍辑《汉官典职仪式选用》,周天游点校《汉官六种》,第 208、202 页。青木龙一认为无敬包括两种形式,一种是不执板而拜,一种是基于对等立场而行对揖之礼,按照前一形式,司隶校尉、三署郎"无敬"三公,与"汉世朝臣见三公,并拜"似无矛盾。不过,揆以史文,此说不能成立。见青木龙一《後漢の相見儀制:公儀における「敬」を中心に》,《集刊東洋学》第 121 号,2019 年,第 70 页。

② 譬如唐代供奉官,明代巡按御史、近侍官等,在官员会面之际均享有殊礼。分见吴丽娱《试论唐后期中央长官的上事之仪——以尚书仆射的上事为中心》,《中国社会科学院历史研究所学刊》第 3 集,北京:商务印书馆,2004 年,第 263—291 页;赵克生《明代中后期的官礼变动与官礼之争——以朝参、品官相见礼为中心》,《明代国家礼制与社会生活》,北京:中华书局,2012 年,第 86—89、90—92 页。

③ 《初仕要览·交际》,官箴书集成编纂委员会编《官箴书集成》第 2 册,合肥:黄山书社,1997 年,第 30 页下栏。

④ 潘杓灿《未信编》卷五《几务上·交际》,官箴书集成编纂委员会编《官箴书集成》第 3 册,第 151 上栏—160 页上栏。

将官员交际之礼的发生场合、注意事项乃至书信格式等说得尤为详细明白。① 两种官箴书针对的是明清官员,在历史早期,官员交际之礼也很普遍。《荀子·强国》称秦国官员"出于其门,入于公门,出于公门,入于其家,无有私事也,不比周,不朋党,倜然莫不明通而公也"。② 荀子观察到的秦国特殊之处,恰恰印证官员之间频繁交往才是战国后期的正常现象。事实上,即便秦人,从睡虎地秦简《为吏之道》、岳麓书院藏秦简《为吏治官及黔首》均有不少告诫官员交往的内容看,毋宁说官员交往亦非罕见。③ 至于汉代,尹湾汉墓出土《赠钱名籍》及各类名谒、名刺,以及西北烽燧出土诸多私人信件,也显示彼时官员交往乃是平常。④ 不夸张地讲,尽管没有直接证据,但不难想见,大约从官僚制诞生的那一刻开始,官僚之间的交往即随之产生。而官员之间的交际之礼,虽未明确见诸王朝规定,但无疑是官僚制度的重要构成。透过官员间的交际,不仅可以窥知官员身份地位的参差,同时还能观察身处官场的各级官员如何运转行政机器或谋求个人利益,在后者意义上,官员日常交际已然成为探讨官

① 这里说的是官员在任时的交际,事实上官员在赴任之前,相关交际已然开启。关于清代官员尤其是知县的交际情况,参山本英史《新官上任——清代地方官及其政治生态》,魏郁欣译,北京:北京师范大学出版社,2023 年,第 1—103 页。
② 王先谦《荀子集解》卷一一《强国篇》,北京:中华书局,1988 年,第 303 页。
③ 睡虎地秦墓竹简整理小组《睡虎地秦墓竹简》,北京:文物出版社,1990 年,图版、释文分见第 79—85、165—176 页;朱汉民、陈松长主编《岳麓书院藏秦简(一)》,上海:上海辞书出版社,2010 年,图版、红外照片图版、释文分见第 26—37、108—149、187—191 页。
④ 蔡万进《尹湾汉墓简牍论考》,台北:台湾古籍出版有限公司,2002 年,第 111—168 页;高村武幸《漢代地方官吏の社会と生活》,《漢代の地方官吏と地域社会》,东京:汲古书院,2008 年,第 199—241 页;邹秋筠《汉代官场交际活动与仕进考课方式的演变——从师饶名谒说起》,清华大学硕士学位论文,2013 年;王彬《汉晋间名刺、名谒的书写及其交往功能》,《出土文献》第 8 辑,上海:中西书局,2016 年,第 221—235 页;侯旭东《宠:信——任型君臣关系与西汉历史的展开》,北京:北京师范大学出版社,2018 年,第 171—207 页等。

僚体制运行的重要密码。

无待赘言,官员参与的上述礼仪,无论官员是否担当主角,对于探讨中国古代官职、官制都具有重要意义。譬如前述特定官员在日常会面礼中享有殊礼,显然源自它们在王朝官僚体系中地位突出。汉代尚书、御史、谒者台官及侍中、黄门侍郎、三署郎,或为皇帝近臣,或为风宪之官,地位均非普通官员可比。① 而从"御史中丞遇尚书丞、郎,避车执板住揖,丞、郎坐车举手礼之,车过远乃去"可知,尚书台官的重要性且在御史台官之上。② 司隶校尉公仪、朝贺无敬大将军、三公的殊礼安排,结合"三独坐"的朝位设定,也印证其在汉代官僚政治中非同一般。③ 又宋代三衙管军在北宋时期由不敢求见中书舍人到道路相逢敛马驻立再到"与学士相逢,分道而过,更无敛避之礼",反映出"两制渐轻而三衙渐重"的发展趋势;南宋时管军与宰臣"分庭抗礼",更是表明彼时军将因军兴地位不断提升。④

展现官员政治地位外,官员日常会面之礼还有助于认识王朝官制的其他内容。蔡质《汉官典职仪式选用》称十二陵令见河南尹无敬,⑤河南尹辖境内的十二陵县县令,无需向地方长官河南尹致敬,这对理解东汉陵县性质不无启示。又《宋书·百官志》云参军"本于府主无敬,晋世太原孙楚为大司马石苞参军,轻慢苞,始制施敬",⑥身

① 青木龙一判断尚书台官、谒者台官及侍中、黄门侍郎享有殊礼,或与诸职参与诏敕起草与传达相关,可备一说。参青木龙一《後漢の相見儀制:公儀における「敬」を中心に》,《集刊東洋学》第 121 号,2019 年,第 71—76 页。
② 蔡质撰,孙星衍辑《汉官典职仪式选用》,周天游点校《汉官六种》,第 205 页。
③ 朱绍侯《浅议司隶校尉在东汉的特殊地位——司隶校尉研究之三》,《南都学坛(哲学社会科学版)》1997 年第 1 期。
④ 任石《试论南宋班位——兼谈杂压功能的多元化趋向》,《古代文明》2022 年第 1 期。
⑤ 蔡质撰,孙星衍辑《汉官典职仪式选用》,周天游点校《汉官六种》,第 211 页。
⑥ 《宋书》卷三九《百官志上》,第 1223 页。

为军府僚佐的参军不致敬府主,这一殊难理解的安排,为认识参军与府主的原初关系提供了思路。此外,宋人朱彧撰《萍洲可谈》提到"宰相礼绝庶官,都堂自京官以上则坐,选人立白事;见于私第,虽选人亦坐,盖客礼也",选人在公共场合见宰相只能站立白事,学者据此并结合朝位安排,进一步确认宋代选人群体的独特属性。①

不仅官员会面之礼,官员初上之礼,日常交际之礼,有皇帝或官方参与的官仪,乃至官员只是以辅助性角色参与的王朝典礼,对于认识官职、官制同样多有启示。吴丽娱曾以唐后期尚书仆射的上事仪为中心,梳理仪节起伏及相关争议,指出尚书仆射作为唐初宰相和百官"端揆"的职权地位下降是导致其礼仪地位下降的总体原因,而御史台对内对外监察和台参制度的实行,提高了御史台长官的地位和职权,使得御史中丞对仆射上事仪不满,最终推翻此仪。② 阎步克通过皇帝接见臣僚之礼及拜授官爵之礼,佐证西汉丞相与御史大夫在西汉后期虽然俱无秩名,但二职实际"位次有序",存在高下之分。③ 小林聪梳理三公在礼制世界中的地位变化,指出三公在西晋以降的郊祀、大丧、皇帝即位、皇帝冠礼、皇太子冠礼、大社祭祀、元会仪等王朝典礼中仍保持较高地位,梁武帝时才有所削弱。这一观察丰富了学界对魏晋六朝时期三公地位的认知。④

至于礼仪考察对于探讨官制整体结构或者王朝统治体系的意

① 任石《以职事官为重心:试析北宋元丰后的文官班位》,《中华文史论丛》2018 年第 2 期。

② 吴丽娱《试论唐后期中央长官的上事之仪——以尚书仆射的上事为中心》,《中国社会科学院历史研究所学刊》第 3 集,2004 年,第 263—291 页。

③ 阎步克《从爵本位到官本位——秦汉官僚品位结构研究(增补本)》,第 313—317 页。

④ 小林聪《漢六朝時代における礼制と官制の関係に関する一考察—礼制秩序の中における三公の位置づけを中心に》,《東洋史研究》第 60 卷第 4 号,2002 年,第 105—136 页。

义,前述黄桢通过分析冯太后丧礼中百官吏民服制的差异,勾勒出北魏官僚结构自内而外依次为侍臣、内职、外臣的圈层结构,已显示这一点。笔者对汉魏、魏晋两次禅让仪式中行事官的考察,试图揭示曹魏、西晋治国理念的差异,即汉魏禅让以御史大夫奉送玺绶,体现出曹魏重法务实;魏晋禅让以"太保+太尉"组合奉送玺绶,表明西晋重视儒家理想政治。[1] 小林聪瞩目西晋时期的礼制秩序,以西晋元会仪之委贽环节特进、金紫将军奉皮帛为线索,指出西晋在传统等级序列中另增加"孤"这一层级,用以容纳汉末以降逐渐发展起来、介于公卿之间的特进、光禄大夫、二三品将军等官员,由此在礼制世界形成以天子为顶点,以下依次为王、公、孤、卿(中二千石)、二千石、千石、六百石(及以下)的等级秩序。[2] 又岸本美绪在整理《文武相见仪注》的基础上,注意到其中着意提升武官地位,在作者看来,清初提升武官地位,不能简单视为只是纠正明末重文轻武的弊害,而应将其放入清廷试图解决明末以来地方官场文武官员统属关系不明、中央政府难以管辖的脉络中来思考,即清廷试图在重编总督、巡抚、提督、总兵等常设官职、明确各自职掌的同时,通过礼仪整理文武官员间的相互统属关系,借以建立可视化的一元秩序。[3] 要之,基于礼仪观察官制,无论是具体官职还是整体官制结构,学者均已进行了诸多富有启示的探讨。但与中国古代资料丰富、内容庞杂的礼仪现象相比,迄今为止的探讨还远远不够,礼仪作为官制的重要文化表征,其背后的官制内涵仍有巨大空间等待探索。

---

[1] 拙稿《禅让行事官小考》,《史学集刊》2015年第2期。

[2] 小林聪《西晋における礼制秩序の構築とその変質》,《九州大学東洋史論集》第30号,2002年,第34—40页。

[3] 岸本美绪《清初の「文武相見儀注」について》,《東洋史研究》第68卷第2号,2009年,第97—107页。

六、结语：洞见与陷阱

北宋欧阳修在评述历代治理方式时有一个著名论断，即三代以上"治出于一"，三代以下"治出于二"。所谓"治出于一"，指国家统治一切出于礼，以"礼乐达于天下"；"治出于二"，则是统治方式一分为二，"其朝夕从事，则以簿书、狱讼、兵食为急，曰：'此为政也，所以治民。'至于三代礼乐，具其名物而藏于有司，时出而用之郊庙、朝廷，曰：'此为礼也，所以教民。'此所谓治出于二，而礼乐为虚名"，亦即随着统治方式区分为治民、教民二途，旨在"教民"的礼乐化为虚名，用以"治民"的簿书、狱讼、兵食等实际行政事务则成为紧要之事。在欧阳修的认识中，自秦代以降，礼乐在官僚政治中的作用趋于弱化，官僚政治日益偏于理性行政的一面。①

欧阳修的观察有其洞见，不过亦存偏颇，侯旭东新刊论文就对此论断提出质疑。通过对东汉卫宏撰《汉旧仪》所见西汉时期丞相府属吏与丞相之间往来方式的梳理，侯氏指出礼仪在中国古代官僚政治中始终扮演着重要角色，并对20世纪以来在马克斯·韦伯（Max Weber）理性官僚制理论影响下制度史研究偏重"理性行政"而忽视"仪式性"的研究理路进行了反思。② 这一提示是准确的，事实上直到今天，礼仪仍是官僚体制顺畅运行不可或缺的因素。③ 然则

① 《新唐书》卷一一《礼乐志一》，北京：中华书局，1975年，第307—308页。
② 侯旭东《〈汉旧仪〉所见西汉相府中丞相—属吏的往来方式：兼论"治出于二"与官僚政治》，《中山大学学报（社会科学版）》2024年第6期。
③ 周雪光《中国国家治理的制度逻辑——一个组织学研究》，北京：生活·读书·新知三联书店，2017年，第34—37页。案现代官僚制中的礼仪元素并非中国所独有，在世界范围内均广泛存在，这也成为政治仪式研究的重要课题。参王（转下页）

在中国古代官僚制度研究中,包括印绶、舆服、朝位等的静态礼仪(符号),具有完整程序及仪节的动态礼仪(礼仪),以及和礼仪一样犹如官僚体制运行的"润滑剂"、发挥柔性统治作用的官制书写(语言),无论如何也不应遗漏在视野之外。

案语言、符号、礼仪均属文化范畴,不过,正如本章开头所说,我们的目标并非新文化史,而是借鉴新文化史重视语言、符号、礼仪的研究视角。因此,当我们将目光投向与官职、官制相关的语言、符号、礼仪时,语言、符号、礼仪自身并不构成研究终点,它们只是作为附着于官制的文化表征,用作探讨官僚制度的线索和切口。前文对学界已有成果的梳理,也充分展示了语言、符号、礼仪等官制文化表征对于探讨传统官僚制度的意义。总体而论,对于官制研究,立足新文化史视角对语言、符号、礼仪等的考察,至少在以下六个方面都可提供有益线索。其一,单个官职的身份与地位,即通过官制文本对某官的特定书写或印绶、舆服、朝位、礼仪对某官超出常规的安排,探讨某官在身份或职责上的特殊之处,进而呈现其在王朝官僚体制中的特殊地位。其二,某类官职的身份与地位,即同样瞩目官制文本的特定书写或印绶、礼仪等的特殊安排,着力发掘某类官职的特殊之处。这类官职既可以出自同一机构,如御史台官、尚书省官等,也可以在属性上具有近似之处,如鼎足而立的三公、宋代禁军高级统领三衙管军,官僚体系中的另类构成宦官,与皇帝关系近密、由多机构官职集合而成的侍臣等。其三,某一时期官僚制度的结构性安排,其中官制结构如帝制时代共通的文武之分,中央官与地方官之分,中央官内部的内朝与外朝之分,汉魏六朝特有的有印之官与无印之官之分等;等级秩序如历史早期公卿大夫士序列的演变,

---

(接上页)海洲《政治仪式——权力生产和再生产的政治文化分析》,南京:江苏人民出版社,2016年,第9—10页。

唐宋以降九品官品从四等分段到三等分段,宋代官僚体系自高而低分宰执、侍从、庶官三类等。其四,官僚体制的演进。譬如代国玺、楼劲分别依据印绶从官名印到官署印及官制文本书写差异,论述汉唐行政体制变迁;阎步克基于冠服功能由注重职事分类到强调级别分等,考察帝国品位结构发展;岸本美绪瞩目清初提升武官礼仪地位,揭示清廷完善地方行政关系等。这类研究虽然数量不多,但都取精用宏,富有启示。其五,官僚制度的文化取向及其变迁。譬如笔者基于官制文本叙述模式从"长官为纲"到"官署为纲",检视汉唐官制认识的变化;依据汉魏禅让与魏晋禅让行事官的差异,挖掘曹魏、西晋治国理念的差异等,即属此类。其六,官僚制度运行的"潜规则",侯旭东立足官员日常交往对官员之间信—任关系的探讨,即为此类研究的代表。① 要之,尽管受制于语言、符号、礼仪等主要指向官员的身份地位,自此切入的官制研究也有视觉盲区,譬如王朝日常管理、具体事务运作等,便往往为语言、符号、礼仪等鞭长莫及;不过,正如前举诸研究所见,作为官制文化表征的语言、符号、礼仪等,对于官职、官制研究而言仍不啻为打开一扇新窗户,不仅可以印证一般官制研究业已发明的结论,在一些场合还能揭示后者难以关照之处,展现全新的官制内容。

不过,正如新文化史自身存在隐忧一样,新文化史视角下的官制研究也有需要警惕之处。新文化史视角下的官制研究,正如文中一再表述的那样,语言、符号、礼仪等,被赋予了官制文化表征的意义。在此设定下,语言等与官制的关系乃是二者密切相关,甚至一一对应,前者恰如平静水面上的鱼浮,点滴动静均提示官职、官员地位变化的暗流涌动。然而在现实政治中,语言、符号、礼仪等与官制

---

① 侯旭东《宠:信—任型君臣关系与西汉历史的展开》,第171—207页。

的对应并不总是如此理想，在一些场合，二者之间存在明显偏差。譬如笔者曾指出汉代存在两种九卿排序，一种是与朝位对应的礼制序列，西汉排序尚不稳定，东汉则形成稳定的太常、光禄勋、卫尉、太仆、廷尉、大鸿胪、宗正、大司农、少府自上而下的九卿排序；另一种是九卿相互迁转及九卿升任更高级官职时所呈现的九卿序列，西汉时期同样暧昧，东汉则出现明确格差，除卫尉稍显游移外，太常、光禄勋高居前两位，太仆、大鸿胪、大司农居中，廷尉、宗正、少府"叨陪末座"。很明显，两个序列并不完全一致，这也就意味着，九卿朝位并不能完全展现诸职在王朝官僚体系中的实际地位。① 又任石提到宋代官员朝位存在"从一高班"原则，亦即从系衔诸要素（官、职、差遣）中选取官位最高的一个官职参与序位，在此原则下，宋代部分官员的朝位必然也或与实际地位不相吻合。② 语言、符号、礼仪等与官职地位出现偏差，其实并不难理解，二者毕竟属于两个层面的内容，如果说前者出于王朝规定，后者则更多源自实际政治，规定与现实若即若离，势必导致语言等与官制难以严丝合缝。

另一方面，王朝规定的滞后性，也常导致语言、符号、礼仪等与官制现实出现偏差。前引叶炜揭橥中古侍臣及官吏分途冠服落后于现实政治已显示这一点，小林聪指出六朝时期尚书、门下、中书三省高官的礼制地位长期与现实地位不符，直到梁武帝改制才使二者合拍，同样展现符号、礼仪等落后于现实政治的一面。③ 固然，史传

---

① 拙稿《汉代的九卿排序》，待刊稿。

② 任石《分层安排：北宋元丰改制前文官班位初探》，《中国史研究》2018 年第 2 期，第 158 页；《以职事官为重心：试析北宋元丰后的文官班位》，《中华文史论丛》2018 年第 2 期；《试论南宋班位——兼谈杂压功能的多元化趋向》，《古代文明》2022 年第 1 期。

③ 小林聪《西晋における礼制秩序の構築とその変質》，《九州大学東洋史論集》第 30 号，2002 年，第 34—40 页。

中也不时可见王朝对符号、礼仪等因时而变、随宜调整,但传统路径的强大制约,使得这些调整常常在官制现实发生变化很晚之后才姗姗来迟,由此作为文化表征的语言、符号、礼仪等与官制现实出现偏差,也就在所难免。

除了语言、符号、礼仪等与官制现实天然存在偏差之外,学者在尝试建立二者的关联时,也或出现误读。一些语言、符号等所指向的官制内容,单看特定时间、特定仪制,似乎如此,但若放宽视野,从更长时段、更大范围进行观察,则可能别有洞天。譬如学者或据唐后期车服安排注重曾任职事官或依照职事官品级,推断唐后期以降散官地位不断下降,但实际在北宋前期,散官仍是官员服色的重要依据,散官并未完全退出官员等级安排的舞台。① 诸如此类还有一些,兹不赘述。要之,正如一切学术研究一样,学者对语言、符号、礼仪等与官制关联的解读,也难免出现曲解误读之处。而类似误读的存在,加之语言等与官制现实天然存在的可能偏差,使得新文化史视角下的官制研究绝非坦途,唯有仔细辨明语言、符号、礼仪等各类官制文化表征,进而准确建立其与官制的关联,官制研究的新文化史之路才能行稳致远。

附记:本文写作源自指导博士生高鑫撰写毕业论文时产生的想法,写作过程中也与高鑫博士往返交流,获益良多。又本文初稿完成后,曾于华东师范大学举办的"中国古代的国家与地方治理学术研讨会"(2024 年 10 月)上提交发表,蒙与会师友惠赐诸多宝贵意见,清华大学侯旭东教授亦对本文写作多有提示,谨此一并致谢。

---

① 陈文龙《论唐宋时期的"赐绯紫"》,《北大史学》第 17 辑,2013 年,第 49—51、55—56 页。

碑志研究篇

第四章　近年来中古碑志研究的新动向

　　碑石为学人所宝,可谓尚矣。早在汉代,石刻铭文即为史家留意,《汉书·艺文志》记《奏事》二十篇,纂集"秦时大臣奏事,及刻石名山文也",遂开"中国金石之学有著录之始"。① 魏晋以下,学者渐据碑志进行职官、地理、人物、年代等的考订。宋代金石学兴起,作为金石重要构成之碑志亦备受瞩目,各种著录、摹写、考释、评述层出不穷。及至清代朴学大兴,在此激荡之下,学者更有意识地利用碑石证经补史,推动古代碑志研究达到顶峰。

　　而在现代历史学传入之后,碑石证史之风相沿不替,碑志仍是中国古代史、特别是中古史研究最为倚重的出土文献之一。尤其是近四十年来,随着碑志大量出土或重新发现,加之在历史研究方法上实证史学回归,中古史领域的碑志研究更显活跃,不仅新出碑志资料吸引学者密切关注,旧有碑志文献亦在学者的精耕细作之下老树新芽,焕发勃勃生机。② 学者或据单方碑志考订人物生平,校补史

---

① 陈国庆编《汉书艺文志注释汇编》,北京:中华书局,1983年,第69页。

② 魏斌近年来的系列研究可为代表,如《南朝佛教与乌伤地方——从四通梁陈碑刻谈起》,初刊《文史》2015第3辑,后收入氏著《"山中"的六朝史》,北京:(转下页)

传疏失,或利用墓志群进行婚姻、仕宦、年寿、交游等的大数据式分析,碑志研究已然成为中古史研究最具活力的领域之一。值得注意的是,在近年来的碑志研究中,还浮现一些新的动向,显示出碑志研究出现新的增长点的可能。以下即以对这些新动向的梳理为基础,尝试总结和探讨中古碑志研究丰富多元的发展方向。①

一、谱系的发现及建构
过程之探讨

　　无论中古时期是否构成一个特殊的贵族政治时代,有一点可以肯定,即士族在这一时期的政治、社会中占据极为显耀的位置。而作为构建士族门第、确认士族身份的婚宦二端,皆详见于各种官私谱牒,故从很早时期开始,刻于碑志的谱系便受到学人瞩目,学者或据以复原某一家族的世系构成,或借之观察士族的婚姻、仕宦。这些研究大多将碑志所记谱系视为史料,致力于探讨其所呈现的政治、社会状况,对于作为一种文本的谱系自身却没有深入分析。

　　譬如对于碑志所刻谱系与中古时期盛行的官私谱牒有什么联系,以往学者即罕有思考。② 陈爽《出土墓志所见中古谱牒研

　　(接上页)生活·读书·新知三联书店,2019 年,第 213—273 页;《跋金庭馆碑》,《敦煌吐鲁番文书与中古史研究——朱雷先生八秩荣诞祝寿集》,上海:上海古籍出版社,2016 年,第 119—131 页;《昙始碑考证:史传阙失与地方记忆》,《文史》2018 年第 3 辑等。

① 本文所谓"中古",并非严格的历史分期概念,只是宽泛地指称魏晋南北朝隋唐时期,偶或及于汉、宋。又文中所举相关研究,限于笔者所见,容有遗漏,敬请谅解。

② 叶昌炽、陈直曾有指摘,参叶昌炽撰,柯昌泗评《语石 语石异同评》,北京:中华书局,1994 年,第 214 页;陈直《南北朝谱牒形式的发现和索隐》,《文史考古论丛》,天津:天津古籍出版社,1988 年,第 218—230 页。

究》①敏锐地注意到两晋南北朝墓志中大量存在着在特定位置、以特定行款格式书写的文字,这些位置包括志首、志尾(尾记)、志阴、志侧甚至志盖阴面,其行款格式呈现出以下三个特点:1. 分段提行,前后有留白;2. 特定的内容低格书写;3. 特定内容之间有空格分开。这些文字也具有统一的书写规范和文本格式,如 1. 只叙官爵不述行状;2. 叙及母系世系,不仅表述郡望,且追述父祖官爵;3. 所有子息全部收录,不厌其详。从这些特殊"志例"入手,陈氏判断这一时期墓志中那些位于特定位置并以特殊行款书写的家族谱系,乃是官私谱牒的直接抄录或经简单改写的节录,而引谱入志,以谱牒与志文互为补充,是中古时期墓志撰写的一种特定体例格式。

以上述发现为基础,陈氏进一步尝试推导和复原两晋南北朝谱牒,总结其书写格式、主要内容及基本特征,包括:

1. 谱牒按行辈分列书写,一人一列;先叙述父祖,再叙同辈,再及子女;同辈先叙男性,后叙女性,女性配偶低一至两格书写。父祖书写格式比较严格,每一辈另行书写;子女书写格式稍显随意;妻子父祖官爵及子女夫婿父祖官爵以双小字形式记注。

2. 存在谱序。

3. 世系追溯详近略远,祖辈一般只追述到曾祖,个别历书有显赫历官的远祖。

4. 最核心内容为官爵,家族成员、母妻外家及出嫁女子夫婿的父祖官爵都一一列入。

5. 婚姻关系记载详尽,后娶之妻与再嫁之夫具有同等地位。

6. 官爵婚姻外,还保留一些家族成员的其他信息,如子女年龄、

---

① 陈爽《出土墓志所见中古谱牒研究》,上海:学林出版社,2015 年。

家族成员卒葬地等。

按照这一标准,陈氏从出土墓志中辑存出 232 份(实为 211 份)魏晋至隋代的谱牒,使得湮没无闻的中古谱牒重新问世,大大扩充了原本并不丰富的中古史料。

针对陈氏的发现,范兆飞《士族谱牒的构造及与碑志关系拾遗——从〈出土墓志所见中古谱牒研究〉谈起》①一方面肯定陈氏从墓志中发现中古谱牒的贡献,另一方面也对书中复原的中古谱牒提出疑义。他认为墓志所见谱牒,应是从士族谱牒中摘录的与志主紧密相关的文字,属"谱牒节录本",完整的中古谱牒应包括姓氏源流、房支分化、成员官职和婚姻嫁娶等。此外,对于中古墓志"引谱入志"的现象,范氏也倾向于这并非中古"凭空出现"的独特志例,而是上承汉代谱系入碑,下启唐朝以降谱系重新回到碑上。由此可见,尽管对于碑志所记谱系是否即等同中古谱牒,学者尚有不同意见,但前者与后者存在莫大关联,却是毋庸置疑的。

不过,碑志所记谱系与中古官私谱牒存在关联并不意味着前者即真实可靠。事实上,对于士族谱系的攀附和假冒,自陈寅恪提出李唐先世乃伪托陇西李氏郡望以来,便一直是学界关注的焦点。无论是高齐、杨隋、李唐三朝先世,还是弘农杨氏、太原王氏、汝南袁氏以及地位稍低一些的张氏等,其谱系的伪托和冒袭,学者都已有一定程度揭示。② 不过,这些研究尚多停留在发现谱系中抵牾之处并加以辨伪的层面,对于其具体建构过程,则缺乏深入分

---

① 范兆飞《士族谱牒的构造及与碑志关系拾遗——从〈出土墓志所见中古谱牒研究〉谈起》,初刊《唐研究》第 22 卷,北京:北京大学出版社,2016 年,第 509—540 页,后收入氏著《祖先光谱——中古士族的谱系与谱牒》,上海:上海古籍出版社,2024 年,第 37—81 页。

② 最新回顾参郭伟涛《论北魏杨播、杨钧家族祖先谱系的构建——兼及隋唐弘农杨氏相关问题》,《中华文史论丛》2017 年第 4 期。

析。① 仇鹿鸣《"攀附先世"与"伪冒士籍"——以渤海高氏为中心的研究》②于此做了开拓性的工作,他以渤海高氏为例,通过纵向和横向两个层面,具体揭示了渤海高氏谱系的制作过程。仇氏借鉴"古史辨"学说,将渤海高氏谱系形成视为一个层累建构的过程,谱系的纵向延伸和横向叠加为此过程的一体两面;关于前者,指出这种延伸大致分为两个步骤:首先将世系攀附到陈留高氏,这一过程当在北魏末年完成,并被魏收载入《魏书》。随着士族之间关于世系长度的竞争愈演愈烈,便进一步将先世攀附至齐国高氏,这一过程或许开始于隋代,至唐代姓氏书、墓志中更趋完善。关于后者,文章指出随着渤海高氏郡望的形成,原非此郡望出身的汉人或非汉人高氏纷纷借助皇权力量或通过任官、移居、归葬等手段冒姓渤海高氏,其结果固然造成渤海高氏谱系紊乱,但另一方面则进一步强化了渤海高氏这一郡望。显然,仇氏这一研究的意义并不仅限于渤海高氏,文中对士族谱系存在层累建构的总体判断,以及揭橥纵向——"攀附先世"、横向——"伪冒士籍"一组概念,均使得该文超越个案层面,而在理论方法上具有范式意义。

---

① 当然亦非完全没有涉及,陈寅恪对李唐先世的考察,汪篯对安忠敬祖先世系的指摘,守屋美都雄对太原王氏始祖传说的批判及旁系出现的探讨,姜士彬(David Johnson)对北宋初年若干"赵郡"李氏族人祖先书写的辨析,陈勇对汝南袁氏籍贯更迭的梳理,都曾约略触及谱系建构过程。陈寅恪《唐代政治史述论稿》,北京:生活·读书·新知三联书店,2001 年,第 183—200 页;汪篯《西凉李轨之兴亡》,《汪篯汉唐史论稿》,北京:北京大学出版社,2017 年,第 526—527 页;守屋美都雄《六朝門閥の一研究——太原王氏系譜考》,东京:日本出版协同株式会社,1951 年,中译《六朝门阀——太原王氏家系考》,梁辰雪译,上海:中西书局,2020 年;姜士彬《一个大族的末年——唐末宋初的赵郡李氏》,范兆飞译,范兆飞编译《西方学者中国中古贵族制论集》,北京:生活·读书·新知三联书店,2018 年,第 278—298 页;陈勇《汉唐之间袁氏的政治沉浮与籍贯更迭——谱牒与中古史研究的一个例证》,《文史哲》2007 年第 4 期。
② 仇鹿鸣《"攀附先世"与"伪冒士籍"——以渤海高氏为中心的研究》,《历史研究》2008 年第 2 期。

这之后，仇氏又将目光投向地位稍低的南阳白水张氏，追踪其兴衰轨迹，及与吴郡、清河、范阳、敦煌等张氏郡望竞争及共生的关系。在《制作郡望：中古南阳张氏的形成》①一文中，仇氏指出，南阳张氏大约在魏晋时期开始出现，北朝隋唐之际成为张姓主流郡望，在墓志中被广泛使用，唐中期以后，南阳张氏郡望逐渐衰落。尽管文章的重心置于南阳张氏郡望的兴衰演变，但其中亦有不少笔墨触及南阳张氏谱系的形成及流衍，由此显示出一个来源不明、分布广泛、人物庞杂的二流虚拟郡望的建构过程。不过，或许由于南阳张氏的谱系资料过于庞杂，其谱系制作细节不如渤海高氏清晰。

仇氏之外，在中古士族研究中颇多建树的范兆飞亦致力于探寻士族谱系的建构过程。《中古郡望的成立与崩溃——以太原王氏的谱系塑造为中心》②注意到中古第一流士族的太原王氏之谱系也有层累形成的过程，指出在太原王氏成立期的魏晋之世，祖先追溯通常仅及汉魏，东汉末年的王柔、王泽兄弟被视为祖先；南朝太原王氏试图与汉末王允建立联系；及北魏孝文帝铨定姓族，太原王氏郡望之尊达到顶峰，对祖先的追溯也为时风所及越来越早，东汉初叶的"王霸为太原王氏始祖"成为共识，神仙人物、春秋时的太子晋也渐被纳入祖先记忆，后者在唐代以降成为主流；《新唐书·宰相世系表》将太原王氏先世攀附至太子晋，同时糅合汉魏时期太原王氏的祖先记录，将原本并无关联的太子晋、秦将王翦/王贲/王离祖孙、汉代王霸等联系起来，由此形成完整的太原王氏祖先世系。由此可见，在太原王氏谱系形成的过程中，北魏构成重要阶段，正是在此时

①　仇鹿鸣《制作郡望：中古南阳张氏的形成》，《历史研究》2016 年第 3 期。
②　范兆飞《中古郡望的成立与崩溃——以太原王氏的谱系塑造为中心》，初刊《厦门大学学报(哲学社会科学版)》2013 年第 5 期，后收入氏著《中古太原士族群体研究》，北京：中华书局，2014 年，第 254—274 页。

期,谱系中的远祖逐渐增多,谱系开端亦大幅提前,唐代在此基础上的延伸、整理,则标志着太原王氏谱系建构的完成。

在另一篇对太原郭氏谱系建构过程的考察中,范兆飞也有类似发现。《中古士族谱系的虚实——以太原郭氏的祖先建构为例》①指出魏晋时期太原郭氏的祖先记忆通常仅追溯两三代人;北魏时谱系开始向上延伸,西周虢叔、东汉司徒郭丹、名士郭泰等进入祖先记忆;及至隋唐,战国时燕昭王客卿郭隗、西汉武帝时并州刺史郭伋、东汉孝子郭巨、晋上党太守郭容,甚至与太原郭氏无涉的魏晋名士郭嘉、郭象等,也陆续在各种谱系中出现,子虚乌有的汉冯翊太守郭孟儒则被郭子仪家族视为垄断性谱系资源,追认为祖先。上述历史或非历史人物在太原郭氏谱系中出现,显示出太原郭氏谱系在不同阶层、不同地域、不同身份的郭氏后裔的书写中不断延展、丰富的过程。不过,范氏也意识到太原郭氏迄未形成统一的祖先记忆,认为这正是中古谱系虚实相杂而又乱中有序的双重变奏的体现。可以看到,范氏的考察基本以时间为序,逐步揭示不同时期士族谱系的动态变化,尤其重视对谱系中新出现人物的清理。经过这一梳理,士族谱系建构过程中的攀附、伪冒、错谬、杂乱等细节,便较为清晰地呈现出来。

在新近刊出的《士族谱系的变奏——基于中古太原白氏的个案考察》②一文中,范氏又以太原白氏谱系为例,再度确认中古士族谱系虚实相杂的变奏属性。文中,作者不再像前文那样瞩目白氏谱系中那些血缘联系可疑的祖先问世的时间,而是聚焦于8—9世纪间白

---

① 范兆飞《中古士族谱系的虚实——以太原郭氏的祖先建构为例》,初刊《中国史研究》2017年第4期,后收入氏著《祖先光谱——中古士族的谱系与谱牒》,第205—233页。

② 范兆飞《士族谱系的变奏——基于中古太原白氏的个案考察》,初刊《中华文史论丛》2018年第4期,后收入氏著《祖先光谱——中古士族的谱系与谱牒》,第234—264页。

氏祖先追溯的诸文本,挖掘其间的异同及变化。作者注意到,和太原王氏、郭氏等的谱系类似,太原白氏的祖先世系亦大致由上古传说祖先、汉魏六朝英雄祖先及近世真实祖先构成,真实祖先与虚拟祖先并存,表现出二元对立的双轨制特征,而白氏远祖构建从南到北、自夷入夏,则使得双轨更为复杂。要之,虚实相杂乃是范氏给中古士族谱系贴上的一个基本标签,在此标签下,区分真实祖先与虚拟祖先,进而追问后者出现的过程和缘由;在作者看来,虚拟祖先的出现源自士族祖先叙述中的攀附,而攀附的出现及攀附范围的扩张、延伸,则与士族阶层的演变和认同密切相关。

仇氏和范氏的研究都显示出中古士族谱系建构大体存在从杂乱无章到成熟定型的过程,这一点在吴曼玉、吴洪琳对代北窦氏谱系建构的考察中也有体现。在《中古时期代北窦氏的祖先谱系建构与郡望伪冒》①一文中,作者指出,代北胡族窦氏在向华夏名族扶风窦氏攀附的过程中,稍早的《窦泰墓志》《窦兴洛墓志》叙述郡望、祖先存在张冠李戴,表明彼时谱系建构尚未固定;及至北朝末及隋唐之际,谱系建构渐趋成熟,"扶风平陵"及两汉窦姓人物稳定地成为谱系叙述中的郡望和祖先;这之后,"窦统北人鲜卑"情节的杜撰,填补了谱系书写中代北与华夏之间的缺环,而在"黄帝后裔"族源传说扩张的影响下,窦氏祖先被进一步追溯至黄帝及其后裔,由此完成了代北窦氏的谱系建构。胡族窦氏的谱系建构显示出,不仅真实或名义上的汉人士族汲汲于制作或高尚或显赫的列祖列宗,非汉姓族亦在此谱系建构潮流中"上下其手",制作同样辉煌长久的祖先世系。事实上,正如学者在北族墓志中所发现的那样,通过伪托望族和冒袭先祖建构家族谱系,在彼时非汉姓族中极

① 吴曼玉、吴洪琳《中古时期代北窦氏的祖先谱系建构与郡望伪冒》,《西北民族论丛》第17辑,北京:社会科学文献出版社,2018年,第67—82页。

为普遍。①

上述考察均集中于某一士族祖先谱系的建构,随着碑志材料日益丰富,探讨士族内某一房支谱系的建构过程也变得可能,北魏杨播家族祖先世系的建构便先后引起两位学者关注。得益于弘农杨氏墓志的大量出土以及学者对北朝弘农杨氏谱系的综合梳理,尹波涛《北魏时期杨播家族建构祖先谱系过程初探——以墓志为中心》②得以微观考察杨播家族构建祖先谱系的策略和过程,指出其谱系系以先已存在的杨钧家族及当时其他弘农杨氏对祖先世系的叙述为参照建构出来,大约经历三个阶段:1. 永平五年(512)之前,开始尝试与汉晋名臣杨震、杨瑶建立联系,并明确其间的传承世次;2. 永平五年至普泰元年(531)之间,或许由于此前建构的传承世次未获认可,转而模糊世系;3. 普泰元年之后,再次明确其家族与杨震、杨瑶之间的世系,并借鉴杨钧曾祖杨继的官职信息杜撰出杨播高祖中山相杨结。通过三个阶段的梳理,尹文揭示杨播家族建构祖先谱系的诸多细节,尤其值得注意的是,文章指出杨播家族的谱系建构并未严格遵循时代愈新攀附祖先愈古的趋势,而是可能存在曲折与反复,由此呈现出土族谱系建构的另一面向。

不过,同样围绕杨播家族谱系建构,郭伟涛却有完全不同的观察。他的《论北魏杨播、杨钧家族祖先谱系的构建——兼及隋唐弘农杨氏相关问题》③通过考释杨恩墓志及对比杨播家族前后期墓志

---

① 何德章《伪托望族与冒袭先祖——以北族人墓志为中心》,《魏晋南北朝隋唐史资料》第 17 辑,武汉:武汉大学出版社,2000 年,第 137—143 页;龙成松《中古时期北方族裔谱系建构与民族认同》,《西南边疆民族研究》第 23 辑,昆明:云南大学出版社,2017 年,第 67—80 页。

② 尹波涛《北魏时期杨播家族建构祖先谱系过程初探——以墓志为中心》,《中国史研究》2013 年第 4 期。

③ 郭伟涛《论北魏杨播、杨钧家族祖先谱系的构建——兼及隋唐弘农杨氏相关问题》,《中华文史论丛》2017 年第 4 期。

世系,确认杨结并非如尹氏所说虚构杜撰,而是真实存在的历史人物;针对尹文提出的杨播家族谱系建构分三阶段、且存在曲折与反复的说法,郭氏以墓志仅是家谱世系节录、并非完整誊抄的书写特点,消解了不同时期杨播家族世系追溯详简不一的矛盾,由此否认其间存在曲折与反复。又针对尹文所论杨播家族谱系建构借鉴杨钧家族谱系,郭氏也提出不同意见,他以两个家族内墓志祖先追溯均一致为据,判断二者的谱系建构皆是各自独立完成,不存在模仿借鉴,及进入西魏北周,杨钧家族谱系建构相反可能受到杨播家族影响。此外,对于中古弘农杨氏谱系建构的整体特点,他认为仅是横向叠加,且多次建构,纵向攀附则未必存在。

北魏时杨播家族的谱系建构已如上述,及至隋代,类似建构仍在弘农杨氏各房支下进行。杨奇霖《杨雄墓志疏证——兼论杨氏观王房的谱系建构》①即发现杨雄观王房的祖先世系亦存在层累构造的连续过程。文章瞩目观王房谱系的不同记载,指出在北朝隋初,杨雄家族所拟家族世系为杨兴—杨国—杨绍,不过在此后数十年,祖先记忆中存在却又无处安放的杨定渐被排在杨国与杨绍之间,由此形成新的祖先世系。亦即在作者看来,观王房谱系的厘定乃是根据传说或记忆对祖先世系不断增补、完善的结果,与他族的竞争并未构成主要动力。

又关于北周重臣于谨家族的谱系建构,陈鹏曾有详细探索。在《嫁接世系与望托东海——北周隋唐虏姓于氏谱系建构之考察》②一文中,作者通过细致梳理于谨家族包括碑志在内记有祖先世系的诸文本之间的差异,判断于谨家族谱系建构先后经历了嫁接世系和

①杨奇霖《杨雄墓志疏证——兼论杨氏观王房的谱系建构》,《唐史论丛》第26辑,西安:三秦出版社,2018年,第202—208页。
②陈鹏《嫁接世系与望托东海——北周隋唐虏姓于氏谱系建构之考察》,《民族史研究》第12辑,北京:中央民族大学出版社,2015年,第178—191页。

望托东海两个阶段：西魏北周改复胡姓之际，将世系嫁接到北魏勋臣于栗磾之后；北周末年恢复汉姓，为维持家族地位、声望，仍维系这一"嫁接"成果，但在"汉化"背景下，另编造出庬姓于氏源出汉代东海于氏的故事，由此建构出本族与东海于氏的亲缘传承。

要之，与探讨北朝隋唐某一士族谱系建构相比，围绕某一家族谱系建构过程的探讨，更显具体而微。观察对象的单一与讨论时段的集中，使得这样的工作能够揭示谱系建构更为细节生动的一面。不过另一方面，正如前引尹、郭二文分歧所显示的那样，一方碑志的利用与否，以及对碑志所记谱系认识的不同，均直接影响最后结论。而这两者恰恰又都存在巨大的不确定性。这也就意味着，对于谱系建构的考察越是细致入微，其结论的不确定性或许也越大。①

碑志所呈现的中古士族谱系建构，在宋代以降的族谱中同样存在，学者亦很早就对后者中的谱系建构进行研究。得益于族谱对祖先世系丰富细致的记载，学者得以更为贴近宋代以降谱系建构的细节，不仅观察出彼时祖先建构的诸多方式、类型，对于祖先建构的政治社会背景及现实意义也多有发覆。譬如刘志伟、黄挺注意到一些家族的祖先建构或与争夺地方社会的正统性身份相关，②

---

① 除上述外，新刊马建红《中古士族的谱系建构与北朝隋唐胡汉认同——以韦氏墓志的追祖方式为中心》(《云南社会科学》2019 年第 3 期)、陈伟扬《中古彭城刘氏的谱系建构》(《魏晋南北朝隋唐史资料》第 39 辑，上海：上海古籍出版社，2019 年，第 107—129 页)、沈刚《虚实相间：东汉碑刻中的祖先书写》(《中国史研究》2020 年第 2 期)；董文强、周晓薇《墓志所见中古尉迟氏祖源建构与华夏认同》(《宁夏社会科学》2021 年第 6 期)等亦涉及碑志中之谱系建构，兹不赘述。

② 刘志伟《附会、传说与历史真实——珠江三角洲族谱中宗族历史的叙事结构及其意义》，初刊《中国谱牒研究》，上海：上海古籍出版社，1999 年，后收入饶伟新主编《族谱研究》，北京：社会科学文献出版社，2013 年，第 317—329 页；黄挺《十六世纪潮州士大夫的家族建构与家史重写——以翁万达的举丁翁氏家族为例》，初刊《汕头大学学报(人文社会科学版)》2005 年第 2 期，后收入饶伟新主编《族谱研究》，第 241—249 页。

饶伟新、郑锐达发现寻求联宗,借以扩大力量或获取户籍,也会引发祖先建构,①卜永坚、廖华生指出一些祖先建构旨在争夺嫡派宗子或宗族正统地位,②此外,争夺田地、捕捞流域等经济资源,亦有可能推动世人进行祖先建构。③ 要之,族谱所见祖先建构,其动机是非常多元、复杂的,且与标榜门第高贵、世胄绵长相比,这些动机更为契合现实需求,建构形式也更为多样。④ 固然,与族谱中的祖先世系相比,碑志所见祖先世系不免零散,书写也显得散漫。不过,二者既同样以祖先世系为记载对象,则其中的谱系建构当存在共通之处。

事实上,文献中确有一些资料显示中古时期存在基于切实需求而进行的谱系建构。顾炎武《日知录·通谱》和赵翼《陔余丛考·认族》都指出中古也有后世那样的同姓或不同姓之间的联宗或联姓,而如学者所论,不同个人或宗族间的联宗、联姓,必然涉及祖先

① 饶伟新《清代赣南客民的联宗谱及其意义初探》,初刊《赣南师范学院学报》2007年第4期,后收入饶伟新主编《族谱研究》,第271—286页;《同姓联宗与地方自治——清末民国时期江西地方精英的文化策略》,《学术月刊》2007年第5期;郑锐达《移民、户籍与宗族——清代至民国期间江西袁州府地区研究》,北京:生活·读书·新知三联书店,2009年,第110—124页。

② 卜永坚《谱牒之争:以十八世纪婺源詹氏为中心》,饶伟新主编《族谱研究》,第330—343页;廖华生《身份建构与正统争夺——婺源清华胡氏三派竞修统谱的个案研究》,饶伟新主编《族谱研究》,第344—372页。

③ 争夺田地如刘志伟《祖先谱系的重构及其意义——珠江三角洲一个宗族的个案分析》,《中国社会经济史研究》1992年第4期;段雪玉《盐、户籍与宗族——广东台山市海晏镇沙边村〈陈氏族谱〉介绍》,《盐业史研究》2008年第3期。争夺捕捞资源如覃慧宁《弱势族群的生存策略——对桂江黄氏船民族谱的文化解读》,《广西师范学院学报(哲学社会科学版)》2004年第1期;梁洪生《从"四林外"到大房:鄱阳湖区张氏谱系的建构及其"渔民化"结局——兼论民国地方史料的有效性及"短时段"分析问题》,《近代史研究》2010年第2期。

④ 除上述外,又可参濑川昌久《族谱:华南汉族的宗族·风水·移居》,钱杭译,上海:上海书店出版社,1999年,第1—25页;陈支平《福建族谱》,福州:福建人民出版社,1996年,第92—157页;黄国信、温春来《新安程氏统宗谱重构祖先谱系现象考》,《史学月刊》2006年第7期等。

建构。① 考顾、赵二氏所举诸例,固然有不少联宗、联姓旨在标榜门第高贵、世胄绵长,但也有一些出于其他需求。譬如于谨求与唐谨同姓,据《北史·唐谨传》,唐谨赐姓宇文氏后,"时燕公于谨,勋高望重,朝野所属。白周文,言谨学行兼修,愿与之同姓,结为兄弟,庶子孙承其余论,有益义方。周文叹异者久之,更赐瑾姓万纽于氏"。然则于谨与唐谨联宗,是因为"于谨以其家法而欲师之"。又《晋书·孙旂传》载孙旂子弼及弟子髦、辅、琰四人与孙秀合族,《南史·周弘正传》载周弘正与周石珍合族,《旧唐书·李义辅传》载赵郡诸李与李义辅合族等,"此则专以权势贪缘攀附者矣"。此外,《南史·侯瑱传》云"侯景以瑱同姓,托为宗族,待之甚厚",侯景寻求与侯瑱联宗,大约出于扩大宗族力量的考虑。② 这些场合的谱系建构,均与标榜门第高贵、世胄绵长无关。

又对于谱系建构的具体过程,以往讨论大抵仅限于祖先世系文本自身,亦即只关注建构结果,祖先世系之顺利建构被默认为不证自明的前提。案墓志所见祖先世系,虽然深埋地下,但当以业已完成建构、见诸谱牒等的祖先世系为基础。这也就意味着,彼时发生的谱系建构,乃是一种公开或半公开的行为。这样一种谱系建构,势必无法逃避世人或者官府的审查。然则具体某一谱系建构过程中,是否曾面临官方层面的障碍?被攀附的士族又会施加哪些阻力?考虑到中古时期王朝频频检核户籍,明清时期类似的祖先归属争议也屡见不鲜,不难想见,这样的阻力一定存在。

---

① 关于联宗与联姓的区别及与祖先建构的关联,参钱杭《论通谱》,《史林》2000 年第 1 期;《血缘与地缘之间——中国历史上的联宗与联宗组织》,上海:上海社会科学院出版社,2001 年,第 1—33 页。

② 顾炎武撰,黄汝成集释《日知录集释》卷二三《通谱》,上海:上海古籍出版社,2006 年,第 1294—1299 页;赵翼《陔余丛考》卷三一《认族》,上海:上海古籍出版社,2011 年,第 586—587 页。

从顾炎武、赵翼所举诸例看,中古时期的联宗、联姓,或为以贱附贵,或为以尊附卑,或是出于皇权的安排——除皇帝赐姓外,《南史·韦鼎传》载陈亡后入隋的韦鼎与吏部尚书韦世康兄弟合族,也是源自隋文帝的推动。据此可知,谱系建构并非总是出于自下而上的攀附、伪冒,其推动者是多元的,而推动者的差异,势必影响谱系的建构过程。要之,从史传披露的中古谱系建构看,无论碑志展现的谱系建构多么顺利,其具体建构过程必定充满故事,建构原因的多歧,推动者的身份差异,均会导致建构过程千姿万状。遗憾的是,这些与谱系建构密切相关的内容,在以往的讨论中是缺席的。因此,对于碑志所见谱系建构过程的考察,能否在积累更多个案的同时,借鉴学者对族谱中谱系建构的探讨,进而揭示中古士族谱系建构过程的更多细节、方式,挖掘不止于标榜门第高贵、世胄绵长的历史背景和现实意义,或许是接下来应该思考和推进的方向。

二、“异刻”与历史书写研究

对于中古士族谱系建构过程的探讨,某种意义上也可以说是历史书写或者史料批判研究。不过,后者关注的内容更多,不仅谱系,碑志中其他记载甚至文本整体,都或被视为刻意“书写”的产物。在致力于此的学者看来,碑志文献绝非天然可供信赖的史料,而是和传世文献一样可能基于某种背景、意图被创作出来,具有和传世文献一样的史料性。

对碑志史料性的留意并不始于今。东汉末蔡邕为名士郭林宗撰写碑文,云“吾为碑铭多矣,皆有惭德,唯郭有道无愧色耳”,已然意识到碑铭多溢美之词。① 成书于元魏末年的《洛阳伽蓝记》"杜子休宅"条引隐士赵逸语："生时中庸之人耳,及其死也,碑文墓志,莫不穷天地之大德,尽生民之能事,为君共尧舜连衡,为臣与伊皋等迹。牧民之官,浮虎慕其清尘;执法之史,埋轮谢其梗直。所谓生为盗跖,死为夷齐,妄言伤正,华辞损实。"同样指出碑文墓志的"妄言""华辞"之处。② 及宋代以降金石学兴,金石学家或有"过信石刻"之弊,③但如欧阳修《集古录跋尾》等,在以碑志校史、补史之余也曾对碑志的史料性有所指摘。不过,这些文字大抵限于指出碑志记载不可信,④对于碑志文本的具体生成过程则缺乏探讨。

而在现代历史学视域下,碑志文本的生成过程得到学者较多关注。譬如对于著名的《平淮西碑》——唐宪宗元和十二年(817)淮西吴元济乱平,志在中兴的宪宗大喜过望,先命韩愈撰写碑文,但不久又下诏磨平,命段文昌重撰《平淮西碑》。围绕此桩公案,学者多从党争角度解释,认为韩碑抑李愬而扬裴度,及李逢吉、皇甫镈一党排斥裴度,韩碑遂被废。针对这一见解,黄楼《〈平淮西碑〉再探讨》⑤提出疑义,他认为韩、段二碑废立实际与政局变化及宪宗对武臣的态度密切相关——淮西乱平后,宪宗君相恐李愬等居功难制,对其有所戒心,故韩碑体现出抑制武臣的策略;至元和十三年(818)朝廷东讨淄

---

① 《后汉书》卷六八《郭太传》,北京:中华书局,1965年,第2227页。

② 杨衒之撰,范祥雍校注《洛阳伽蓝记校注》,上海:上海古籍出版社,1978年,第89—90页。

③ 岑仲勉《贞石证史》,《金石论丛》,上海:上海古籍出版社,1981年,第76页。

④ 碑志多溢美,使得金石学家往往回避言行事迹,而多论年代、地理、职官、谱系等。参欧阳修撰,邓宝剑、王怡琳笺注《集古录跋尾》,北京:人民美术出版社,2010年,第212页。

⑤ 黄楼:《〈平淮西碑〉再探讨》,初刊《魏晋南北朝隋唐史资料》第23辑,武汉:武汉大学文科学报编辑部,2006年,第116—132页,后收入氏著《碑志与唐代政治史论稿》,北京:科学出版社,2017年,第64—88页。

青,为安抚并激励李愬等前线将领,故废弃韩碑,改立行文中大幅提高李愬、李光颜等武臣功业的段碑。① 不仅如此,黄氏还将目光延及唐宋时期对二碑的评价,指出中晚唐藩镇跋扈,时人推崇李愬武功,故对韩碑较多争议;北宋以降文人官僚体制确立和中央集权强化,加之道学日盛,韩碑遂重新取代段碑。可以看到,尽管对于韩、段二碑兴废缘由学者尚未形成共识,但学者目光已更多汇聚到碑文制作、流传的语境,关注政治局势、社会氛围对文本生成、评价的影响。而伴随此一视角转换,围绕《平淮西碑》的探讨不再是单纯依据碑文考订平淮西一役的事件史研究,而是转入致力于探讨文本生成过程的历史书写研究。

进入 2010 年以后,学者对中古碑志中历史书写的关注更趋突出。室山留美子较早对北魏墓志的史料性进行探究,强调应关注墓志书写背后的政治意涵。在《北魏墓誌の「史料」の性格—追贈と改葬を手がかりに》②一文中,室山以与一般赠官有别的追赠(因各种原因死亡时没有得到和其身份相应的赠官,后来因某种变化重新给予赠官,或者曾经给予赠官,后来又因某种原因赠给更高官位的赠官)以及与追赠相伴的改葬为线索,指出墓志与其制作时期的政治状况密切相关,后者的变化深刻体现于墓志制作的背景中。因此,墓志绝非“一手资料”,而是和史传一样具有“史料性”,对于墓志也应展开史料批判研究。随后《出土刻字資料研究における新しい可能性に向けて——北魏墓誌を中心に》③一文,室山又以北魏墓志大

---

① 傅绍磊意见相仿,不过他认为韩碑被废是在宪宗图复河、湟的政治背景下出现的。参氏撰《韩愈〈平淮西碑〉公案新探》,《史林》2013 年第 6 期。

② 室山留美子《北魏墓誌の「史料」の性格—追贈と改葬を手がかりに》,气贺泽保规编《隋唐佛教社会の基層構造の研究》,东京:明治大学东亚石刻文物研究所,2015 年,第 213—231 页。按此文发表虽晚,但写作较早。

③ 室山留美子《出土刻字資料研究における新しい可能性に向けて——北魏墓誌を中心に》,《中國史學》第 20 卷,京都:朋友书店,2010 年,第 133—151 页。

部分产生于政权更迭频繁的宣武帝以降,判断通过墓志对志主的书写可以窥视执政集团的意图,进而发现墓志产生的时代背景和政治局势。她按制作时间将墓志分为三类:所属集团执政时期制作的墓志,政权更迭、接受追赠后制作的墓志,反对派执政时期制作的墓志,分别观察不同政治背景下墓志对志主的书写。要之,在室山看来,墓志乃是政治的产物,其制作不可避免地会受到政治权力的影响,因此在不少墓志中,都不难发现政治元素的参与。

　　至于隋唐碑志中的历史书写,唐雯则有多篇论文论及。《盖棺论未定:唐代官员身后的形象制作》①注意到令狐峘撰《颜真卿神道碑》中关于颜真卿殉国日期出现两个不同记载,推测这一龃龉乃是王朝官方的政治化书写与作者个人情感之间矛盾的产物。《从新出王宰墓志看墓志书写的虚美与隐恶》②在梳理墓志与史传记载差异的基础上,检讨作为私人化文体的墓志叙述和评价志主时的虚美与隐恶。针对以往学者对位于今河南偃师缑山之巅的《升仙太子碑》树立缘由的种种误读,《女皇的纠结——〈升仙太子碑〉的生成史及其政治内涵重探》③通过细致辨析碑阴题刻各部分的刊刻时间,指出此碑生成实际经历三个阶段:圣历二年(699),武则天撰写碑文,主导立碑;久视元年(700),武则天返回洛阳时取道缑山,在碑阴上部刻《游仙诗》;神龙二年(706),相王李旦再次奉敕刻碑。其中圣历二年立碑,乃是武则天将朝廷返归李唐之际,试图借碑文表达她对李弘逝世迟来的哀痛和惋惜,同时向天下表示她对储君的重视。在这些研究中,皇帝的心愿,大臣的意图,丧家的立场,撰者的情感,都被视为

---

① 唐雯《盖棺论未定:唐代官员身后的形象制作》,《复旦学报》2012 年第 1 期。
② 唐雯《从新出王宰墓志看墓志书写的虚美与隐恶》,《复旦学报》2014 年第 5 期。
③ 唐雯《女皇的纠结——〈升仙太子碑〉的生成史及其政治内涵重探》,《唐研究》第
　23 卷,北京:北京大学出版社,2017 年,第 221—246 页。

引导和制约碑志书写的元素,深浅不一地影响着碑志文本的形成。

除此之外,唐氏《新出葛福顺墓志疏证——兼论景云、先天年间的禁军争夺》,①则透露出碑志文本生成的另一景象。文章注意到《葛福顺墓志》墓石左侧极为罕见地挤刻二三百字,发现其原因在于志文中存在一段长达229字、且相重复的衍文。以此为线索,唐氏推测该方墓志上石时可能存在文稿错简情况,即书丹者依据的文稿原是录有200余字的散纸,今录文中第二段,原系文稿第三叶,录文第三段,原是第二叶,上石时二、三两叶偶然颠倒,书丹者抄写顺序变成一、三、二叶,直到抄完第二叶,才发现错误,如继续抄第四叶,则全文错乱,索性重抄第三叶,于是造成墓志奇特的挤刻现象。这一研究虽不涉及历史书写,但却向读者展示了古代墓志在物质生产过程中颇为有趣的一面。

2013年,身处武则天、中宗时代宫廷政治漩涡的上官婉儿墓志的出土,吸引了数位学者关注墓志对上官婉儿的书写与形塑。陆扬《上官婉儿和她的制作者》②以墓志与张说撰《昭容上官氏碑铭》及《中宗上官昭容集序》所见上官婉儿形象差异为线索,认为墓志以婉儿谏阻立安乐公主为储为叙述重点,将婉儿形容成一位有先见之德却又只能被动接受政治命运的无辜者,乃是有意为婉儿开脱。仇鹿鸣《碑传与史传:上官婉儿的生平与形象》③也发现墓志这一书写策略,推测这与墓志制作于上官婉儿被杀不久、太平公主权势犹存相关。不过,他提出志文未叙及婉儿草遗诏引相王辅政,且葬礼规格受限,又透露李隆基与太平公主的角力。二人都

---

① 唐雯《新出葛福顺墓志疏证——兼论景云、先天年间的禁军争夺》,《中华文史论丛》2014年第4期。

② 陆扬《上官婉儿和她的制作者》,初刊《东方早报·上海书评》2014年3月30日,后收入氏著《清流文化与唐帝国》,北京:北京大学出版社,2016年,第264—282页。

③ 仇鹿鸣《碑传与史传:上官婉儿的生平与形象》,《学术月刊》2014年第5期。

意识到上官婉儿墓志存在刻意书写的成分,仇氏还揭示出更为微妙复杂的一面。不过,一方墓志能否同时容纳敌对双方的意图,却也令人生疑。无论如何,上官婉儿与权力核心密切关联的生命历程使得其身后书写难以摆脱政治影响,而不同撰者在不同时间、不同政治背景下完成的各种文本并存,则为探讨其中的历史书写提供了契机。

当然,即便与政治权力无涉,历史书写在碑志中亦不乏用武之地。按照学者界定,历史书写即是人们试图通过历史将其行动正当化。[1] 以此而言,但凡与此意图相关的历史表述,均可被视为历史书写。前举唐雯研究《王宰墓志》已经揭示代表私人立场的墓志在塑造志主形象时的"艺术处理",夏炎《文本中的灾害史:〈泗州大水记〉与贞元八年水患的别样图景》[2]则显示出同样远离政治权力的吕周任撰《泗州大水记》在历史记述中的选择与加工。作者注意到,记述贞元八年(792)泗州水患的《大水记》并未聚焦水灾本身,而是重点描述泗州刺史张伾的应灾行为;对刺史应灾行为的书写也未将行为一一列举,而是重点表彰并不普遍的刺史亲力亲为。在作者看来,《大水记》叙述重点的"偏离"源自撰者的主观选择,这样的选择或许并未改变叙事的可信度,但对叙事性质却产生深远影响。

以上我们介绍了近年来学界对中古碑志所见历史书写的研究,可以看到,碑志历史书写研究的前提是确认其中含有刻意书写的文字,或是溢美,或是遮蔽,或是其他基于特定意图的调整改动。那么如何判断碑志中存在历史书写?从上述研究可以看出,最有效的办法就是比勘文本,或是比勘多方记载相关的碑志,或是比勘同一碑

---

[1] 徐冲《历史书写与中古王权》,《中国史研究动态》2016 年第 4 期。
[2] 夏炎《文本中的灾害史:〈泗州大水记〉与贞元八年水患的别样图景》,《灾害与历史》第 1 辑,北京: 商务印书馆,2018 年,第 61—77 页。

志前后记载的差异，或是将碑志与以史传为代表的传世文献进行比勘，通过比勘，发现不同文本间的差异，进而确认碑志记载是否存在历史书写。这之中，尤以将碑志与同一人物的史传进行比勘最为常见，前举研究大抵均是在此基础上展开。而除了比勘文本外，碑志自身有无探寻历史书写的线索？徐冲向我们揭示了一种可能，此即碑志刻写中的"异刻"。

所谓"异刻"，即指碑志文字上石时的非正常刻写，徐氏瞩目于此碑志现象，致力于发掘"异刻"所蕴藏的政治意涵。在《从"异刻"现象看北魏后期墓志的"生产过程"》①一文中，徐氏归纳出八种"异刻"现象：（1）左方留白，（2）志尾挤刻，（3）志题挤刻，（4）志题省刻，（5）志题记历官、志文记赠官，（6）志题记历官、后补刻赠官，（7）谥号空位，（8）谥号补刻，提出"异刻"的出现表明墓志在北魏后期的洛阳社会中绝非一种"私密性"文本，其生产过程充满了各种权力关系的参与和介入，故一方墓志的诞生，毋宁说是包括丧家、朝廷等多种要素共同参与和互动的结果，而"异刻"则为观察这类参与和互动提供了线索。

循着这样的思路，徐氏《元渊之死与北魏末年政局——以新出元渊墓志为线索》②瞩目身死葛荣之手的广阳王元渊墓志中缺乏赠官褒赏的"异刻"，追究该方墓志形成的政治环境。③ 徐氏通过对比墓志与《北史·太武五王传》记载的差异，指出《元渊墓志》隐晦叙述

---

① 徐冲《从"异刻"现象看北魏后期墓志的"生产过程"》，初刊《复旦学报（社会科学版）》2011 年第 2 期，后收入余欣主编《中古时代的礼仪、宗教与制度》，上海：上海古籍出版社，2012 年，第 423—447 页。

② 徐冲《元渊之死与北魏末年政局——以新出元渊墓志为线索》，《历史研究》2015 年第 1 期。

③ 如果说《"异刻"》一文探讨的是碑志书写背后的"日常政治"，是一种更为普遍性的文本生成背景，本文指向的毋宁说是一种更具独特性的事件史的政治意涵。

元渊降敌,表明墓志刻写正值胡太后朝廷认定元渊"有异志"且降附葛荣叛军,对广阳王家实行褫夺王爵的严厉处罚之际,而带有若干"异刻"特征的《元渊墓志》,就是广阳王家在此不名誉的官方结论下努力书写的一种纪念。与之相反,河阴之变后广阳王家恢复名誉,重返政治舞台,故史传对元渊多有讳言。这样,以对《元渊墓志》中"异刻"的确认为基础,徐氏探赜索隐,挖掘该方墓志生成的政治环境,以及在此环境下丧家的屈服与挣扎。

不仅碑志,中古时期一些造像记,同样也可能包含显示存在历史书写的"异刻"。笔者曾经注意到北京石刻艺术博物馆藏制作于武周长安四年(704)的李孝深兄弟造像记——这是李孝深兄弟为其父亲李俊所作,其题名存在三处异常。其一,题名在列叙祖先世系时,在李俊之前题刻俊父李兴另一子"李悊"之名,但位置既未如祖先般单列一行,也不似李俊一样另起一行,而是刻在李兴一行的末端;其二,在表示题名完结的"合家供养"之后,李悊再次以"大施主"之名题刻姓名,并附记妻、子信息;其三,与李俊家题刻舒朗端正相比,李悊家题刻拥挤潦草,表现出"挤刻"的形态特征。基于此,笔者推测李悊家题名应为后来补刻,而李悊之所以汲汲于在造像上题刻己名,哪怕是以相对委屈的方式,是因为造像具有公开展示的纪念碑效应,李悊需借题名显示自己参与制作造像,由此标榜对兄弟的友悌之情,亦即道德标榜乃是促使李悊进行题名竞争进而引发题名"异刻"的最终动力。[1]

需要提示的是,"异刻"固然是显示历史书写的重要标识,但也并非"无往而不利",不是一切"异刻"都可以成为勾稽历史书写的有效线索。譬如针对北魏后期墓志中与赠官、赠谥相关的"异刻",朱

---

① 拙稿《一方"异刻"造像记的诞生》,《文汇学人周刊》2019年1月11日,第375期。

华发现这类"异刻"主要出现在北魏后期,在此之前,赠官、赠谥由国家掌控,运行存在一定规律,丧家可以预判;而在北魏后期以降的大动荡中,赠官、赠谥机制不能有效运转,私家请求封赠、国家主动赐谥与私家请谥制度混杂,加之剧烈的社会动荡及墓志本身尚未定型,使得丧家在制作墓志时存在误判,导致相关"异刻"产生。[①] 类似,叶炜注意到北朝隋唐墓志中颇有志主姓名空缺的现象——如果这也可被视为一种"异刻",或为志主名、字处空格,或为志主名、字作"某",或为不提志主名、字。在作者看来,这种现象主要与避讳的性别因素以及避讳、称谓风俗及其变化相关:其中"妇人名讳不闻于外"导致志主姓名空缺的墓志中女性墓志占绝大多数,北朝至唐玄宗以前"以字行"和"不讳字"及玄宗以后对书刻名讳重视程度的提高和"以字为讳",则分别构成北朝隋唐前期志主无名有字和唐玄宗特别是天宝以后有名无字的主要背景。[②] 按照上述解释,则某些场合的"异刻",确与历史书写无关。

碑志中的历史书写,相当一部分乃是被制造的历史虚像,故对历史研究而言,原本是一种妨碍。不过,虚像并非凭空产生,而是撰者基于特定背景、特定意图的产物,明乎此,则虚像也可构成线索,引导学者探求历史实像。碑志的历史书写研究,就是循此虚像出发,追寻影响虚像生成的政治、社会背景。而经过这一视角转换,碑志研究某种意义上变为"碑志取径"的研究,碑志文本不再构成封闭自足的研究对象,其内容真伪的确认也不再是研究终点,而是变成新研究的起点。要之,对碑志历史书写的研究,不仅可以

---

① 朱华《北魏后期至唐初赠官、赠谥异刻出现与消失原因试析》,《中国史研究》2020年第3期。

② 叶炜《试析北朝隋唐墓志文中的不书志主名字现象》,《唐研究》第23卷,2017年,第145—162页。

扩充考察范畴,碑志研究的意义亦因此放大。不过,正如史料批判研究存在诸如推测成分较多、"破"有余而"立"不足、质疑文本或有过度之虞等一样,①碑志历史书写的研究同样存在这些隐忧,需要学者警惕。

三、碑志的政治景观研究

以往对碑志的探讨,大多集中于其上的文字表达,偶尔触及纹饰,在此之外,历史学人往往很难措手。不过,近年来一些学者开始重视文字置身的物质载体及外在环境,由此揭示碑志作为景观尤其是政治景观的意义。程章灿曾全面剖析包括碑志在内的石刻之景观意义。在《景物——石刻作为空间景观与文本景观》②一文中,他强调与一般文献不同,石刻不仅包含文本内容,同时还拥有独特的物质形式,这就使得石刻具有显著的视觉呈现意义;从石刻作为物质改变了自然界的空间环境而言,石刻成为"空间景观",而石刻包含文本内容,又使得其同时具备"文本景观"的功能。基于这一理解,程氏从石刻景观的生成(为了"被看见")与展示(拿什么给人看),空间景观之欣赏(谁在看? 怎么看?),文本景观之阅读、诠释及传播等,详细梳理石刻景观的各个维度,并以元结撰、颜真卿书《大唐中兴颂》为例,考察石刻与景观的互动与传播,全景展示石刻具有的景观意义。

---

① 参本书第六、七章。

② 程章灿《景物——石刻作为空间景观与文本景观》,初刊《古典文献研究》第 17 辑下卷,南京:凤凰出版社,2015 年,第 1—28 页,后收入氏著《作为物质文化的石刻文献》,南京:南京大学出版社,2023 年,第 255—285 页。

在程氏看来,石刻所附景观功能并不统一,或旨在展示政治权力,或更多表现为文化意义。而在中古碑志的景观取径研究中,尤以展示政治权力、亦即作为政治景观的碑志最为学者关注。伊沛霞(Patricia Buckley Ebrey)《徽宗的石刻碑铭》①注意到北宋徽宗在全国各地学校、道观广立御笔碑铭,且多以瘦金体写成,推测这是徽宗有意以独具一格的书法帮助他向臣民传道布政,而瘦金体之所以具备此功能,则是因为瘦金体使得徽宗御笔碑铭更为个人化,由此碑铭关联的不只是王朝或官府,而是徽宗本人。要之,在作者看来,徽宗的御笔碑铭不仅是一种艺术装置,还是一种政治装置,徽宗独擅的瘦金体强化了碑铭作为政治景观的意义。

如果说徽宗御笔碑铭的景观效应源自其独特的书法,那么暴露于天地之间的摩崖石刻,其景观效应则相当程度得益于其对地貌的改变及与环境融为一体。韩文彬(Robert. E. Harrist Jr.)即瞩目此类摩崖石刻,留意文本背后的"风景"意义。在《铭石为景:早期至中古中国的摩崖文字》②中,韩氏强调不应只关注石刻文本内容,而是要将文本放回原来的环境,从视觉体验视角理解摩崖石刻的景观意义。为此,他详细检讨了包括陕西石门颂、山东云峰山郑道昭石刻、铁山石刻佛经、泰山唐玄宗《纪泰山铭》等在内的多种摩崖石刻,在理解文本的基础上将文本还原到石刻现场去发掘其景观效应。尽管书中所讨论的摩崖石刻大都与政治无涉,不过立于泰山之巅的

---

① 伊沛霞(Patricia Buckley Ebrey), Huizong's Stone Inscriptions, Patricia Buckley Ebrey and Maggie Bickford, ed., *Emperor Huizong and Late Northern Song China: The Politics of Culture and the Culture of Politics*, Havard University Asia Center, 2006, pp. 229 - 274.

② 韩文彬(Robert. E. Harrist Jr.), *The Landscape of Words: Stone Inscriptions from Early and Medieval China*, University of Washington Press, 2008. 中译《铭石为景:早期至中古中国的摩崖文字》,王磊、霍司佳译,北京:北京大学出版社,2024 年。

《纪泰山铭》却被视为"帝国书写"之一环,具有鲜明的象征唐帝国荣光的政治景观意义,在韩氏看来,唐玄宗的御笔书写同样是《纪泰山铭》得以化身政治景观的重要原因之一。

又唐玄宗为诸妹御书神道碑,朱玉麒《郯国长公主碑——御书刻石与文本流传》①指出其亦具政治景观意义。文中,朱氏以玄宗御书睿宗女郯国长公主之神道碑为例,推测玄宗为陪葬睿宗桥陵的诸妹书写陪葬碑,乃是玄宗为表达其宣扬兄弟姊妹同气连枝的政治理念而营造的景观,目的是将桥陵渲染为玄宗个人统治的纪念丰碑。亦即朱氏眼中立于桥陵的玄宗诸妹之陪葬碑,系和玄宗赐宅诸王、为兴庆宫楼阁题名"花萼相辉"类似,具有展示玄宗个人意愿的景观效应,而前者之所以具备此效应,关键则在诸碑为玄宗亲笔御书。②

伊、韩、朱三氏的讨论均瞩目帝王书法,尚未完全脱离石刻文本,一些学者更进一步,将目光投向碑石自身,留意碑石特殊形制可能蕴含的景观效应。胡鸿《鄂尔浑古突厥碑铭的形制分析》③注意到在鄂尔浑突厥碑铭中具有特殊意义的阙特勤碑,其龟趺是以与墓园朝向(东向)相反的方向安置的,在他看来,阙特勤碑的龟趺如此安置,乃是突厥与唐朝互相妥协的结果。案阙特勤碑四面刻字,东北、东南、西南三个棱面亦刻字,其中西面刻唐玄宗御制汉文碑文,其余各面均为突厥文,东、南、北三大面所刻为以毗伽可汗语气讲述的历史教训、立碑用意、突厥历史、可汗及阙特勤功绩、阙特勤葬礼等内容,按照南—东—北的逆时针顺序排列。作者推测,围绕碑文以哪

---

① 朱玉麒《郯国长公主碑——御书刻石与文本流传》,《唐研究》第 23 卷,2017 年,第 247—262 页。
② 皇帝亲笔书写的意义,亦见于皇帝诏敕,参方诚峰《北宋晚期的政治体制与政治文化》,北京:北京大学出版社,2015 年,第 164—188 页。
③ 胡鸿《鄂尔浑古突厥碑铭的形制分析》,《中国学术》第 39 辑,北京:商务印书馆,2018 年,第 253—271 页。

一面为碑阳,毗伽可汗与唐朝使臣曾产生分歧,最终形成的方案是:刻有可汗训示的东面被置于朝向墓园入口的位置,成为事实上的碑阳;刻有玄宗御制碑文的西面被置于朝向封土的一面,构成碑阴,但为了使之亦具碑阳属性,遂将龟趺倒转,与玄宗御制碑文朝向一致。这一方案,既契合突厥以东方为上的观念,且兼顾了以突厥文为墓园空间主要语言的需要,同时又符合唐代以龟趺所向为正的碑阳意识,故得为双方接受。这样,通过对阙特勤碑龟趺倒转这一特殊景观的梳理,作者探讨了阙特勤碑树立背后突厥与唐廷的博弈与折衷。

如果不限于石质载体,对于碑志形制所具政治景观的研究似乎还可以提及胡鸿对溪州铜柱的考察。在《从马援铜柱到溪州铜柱——文本与物质的交错互动》[1]一文中,对于旨在铭德纪功的溪州铜柱,胡氏指出马援铜柱的"发现"与模仿,和唐代流行的立金属柱并刻铭纪功的风尚以及以天枢为最高代表的金属柱铸造和铭刻工艺,分别构成溪州铜柱得以铸造的知识背景和技术背景。在此背景下,作为马楚政权、溪州彭氏、五溪地区旧蛮酋三方斗争与妥协的结果,并得益于当地丰富的铜器资源,溪州铜柱被制作出来,由此其铭文既有昭示马楚功德的记与颂,也刻有保证溪州尤其是彭氏权益的誓文。在胡氏看来,溪州铜柱乃是纪功碑与会盟碑的结合形态,兼具纪功和盟誓两个意义,而铜柱则是这种意义外显、传播的标识之物。

王庆卫《玄宗时代的纪念碑:试论天宝四载石台孝经的刻立问题》[2]同样也将碑石形制视为承载景观效应的载体。天宝四载

---

① 胡鸿《从马援铜柱到溪州铜柱——文本与物质的交错互动》,《唐研究》第 23 卷, 2017 年,第 469—492 页。

② 王庆卫《玄宗时代的纪念碑:试论天宝四载石台孝经的刻立问题》,初刊《国学学刊》2023 年第 2 期,后收入氏著《从长安到西域:石刻铭记的丝路文史》,兰州:甘肃文化出版社,2023 年,第 76—108 页。

(745)刻置于长安城务本坊国子监内的石台孝经,系由碑身、碑座、碑额及出檐式云盘四部分构成,其中碑身为四块长方形石板组合而成的方柱体,碑座为三层石台,碑额题"大唐开元天宝圣文神武皇帝注孝经台",为太子李亨篆书,云盘顶部为平面式九宫格布局,正中方格有一正方形高台,其上置一平顶圆柱状玉石,紧挨正中方格的四侧方格内,有四座山岳状的高浮雕。作者认为,石台孝经的形制主要来源于三个方面:其中三层石台和碑顶的九宫格式布局,出自古代儒生对《孝经》等经文的注疏,表达的是《孝经》本身所蕴含的经学思想;出檐式云盘的做法来自嵩阳观纪圣德感应碑;石碑的正方形形制承袭了乾陵述圣纪碑的外观,三者的结合,使得石台孝经成为融三台、五岳、九州、都城、方形碑顶碑身碑座、出檐式景云图案云盘为一体的唐朝最高等级的纪念碑性景观。在作者看来,石台孝经之所以成为重要的政治景观,独特的形制发挥着举足轻重的作用。

与聚焦碑石独特形制衍生的景观效应不同,同样关注碑石自身的仇鹿鸣则更重视碑石置立废毁行为所产生的景观影响。仇氏意识到,与长埋于地下的墓志不同,规模宏大的神道碑、德政碑往往立于碑主墓前或通衢要道,为往来行人瞩目,因此可视为一种公开性的政治宣示,具有显著的景观效应。基于此,他把目光投向唐后期河朔藩镇树立巨碑的风习,试图诠释立碑行动自身所具有的政治表演功能。在《唐末魏博的政治与社会——以罗让碑为中心》[①]一文中,仇氏指出在唐制规定中,碑文的书写、碑石的刻立均被置于朝廷权威的严密控制之下,因此立碑并不单是一个礼仪性行为,而是意

---

① 仇鹿鸣《从〈罗让碑〉看唐末魏博的政治与社会》,初刊《历史研究》2012年第2期,后改题《唐末魏博的政治与社会——以罗让碑为中心》,收入氏著《长安与河北之间——中晚唐的政治与文化》,北京:北京师范大学出版社,2018年,第261—303页。

味着特定政治秩序的建立,具体而言,即君臣关系的重新确认。执掌魏博不满一年的罗弘信为其父罗让立碑,固然有朝廷追赠罗让工部尚书为直接缘由,但更深层次的政治意涵则是罗弘信试图借立碑这一活动建立对唐廷中央的尊奉和效忠,由此获得政治合法性。河朔藩镇其他巨碑的树立,同样应在此脉络上进行理解。要之,在仇氏看来,树立巨碑乃是河朔藩镇政治宣传与权威塑造的重要方式,藩帅需借立碑完成对君臣关系的确认,进而建构权力来源的正当性与合法性。

对罗让碑的探讨奠定了仇氏对碑志政治景观的基本认识,即碑石树立或毁弃具有强烈的政治表演功能。随后在《权力与观众:德政碑所见唐代的中央与地方》①中,仇氏将上述认识推广至德政(纪功)碑整体,试图在这一公共性较强的纪念碑中追索碑铭兴造、磨灭、重刻背后的政治角逐,探究石刻安置场域中的权力关系。作者指出,德政碑多立于通衢要路之侧,或重要衙署门旁,易为百姓观睹;若碑石立于偏远之地,则可通过空间转移或拓本传布扩大其流传范围。此外,德政碑往往建有楼台亭阁,并伴有盛大的迎碑仪式,这些都将凸显其景观功能。而从德政碑的树立过程看,其颁赐大抵遵循"去任请碑"的程序,在此过程中,朝廷牢牢掌握主导权,故得以构筑理想化的中央—地方关系。安史乱后,德政碑运作在藩镇中的"顺地"与"强藩"出现差异,"顺地"基本沿袭前制,"强藩"之地则唐廷中央已不能完全主导德政碑颁授,中央与强藩之间出现更多博弈。但无论"顺地""强藩",德政碑的政治景观功能都变得更为突出——对于藩镇,德政碑乃是国家政治权威的象征,标志其对地方

---

① 仇鹿鸣《权力与观众:德政碑所见唐代的中央与地方》,初刊《唐研究》第 19 卷,北京:北京大学出版社,2013 年,第 79—111 页,后收入氏著《长安与河北之间——中晚唐的政治与文化》,第 124—173 页。

的正当统治；对于中央，朝廷可以通过对德政碑颁赐时机、过程的选择调整其与藩镇之间的关系，从而达成或抑制或笼络的政治意图。基于此，作者强调，德政碑在古代并非只是单纯的对碑主政绩的褒扬，而是一种重要的政治景观，象征着秩序与权力，其兴废背后，往往纠缠着复杂、重层的权力游戏。

在最近一篇《政治的表达与实践：田氏魏博的个案研究》①中，仇氏又以田氏魏博时期一系列立碑（包括德政碑、神道碑、祠堂碑、门楼碑等）事件为例，援引"表达—实践"一组概念，进一步申述前文见解。所谓表达，即构筑意识形态合法性的政治话语，实践即政治行动。后者虽是权力的真正来源，却不能被公开展示，前者或只是对权力的缘饰，但对权力维系不可或缺。在仇氏看来，田氏魏博时期的立碑，即是表达，与其相应的政治实践则包括田氏对唐廷的反复、魏博内部政治权力的争夺等。如大历中田承嗣打破成例、任内立德政碑，表明魏博与唐廷在藩镇割据之初建立政治关系的试探与博弈；贞元十年（794）《田承嗣遗爱碑》的颁赐，象征唐廷与魏博关系缓和；贞元十二年（796）田季安请立《田承嗣神道碑》，则是为剔除田悦影响，强化田绪、田季安父子统治魏博的合法性；元和八年（813）田弘正初归朝廷，重建狄仁杰祠堂，并立碑纪念，寓意魏博重奉王化；穆宗初田弘正移镇成德，唐廷赐德政碑，期待巩固河朔军民向化之心；敬宗初史宪诚上表请为田季安立神道碑，流露魏博重归河朔故事的决心，等等。作者以这些立碑事件为线索，结合史文表述，细致勾勒出田氏主政期间强藩魏博与唐廷中央的向背离合。

上述三文，《罗让碑》聚焦的是一通碑，《权力与观众》瞩目的是一类碑，《表达与实践》关注的是某一时期特定区域内的各种碑。三

---

① 仇鹿鸣《政治的表达与实践：田氏魏博的个案研究》，初刊《中古中国研究》第 1 卷，2017 年，后收入氏著《长安与河北之间——中晚唐的政治与文化》，第 174—218 页。

文各有侧重却又一脉相承,由此建构出仇氏对碑志景观的基本认识,即立于公共场合的碑志并非只是对志主的礼遇,而是一种公开性的政治宣示,碑志所附着的国家权威使得其刻立、废弃、重镌都传递出不同的政治信息,故无论立碑还是毁碑,其行动自身即具有强烈的政治表演功能。这之中,仇氏尤其重视立于地方、关涉中央——地方博弈的德政碑,视其为帝国体制下理想政治秩序的象征物,故无论中央、地方,均重视其政治景观效应,中央借以控驭地方,地方则据之获得权力合法性。

仇氏研究的重点在于探索碑石立、毁所附着的景观意义,孙英刚则注意到碑志文字改动可能引发景观效应发生改变。其《流动的政治景观——〈升仙太子碑〉与武周及中宗朝的洛阳政局》[1]一文指出,圣历二年立升仙太子碑,碑阴题名包括诸王、诸大臣及张易之、张昌宗兄弟,且张氏兄弟题名位于碑阴上端居中的位置;及神龙二年相王李旦率僚佐重新"刊碑立石",不仅增刻相王集团成员的名字,还凿去张氏兄弟和武氏诸王的名字;随着碑阴题名变动,升仙太子碑的景观意义亦发生改变——最初建立这一景观,是为了武周政权的合法性鼓吹;李旦的"修正",则是中宗复辟后对武周政治遗产的否定;相王集团成员题名,还显示出追随相王的僚佐们试图借助这样一个宣誓性仪式,向府主呈上投名状。由此可见,一方碑志的政治景观不仅是流动的,同时还是多义的,时过境迁带来的新历史背景和新的政治干预的影响,可能会使碑志政治景观发生根本性转变。

从以上讨论可知,对于碑志政治景观的考察,事实上并未完全搁置碑文叙述,但视觉意义突出的文字表现形式及物质载体取代碑

---

① 孙英刚《流动的政治景观——〈升仙太子碑〉与武周及中宗朝的洛阳政局》,《人文杂志》2019 年第 5 期。

志文本成为重心,这一点毋庸置疑。而随着视角转换,碑志文字的书法及作者,碑石的出现或消失等,成为学者关注之所在,碑文由皇帝以个性化的书法写成,以及发生在公共场合的立毁碑石,均被视为特定意图的公开展示,具有显著的景观效应。由于碑志尤其是公开性较强的御书碑、德政碑、纪功碑在中国古代大多被置于王朝控制之下,与官府乃至皇帝个人密切相关,故碑志背后的政治缘由往往成为学者勾稽的要点,由此所揭示的景观效应亦多指向政治。不过,正如 W. J. T. 米切尔(W. J. T. Mitchell)在论述风景(landscape,即景观)的权力效应时所说,相对于军队、政治力量、政府和企业的意义而言,风景的权力是相对较弱的一股力量,其效力也具有明显的不确定性。① 因此,碑志文字的作者及书法,能否及多大程度上影响政治文化的呈现,目前看来仍不无疑问;②而立碑或毁碑,其背后是否都有切实的政治意涵推动,至少在那些反复出现甚至业已制度化的立碑场合,似乎也可斟酌;又考虑到碑志规模及所处位置存在差异,则碑志景观效应的性质及大小也可进一步细分——哪些碑志展现的是日常、普遍的政治意涵,哪些又特定指向某一历史事件,哪些碑志辐射广泛,景观效应巨大,哪些又仅针对小范围人群发生作用。③ 此外,在政治景观之外,立于地表、为人所睹的碑志是否还有其他景观效应,如宗教景观、礼仪景观等,也是值得开拓的课题。无论如何,学者基于景观视角对碑志文本表现形式及碑石出现或消失

---

① W. J. T. 米切尔《再版序言:空间、地方及风景》,W. J. T. 米切尔编《风景与权力》,杨丽、万信琼译,南京:译林出版社,2014 年,第 1 页。

② 如包伟民即对宋徽宗瘦金体的政治文化内涵持保留态度。参包伟民《宋徽宗:"昏庸之君"与他的时代》,《北京大学学报(哲学社会科学版)》2009 年第 2 期。

③ 孙英刚在论述景观效应的有限性时,即指出一些碑志只有在特定的历史背景下,针对特定的观众(建立和参与者),才具有显著的景观效应。参孙英刚《移情与矫情——反思图像文献在中古史研究中的使用》,《学术月刊》2017 年第 12 期。

背景的发覆,使得碑志研究得以突破文字限制,呈现许多不为文字所显的历史图景。以此而言,碑志的政治景观研究,无疑是对碑志研究方法的一次开拓。①

四、结　语

前举中古碑志研究的三个动向中,如果说一围绕的是考察对象,二、三毋宁说更关注研究视角,三者侧重并不一致。不过,差异背后存在共性也是显而易见的,即在这些研究中,学者不再如传统金石学般执着于依据碑志校史、补史,而是致力于检讨碑志自身——这种检讨又非传统的审核真伪、考订年代或辨析内容之类,而是瞩目于碑志的文本属性与物质属性,探讨碑志文本及承载文本的碑石之形成过程、书写方式、视觉效应等。在此研究取径中,碑志不再犹如被安置在残破古画上的一山一树,依附于传世文献,②而是立论行文的基础和核心,问题据其引发,论述赖其支撑,碑志摆脱了金石学传统下作为史传附庸的地位,显示出成为主体、走向独立的可能。在此视角下的碑志研究,借用陆扬所说,即已从比较单一的史料考证

---

① 近年来西方学者亦对墓碑铭文研究的"文本化"倾向提出质疑,强调应将碑铭文本与物质载体及广阔环境(如视觉、考古、地貌、文化等)相关联。格雷厄姆. J. 奥利弗(Graham J. Oliver),An Introduction to the Epigraphy of Death: Funerary Inscriptions as Evidence, Graham J. Oliver, ed., *The Epigraphy of Death: Studies in the History and Society of Greece and Rome*, Liverpool University Press. 2000, pp. 1 - 19.

② 陈寅恪在 1935 年"晋至唐史"课上对新出文献与传世文献之关联有一形象比喻:"必须对旧材料很熟悉,才能利用新材料。因为新材料是零星发现的,是片断的。旧材料熟,才能把新材料安置于适宜的地位。正像一幅已残破的古画,必须知道这幅画的大概轮廓,才能将其一山一树置于适当地位,以复旧观。"见蒋天枢《陈寅恪先生编年事辑(增订本)》,上海:上海古籍出版社,1997 年,第 96 页。

转向将碑志视为独立而非孤立的考察对象,并对碑志进行细腻周全的史学分析。①

　　无待赘言,中古碑志研究中的上述新动向并非突然出现,在此之前,一些碑志研究已然显现类似取向。不过,这种取向在近年来的碑志研究中变得更为突出,且彼此相互激荡,形成一股不大不小的潮流。新动向的出现显示碑志研究出现新的增长点的可能,不过这并不意味着其即可取代传统碑志研究。事实上,从新动向能够施展的场合受限且自身尚存"隐忧"来看,后者仍将是碑志研究的主要构成。因此,依据碑志校史、补史的传统研究方法与通过检讨碑志自身发覆历史的新动向,二者乃是互为补充,前者构成碑志研究的基础和起点,后者则开拓新的研究方向的可能,二者有效结合,方可将中古碑志研究推向更高层次。

　　附记:本文初稿完成后,曾呈请师友指正。中山大学范兆飞先生提示关注明清族谱研究中对谱系建构的探讨,复旦大学仇鹿鸣先生提示伊沛霞、韩文彬对碑志景观曾有论述。此外中国社会科学院古代史研究所陈爽、复旦大学徐冲、北京大学胡鸿等先生也都予以宝贵教示。对于以上帮助,谨此一并致谢。

　　补记:本文原刊《史学月刊》2021年第4期,收入本书时多有增补,尤其是第二、第三节,结构、内容均有较大调整。

---

① 陆扬《从墓志的史料分析走向墓志的史学分析——以〈新出魏晋南北朝墓志疏证〉为中心》,初刊《中华文史论丛》2006年第4期,后收入氏著《清流文化与唐帝国》,第305—332页。

第五章 中古碑志研究的新动向（续）

在 2021 年发表的《近十年来中古碑志研究的新动向》①中，笔者曾经总结最近十余年间以石碑、墓志为中心，兼及造像记的中古石刻研究的三个研究热点：碑志所记祖先谱系的发现及建构过程的探讨，碑志"异刻"与历史书写研究，以及碑志的政治景观研究。这之后，随着研读深入，同时还得到师友指点，笔者意识到近年来的中古碑志研究中还存在另外三个引人瞩目的课题，分别是碑志的地域社会史研究、个体生命史研究及历史记忆研究。三个课题，碑志的地域社会史研究在 20 世纪下半叶已有渊源，至 21 世纪以来蔚为大观，与之相对，碑志的个体生命史研究和历史记忆研究，则大抵为最近十余年的新事物。基于此，本文将瞩目后二者，尝试对这两个研究热点进行回顾梳理，总结其贡献得失，进一步探讨中古碑志研究丰富多元的发展方向。

---

① 参本书第四章。

一、碑志的个体生命史研究

　　所谓碑志的个体生命史研究,即是围绕碑志所见志主的个人生命历程进行探讨,尤其是那些在传世文献中被遮蔽甚至完全无视的人群。在中国传统史学中,"人"是最为重要的存在,构成世人认识中国历史基础文献的纪传体正史,大抵都以人物为中心进行叙述。及至20世纪,随着新史学传入,这一叙述方式渐趋边缘,以国家为研究单位,以国家之内的民族、社会、政治、经济、文化、宗教、日常生活等层面为叙述内容的新的研究范式占据主流。不过,随着历史学者尝试走出"宏大叙事","人"重新进入学者视野,以人物尤其是底层、边缘人物为中心的个体生命史研究日益兴起。[①] 受此影响,中古碑志研究亦出现以勾稽志主生命历程为主旨的研究取向。[②] 这之中,罗新新刊《漫长的余生——一个北魏宫女和她的时代》,[③]最为引人关注。

　　在本书之前,作者已经发表了《陈留公主》《茹茹公主》《跋北魏郑平城妻李晖仪墓志》《北魏常山公主事迹杂缀》等一系列聚焦北朝女性的文章,[④]显示出对北朝女性的个体生命由来已久

---

① 关于上述变化,徐畅有扼要梳理,参《唐前期一位京畿农人的人生史——以大唐西市博物馆藏〈辅恒墓志〉为中心》,《社会科学战线》2018年第12期。

② 需要说明的是,以梳理碑主、志主生平为主旨的考察,这在中古碑志研究中并非新见。不过,以往研究大都瞩目史传中有记载的重要人物,对于史传中基本失语的底层、边缘人物,关注相对不足。

③ 罗新《漫长的余生——一个北魏宫女和她的时代》,北京:北京日报出版社,2022年。

④ 罗新《陈留公主》,初刊《读书》2005年第2期,后收入氏主编《彼美淑令——北朝女性的个体生命史》,北京:北京大学出版社,2024年,第1—18页;《茹茹(转下页)

的关注,且其中一些论述即是以碑志记载为中心展开,以此而言,《漫长的余生》可谓是这一取向的延伸。书中,作者以上世纪20年代出土的慈庆(即王钟儿)墓志为线索,尝试还原王钟儿自南入北、跌宕起伏的一生。书中重点描摹了王钟儿生命历程的几个关键节点,首先是出嫁随夫居于悬瓠,继而在南北之争中被掠没北魏宫廷奚官,复被指派服侍景穆帝昭仪斛律氏,后成为孝文帝嫔妃高照容的宫女,养育高照容所生宣武帝、广平王元怀、长乐公主元瑛,随着高照容被杀王钟儿被迫出家为尼,但在北魏后期波诡云谲的权力游戏中又因缘际会参与保育孝明帝,最后在北魏历史巨变伊始走向生命的终结。这样,通过对王钟儿人生几个关节点的勾勒,作者向我们展现了其动荡多变的一生。值得注意的是,在还原王钟儿一生经历的同时,书中还基于墓志提到其他多位在史传中记载简单甚至完全失语的女性人物的生命状况,包括皇帝妃嫔(高照容、高英、王普贤、司马显姿、李续宝之女李氏),保母(王遗女、杜法真),和王钟儿一样的比丘尼(僧芝),地位较高的女官(宫内司杨氏、吴光,宫内大监刘阿素,宫作司张安姬,家监缑光姬,细谒大监孟元华,宫典禀大监刘华仁,女尚书王僧男、冯迎男,内侍中高氏),以及宗室或官贵女性(元纯陀、元瑛、杨奥妃),她们或与王钟儿有交集,或虽无交集但有类似经历,她们的登场使得墓志记载中不算详实的王钟儿的人生履历变得更为充实。当然,书中所呈现的她们各自的生命历程,同样很

(接上页)公主),初刊《文景》2011年第4期,《跋北魏郑平城妻李晖仪墓志》,初刊《中国历史文物》2005年第6期,二文均收入氏著《王化与山险——中古边裔论集》,北京:北京大学出版社,2019年,第75—95、337—344页;《北魏常山公主事迹杂缀》,《有所不为的反叛者——批判、怀疑与想象力》,上海:上海三联书店,2019年,第177—197页。《茹茹公主》《常山公主事迹杂缀》复收入《彼美淑令——北朝女性的个体生命史》,第314—348、228—251页。

有意义。①

　　阅读本书的读者还会有一个感受,即在书中,较之描摹王钟儿的个体生命,作者更多笔墨则是落在了与王钟儿一生相始终的政治、社会背景之上。譬如南朝内乱、南北之争、北魏宫廷倾轧、朝廷权斗、洛阳社会、佛教文化等,作者都进行了异常详细的钩沉发覆。这些文字看似与王钟儿不直接相关,但对理解王钟儿一生经历大有助益,没有这些作为支撑,王钟儿的个体生命将会单薄许多。②

　　王钟儿生命中一个关节点——掠没奚官,这是许多北魏女性墓志志主都曾有过的共同经历,胡鸿关注的文罗气、徐冲瞩目的仇妃以及笔者曾有讨论的司马妙玉均是如此。文罗气是襄阳、南阳周边山区的蛮人女性,大约生活在 471 年至 541 年之间。按照墓志描述,文罗气生于鲁阳,后嫁给雷亥郎为妻,受乡人逆乱牵连,文罗气被籍没入宫,其女刘桂华在孝明帝时被选为淑仪,但不久病逝,随后在北魏末的动荡中,文罗气徙居邺城,并在 71 岁时死于邺城。墓志记载简略,内容亦有捍格难通之处,并未充分展示文罗气的生命历程。胡鸿《蛮女文罗气的一生——新出墓志所见北魏后期蛮人的命运》,③尝试关联相关史料,复原文罗气的一生。在胡文的梳理下,文罗气人生的关节之处一一呈现:出身蛮人上层,其夫雷亥郎亦为蛮人大姓子弟,后雷亥郎卷入蛮乱,文罗气被没入奚官;不久文罗气再嫁巨珰

----

① 王钟儿外,作者近年来又对北魏贵族女性崔宾媛的个体生命展开细致观察,初步成果见氏撰《崔巨伦其人》,初刊王笛主编《新史学》第 16 卷《历史的尘埃:微观历史专辑》,北京:社会科学文献出版社,2023 年,第 3—45 页,后收入氏主编《彼美淑令——北朝女性的个体生命史》,第 90—125 页。

② 周玉茹亦曾梳理慈庆生平履历,参《北魏比丘尼统慈庆墓志考释》,《北方文物》2016 年第 2 期。

③ 胡鸿《蛮女文罗气的一生——新出墓志所见北魏后期蛮人的命运》,初刊《魏晋南北朝隋唐史资料》第 35 辑,上海:上海古籍出版社,2017 年,第 97—111 页;后收入罗新主编《彼美淑令——北朝女性的个体生命史》,第 42—73 页。

刘腾一族,在刘腾的助力下,其女被选为孝明帝淑仪,但随着刘腾失势、其女身死,文罗气再遭变故;后在高欢的裹挟下,文罗气迁至邺城,依附于前夫之子雷暄及弟弟文翘,最终在 71 岁高龄时死去。这样,通过结合墓志记载与相关史事,胡文努力在北魏后期历史演进的脉络下破解、充实墓志的难通、简略之处,文罗气屡有起落、几番流移的动荡一生亦随之展现在世人面前。

与文罗气不同,司马妙玉出生东晋皇室,后者即便在入魏之后,仍保持显赫地位。墓志对司马妙玉生平记载极为简单,仅称其为晋谯王之孙,后嫁于北魏宗室城阳王拓跋忠,56 岁时死去,死后归葬平城,并被追赠温县君。东晋谯王之孙如何嫁给北魏宗王?业已迁洛的司马妙玉何以会葬于平城?墓志对此语焉不详,笔者《司马妙玉与北奔司马氏——读新出〈元忠暨妻司马妙玉墓志〉》,①勾稽其中的缺失环节,进而复原司马妙玉的一生。在笔者看来,司马妙玉嫁于拓跋忠并非门当户对式的联姻,而是晋谯王司马文思在刘裕逼迫下逃亡至北魏后,其后人卷入文成帝兴光初年谋反案,司马妙玉受此牵连籍没入宫,并在北魏前期对宗王婚姻不甚讲究的状况下被配给拓跋忠;而司马妙玉葬于平城,则因拓跋忠先死葬在平城,故可循"妇人从夫"之例归葬平城;至于受赠温县君,则与彼时司马氏重建河内乡里基础的努力相关。由此可见,司马妙玉的个人生命并非像墓志显示的那样孤立展开,而是与南北政局密切关联,故对墓志所记,唯有纳入彼时历史框架下进行理解,其中的滞碍难解之处方能疏通,司马妙玉为时势所裹挟的一生也才能相对完整地呈现。

至于仇妃,即北魏南安王元桢之妻、章武王元彬之母。仇妃没

---

① 拙稿《司马妙玉与北奔司马氏——读新出〈元忠暨妻司马妙玉墓志〉》,韦正主编《洞幽烛微——"赵郡李氏与唐文化高端论坛"文集》,上海:上海古籍出版社,2020年,第 36—51 页。

有留下属于自己的墓志，其丈夫元桢、子嗣元彬的墓志也没有提及其人，仅武泰元年（528）制作的元彬孙元举之墓志中称其为"冯翊仇氏牛之长女，牛为本州别驾"。作为州别驾之女的仇妃，何以能联姻宗王？这让徐冲倍感疑惑。于是在《寻找仇妃》①一文中，徐氏以元举墓志记载为线索，勾连相关史料，拼接南安王妃仇氏生命历程中的若干碎片。文章将重点置于仇妃先世及婚配元桢二事上，指出仇妃曾祖仇款出身冯翊重泉，在石虎强制迁徙关中豪杰至河北的过程中徙居枋头，及石虎死，天下大乱，同在枋头的苻氏集团西归，仇款家族则继续留在河北，先后入仕前燕、后燕。入北魏后，仇款后人因事被诛，仇妃受父辈牵连没入平城宫中为奴。在宫中时，仇妃大约得到未受牵连的叔父、在内廷奉仕的仇洛齐照拂，后在和平三、四年（462—463）因缘际会被赐给元桢为妻。尽管受史料限制，作者所复原的仇妃生命只限于个别片段，但这些片段仍为理解北魏前期历史提供了别样视角。

　　又王钟儿出家为尼的经历，在北魏官贵女性中同样屡见不鲜，王珊《北魏最著名的比丘尼僧芝——僧芝墓志考释》，②即将目光投向在北魏后期影响巨大的比丘尼——北魏胡太后姑母、曾担任比丘尼统的僧芝，梳理其生命轨迹及与时事的关联。通过关联墓志与史传记载，作者指出僧芝所出胡氏一族长期居于关中，僧芝本人亦在关中出生、出家，并受关中佛学影响修习大乘佛经，后因善于讲经获冯太后征请，被招入平城进入北魏宫廷；迁洛之初，僧芝可能居住在宫廷内寺，凭借长期讲经，其地位、资历逐渐提升，许多妃嫔出家后

———————

① 徐冲《寻找仇妃》，初刊《文汇报·文汇学人》2022 年 4 月 10 日，后收入罗新主编《彼美淑令——北朝女性的个体生命史》，第 18—41 页。

② 王珊《北魏僧芝墓志考释》，初刊《北大史学》第 13 辑，北京：北京大学出版社，2008 年，第 87—107 页，后改题《北魏最著名的比丘尼僧芝——僧芝墓志考释》，收入罗新主编《彼美淑令——北朝女性的个体生命史》，第 151—191 页。

拜她为师;僧芝还将侄女胡氏引入宫廷,成为宣武帝后妃,后者在宣武帝死后以太后执掌大权;胡太后掌权时期,僧芝益受尊崇,胡太后为其建寺,并尊为"比丘尼统"。这样,通过作者的细致梳理,僧芝与政治密切关联的生命历程徐徐展开,而透过僧芝的生命,北魏宫廷政治及社会中的佛教图景亦得以清晰呈现。

在新近出版的罗新主编《彼美淑令——北朝女性的个体生命史》中,章名未、单敏捷、庞博三人所撰文字,也立足碑志致力于对北魏女性的个体生命历程进行研究。章名未《元季聪的悲欢》,①瞩目元魏宗室之女元季聪,依据东魏兴和三年(541)制作的墓志,考察其家族浮沉及本人一生悲欢。据作者梳理,元季聪于北魏永平三年(510)生于洛阳,父亲为朝廷重臣清河王元怿,及元怿与元叉争权失败被杀,十一岁的元季聪虽未被牵连获罪,但难免遭遇坎坷。三四年之后,元怿获得平反,家族随之走出阴影,元季聪被封为颍阳县主,嫁于范阳卢氏。不过,这段婚姻并未维持太久,很快元季聪又嫁给陇西李氏出身的李挺。尔朱荣主政时期,可能出于孝庄帝的安排,元季聪于永安二年(529)被拜女侍中,在宫内当值,直至一年后去世。元季聪去世后,初葬于洛阳,十一年之后随着李挺去世,被迁至邺城合葬。由此可见,元季聪的一生宛如前述几位女性,其人生的悲欢离合,和家族、王朝命运紧密联系在一起。

与元季聪相比,另一位宗室之女、先后卷入北朝后期一系列动乱的元渠姨,经历更为坎坷。单敏捷《找回失落于尘土中的故事——读元渠姨墓志》,②以有效信息极少的《元渠姨墓志》为据,尽

---

① 章名未《元季聪的悲欢》,罗新主编《彼美淑令——北朝女性的个体生命史》,第192—227页。

② 单敏捷《找回失落于尘土中的故事——读元渠姨墓志》,罗新主编《彼美淑令——北朝女性的个体生命史》,第271—283页。

力挖掘元渠姨一生遭际。通过结合史传记载,文章指出元渠姨出身宗室疏属,在北魏末年六镇新贵竞相迎娶宗室女子为妻的浪潮中嫁给高欢亲信、重臣段韶;及文宣帝高洋大肆屠杀元氏,渠姨在段家及娄太后的保护下侥幸获免,文宣帝死,生活才趋于平静;不过很快,随着周武灭齐,段氏一族作为北齐勋贵遭到清算,渠姨子嗣可能被杀。要之,正如作者所总结的那样,元渠姨一生,经历了魏齐禅代,逃过了天保屠杀,目睹了北周灭齐,晚年又经历失子之痛,其经历之坎坷不幸,令人唏嘘。

庞博《参商永隔:卢兰、卢贵兰姐妹及其家庭命运》,①关注的是作配元魏宗室的卢兰、卢贵兰姐妹。他以两姐妹墓志为线索,通过串联墓志与史传的信息碎片,勾勒二人生命史的一个侧面。即在孝文帝确立元魏宗室与高门贵族的婚姻联系之后,范阳卢氏出身的二女分别嫁给汝阴王天赐之子元脩义和章武王元融。出嫁后,二人均诞育子嗣,主持家务并处理夫家的社会关系成为她们生活的主要内容,一度相对安宁。不过,随着北魏末年动乱迭起,平静的生活很快被打破。同在孝昌二年(526),元脩义病逝,元融战死,卢兰、卢贵兰先后经历丧夫之痛,随后又被迫面对接踵而来的亲人死亡。及东西分裂,两姐妹不幸生离死别,二人跟随子嗣的政治选择,一入关中,一徙邺城,从此参商永隔,再无相见的机会。通过这一梳理,作者力图向读者展示,在北朝变动最为剧烈的时代里,卢兰、卢贵兰姐妹的生死悲欢和家庭命运,与时局变动息息相关,个人并无太多主动选择的机会。

至于从碑志出发的隋唐时期女性的个体生命,学者也多有探讨,这里仅以仇鹿鸣《新见〈姬揔持墓志〉考释——兼论贞观元年李

---

① 庞博《参商永隔:卢兰、卢贵兰姐妹及其家庭命运》,罗新主编《彼美淑令——北朝女性的个体生命史》,第284—313页。

孝常谋反的政治背景》①为例。文中，仇氏聚焦因夫家犯罪被牵连入宫、后因缘际会成为皇帝保傅的姬揔持，梳理其生命历程如下：出身关陇贵族，年甫十四嫁于同出关陇的贵族子弟李义余，贞观元年（627）受公公李孝常谋叛案影响，被籍没入宫；入宫后不久，适逢太宗第九子李治出生，遂为新皇子保傅，并在此后很长时间内伴随李治成长；贞观后期，姬揔持地位已高，授荥阳郡三品夫人，高宗登极，进一步晋升为周国一品夫人；不过至永徽年间，随着武则天入宫，为免遭猜忌，姬揔持每怀谦退，尤其在武则天掌握后宫后，更是专意佛教，不再介入宫中日常事务，晚年且从宫中退出，与其子居住在一起。不难看出，姬揔持的生命轨迹与前述王钟儿颇为近似——早年受牵连被籍没入宫，后幸运成为皇帝保傅得享荣宠，晚年淡出权力中心，笃信佛教，这样的人生经历固然有其特殊性，但如果立足北朝隋唐重视保母的政治传统看，毋宁说这也是北朝隋唐时期后宫女性并不罕见的一个生命历程。

上述王钟儿、文罗气、司马妙玉等，均为女性，中古碑志所展现的男性志主的生命历程，学者亦不乏关注。张天虹《从新刊唐代〈李仲昌墓志铭〉看安史之乱后士人"北走河朔"》，②瞩目安史乱后"北走河朔"的一位士人——李仲昌，考察其家世、出身及北走河朔后的经历。文章通过分析墓志记载，指出李仲昌家世背景并不十分显赫，及入仕后在唐廷仕途不顺，遂北走河朔寻求发展，先投奔昭义李抱真，后因昭义镇内乱复来到魏博镇，颇受重用，地位逐渐提升，先后出任魏、

---

① 仇鹿鸣《新见〈姬揔持墓志〉考释——兼论贞观元年李孝常谋反的政治背景》，《唐研究》第 17 卷，北京：北京大学出版社，2011 年，第 221—250 页。

② 张天虹《从新刊唐代〈李仲昌墓志铭〉看安史之乱后士人"北走河朔"》，《河北大学学报（哲学社会科学版）》2011 年第 3 期。

相二州刺史，加节度判官，成为魏博高层之一员；后魏博发生内乱，田弘正上位魏博节度使，隶属败方的李仲昌不久离奇死亡；文章还提及李仲昌的婚姻，指出其娶妻郑氏，是河朔藩镇内部的政治联姻。这样，通过对李仲昌一生经历的复原，作者展示了北走河朔的精英士人所面临的机遇和挑战，在呈现李仲昌个人生命历程的同时，丰富了我们对陈寅恪所谓安史乱后士人北走河朔的理解。

　　李仲昌系自唐廷中央出走河北，与之相反，唐代更多人士则是从地方辐辏两京，或是因仕宦追求主动选择，或是因亡国之余被强制迁徙。王连龙《〈南单德墓志〉与唐代高句丽移民问题研究》，[①]所聚焦的高句丽亡国贵族子弟南单德，即两度从边远之地入居长安。基于墓志记载并结合高句丽移民史事，王氏复原南单德履历如下：高句丽灭亡后，南单德家族和其他高句丽降户一起，被唐王朝配住安东；不久，唐王朝重新安置高句丽移民，其族远徙归州；至开元初，南单德被挑选入为内供奉射生，进入长安，后从汾阴公薛楚玉平定奚、契丹两蕃叛乱，因功授折冲果毅、中郎将军。及安史乱起，留在幽州的南单德可能出于从众或前途的考虑加入安禄山叛军，但随着战争形势向有利于唐军的方向发展，南单德率众归降，获封饶阳郡王。由此可见，伴随世事变化，南单德的经历极为复杂，反复往来于中央、地方之间。而在作者看来，南单德一生固然有其特殊之处，但另一方面也颇具代表性，浓缩着众多内附高句丽人甚至其他从边地或域外进入华夏王朝的人群的身影。

　　如南单德般投靠安史政权的经历，也是山东旧门出身的贵族子

---

① 王连龙、丛思飞《战争与命运：总章元年后高句丽人生存状态考察——基于高句丽移民南单德墓志的解读》，初刊《社会科学战线》2017年第5期，后改题《〈南单德墓志〉与唐代高句丽移民问题研究》，收入王连龙《王若曰：出土文献论集》，南京：凤凰出版社，2021年，第333—353页。

弟王伷一生无法消除的污点。仇鹿鸣《一位"贰臣"的生命史——〈王伷墓志〉所见唐廷处置陷伪安史臣僚政策的转变》，①即重点描摹了"贰臣"王伷的这段经历。通过辨析墓志文字与其他史料记载，仇氏揭示王伷陷伪并非如墓志所记逃居陆浑南山后被搜山掳获，而是可能随府主郭纳（时任河南采访使，王伷为其支使）一道主动投敌，且投敌后也非被迫任官，而是表现活跃；王伷在安禄山死后自安庆绪投奔名义上归唐的史思明，与其说忠节使然，毋宁说安庆绪政权危如累卵、朝不保夕的处境主导了这一行为；同样，王伷奔史后亦非受迫任官，而是颇得重用；而王伷在史朝义败亡前夕暗自输忠唐廷，固然确有其事，但推动他如此作为的原因大约仍非忠节而是对时局的判断。这样，在廓清墓志书写重重迷障的基础上，作者尝试复原王伷仕于安史期间的生命历程和真实心态。这一复原，固然对王伷完整的生命史而言，只是还原了其人生的一个片段，但足够戏剧性的片段生命，仍对认识王伷乃至那个时代有着类似经历的官僚提供了注脚。

徐畅《唐前期一位京畿农人的人生史——以大唐西市博物馆藏〈辅恒墓志〉为中心》②一文亦围绕男性志主，文中，作者聚焦一位长期生活于雍州三原的近畿农人——辅恒，发掘其非同一般农人的另类人生。在作者的展示下，辅恒一方面在家乡"躬耕竭力"、肆力农桑，另一方面又时时留意朝堂上的点滴波澜，嗅闻政治机遇，以求微幸：先是乘高宗去世，积极应赴山陵义役，并在修陵过程中贡献工巧技艺，由此获得进入仕途的机会；任职期满后，又先后于长安三年（703）

---

① 仇鹿鸣《一位"贰臣"的生命史——〈王伷墓志〉所见唐廷处置陷伪安史臣僚政策的转变》，《文史》2018 年第 2 辑。
② 徐畅《唐前期一位京畿农人的人生史——以大唐西市博物馆藏〈辅恒墓志〉为中心》，《社会科学战线》2018 年第 12 期。

进同心瓜,神龙三年(707)进冬笋,博得最高统治者欢心,不仅获得赏赐,还得到"选日优与处分"的优待。这样,通过对辅恒人生若干关节处的描摹,作者还原了一位在京畿务农、却又不甘为农,而将个体生命与李唐——武周易代的政治时局紧密捆绑在一起的"反模式"农人的丰富人生,由此展现了唐代民众多元生命历程的一个侧面。

吕博《唐西州前庭府卫士左憧憙的一生》①同样也以男性志主、西州前庭府卫士左憧憙为中心展开。对于左憧憙生平,墓志记载极为简单,生死、籍贯、葬地之外,能够提取的信息只是左憧憙身为府兵、颇有资财。幸运的是,随同墓志,左憧憙墓还一并出土了十五件借贷契约,借助这些契约文书,并结合墓志、其他吐鲁番文书及王梵志诗、木兰诗等,吕氏尝试复原左憧憙一生行迹。左憧憙身份为前庭府卫士,其人善于经营,常从事放贷、买奴、租菜园等商业活动,故而生活富裕;麟德二年(665),左憧憙随军救援于阗,从军期间仍不忘给同行士兵放贷及进行人口贸易;回乡之后,左憧憙继续从事高利贷经营,巧取豪夺,并因财产问题与兄弟产生纠纷;左憧憙汲汲于谋利,但对佛教从不吝啬,几度施财造像设斋,捐助功德。通过这些梳理,作者建立了一个生活在唐代前期、贪于钱财但又慷慨于信仰的普通卫士的个体生命史,为理解唐代府兵制度提供了另一维度的观察。

以上所论,无论是王钟儿、文罗气、司马妙玉、姬揔持等女性,还是李仲昌、王仳、辅恒、左憧憙等男子,在传世文献的书写中,他们都是被遮蔽和淡化的,是传统史传的"弱者"和"边缘人",揭示他们的个体生命,有助于我们在习惯于关注宏大时代脉络之余,认识中古时期沉重、灰暗的历史细节。更重要的是,正如罗新所说,

---

① 吕博《唐西州前庭府卫士左憧憙的一生》,《唐研究》第 24 卷,北京:北京大学出版社,2019 年,第 397—430 页。

他们原本就是真实历史的一部分，没有他们，历史就是不完整、不真切的，①在这个意义上，将他们从历史的潜流中打捞出来，不仅有助于更为全面地认识中古历史的丰富面向，同时亦是尽可能贴近那个时代历史真实的必然要求。

不过，另一方面，虽然与史传中那些亮眼夺目的王侯将相相比，王钟儿等是弱者、边缘人，但较之彼时真正的普罗大众，他们又非弱者、边缘人。王钟儿、姬揔持保育皇子，且得皇帝眷顾；司马妙玉诞出晋绪，复作配帝宗成为王妃；文罗气出身蛮人上层，后联姻巨珰，女儿亦被选聘淑仪；王仙世家子弟，自己也进土登科，官至要职；辅恒或许没那么显赫，但数任美职、屡蒙赏赐的经历，也绝非普通人可比。至于其他人，也莫不如此，因此在某种意义上，他们只是不那么醒目的有力阶层。这之中，或许左憧憙是个例外，不过正如前文所述，左憧憙墓志本身并未提供太多有效信息，左憧憙生命历程的建构，更多得益于作者对同墓出土借贷契约的巧妙运用。这也就意味着，在史料奇缺的中古时代，如果单纯依赖有着天然阶层限制的碑志记载，②我们能否探寻真正普通人的个体生命，不得不说是要打上问号的。又碑志中的个体生命史研究，限于碑志所述，大抵只能把握碑志主人人生的关节之处：出生，嫁娶，以及各种重大变故，他们的日常生活往往无从触及。固然，碑志中也不乏描摹他们日常生活的文字，譬如王钟儿墓志有"谐襟外族，执礼中馈，女功之事既缉，妇则之仪惟允"，司马妙玉墓志有"缉融礼馈，式昭庭训，四德详著，母仪帝宗"，姬揔持墓志有"初鸣盥漱，尽礼于舅姑；终日和颜，倾心于

① 罗新《漫长的余生——一个北魏宫女和她的时代》，第 54 页。

② 如学者所论，虽然碑志较之史传呈现更多政治地位稍低之人物生平，譬如下层官僚、军人、宦官、商人、大土地经营者等，但这些人物大抵仍属精英，包括身份精英、政治精英及经济精英。参谭凯（Nicolas Tackett）《中古中国门阀大族的消亡》，胡耀飞、谢宇荣译，北京：社会科学文献出版社，2017 年，第 23—24 页。

姒娣。叔妹唯睹卑下之色，侍使但见俨厉之容。礼节无骞，执事有恪"，但这样的文字与其说是事实描述，毋宁说是时人对那个时代女性的理想期待，决不能视为王钟儿、司马妙玉日常生活的真实状态。此外，碑志的个体生命史研究，在对碑志主人的人生关节点进行解释时，常常无法脱离熟知的历史框架，学者所做的工作，不过是将碑主、志主的生命历程嵌入已知历史图景，给后者增添注脚而已。在此意义上，碑志的个体生命史研究，固然可以丰富历史的细微之处，但在历史理解的基本脉络和宏观框架上，似乎并不能提供多少新知。这些遗憾，有些可能是中古碑志文献的天然缺陷，有些或源自学者认识的不足。无论如何，在喜见碑志的个体生命史研究推动中古碑志乃至中古史研究发展的同时，我们也应正视其缺陷，惟如此，才能更好地发掘这一取径的研究意义。

二、碑志的历史记忆研究

以心理学家弗洛依德（Sigmund Freud，1856—1939）、哲学家柏格森（Henri Bergson，1859—1941）、社会学家莫里斯·哈布瓦赫（Maurice Halbwachs，1877—1945）对记忆的研究，以及法国年鉴学派开创的心态史模式为基础，同时得益于后现代思潮、对身份认同的重视以及 20 世纪以来创伤体验的推动，记忆研究在 1980 年代以降蔚然成风，学者甚至称之为"记忆的转向"。① 受此影响，近年来学者

---

① 关于历史记忆研究的兴起，参彭刚《历史记忆与历史书写——史学理论视野下的"记忆的转向"》，《史学史研究》2014 年第 2 期；王晴佳、张旭鹏《当代历史哲学和史学理论——人物、派别、焦点》，北京：社会科学文献出版社，2020 年，第 303—316 页等。

亦尝试将记忆研究引入碑志分析,由此形成探讨碑志所见历史记忆的热潮。

基于历史记忆视角对中古碑志的考察,大致可以归纳为两种取径:其一,关注记忆的生成、流变及扩散;其二,探讨记忆背后的隐藏史实。关于前者,前章所论碑志祖先谱系建构及历史书写的研究,某种意义上亦属历史记忆研究,尤其是对祖先谱系建构的考察,关系最近。一些论著也明确揭橥历史记忆,譬如仇鹿鸣《制作郡望:中古南阳张氏的形成》,即认为中古时期南阳张氏郡望及谱系的形成,乃是张姓士人通过对传说与历史人物事迹的拼接,重构对祖先记忆的结果。

祖先谱系建构外,碑志中另一些围绕碑主、志主祖先及出身的书写,亦被视为历史记忆的产物,其中碑志所见非华夏族群祖先、出身记忆的生成和变迁,最为学者关注。尹波涛《唐代粟特康氏的祖先记忆与族群认同——以出土墓志为中心》,[1]瞩目唐代粟特康氏墓志所记祖先记忆,指出前后有所变化。首先是粟特祖源记忆,随家族来华时间增长而逐渐式微乃至消失。亦即在早先阶段,虽然也建构家族在较早时期进入中原、此后累世官宦的祖先记忆,但并不回避源出粟特;但至8世纪,粟特祖源记忆趋于消失。其次是华夏祖源记忆,有一个从多元到统一的过程。唐代前期,塑造的华夏祖源不定,上古帝王炎帝、唐尧,周代康王、康叔、毕万,甚至汉代的丞相颉,都或被视为始祖;但到后期,康叔被塑造为入华粟特人的唯一始祖,其他华夏祖源则被有意无意地遗忘了。又中夏郡望记忆,亦有从纷繁复杂到整齐划一的过程,最终形成会稽、颍川、敦煌、汲郡(卫)四个郡望。作者认为,唐代粟特康氏墓志所记祖先记忆变化背后,乃

[1] 尹波涛《唐代粟特康氏的祖先记忆与族群认同——以出土墓志为中心》,《唐史论丛》第33辑,西安:三秦出版社,2021年,第219—236页。

是粟特康氏的族群认同发生了从粟特到汉(或华夏)的变迁。

　　与粟特康氏的祖先记忆类似,入唐吐谷浑王室慕容氏家族墓志对志主郡望的书写前后也存在差异,濮仲远《祖居之地与华夏认同——以唐代吐谷浑慕容氏家族墓志为中心》①对此进行了考察。文章指出,在 7 世纪及 8 世纪初的吐谷浑慕容氏墓志中,志主多称阴山人;8 世纪中叶以降,则多改称昌黎人。吐谷浑慕容氏墓志书写郡望之所以有此改动,是因为随着吐谷浑王族在唐廷地位下降,慕容氏试图通过攀附业已将祖源关联至黄帝的慕容鲜卑,以完成其身份与华夏的对接;而在对接华夏意愿的推动下,部分慕容氏家族成员甚至直接以京兆长安作为新贯。不难看出,在作者看来,华夏认同亦是推动入唐吐谷浑慕容氏家族墓志改变郡望记忆的根本原因。

　　通过改变祖先记忆来实现家族的华夏化,这在唐代非华夏族群墓志中非常普遍,杜镇对南北边地族群及郭胜利对入唐西域人整体祖先记忆的考察,也揭示这一点,兹不赘述。② 值得一提的是,华夏认同并非非华夏族群建构祖先记忆的唯一动力,对本族光荣历史的自豪和向往,亦在同时塑造了唐代非华夏族群的祖先记忆。裴恒涛《形夷而心华：墓志资料中唐代非汉人的王朝认同》③即注意到,唐代非华夏族群的祖先书写,一方面在族源上攀附华夏圣王黄帝、炎帝,表达对华夏王朝的认同与接受,但另一方面,亦不忘叙述本族群

①　濮仲远《祖居之地与华夏认同——以唐代吐谷浑慕容氏家族墓志为中心》,《西北民族大学学报(哲学社会科学版)》2020 年第 3 期。

②　杜镇《北朝隋唐边地族群记忆：以碑志为重点》,陕西师范大学博士学位论文,2017年;郭胜利《隋唐中原西域人的家承记忆与族属认同》,《贵州民族研究》2018 年第7 期。

③　裴恒涛《形夷而心华：墓志资料中唐代非汉人的王朝认同》,中央民族大学博士学位论文,2013 年。

英雄祖先迁移分化、建功立业的历史,显示出对自身独特身份和光荣历史的自豪感。王庆卫对入唐突厥王族史善应墓志祖先记忆的个案考察也印证这一点。在《新见唐代突厥王族史善应墓志》①中,作者指出本姓阿史那氏的史善应之墓志,一方面对突厥早期历史颇多赞美,所谓"与中国抗衡","威振龙乡,势横鲲海",另一方面又称"河南洛阳人也,其先夏禹之苗裔"。在作者看来,如果说前者流露出对英雄祖先的辉煌过往心存向往,后者则彰显明确的认同进而攀附华夏的意向,亦即墓志所体现的历史记忆带有对英雄祖先和华夏认同既统一又相背离的印记,呈现明显的矛盾性。

祖先记忆外,对于碑志所见其他历史记忆的生成,学者亦不乏考察。廖宜方注意到唐代一些墓志在记述葬地时常常会描绘周遭的自然与人文景观,其中颇多名胜古迹,显示时人对地理空间的历史记忆。作者认为,这些历史记忆与时人所在地方关系密切,是彼时士人共有的文化之一;而墓志中记录名胜古迹,源自风水观念的推动,旨在说明葬所是个宝地。②

胡鸿新撰《一个地方先贤祠祀的创建与延续——〈楚相孙叔敖碑〉释证》,③亦留意历史记忆如何生成。对于东汉延熹三年(160)立于汉代期思县之孙叔敖碑,作者经过将碑文内容与传世文献逐一对比,指出其中虽有相合之处,但从结构到具体细节也有许多不同。譬如碑文特别赞颂孙叔敖在水利方面的政绩,不见于传世文献;碑文称孙叔敖"生于季末,仕于灵王,立溷浊而澄清,处幽昏而照明",

---

① 王庆卫《新见唐代突厥王族史善应墓志》,初刊《中国国家博物馆馆刊》2014 年第 4 期,后收入氏著《从长安到西域:石刻铭记的丝路文史》,兰州:甘肃文化出版社,2023 年,第 62—75 页。

② 廖宜方《唐代的历史记忆》,台北:台湾大学出版中心,2011 年,第 326—330 页。

③ 胡鸿《一个地方先贤祠祀的创建与延续——〈楚相孙叔敖碑〉释证》,《魏晋南北朝隋唐史资料》第 48 辑,上海:上海古籍出版社,2023 年,第 143—182 页。

同样与传世文献所见孙叔敖与楚庄王君臣相得、共成霸业不同。基于此,作者认为,碑文叙述更多地体现为期思地方流传的对于孙叔敖的传说与记忆,而这些记忆的生成,植根于当地特定的政治、社会状况。碑文将孙叔敖塑造为水利专家,或与东汉期思所在的汝南地区水利发达的背景存在关联;碑文叙述孙叔敖"生于季末,仕于灵王",则可能源自汝南在东汉末年政治结构中的位置。汝南是东汉经济、学术最为发达的地区之一,名士辈出,此时已处在与外戚、宦官势力的政治对抗之中。这些名士掌握乡里清议,在汝南一郡具有绝对的政治优势,因此碑文刻意塑造孙叔敖"立溷浊而澄清"的形象,颇有向清流名士示好的迹象。这样,通过与期思当地政治、社会状况关联,作者揭示了《孙叔敖碑》中不见于传世文献的传说与记忆形成的社会基础。

与上述措意历史记忆的生成机制不同,姜虎愚《〈茅蓬寺碑〉的佛图澄传说与武乡南山信仰景观》,[①]则关注记忆变迁与地方社会的关联。作者注意到,出土于武乡南山茅蓬寺遗址的《大唐重修茅蓬寺碑》,记载佛图澄永嘉四年(310)面见石勒前曾在武乡县故县乡南山"结茅修持",这一故事虽与主流史传无明显矛盾,但从彼时武乡动荡不安、人口流离、各族杂居且南山距离县治较远等看,其性质与其说是信史,毋宁说是流传当地的记忆与传说。这一记忆在当地从石赵一直盛行到唐初,不过此后却遭遇断崖,中古以后更是趋于湮没,取而代之的则是南山神和焦龙神信仰。在作者看来,武乡佛图澄信仰的衰落,固然可能与中唐五代法难相关,但更重要的原因则是其信仰功能的丧失。亦即在缺水的武乡地区,佛图澄未能突出其传说的功能特色,转型为与水相关的信仰,由此在与具有防旱止涝

---

① 姜虎愚《〈茅蓬寺碑〉的佛图澄传说与武乡南山信仰景观》,《中华文史论丛》2022年第1期。

功能的南山神和焦龙神信仰的争衡中败下阵来，而武乡地区佛图澄信仰和记忆的衰落，暴露出"纪念性偶像"相对"功能性信仰"在延续地方生命力时的弱势。这样，借助"纪念性偶像"与"功能性信仰"一组概念，作者勾勒出武乡地区佛图澄记忆兴衰演变的缘由。无待赘言，"纪念性偶像"与"功能性信仰"这一组概念非仅适用于武乡地区的佛图澄记忆，对于思考与佛图澄类似的名僧高道之神圣记忆之变迁，当同样适用。

真伪莫辨的历史记忆如何反映所记时代之事实？魏斌有多篇文章对此进行了努力尝试。在《从领民酋长到华夏长吏：厍狄干石窟的兴造与部落记忆》①一文中，魏斌发现刻于东魏武定三年（545）的厍狄干石窟铭后半部分叙述厍狄干部落的家世时，系以地点、首领地位和世系为主要元素。基于此，通过辨析铭文叙述与史传记载，确认这是一位怀朔镇内迁领民酋长的部落身份记忆，其主旨乃在强调厍狄干北族酋长的高贵出身和家族光荣。在作者看来，这一叙述，为理解十六国北朝时期北境部落的迁徙和历史记忆，提供了难得的内部亲历者视角，亦即从"鲜卑车马客"的角度认识内迁部落的文化适应和胡汉关系。这样的迁徙、适应以及胡汉关系，正是史实层面的内容。

当然，由于非主旨所在，上文并未真正揭示记忆所反映的历史事实，在同年发表的《昙始碑考证：史传阙失与地方记忆》②一文中，魏斌明确将勾稽记忆背后的史实设定为研究目标。文章首先指出《昙始禅师行状记》对昙始曾在太原狼虎寺修行的记载不见于《高僧传·释昙始传》和《魏书·释老志》所附惠始小传，进而通过确认该

---

① 魏斌《从领民酋长到华夏长吏：厍狄干石窟的兴造与部落记忆》，《历史研究》2018年第3期。

② 魏斌《昙始碑考证：史传阙失与地方记忆》，《文史》2018年第3辑。

碑非如清人叶奕苞所说立于北齐武平元年（570），而是立于昙始身后近七百年的北宋大观二年（1108），判断这一记载更多属于流传当地的地方传说与地方记忆。这一记忆，由于缺乏明确的早期史料比证，无法考知真伪，不过作者认为，如果跳出昙始本人行迹，而将之视为昙始时代僧人可能流向的一个地点，并结合史传记载，绘制一幅由清河、辽东、关中、统万、平城、洛阳、太原七个地点构成的"昙始地图"，以之观察4世纪末、5世纪初僧人流动性与政局变幻、经典整理与新译之间的关系，或可对这一时期僧侣的流动提出一些合理想象和推测：譬如淝水战后避河北战乱西入晋阳；北魏攻灭后燕之际，随后燕残余势力去往辽西、辽东；随着辽东局势变化及后燕政治混乱，加之鸠摩罗什的吸引，在义熙初年回到关中；鸠摩罗什死后，复离开长安赴往洛阳，后又随刘裕返回长安，等等。概言之，在作者看来，作为地方记忆的昙始与狼虎寺的关联，虽然无法确认真伪，但却可能成为窥视彼时佛教资源的流动、积聚及其背后推动力的有益线索。

在另一篇《传说与历史：并肆地区的北魏皇帝遗迹》[①]中，魏斌虽未围绕碑志，但同样是探赜记忆背后历史事实的一次尝试。作者发现，在山西中部汾水上游的孝文山周边、宁武天池和滹沱河上游的五台山等地，有不少关于北魏皇帝避暑、巡幸的传说和相关祭祀、信仰遗迹，主要与孝文帝有关，也涉及道武帝和太武帝，其年代，有些可以追溯到唐代，但不见于北朝文献记载，故与其说是史实，毋宁说是传说和记忆。这些传说与记忆，真伪难以确证，不过如果转换视角，尝试分析这些传说和遗迹背后的区域历史脉络和历史情境，则会发现相关地点往往与牧场有关，这就为理解中古早期族群融合

---

① 魏斌《传说与历史：并肆地区的北魏皇帝遗迹》，《文史》2021年第2辑。

与区域历史变迁提供了思路。具体说,即这些鲜卑皇帝的遗迹和传说背后,乃是隐含着内迁部族和农牧交错地带的生计和文化习惯。这样,通过对传说与遗迹共性的提炼,作者成功揭示了其所反映的历史事实。这一研究虽然不涉及碑志,但对分析碑志中真伪难辨的历史记忆,无疑富有启示。

受魏斌影响,姜虎愚《〈玄极寺碑〉与白鹿山的佛图澄传说——兼论中古早期的山林佛教问题》,[1]也尝试勾稽传说与记忆背后的历史事实。作者注意到,北齐河清四年(565)《玄极寺碑》记载佛图澄曾在太行山东南麓白鹿山兴建玄极寺,这一记载不见于《高僧传·晋邺中佛图澄传》。考虑到《高僧传》在史料选裁上有忽视山林佛教的倾向,以及《高僧传·晋襄阳竺法慧传》、隋代侯白《旌异记》等提及佛图澄曾于山林修行,《玄极寺碑》记载不能轻易否认;不过,从佛图澄活动轨迹及白鹿山的地理空间看,玄极寺是否为佛图澄本人亲历所造,又颇存疑问。因此,将《玄极寺碑》上述记载视为在受佛图澄影响最为直接的华北地区流传的地方传说与地方记忆,或更妥帖。作者认为该记忆虽然真伪难辨,但记忆本身却透露出彼时佛教发展的若干面向,这为深入理解六朝佛教提示了线索。譬如碑文显示佛图澄可能在4世纪上半叶进入山林修行,这在时空上完成了竺法护与庐山慧远间北方山林佛教空当的对接,使得中古早期山林佛教的发展面貌更显均匀;又佛图澄山林修行得益于大量士庶信徒的供养方式,也有助于重新思考六朝山林佛教的“贵族性格”;此外,佛图澄山林修行透露僧团文化导向的转变,即持戒与知识而非神异——山林修行多不以神异著称——成为门徒的安身立命之道;等等。要之,《玄极寺碑》所记白鹿山的佛图澄传说虽然很难证实或证伪,但

---

[1] 姜虎愚《〈玄极寺碑〉与白鹿山的佛图澄传说——兼论中古早期的山林佛教问题》,《唐研究》第26卷,北京:北京大学出版社,2021年,第3—26页。

其所展现的佛教在西晋以后向城市以外空间发展的趋势,却是真实存在的,佛教何时以及如何进入山林,正是隐藏在白鹿山佛图澄传说背后有待学者揭示的历史事实。

基于历史记忆视角考察中古碑志的两个取径,如上所见,可谓各有侧重。前者瞩目记忆本身,关心记忆的生成、流变及传播,这与当前学界对文本生成、流动的关注颇有契合。后者致力于探寻记忆隐含的历史事实,其思考方式不禁令人想起前辈学者对性质类似文本史料价值的论断。譬如对于传说,钟敬文认为"任何传说都具有一定的历史意义,因为它的产生都有一定的历史现实做根据的";①对于小说家流的《世说新语》,唐长孺也提出:"今考《世说》本文诚多驳杂,孝标、敬胤所纠,皆无以自解。然于史迹虽或乖忤,于史旨不为无本。此言此事,或非其人,而其地其时,可有其事。"②亦即记载本身虽有疑问,但记载所反映的时代背景和历史趋势,却可以信从。当然,前者亦非不关心史实,只不过与后者措意于记忆"虚相"所反映的"实相"相比,前者更关心记忆生成、流变过程中的历史事实。如果做个对比,或可认为后者探寻的乃是作为记忆所记史事背景的"原史实",而前者所求索的则是围绕记忆周边,影响记忆生成、变动而陆续发生的"后史实"。

当然无论探索哪种史实,都使得碑志中那些真伪难辨的历史记忆变得富有意义。不过,上述基于历史记忆探讨中古碑志的研究,也流露出这一取径尚有值得留意之处。譬如对记忆生成、流变及传播的探讨,目前的研究往往侧重于外部因素,对于记忆内在的来源、

---

① 钟敬文《传说的历史性》,《民间文艺谈薮》,长沙:湖南人民出版社,1981年,第195页。

② 唐长孺《魏晋南北朝史籍举要》,《唐书兵志笺正:外二种》,北京:中华书局,2011年,第83页。

结构、优劣短长等,除个别外,大抵缺乏讨论。考虑到当前文本生成研究对文本内部因素重要性的呼吁,上述内在因素被排除在碑志记忆研究之外,不得不说是有疑问的。至于对记忆隐含史实的探讨,所谓"史实",大约只能指向一些相对宏阔的历史图景,如果强行将之与一些具体的时间、地点、史事相关联,或不免有推论过度之嫌。

三、结　　语

中古碑志的个体生命史和历史记忆研究大体即如上所述,可以看到,尽管相关研究开展的时间并不算长,但学界业已收获了丰硕成果。固然,受限于碑志史料自身的制约——譬如碑志所展示的个体生命大抵不属于历史上真正的边缘人,且不能呈现志主的日常生活面貌,所载录的历史记忆也因真伪难辨而无法指向有着明确时间、地点的确凿史事,但无论如何,两类研究取径丰富了碑志的观察维度,为中古碑志研究开拓出更多空间,这一点毋庸置疑。

就研究旨趣而言,中古碑志的个体生命史研究与历史记忆研究可谓差异显著。如果说前者旨在还原志主的生命历程,某种意义上乃是向以人为中心的传统史传书写的回归,后者瞩目碑志中一般为现代史学所舍弃的真伪难辨的文字,致力于勾稽其背后的史事,则多少有些后现代史学的影子。不过,另一方面,二者对碑志的基本立场却是共通的,即与基于碑志的谱系发现及建构过程的探讨、"异刻"与历史书写研究以及政治景观研究类似,中古碑志的个体生命史和历史记忆研究也致力于检讨碑志自身,将碑志作为立论行文的基础和核心。譬如多数个体生命史研究,考察的对象均为传世文献较少记载或完全不记的"边缘人",对于他们生命历程的构建,势必较多依赖碑志自身;而历史记忆研究,探讨的史事也基本不见诸史载,碑志同样构成问题的出发点和论述的主要支撑。由此可见,和前章所述三个新动向一样,在从个体生命史和历史记忆视角展开的中古碑志研究中,碑志同样摆脱了金石学传统下作为史传附庸的地位,显示成为主体、走向独立的可能,进而表现出更大的研究潜力。

附记:本文初稿完成后,曾先后于复旦大学举办的"碑之转身——中古中国石碑与石刻文化学术研讨会"(2022年10月)、长春师范大学举办的"中古时期北方民族与社会学术研讨会"(2024年8月)上提交发表,蒙与会师友提示诸多宝贵意见,谨此致谢。又对于文中重点提及的罗新主编《彼美淑令——北朝女性的个体生命史》一书,林一翀书评对书中所收诸文涉及的史事或有辨析(《澎湃新闻·上海书评》2024年11月8日),可一并参看。

第六章　中古碑志的地域
社会史研究

在 2021 年发表的《近十年来中古碑志研究的新动向》中，笔者曾经总结最近十余年间以石碑、墓志为中心，兼及造像记的中古石刻研究的三个研究热点：碑志所记祖先谱系的发现及建构过程的探讨，碑志"异刻"与历史书写研究，以及碑志的政治景观研究。① 这之后，随着研读深入，笔者意识到近年来的中古碑志研究中还存在另外三个引人瞩目的课题，分别是碑志的地域社会史研究、个体生命史研究及历史记忆研究。三个课题，有的在 20 世纪下半叶已有渊源，至 21 世纪以来蔚为大观，有的则纯为最近十年中的新事物。无论如何，它们都在近年来的中古碑志研究中赚足目光，吸引了众多学者关注，并产生诸多成果。在前章中，笔者已对中古碑志的个体生命史研究与历史记忆研究进行了梳理。② 本章将把目光投向中古碑志的地域社会史研究，在尽可能呈现学界已有成果的基础上，分析其贡献得失。通过这一梳理，笔者期待能凝聚共识，将中古碑志的地域社会史研究继续向前推进。

与传世文献相比，碑志因具有实体物质存在，必须安置在特定

---

① 参本书第四章。
② 参本书第五章。

的地理空间,加之碑文、志文多记一人一族之事,题名也多显示一地之人群构成或权力结构,因此某种意义上,碑志天然地具有地域属性,是地域史研究的绝佳资料。然而在传统金石学中,碑志的地域属性并未得到重视,宋代以降旨在证经补史的金石学著述中,绝少见到对碑志所见地域状况的集中梳理。及至现代史学进入碑志研究之后,碑志的地域属性逐渐得到学者关注,上起汉唐、下迄明清,均不乏学者尝试基于碑志探讨特定地域的历史图景。以中古史为例,马长寿(1907—1971)、矢野主税(1910—1999)、唐长孺(1911—1994)、谷川道雄(1925—2013)、唐耕耦(1927—2017)、李健超(1933—2024)、施舟人(Kristofer Schipper,1934—2021)、吉川忠夫(1937—)、船越泰次(1939—)、周伟洲(1940—)、佐藤智水(1942—)、爱宕元(1943—2012)、气贺泽保规(1943—)、东晋次(1944—2021)等前辈学者,都曾以碑志为据,围绕地域社会的某一面向展开讨论。这些早期探索不仅表明中古碑志的地域社会史研究渊源甚早,且在问题意识及研究取径上发凡起例,影响深远。

21 世纪以降,基于地域社会视角对中古碑志的探讨益成显学,相关成果极其丰硕。按照论述主题,迄今为止中古碑志的地域社会史研究大致可分为以下几个方面:其一,社会结构研究;其二,宗教信仰研究;其三,地方政治研究;其四,其他研究。需要说明的是,上述区分只是大致言之,未必精确,不少论文所涉实际不止一个方面,这里为叙述方便,暂将其归入其中一类进行回顾。

一、社会结构研究

关于社会结构,中古碑志研究中又可见四个主题:族群分布、人群构成、移民及地方家族。所谓族群分布,即特定地域内存在哪些族属的人群。关于此,马长寿《碑铭所见前秦至隋初的关中部族》,①允为经典之作。在这部篇幅不大的著述中,马氏以前秦《邓太尉祠碑》和《广武将军□产碑》碑文及题名为线索,结合北朝至隋代造像记,详细阐述了十六国北朝时期关中地区族群分布和演变情况。立于前秦建元三年(367)的《邓太尉祠碑》记载前秦冯翊护军所统,包括"和宁戎、鄜城、洛川、定阳五部"及"屠各,上郡夫施黑羌、白羌,高凉西羌,卢水、白虏,支胡,粟特、苦水,杂户七千,夷类十二种",马氏通过逐一检讨屠各等"夷类十二种"所指,指出位于关中的前秦冯翊护军统领众多非华夏族群。进而,马氏又通过分析次年竖立的《广武将军□产碑》,对此进一步予以确认。《广武将军□产碑》记载碑主□产(马氏推测身份为护军兼冯翊郡太守)领有各种明显出自部族系统的大人、部大、酋大等,不过由于碑文残阙,无法获取这些部族的直接信息。马氏另辟蹊径,转而从部族大人、部大、酋大的姓氏入手,统计以部大等为头衔的少数部族姓氏凡十六,指出这十六个少数部族姓氏分别出自羌、氐、龟兹、屠各等。这样,以上述分析为基础,马氏不仅明确了十六国时期关中地区多有非华夏族群,还对这些非华夏族群集中居住的地区进行了梳理。

在上述两种研究取径中,详细记载某地存在哪些族群的碑志"可遇不可求",明确标记姓氏的文字则因碑志和造像题名的存在而颇为常见,这就使得基于姓氏探求族群的研究取径大有用武之地。循此,马氏充分利用各种造像题名,进一步分析北朝前期、后期关中地区的族群分布情况:通过李润羌王遇太和十二年(488)立《宕昌公晖福寺碑》等,确认北魏时期关中地区的造像者主要是汉人和羌人;通

---

① 马长寿《碑铭所见前秦至隋初的关中部族》,撰于 1965 年,北京:中华书局,1985 年。

过北周武成二年(560)立《合方邑子百数十人造像记》等,提出北魏分裂为东、西魏前后,以北方鲜卑为主的北族大量涌入关中,散居汉人或羌人村落,甚或集中居住;通过北周时期立《郭羌四面造像铭》等,指出北周至隋代关中渭北地区羌族与汉族、北方诸族通婚融合;通过关中羌姓从唐代起逐渐改变为汉式单姓,指出羌人日益汉化;等等。这样,以前秦至隋关中地区所见二十五种碑志文献为基础,马氏系统梳理了前秦至隋初关中部族的构成及历时性演变,不仅得出了翔实可信的结论,同时在研究方法上也卓有建树,尤其是基于姓氏探求族群的分析方法,无论在学术旨趣还是研究取径上,都具有范式意义。

自马长寿创造性地利用题名所见姓氏探求某地族群分布状况以来,这一研究取径便为学者所借鉴,用以分析不同地域、不同时期的族群分布状况,尤其是马氏曾经考察过的关中及周边地区,丰富的石刻遗存以及多族群广泛分布的历史状况,使得当地成为该研究取径的绝佳试验场。譬如对秦陇交界地区,周伟洲《甘肃正宁出土的北周造像题名考释》,[①]即在乃师马长寿的基础上,以甘肃正宁出土北周保定元年(561)造像题名为个案,探讨北周时期当地的族群构成情况。暨远志也发表系列论文,依据碑志或造像题名所见姓氏,进一步确认其地在十六国北朝为多族群杂居分布。[②] 位置更西的陇东地区,黄会奇《从石刻文献看北朝陇东地区的民族分布及融合》、王怀宥《甘肃华亭县出土北朝佛教石刻造像供养人族属考》、李

---

① 周伟洲《甘肃正宁出土的北周造像题名考释》,《西北民族史研究》,郑州:中州古籍出版社,1994 年,第 450—459 页。

② 暨远志、宋文玉《北朝幽宁地区部族石窟的分期与思考》,云冈石窟研究院编《2005年云冈国际学术研讨会论文集·研究卷》,北京:文物出版社,2006 年,第 78—89 页;暨远志《北朝杏城——鄜州地区部族石窟的分期与思考》,《艺术史研究》第 8 辑,广州:中山大学出版社,2006 年,第 366—380 页;暨远志《秦陇地区部族佛教造像的分期与思考》,待刊稿;暨远志、吴荭《庆阳楼底村 1 窟为部族石窟辨》,待刊稿。

贺文《碑铭视野下北朝时期陇东地区的少数民族考述》也殊途同归，列举更多传世或新出石刻文献论证其地在北朝时期广泛分布着各个族群。① 此外，姚宗宇《北朝造像记所见关中部族研究》，②也如篇题所见，立足造像题名论及北朝时期关中部族的迁入及分布状况。至于关中以外地区，张正田《"中原"边缘——唐代昭义军研究》书中《从史料所载姓氏看泽潞地区的民族》一节，通过泽潞地区不同时期的三份造像题名——北齐河清二年（563）立《阳阿故县造像记》、隋开皇十三年（593）立《张村造像记》、唐宝历二年（826）立《纪弥勒菩萨上生变赞并序》，并结合一百六十五方唐代墓志，指出北朝隋唐泽潞地区存在大量族属不一的胡人，且这些胡人或成为强宗势族，列入郡姓。③ 此外，一些讨论地域社会其他问题的研究也或涉及，由于非重点论述，兹不赘述。总体而言，基于题名所见姓氏探求人群族属的方法，确可在一定程度上展示某一地域内族群分布状况，但考虑到姓氏与族属并非完全对应，一个姓氏可能见于多个族群，加之彼时冒姓攀附之风盛行，姓氏改变亦非罕见，因此不得不说这种取径或也存在局限。

关于人群构成，即某地人群在姓氏分布、阶层结构、社会身份等的结构性表现，爱宕元《唐代前半期の華北村落の一類型—河南修武県周村の場合》，④为较早利用碑志致力于此的研究。在这篇文章

① 黄会奇《从石刻文献看北朝陇东地区的民族分布及融合》，《陇东学院学报》2015年第6期；王怀宥《甘肃华亭县出土北朝佛教石刻造像供养人族属考》，《敦煌学辑刊》2016年第2期；李贺文《碑铭视野下北朝时期陇东地区的少数民族考述》，《天水师范学院学报》2020年第4期。
② 姚宗宇《北朝造像记所见关中部族研究》，西北大学硕士学位论文，2022年。
③ 张正田《"中原"边缘——唐代昭义军研究》，台北：稻乡出版社，2007年，第117—137页。
④ 爱宕元《唐代前半期の華北村落の一類型—河南修武県周村の場合》，初刊京都大学教养部编《人文》第25号，1979年，后收入氏著《唐代地域社会史研究》，京都：同朋舍，1997年，第247—278页。

中,作者通过爬梳《金石续编》收录的唐麟德元年(664)《周村十八家造像塔记》,利用统计分析的方法,分别讨论了河南修武县周村的姓氏构成、家族结构、村落规模和官僚化人口等问题,指出该村是以周姓为主的同族聚居村落,周姓占据人群一半以上,家庭人数以六、七、八口为主,总人口约在280人。作者并据题名中出现若干低级地方官和折冲府卫官、表明官僚化人口较高的现象,判断周村为当时在政治、经济、社会层面颇具实力的村落。侯旭东《北朝并州乐平郡石艾县安鹿交村的个案研究》,[①]瞩目开河寺石窟所见五件造像题名,考察安鹿交村村民的来源及构成,指出该村是一个土著与移民混居的村落,多姓聚居,其中以卫、张、王、郭四姓为主,占总人口的四分之三以上;村内主要组织是家庭,一般为四五口之家,未见宗族痕迹;在社会身份上,村民很少任官,基本属于庶民聚居的普通村落。胡耀飞《姓望与家庭:瓷墓志所见上林湖地区中下层社会(802—998)》,[②]利用浙东上林湖地区出土的九十多件晚唐五代瓷墓志,探讨晚唐宋初上林湖地区中下层社会的状况,指出从姓氏和郡望来看,高频姓氏占比较小,从家庭和社会来看,家庭结构多为一夫一妻,子女数量每家平均有三男二女。[③] 孙齐《〈光业寺碑〉及其周边》,[④]则聚焦立

① 侯旭东《北朝并州乐平郡石艾县安鹿交村的个案研究》,初刊《史林》2005 年第 1 期,后收入氏著《北朝村民的生活世界——朝廷、州县与村里(增订版)》,北京:商务印书馆,2022 年,第 204—234 页。

② 胡耀飞《姓望与家庭:瓷墓志所见晚唐至宋初上林湖地区中下层社会研究》,初刊武汉大学历史学院主编《珞珈史苑》(2014 年卷),武汉:武汉大学出版社,2015 年,后改题《姓望与家庭:瓷墓志所见上林湖地区中下层社会(802—998)》,收入氏著《晚期中古史存稿》,北京:中国社会科学出版社,2019 年,第 77—107 页。

③ 张宇佳也曾论及该地区的社会阶层,参张宇佳《越窑瓷墓志所见九至十世纪的浙东慈溪地方社会》,首都师范大学硕士学位论文,2020 年,第 43—53 页。

④ 孙齐《〈光业寺碑〉及其周边》,《魏晋南北朝隋唐史资料》第 48 辑,上海:上海古籍出版社,2023 年,第 48—69 页。

于赵州唐祖陵陵寺光业寺之《光业寺碑》，梳理其上所记周边五十余村一千六百余人的题名，认为这是关于唐代村落最细致的材料之一。通过还原碑面布局及分析碑阴题名，作者不仅推算出唐代河北地区普通县域所辖村的数量，还详细统计了一千六百余人的姓氏构成、社会身份，并结合其他石刻资料对其中若干村落的居民结构进行了复原。要之，这类基于数据统计、分析展开的人群构成研究，虽然涉及的只是庞大基层社会之极小部分，但就像解剖麻雀一样，对于若干个案的清理，未尝不是在一定程度上透露出中古基层社会的总体人群特征。

至于移民，本质上亦属影响一地人群构成乃至族群分布的重要因素，因相关研究较为集中，这里将其单独列出。中古，尤其是魏晋南北朝时期，动乱频仍，民众被迫四散逃亡，移民问题也很早就为学者所关注，其中多有基于碑志的探讨。约当唐代潞州的今山西长治地区曾集中出土大量唐代墓志，其中多记载当地民众系自外地徙入，这为观察当地外来移民提供了线索。张葳《因宦徙居：唐代墓志所见潞州人口迁入情况的个案考察》，①即讨论了唐代潞州地区的移民情况，指出唐代潞州出土墓志中频繁可见的"因宦徙居"乃是一种叙述模式，其出现源自社会上对士族郡望的崇尚及攀附心态的流行，"因宦"固不可信，但"徙居"可能实有其事。以此为基础，作者进而分析不同时期徙居潞州的情况，判断墓志所记隋唐之前徙居潞州的信息真伪参半。其中关于徙居时间的几种说法，作者推测声称西晋徙居或带有标明、强调汉族身份的意图，而一部分胡姓自述北魏徙居，则与其胡族身份有关。在作者看来，墓志所记隋唐时期的徙居潞州趋于真实的历史描述，据此可观察隋唐徙居潞州的时代差

---

① 张葳《因宦徙居：唐代墓志所见潞州人口迁入情况的个案考察》，《魏晋南北朝隋唐史资料》第35辑，上海：上海古籍出版社，2017年，第184—212页。

异,其中安史之乱前后因避乱或从事藩镇迁入者,对当地社会影响尤巨,参与塑造了昭义镇以军事与军人为显著特征的藩镇性格。尔后,张葳又以隋唐潞州申屠氏为例,立足七十四方申屠氏或申氏墓志,通过对墓志所见申屠氏源出金城的追索,推测申屠氏先定居河西、徙至代京,后又从唐河东道北部向南迁移并扩散,潞州亦在此过程中成为河东地区最为重要的聚居地。① 不过,对于唐代潞州地区墓志"因宦徙居"的叙述模式,仇鹿鸣表现出更大的怀疑,认为这种叙述模式系依据"书仪式"文本拼接而成,具有明显的地域特征,不应视为移民史料;基于此,仇氏判定中古时期潞州地区虽不无人口出入,但没有发生大规模的人口移入或更替。② 考虑到类似祖先迁徙的记录在碑志乃至谱牒中比比皆是,仇氏所论不无道理。

上述移民大抵为今中国范围内人群的移动,中古时期还有大量原本生活在中国边缘甚至中国以外的民众以集体迁徙或个人、家族移居的方式进入中国,其中以两大族群为重心:其一是原居中亚阿姆河与锡尔河之间、以撒马尔罕为中心的粟特,其二是主要活跃于中国东北及朝鲜半岛上的高句丽、新罗、百济等。关于粟特,至迟从 20 世纪30 年代以来,遍布中古中国各地的入华粟特人即受到学者瞩目,③

---

① 张葳《由隋唐潞州申屠氏所见中古的移民与聚落变迁》,《魏晋南北朝隋唐史资料》第 43 辑,上海:上海古籍出版社,2021 年,第 174—194 页。

② 仇鹿鸣《唐代潞州地区墓志的书写格套及演变——兼谈作为移民史料的误区》,《北京大学学报(哲学社会科学版)》2024 年第 2 期。

③ 相关学术史参程越《国内粟特研究综述》,《中国史研究动态》1995 年第 9 期;胡戟等主编《二十世纪唐研究》第九章《(三)昭武九姓粟特人的东迁》,荣新江撰,北京:中国社会科学出版社,2002 年,第 265—269 页;森安孝夫《日本研究丝绸之路的粟特人的成就之回顾和近况》,徐婉玲译,《西域文史》第 3 辑,北京:科学出版社,2008 年,第 325—353 页;车娟娟《2000 年以来国内粟特研究综述》,《中国史研究动态》2012 年第 1 期;孙晓雪《日本学者近二十年粟特领域未译研究成果综述》,《黑河学院学报》2023 年第 10 期等。

其中亦不乏以碑志为中心对粟特分布的探讨,譬如荣新江《中古中国与外来文明》《中古中国与粟特文明》二书,①即结合传统文献与包括碑志在内的出土文献全面梳理入华粟特人的迁徙分布与聚落内部形态。② 而粟特人较为集中的长安、洛阳两京及河西、陇右、关中、山西、河北等地,其地粟特移民的生存状况更是在碑志支撑下获得充分探讨。即以长安、洛阳两京为例,20 世纪 80、90 年代,李健超、刘铭恕、卢兆荫即搜检当时所见两京出土墓志、龙门石窟造像记等,确认中古时期长安、洛阳城内多有粟特人居住。③ 本世纪以来,韩香、毕波先后利用西安地区出土的唐代墓志,结合其他文献,对长安城内粟特人的居住、入仕、信仰、社会网络等展开全景描摹;④毛阳光也发表多篇文章,基于墓志、造像记、经幢等石刻史料,对隋唐洛阳城内粟特人的居住、生计、婚姻、信仰及文化面貌等进行了探讨。⑤ 2006 年一件唐代景教经幢于洛阳出土,张乃翥、罗炤、葛

---

① 荣新江《中古中国与外来文明》,北京:生活·读书·新知三联书店,2001 年;《中古中国与粟特文明》,北京:生活·读书·新知三联书店,2014 年。

② 森部丰也曾系统梳理粟特人在中国的分布及活动状况,见《ソグド人の東方活動と東ユーラシア世界の歴史の展開》,吹田:関西大学出版部,2010 年。

③ 李健超《汉唐时期长安、洛阳的西域人》,初刊《西北历史研究》1988 年号,西安:三秦出版社,1990 年,后收入氏著《汉唐两京及丝绸之路历史地理论集》,西安:三秦出版社,2006 年,第 440—479 页;刘铭恕《洛阳出土的西域人墓志》,《洛阳——丝绸之路的起点》,郑州:中州古籍出版社,1992 年,第 204—213 页;卢兆荫《唐代洛阳西域与昭武诸国》,初刊《河洛春秋》1993 年第 3 期,后收入氏著《稽古文存:卢兆荫汉唐考古文集》,北京:中国社会科学出版社,2018 年,第 526—536 页。

④ 韩香《隋唐长安与中亚文明》,北京:中国社会科学出版社,2006 年,第 75—152 页;毕波《中古中国的粟特胡人——以长安为中心》,北京:中国人民大学出版社,2011 年。

⑤ 毛阳光《两方唐代史姓墓志考略》,《文博》2006 年第 2 期;《洛阳新出土唐代粟特人墓志考释》,《考古与文物》2009 年第 5 期;《新见四方唐代洛阳粟特人墓志考》,《中原文物》2009 年第 6 期;《洛阳新出土隋〈安备墓志考释〉》,《考古与文物》2011 年第 5 期;《洛阳龙门康法藏家族造坟题记质疑》,《中国国家博物馆馆刊》2012 年第 2 期;《洛阳新出土唐代景教徒花献及其妻安氏墓志初探》,《西域研究》(转下页)

承雍等曾据此考察唐代洛阳粟特人的信仰及聚落问题。① 日本学者福岛惠亦立足墓志,对包括北周长安、唐代长安与洛阳的粟特人聚落进行了分析。② 其他地区的粟特移民,学者也有考论,兹不赘述。③ 要之,得益于以墓志为中心,包括造像记和经幢等在内的石刻文献的大量出土,粟特移民在中国内地的分布及生活已然成为中古

（接上页）2014 年第 2 期;《唐代洛阳粟特人研究——以出土墓志等石刻史料为中心》,《郑州大学学报(哲学社会科学版)》2015 年第 4 期;《唐代洛阳粟特裔居民的佛教信仰》,荣新江、罗丰主编《粟特人在中国——考古发现与出土文献的新印证》上册,北京:科学出版社,2016 年,第 314—320 页;《唐代洛阳胡坊与胡坊村考——以〈宋彻墓志〉〈田玄敏夫人李氏墓志〉为中心》,《中国典籍与文化》2019 年第 4 期。

① 参张乃翥《跋河南洛阳新出土的一件唐代景教石刻》,初刊《西域研究》2007 年第 1 期,后改题《跋洛阳新出土的一件唐代景教石刻》,收入葛承雍主编《景教遗珍——洛阳新出唐代景教经幢研究》,北京:文物出版社,2009 年,第 5—33 页;《洛阳景教经幢与唐东都"感德乡"的胡人聚落》,《中原文物》2009 年第 2 期;罗炤《洛阳新出土〈大秦景教宣元至本经及幢记〉石幢的几个问题》,初刊《文物》2007 年第 6 期,后收入葛承雍主编《景教遗珍——洛阳新出唐代景教经幢研究》,第 34—59 页;葛承雍《西安、洛阳唐两京出土景教石刻比较研究》,初刊《文史哲》2009 年第 2 期,后收入葛承雍主编《景教遗珍——洛阳新出唐代景教经幢研究》,第 122—133 页。

② 福岛惠《東部ユーラシアのソグド人—ソグド人漢文墓誌の研究—》第二部第一章《長安・洛陽のソグド人》,東京:汲古書院,2017 年,第 107—126 页。

③ 譬如山西的粟特人,参森部丰《唐末五代の代北におけるソグド系突厥と沙陀》,初刊《東洋史研究》第 62 卷第 4 号,2004 年,第 60—93 页,后改题《河東における沙陀の興起とソグド系突厥》,收入氏著《ソグド人の東方活動と東ユーラシア世界の歴史的展開》,第 183—209 页;山下将司《唐の太原挙兵と山西ソグド軍府—「唐・曹怡墓誌」を手がかりに—》,《東洋学報》第 93 卷,2012 年,第 31—59 页;贾发义《中古时期粟特人移入河东的原因及分布初探》,《中华文史论丛》2015 年第 1 期;张庆捷《唐代〈曹怡墓志〉有关入华胡人的几个问题》,荣新江、罗丰主编《粟特人在中国——考古发现与出土文献的新印证》下册,第 644—652 页;《〈大晋故鸡田府部落长史何公墓志铭〉发微》,《纪念岑仲勉先生诞辰 130 周年国际学术研讨会论文集》,广州:中山大学出版社,2019 年,第 558—565 页;毛阳光《墓志所见唐代潞州地区的粟特人》,夏炎主编《中古中国的知识与社会:南开中古社会史工作坊系列文集(二)》,上海:中西书局,2020 年,第 78—102 页。

史研究的热门课题,诞生了极为丰富的成果。①

　　同样得益于碑志等石刻文献持续不断涌现,中古时期来自中国东北及朝鲜半岛的移民也得到学者关注。② 尽管这些研究较多围绕志主个人或家族展开,但其中亦不乏旨在考察特定地域内朝鲜半岛移民的文字。李健超《西安附近新发现的高句丽人、新罗人遗迹》,③通过辨识西安附近造像碑、墓志及文物古迹中高句丽、新罗人遗迹,展示他们的分布状况;《唐两京及畿内的高丽、百济人》,④则利用数十方高句丽、百济人墓志,结合传世文献,确认他们在唐代两京及畿内的踪迹。王连龙《十六国时期高句丽移民族群研究——以出土资料为中心》,⑤立足墓葬、墓志、造像碑等出土资料等,探讨了不同时期高句丽移民的迁徙路线、地理分布及政策管理、民族交往等问题;后续《唐代〈高英淑墓志〉考释——兼论辽西地区高句丽移民问题》《北魏平城时代高句丽移民史事考略——以〈申洪之墓志〉为线索》

① 关于石刻文献对于粟特研究的意义,除文中所举具体研究外,另可参荣新江《中古时期来华胡人墓志研究的新进展》,初刊《北京大学中国古文献研究中心集刊》第11辑,北京:北京大学出版社,2012年,后收入氏著《三升斋续笔》,杭州:浙江古籍出版社,2021年,第281—290页。

② 相关学术史回顾参苗威《高句丽移民研究·绪论》,长春:吉林大学出版社,2011年,第6—14页;拜根兴《唐代高丽百济移民研究——以西安洛阳出土墓志为中心》,北京:中国社会科学出版社,2012年,第33—49、83—104页;《入唐高句丽移民研究的现状及其问题》,《社会科学战线》2019年第8期;拜根兴、严可《魏晋南北朝时期高句丽移民研究的现状与展望》,《陕西历史博物馆论丛》第30辑,西安:三秦出版社,2023年,第1—17页。

③ 李健超《西安附近新发现的高句丽人、新罗人遗迹》,初刊《考古与文物》1999年第6期,后收入氏著《汉唐两京及丝绸之路历史地理论集》,第251—274页。

④ 李健超《唐两京及畿内的高丽、百济人》,《汉唐两京及丝绸之路历史地理论集》,第480—494页。

⑤ 王连龙《十六国时期高句丽移民族群研究》,初刊《唐代史研究》第21号,2018年,后改题《十六国时期高句丽移民族群研究——以出土资料为中心》,收入氏著《王若曰:出土文献论集》,南京:凤凰出版社,2021年,第217—255页。

《北朝时期关中地区高句丽移民宗教信仰与族群融合研究——以佛教造像记为中心》，①同样以墓志和造像记为线索，讨论了唐代辽西、北魏平城及北朝关中地区高句丽移民的生存状况、组织形式、宗教信仰、族群融合等问题。经过这些讨论，中古时期特定地域内高句丽等来自中国东北及朝鲜半岛移民的生存状况得到进一步澄清。

最后关于地方家族，无待赘言，拥有一定政治、经济实力的家族是地方社会的重要构成，中古时期尤其显著，与地方家族密切相关或即自前者衍化而来的豪族、士族、贵族等，不仅在地域社会中举足轻重，在王朝政治、社会中也据有显要位置。职是之故，家族在中古史研究中向为学者所关注，②基于碑志的地域社会史研究也常常将地方家族纳入视野，或聚焦单个大族在地方的演变，或瞩目特定地域内大族群体的动向。

对于汉晋时期的地方家族，学者不约而同地瞄准了那些名不见经传的家族。侯旭东《东汉〈曹全碑〉"敦煌效谷人也"发微——兼论家族研究的视角》，③在利用简牍复原汉代效谷县历史、悬泉置职能及县民仕宦经历的基础上，以《曹全碑》相关记载为线索，探讨曹

---

① 王连龙、丛思飞《唐代〈高英淑墓志〉考释——兼论辽西地区高句丽移民问题》，《古典文献研究》2018 年第 2 期；王连龙、丛思飞《北魏平城时代高句丽移民史事考略——以〈申洪之墓志〉为线索》，《考古与文物》2021 年第 5 期；王连龙《北朝时期关中地区高句丽移民宗教信仰与族群融合研究——以佛教造像记为中心》，《宗教学研究》2024 年第 1 期。

② 相关学术史参容建新《80 年代以来魏晋南北朝大族个案研究综述》，《中国史研究动态》1996 年第 4 期；陈爽《近 20 年中国大陆地区六朝士族研究概观》，《中国史学》第 11 卷，京都：朋友书店，2001 年，第 15—26 页；卢朝《近十五年魏晋南北朝士族研究综述》，《昭通师范高等专科学校学报》2009 年第 6 期；仇鹿鸣《魏晋之际的政治权力与家族网络（修订本）》，上海：上海古籍出版社，2020 年，第 13—24 页；《失焦：历史分期论争与中文世界的士族研究》，《文史哲》2018 年第 6 期等。

③ 侯旭东《东汉〈曹全碑〉"敦煌效谷人也"发微——兼论家族研究的视角》，《学术月刊》2022 年第 7 期。

氏一族的发展演变。在作者看来,曹氏并非学者习惯关注的赓续数百年不绝的世家大族,而是仅仅维持数代的"流星家族",这类家族的崛起与政权密切相关,曹氏几世为孝廉并任官,在其中发挥了重要作用。及汉末政局混乱,该族因未能投身日后脱颖而出的诸集团,遂在三国以后的政权中几乎不见踪影。不难看出,作者是以曹全一族的发展为例,反思以往过分倚重后世建构的父系系谱而展开的家族史研究,而更加注重现实社会中的横向关系与纵向断裂,由此展现更为丰富而多歧的历史实际。

敦煌效谷曹氏的兴衰与政权息息相关,汉晋时期荆南地方家族的发展则极有可能植根于乡里。林昌丈《汉晋铭刻与荆南家族》,①首先通过考释汉晋时期荆南地区的七种碑刻,确认这些碑石的性质主要是"德政碑"与墓碑,铭文叙说当地家族的姓氏来源、官宦履历与政绩德行等方面;继而,通过分析碑石置立地点,探讨蒋、周、熊、谷、罗等家族在荆南地区的空间分布,指出他们往往各据一方,或即盘踞某一小流域。以此为基础,作者推测这种分布格局应与荆南地区长期缓慢的区域开发状况相关,亦即某一流域或地块的开发,往往存在着充当帅首地位的家族,以此家族为核心,指导民众进行流域开发、土地经营,在此过程中,这些家族遂在地方社会中获得较高的政治、社会地位。作者进而得出结论,荆南"某一家族所拥有的地方凝聚力首先来自于当地民众的支持而不是其仕宦经历"。汉晋时期地方家族的权力究竟源自政权还是乡里? 这不禁令人想起日本学界六朝贵族制论中豪族共同体与寄身官僚论的论争。站在地域社会史的角度,上述分歧与其说有是非之分,毋宁说是不同地域地方家族的发展存在不同轨迹。

---

① 林昌丈《汉晋铭刻与荆南家族》,《中华文史论丛》2016 年第 2 期。

　　南北分立时期,地处南北之交的青齐地区因集合南北、侨旧、城乡等各种矛盾,向为学者所关注,生于斯长于斯的青齐家族也备受瞩目。魏斌《龙口晋墓砖铭与太元廿年青齐情势》,[1]立足 2007 年山东龙口市芦头镇东梧桐村北发掘的四座晋墓,尝试探讨东晋孝武帝太元年间的青齐家族状况。文章首先依据东梧桐墓地是由两座西晋墓、两座东晋墓构成的家族墓地,指出墓主家族在西晋时期已有一定地位,至东晋当地大族势力仍长期延续;进而依据太元年间的铭文墓砖,结合王弥、曹嶷、辟闾浑等人的经历,推测墓主很可能是以地方大族身份保据东莱。基于此,作者判断,尽管永嘉乱后不断有河北侨民南迁,但可能一直到南燕统治青齐为止,青齐大族在当地仍处于政治主导地位;且河北侨民对青齐地区的影响,主要发生于青齐西部和临淄、广固一带,青齐东部的"土著"特征则更为显著。又夏炎《〈朱岱林墓志〉与魏晋南北朝青齐家族再认识》,[2]以北齐武平二年(571)《朱岱林墓志》为线索,探讨乐陵朱氏家族的迁徙及交游状况。文章首先结合史传记载,推测朱岱林曾祖朱霸因崔浩国史之狱及兵役之累,被迫渡河迁居青齐,而选择定居侨置乐陵郡,则与乐陵本为朱氏郡望相关;北魏后期,朱岱林与出身悬殊的廷尉卿崔光韶、侍中贾思伯、黄门郎徐纥关系密切——崔光韶出身高门士族,贾思伯出身与朱岱林门第相当的小姓,徐纥则为寒素,推测同为青齐乡里构成这种跨阶层交游的重要因素。基于此,作者判断在北魏后期的青齐地区,家族的地域性已超越阶层性,成为当地家族发展的重要推动力。

　　青齐家族中,有一个群体尤受学者倾目,此即"青齐土民"。青

① 魏斌《龙口晋墓砖铭与太元廿年青齐情势》,《华东师范大学学报》2017 年第 2 期。
② 夏炎《〈朱岱林墓志〉与魏晋南北朝青齐家族再认识》,《南开学报(哲学社会科学版)》2021 年第 3 期。

齐土民是南北朝时期经历较为复杂的一个群体,曾历经数次迁徙,他们先是随慕容德从河北南渡青齐,后主动或被迫迁往江南、代京,尔后或又返回青齐。① 丰富的经历,加之相关石刻颇有存留,使得青齐土民成为学者眼中的"宠儿"。陆帅即有两篇文章关注到南朝境内的青齐土民。在与胡阿祥合撰的《〈明昙憘墓志〉所见南朝境内的"青齐土民"》②一文中,作者以墓志为据,尝试勾勒明昙憘所属平原明氏家族的历史变迁,指出明氏家族原属冀州豪强,十六国末期随慕容德南渡黄河,及刘宋泰始初年北魏攻陷三齐,明氏家族一支迁往江南,定居建康;刘宋时期,明氏家族主要担任地方官职,且与青齐土民联姻,婚宦具有明显的地域性,符合其地方豪强的身份;另一方面,明氏亦尝试依靠军功突破家格,获得升迁,尤其是在宋齐鼎革中表现活跃,最终实现由地方豪强向教养贵族的转变。陆帅独撰《"青齐土民"与南朝社会——以五六世纪摄山千佛岩为中心》,③注意到南齐永明年间陆续兴建的南京摄山千佛岩造像,其创建者及受众主要是南渡的"青齐土民"及与之关系密切的士人、僧侣、齐梁皇室、摄山周边的居民等,早年南渡的高门贵族及南朝佛教界则由于信仰习惯、佛教传统等对此似无兴趣,其结果便是,青齐土民聚居的都城建康以北地区出现一定程度的"青冀化"倾向。从这些研究可以看出,青齐家族无论入南还是入北,均在相当长的时间内保持固有的社交网络及文化传统,而在青齐地域酝酿的乡里关系,也构成了影响甚至左右家族发展的重要因素。

---

① 关于青齐土民,参读唐长孺《北魏的青齐土民》,《魏晋南北朝史论拾遗》,北京:中华书局,2011 年,第 93—123 页。

② 陆帅、胡阿祥《〈明昙憘墓志〉所见南朝境内的"青齐土民"》,《东岳论丛》2014 年第3 期。

③ 陆帅《"青齐土民"与南朝社会——以五六世纪摄山千佛岩为中心》,《东南文化》2015 年第 6 期。

　　青齐家族之外,这一时期其他一些地区的地方家族也得到学者基于碑志的探讨。譬如河东敬氏,谷川道雄《東西両魏時代の河東豪族社会—「敬史君碑」をめぐって》,[1]在唐长孺《跋敬史君碑》一文的启发下,瞩目东魏兴和二年(540)立《敬史君碑》,借以追究河东敬氏的祖先世系及分布,指出在东西魏对立之际,河东敬氏之两支——平阳泰平敬氏与河东蒲坂敬氏,分别支持东魏、西魏,及至隋唐,两个家族的后裔均仕宦显达。在作者看来,敬氏虽为地方豪右,但并未列入郡姓,其族之所以能在门阀著姓的影响之下地位获得提升,则是由于在战乱时代成功动员并武装了乡里民众。显然,作者是在重视十六国北朝地方豪右构成历史推动力的脉络下审视河东敬氏的成长的。又河内司马氏,郭津嵩《回归故里与重塑旧族——北朝隋唐的河内司马氏家族》,[2]利用北朝隋唐多方司马氏相关墓志,通过分析河内司马氏家族与乡里的分合,试图展现北方士族群体在北朝隋唐经历的重新整合过程。作者指出,司马氏自南入北,最初居于代北,逐渐融入代人集团,随着孝文帝迁洛,北魏尝试重建门阀秩序,汉人士族纷纷回归故里,司马氏也通过封爵、任官、迁居、迁葬、籍贯书写等重建与乡里的联系,再次成为河内地方大族;及东西分裂,河内处于东、西相持的前线,司马氏主要宗族脱离河内,加之隋唐时期士族的"中央化",司马氏的主要房支定居洛阳,再次消解了与河内故里的联系。类似还有弘农杨氏,黄桢《制造乡里:北魏后期的弘农习仙里杨氏》,[3]立足北魏杨播家族相关墓志,考察该族

---

[1] 谷川道雄《東西両魏時代の河東豪族社会—「敬史君碑」をめぐって》,砺波护编《中國中世の文物》,京都:京都大学人文科学研究所,1993 年,第 457—478 页。

[2] 郭津嵩《回归故里与重塑旧族——北朝隋唐的河内司马氏家族》,《唐研究》第 17卷,北京:北京大学出版社,2011 年,第 159—178 页。

[3] 黄桢《制造乡里:北魏后期的弘农习仙里杨氏》,《国学研究》第 36 卷,北京:北京大学出版社,2015 年,第 255—276 页。

迁籍华阴、改造郡望的过程。文章首先通过杨播先世长期活动于河北的事实,确认这支杨氏本为河北土著,不过从孝文帝朝开始,为了攀附名族弘农杨氏,他们伪造世系,杜撰迁徙故事,到乡里任官,进而在华阴潼乡习仙里建立田宅、墓地,最终将自己塑造成弘农杨氏正宗。不过,作者也意识到,尽管该支杨氏以弘农为乡里,但其生活重心仍在京师洛阳。又汲郡尚氏,王仁磊《碑铭所见北朝河内宗族初探——以汲郡尚氏为中心的考察》,①以与汲郡尚氏相关的造像记、石碑为线索,瞩目其题名,探讨该族在北朝时期的分布,指出汲郡尚氏主要分布在当时的汲县,随着时代推移,汲郡尚氏不断有人向外迁徙,东魏北齐都城邺城附近地区亦有汲郡尚氏后人分布,直至唐代仍有后裔生活在这些地区;进而对建立碑铭的动机进行了分析,确认其目的不仅有为家人祈福、表达佛教信仰,还有感恩统治者、表达国家认同的含义。此外河东柳氏,北村一仁《新出墓誌から見た西魏・北周期の河東柳氏—柳虯とその家族》,②基于近年所出河东柳氏西眷之一支柳虯家族的相关墓志,系统梳理该族亲族、姻戚关系及家族成员的仕宦经历,尝试复原其在西魏、北周的发展情况。作者着重指出:其一,柳虯第四子柳吉甫长期担任宇文护幕僚;其二,柳虯长子柳鸿渐或曾参与周齐对河东地区的争夺,并可能因汾州之战战败而遭贬官。这些研究从不同侧面展示了在变革与战乱持续的大变动时代,地方家族如何因时而变、苦心经营。

至于隋唐时期的地方家族,矢野主税 1978、1979 年发表的

---

① 王仁磊《碑铭所见北朝河内宗族初探——以汲郡尚氏为中心的考察》,《云冈研究》
2022 年第 4 期。

② 北村一仁《新出墓誌から見た西魏・北周期の河東柳氏—柳虯とその家族》,《東洋史苑》第 92、93 合并号,2021 年,第 62—112 页。

《隋唐時代の上層郷邑社会（そのⅠ）》《隋唐時代の上層郷邑社会（そのⅡ）》，①以罗振玉襄阳、邺下、山右、芒洛《冢墓遗文》所收唐代襄州、相州、潞州、河南府地区墓志为线索，探讨各自地区的人口流动、郡望及籍贯书写、婚姻关系、家族葬地等问题。基于具体分析，作者得出结论，即与汉魏六朝地方豪族大抵植根于乡里不同，隋唐时期的地方豪族常常作为地方官僚在全国迁徙移居，他们以俸禄为生，并在任职所在地结成婚姻关系，由此在地方形成与之前完全不同的乡里社会。

矢野主税探讨的是王朝统治下的地方家族，唐代后期藩镇时代的地方家族，学者也有留意。张天虹瞩目藩镇上层，所撰《中晚唐五代的河朔藩镇与社会流动》，结合墓志与史传，系统梳理河朔藩镇若干家族的升降兴亡。②后续《从石刻文献看家族变迁与唐后期幽州政局——以刘氏和朱氏为中心的考察》，③进一步将新刊朱愿墓志、刘洄墓志等与房山石经题记、传世文献相互印证，探讨曾执掌幽州节钺的两大家族的兴衰历程，指出安史之乱后的一段时间，刘氏家族和朱氏家族在幽州根基深厚，成员众多，关系紧密，由此得以先后执掌幽州节钺。不过朱氏由于兄弟失和，且先后走上叛唐道路，引发军民离心；刘氏则由于刘总举族归朝，切断了与幽州军民的联系，最终均从幽州政治舞台上淡出，而缺少朱氏、刘氏这样的"地方领袖家族"的幽州政局，自此也陷入长期动荡。胡耀飞《上党雍

---

① 矢野主税《隋唐時代の上層郷邑社会（そのⅠ）》，《第一経大論集》第 7 卷第 3、4 号合集，1978 年，第 1—45 页；《隋唐時代の上層郷邑社会（そのⅡ）》，《第一経大論集》第 8 卷第 4 号，1979 年，第 1—40 页。

② 张天虹《中晚唐五代的河朔藩镇与社会流动》，北京：社会科学文献出版社，2021 年，第 177—213 页。

③ 张天虹《从石刻文献看家族变迁与唐后期幽州政局——以刘氏和朱氏为中心的考察》，《山西大学学报（哲学社会科学版）》2023 年第 4 期。

氏考——藩镇时代下层武将家族个案研究》,①则将目光投向下层,以上党雍氏为例,探讨藩镇时代下层武将家族的生存状况。文章以与上党雍氏相关的十三方碑志为中心,梳理上党雍氏在中古时期的迁徙、流布及仕宦、婚姻情况,指出从北朝到隋唐,潞州一直都有雍氏家族成员,世代聚居,长安也有个别雍氏成员居住;雍氏家族多担任基层行政官僚,虽间有个别成员努力晋升,但并未改变家族整体地位;碑志展示的雍氏家族的联姻对象,总体而言地位相当,社会身份不高。

除了华夏内地的地方家族外,地处边疆的地方家族也因相关石刻频有出土,引发学者关注。这之中,尤其是岭南地区的地方家族,得益于相关墓志、石碑甚夥,最受学者重视,王承文即先后发表数篇文章,探讨岭南地方家族的源流及兴衰演变。关于岭南地方家族的源流,历来有土著说和中原说两种见解,学者众说纷纭,迄无定论。②王承文主张中原说,1996 年发表的《从碑刻资料论唐代粤西韦氏家族渊源》,③以唐永淳元年(682)刻《澄州无虞县六合坚固大宅颂》对粤西澄州韦氏家族渊源的描述为据,确认韦氏源自京兆韦氏,同时认为诸如钦州宁氏、高凉冯氏、泷州陈氏、雷州陈氏、罗州杨氏苏氏等,也为南迁北人后裔。承此,2015 年发表的《中古岭南南部沿海宁氏家族渊源及其夷夏身份认同——以隋唐钦州宁氏碑刻为中心的

---

① 胡耀飞《上党雍氏考——藩镇时代下层武将家族个案研究》,初刊《中国社会历史评论》第 15 卷,天津:天津古籍出版社,2014 年,第 149—165 页,后收入氏著《晚期中古史存稿》,第 32—57 页。

② 譬如钦州宁氏,相关讨论参郑维宽、梁玮羽《王朝制度渐进视角下岭南土酋族属的建构——以钦州宁氏家族为中心》,《成都理工大学学报(社会科学版)》2014 年第 2 期。

③ 王承文《从碑刻资料论唐代粤西韦氏家族渊源》,饶宗颐主编《华学》第 1 期,广州:中山大学出版社,1995 年,第 222—232 页。

考察》，①进一步瞩目钦州宁氏，再次确认宁氏家族的北方渊源，并从保持儒家文化传统、重视家族观念、特殊婚姻关系、葬俗等在文化认同层面的表现加以佐证。又 2009 年发表的《南朝隋至唐初中央王朝与交州关系论考——以越南现存〈大隋九真郡宝安道场之碑文〉为中心的考察》，②将目光投向九真黎氏，以越南河内历史博物馆藏隋大业十四年（618）立《大隋九真郡宝安道场之碑文》为中心，在明确黎氏源出中原的基础上，对该族在中古以降漫长时期内的历史演变进行了梳理，指出黎氏在永嘉之乱中南迁，萧梁时期进一步移至极南的九真；梁武帝中期，得益于武帝开拓海外、佛教外交及延续汉末以来的治边策略，黎氏在九真崛起，迄至隋朝，黎氏仍受重用；不过在唐代，随着岭南被纳入流官化统治方式，王朝委派北方或外地官员治理岭南，九真黎氏的政治特权趋于衰落；此后在五代和宋初，随着政治形势变化，当地逐渐脱离华夏王朝统治，九真黎氏重新崛起，不仅先后建立两个黎氏王朝，在非黎氏执政时也长期维持崇高地位。

如上所见，基于碑志的中古地方家族研究，多数指向的并非那些门地显赫、世胄绵长的家族，而是政治、社会地位相对较低的家族。他们大约仅在小范围地域内保有一定势力，且可能无法长期维持，在以传世文献为本的传统家族研究中，他们不可避免地充当着

---

① 王承文《中古岭南南部沿海宁氏家族渊源及其夷夏身份认同——以隋唐钦州宁氏碑刻为中心的考察》，初刊《魏晋南北朝隋唐史资料》第 31 辑，上海：上海古籍出版社，2015 年，后收入氏著《唐代环南海开发与地域社会变迁研究》，北京：中华书局，2018 年，第 52—103 页。

② 王承文《越南现存〈大隋九真郡宝安道场之碑文〉考释》，初刊《文史》2009 年第 4 辑，后改题《南朝隋至唐初中央王朝与交州关系论考——以越南现存〈大隋九真郡宝安道场之碑文〉为中心的考察》，收入氏著《唐代环南海开发与地域社会变迁研究》，第 259—309 页。

"边缘人"的角色。然而不可否认的是,在特定地域、特定时间内,他们又是地方社会的重要构成,甚至举足轻重,离开了他们的地方社会,必定是不完整的。得益于石刻文献,"失语"的他们进入学者视域,并在学者的描摹下显现身影,而地方社会的历史图景,也随着他们的"加入"变得充实清晰。

二、宗教信仰研究

与社会结构相似,宗教信仰也是碑志所见中古地域社会史研究的题中应有之义。案中古碑志所记,不少均与宗教信仰相关。造像记本自佛道信仰固不必说,不少石碑也是在寺庙道观创建或重建过程中竖立。至于墓志,与宗教信仰关联稍远,但自南北朝以降,墓志对志主宗教信仰的描述也渐趋普遍。故整体而言,迄今所见中古碑志,相当一部分内容均是围绕宗教信仰展开,以此而论,宗教信仰成为基于碑志的中古地域社会史研究的重要课题,也就不难理解了。

按照侧重的差异,学者基于碑志对中古特定地域内宗教信仰的研究大致可以区分为两类:一类主要偏于宗教信仰自身,譬如信仰题材的分布,信仰的兴衰演变,神圣空间的形成与变迁,僧尼道士传布信仰的活动等;另一类则更倾向于观察信仰周边人群及社会,更关心信仰"世俗"的一面,譬如普通信众的人际关系,基于信仰的社会网络,信仰的现实功能,信仰背后的地域社会图景,等等。

关于信仰题材的分布,侯旭东《五六世纪北方民众佛教信仰——以造像记为中心的考察》,通过观察造像记中崇奉对象的演进,在重点分析佛教信众身份差异的同时提示各地信仰的不同:释迦、弥勒造像与崇拜初盛于洛阳,崇尚玉像多见于今河北一带,观世音崇拜遍于北土,卢舍那多见于山东一带,并指出发愿文内容亦显示各地信仰或存异同。① 类似,仓本尚德《北朝仏教造像銘研究》,②也以造像记所展示的崇奉对象及若干指向特定佛教经典的文字为线索,揭示北朝宗教尤其是佛教信仰的地域性特征,譬如陕西关中地区道佛信仰融合,并与斋会紧密结合,山西流行宣扬佛名信仰、忏悔礼仪的菩萨戒思想,以河北为中心出现新的观音信仰等。尤李《唐代幽州地区的佛教与社会》《房山石经〈佛顶尊胜陀罗尼经〉及其相关问题考论》③等,也利用房山佛经,探讨佛教律宗、禅宗及《佛顶尊胜陀罗尼经》在幽州地区的传播与流衍。这些研究表明中古时期不同地域在佛教内部各种思想之间尚存在偏好,由此呈现各地佛教信仰的细微之处。

佛教之外信仰题材的分布,案道教及其相关信仰,施舟人《历经百世香火不衰的仙人唐公房》,④以东汉《仙人唐公房碑》为线索,分析在汉中地区历久绵延的唐公房信仰,强调尽管蜀地在兴起唐公房信仰同时,广为流行天师道,但唐公房信仰这种仙人崇拜未必即可简单归于道教。斋藤龙一新刊《中国道教像研究》,⑤则对北魏迄至隋唐道教造像的地域特征予以了全面梳理,借以展示不同地域道教内部信仰的倾向。至于中古时期佛道之外的宗教信仰,如祆教、景教等的分布情况,前述粟特移民部分已有提及,兹不赘述。

---

① 侯旭东《五六世纪北方民众佛教信仰——以造像记为中心的考察(增订本)》,北京:社会科学文献出版社,2015年,第160、176—247页。

② 仓本尚德《北朝仏教造像銘研究》,京都:法藏馆,2016年。

③ 尤李《唐代幽州地区的佛教与社会》,北京:中国社会科学出版社,2019年,第201—207、233—273页;《房山石经〈佛顶尊胜陀罗尼经〉及其相关问题考论》,《暨南学报(哲学社会科学版)》2009年第2期。

④ 施舟人《历经百世香火不衰的仙人唐公房》,林富士、傅飞岚(Franciscus Verellen)主编《圣迹崇拜与圣者崇拜》,台北:允晨文化,2000年,第85—99页。

⑤ 斋藤龙一《中国道教像研究》,京都:法藏馆,2024年。

无待赘言，无论外来宗教——佛教、祆教、景教，还是本土蕴生的道教或其他民间宗教，它们在各地或广泛或集中的分布，均为特定人群推广传布的结果；它们在地方扎根立足之后，也难免会经历兴衰演变。关于中古宗教的传播及流衍，学界已有极为丰富的积累，而基于碑志的考察，则提供了在特定地域社会内宗教传布及演变的微观场景。刘淑芬《五至六世纪华北乡村的佛教信仰》，[1]以造像记为主要资料，细致梳理了佛教在5—6世纪华北乡村传布及活动的具体状况。文章指出，5—6世纪时佛教在华北乡村地区非常盛行，游化村落的僧人是促使佛教渗透华北乡村的主要原因；由于佛教经典鼓励造像，以及佛教修行方法和仪式上的需要——包括"观佛"修行方法，以佛像为中心布置"道场"，浴佛、行像、行道等佛教仪式的需要等，归心佛教的村落居民倾力造像；乡村居民基于宗教上的虔诚，组织了叫作"义邑"或"法义"的信仰团体，僧人作为指导者"邑师"，领导他们从事建造佛像寺院、兴办公共建设和慈善事业，并且共同修习佛法，举办及参与斋会和若干仪式；而随着佛教在华北村落深入流行，对乡村社会也造成很大影响，不仅促进社会整合，缩小社会阶层之间的差距，还深深影响着乡村信徒的日常生活乃至价值标准。这样，从佛教传播到信众组织，再到佛教的活动仪式与社会功能，作者向我们展示了华北乡村佛教活动的诸多细节。

刘文描绘的是佛教在地方传播的一般图景，魏斌《南朝佛教与乌伤地方——从四通梁陈碑刻谈起》，[2]则对中古时期某地佛教传播

---

[1] 刘淑芬《五至六世纪华北乡村的佛教信仰》，初刊《"中研院"历史语言研究所集刊》第63本第3分册，1993年，后收入氏著《中古的社邑与信仰》，上海：上海古籍出版社，2023年，第3—52页。

[2] 魏斌《南朝佛教与乌伤地方——从四通梁陈碑刻谈起》，初刊《文史》2015年第3辑，后收入氏著《"山中"的六朝史》，北京：生活·读书·新知三联书店，2019年，第213—273页。

的具体景象进行了深描。文章从梁陈时期建立的《梁智者法师碑》《陈善慧大士碑》《陈善知阇黎碑》《陈惠集法师碑》等四通碑刻入手,探讨了佛教在东阳郡乌伤县(今属浙江义乌)的区域传播及影响。作者认为,与出身乌伤大族楼氏、后成功进入建康佛教界的释慧约(智者法师)相比,乌伤地方佛教传播更多得益于头陀僧人嵩头陀与进入建康佛教界未果的傅大士(善慧大士)。梁代前期,嵩头陀游方于乌伤地区,以苦行、神异获得民众供养,在金衢盆地山脉边缘建立多所寺院。乌伤稽停里人傅大士受其影响,以弥勒化身为号召,借助于乡里社会的血缘和地缘关系,建立起颇具规模的村邑宗教团体。傅大士虽一度被招引至建康,但未获重视,于是返回乌伤,以双林寺为中心,通过频繁举行法会及不食上斋、毁伤身体、烧身等苦行推广佛教。借由这一个案,以往略显暧昧的佛教在江南腹地的传播状况获得一定程度澄清。这一个案也表明,佛教在地方传播的图景绝非千篇一律,而是充满地域特性。

　　中古时期陆续在各地涌现的神圣空间之兴衰演变,也是中古地方宗教信仰研究的题中应有之义。关于佛教神圣空间,吉川忠夫《五、六世紀東方沿海地域と佛教—攝山棲霞寺の歴史によせて》,[①]聚焦南京摄山栖霞寺,以唐上元三年(676)立《明征君碑》为线索,挖掘栖霞寺独特的地域特征。据文章梳理,《明征君碑》碑主为南北朝时人明僧绍,出生于前文曾有提及的青齐地方家族,曾在长广郡崂山(今青岛崂山)经营学塾。刘宋泰始五年(469),北魏进占青齐,僧绍辗转南逃,先迁往东海郁州(今江苏连云港东云台山一带),后定

---

① 吉川忠夫《五、六世紀東方沿海地域と佛教—攝山棲霞寺の歴史によせて》,初刊《東洋史研究》第 42 卷第 3 号,1983 年,第 1—27 页,后收入氏著《六朝隋唐文史哲論集 II—宗教の諸相》,京都:法藏館,2020 年,第 225—256 页。中译《五、六世纪东方沿海地域与佛教——摄山栖霞寺的历史》,王维坤译,《敦煌学辑刊》1991 年第 2 期。

居摄山,立栖霞精舍。及僧绍病故,其子舍僧绍故宅建立栖霞寺。作者认为,明僧绍的生活背景对栖霞寺影响深远,不仅表现在与栖霞寺有关的僧人多和僧绍一样来自东部沿海地区,栖霞寺的信仰变迁也与此密切相关:起初,栖霞寺主要信仰追求长生的阿弥陀佛,源自僧绍曾经生活的崂山、郁州流行神仙信仰;6世纪,栖霞寺成为三论宗中心,与北方佛教联系密切的僧人同样在其中发挥了重要作用,使得栖霞寺成为北方佛教在南方的基地,为江南佛教带来新的潮流。

得益于资料丰富的房山石经,气贺泽保规《唐代房山雲居寺の発展と石経事業》,①利用石经中的翔实记载,在塚本善隆1930年代论述的基础上,系统考察了隋唐时期石刻佛经及云居寺的发展。文章将房山石经的兴起置于北朝后期刻经事业的大背景上,指出北齐时期,都城邺城附近已出现末法时代用来护法的刻经事业;隋代静琬将刻经范围向北推移至房山,并将大乘经典刻在整块石版上;收藏石经的洞窟,起先是七个,后增加两个,形成保留至今的九个洞窟,其刊刻次序为:第五洞(雷音洞)、第六洞→第七洞(涅槃堂)、第八洞(华严堂)→第三洞→第四洞(法华堂)→第九洞→第一洞、第二洞;而随着刻经事业发展,大约在唐代初期,云居寺在石经山下建立。在上述梳理的基础上,作者将目光转向刻经资助者,指出云居寺历时长久的刻经事业,并非依靠特定个人力量,而是由范围广泛的在地有力者协力进行;尤其是开元年间,最为兴盛,得益于金仙长公主的斡旋,云居寺于开元十八年(730)获赐开版不久的开元大藏经;作者又以天宝元年(742)开始刻造的《大般若波罗蜜多经》为例,

---

① 气贺泽保规《唐代房山雲居寺の発展と石経事業》,气贺泽保规编《中國仏教石経の研究—房山雲居寺石経を中心に》,京都:京都大学学术出版会,1996年,第23—105页。

指出这一事业是在以幽州为中心的新兴都市工商业者的支持下进行的。

2018年,浙江省永康市出土一件制作于唐开元二十二年(734)的石灯柱,其中详细记载了石灯所在寺院新建寺自南齐永明二年(484)以降二百五十年间的发展历程。立足此件石刻,并结合方志记载,裴长春、武绍卫《中古时期永康城中的佛教景观——以新出新建寺石灯柱为中心》,①细致考察了5—16世纪新建寺(宋代以后改名兴圣寺)及永康城佛教的兴衰演变。文章指出,新建寺始建于南齐永明二年,最初位于永康城西郊,至陈太建元年(569)移入城内,成为永康城城西的宗教信仰中心;及唐代,新建寺发展迅速,先后建造多处殿堂、佛像,寺院空间大为扩展;宋代以降,新建寺改名兴圣寺,但随着官府行政机构的发展,兴圣寺在与官府机构争夺土地的过程中于嘉靖十五年(1536)惨遭废止,由此持续一千余年的新建寺退出历史舞台。这一考察,为理解江南腹地地方性城市佛教的发展提供了很好的个案。

江苏宜兴善权寺是另一得到学者关注的江南地方性城市的佛教神圣空间。游自勇、冯璇《会昌法难后之寺院重建与规制——以宜兴善权寺为例》,②利用业已不存的9世纪后期的两通碑刻——李蟠赎寺碑和榜文碑,在复原碑刻文字的基础上,探讨善权寺在会昌法难后的重建历程。文章指出,会昌法难中,善权寺被毁弃,成为钟离氏私产;及唐宣宗重扬佛法,昭义军节度使李蟠以私俸赎买并延请住持、选择僧人,重建善权寺,还为寺院制定新规,以禅宗丛林制

---

① 裴长春、武绍卫《中古时期永康城中的佛教景观——以新出新建寺石灯柱为中心》,《魏晋南北朝隋唐史资料》第44辑,上海:上海古籍出版社,2021年,第143—163页。

② 游自勇、冯璇《会昌法难后之寺院重建与规制——以宜兴善权寺为例》,《文史》2022年第1辑。

度及田庄经济来保障善权寺健康发展;随着李蟾去世,地方官府成为善权寺主导者,善权寺由此变成一座官寺,直到唐朝灭亡,善权寺内的修建仍在继续。通过这一个案,作者尝试思考9世纪后期中国东南佛教重振的机制,指出从皇帝、地方官员到复出的僧侣、地方大族,都对佛教保有持续的热情与信奉,东南地区雄厚的财力支撑又提供了有利的外部条件,这些因素共同作用,推动了9世纪后期东南佛教迅速复兴。

随后,游自勇《宋代功德坟寺的转移与内部运作——以宜兴善权寺为例》,①复瞩目善权寺在宋代的发展,利用淳祐三年(1243)王迈撰《仙游县傅氏金石山福神道院记》、寺内宋碑《重装大殿佛像记》、南宋后期名臣李曾伯撰《善权禅堂记》等,勾勒善权寺在不同家族间的归属权转移。文章指出,宋徽宗时期,善权寺成为傅楫家族的功德坟寺,其间曾短暂改为崇道观,赵氏南渡后复为广教禅院,由李纲等人出资重建,尽管此时善权寺名义上仍为傅氏功德寺,但似已直接置于官府的管控之下;至13世纪中叶,善权寺转归大学士李曾伯所有,成为李氏家族的功德坟寺。通过以上梳理,作者确认善权寺在佛寺、道观及不同家族功德坟寺间的角色转换,并非出自自主选择,而是因应政治形势及官僚显贵、地方势力争夺的结果。

如果说新建寺、善权寺只是名不见经传的地方寺院,陆扬新刊《〈修禅道场碑〉与唐代天台宗复兴运动新解》,②则瞄准在天台宗历史上具有重要意义、位于天台山佛陇的禅林寺,探讨其建立及对天台宗的影响。文章以唐元和六年(811)立《修禅道场碑》为线索,通

---

① 游自勇《宋代功德坟寺的转移与内部运作——以宜兴善权寺为例》,《华林国际佛学学刊》第6卷第2期,2023年。
② 陆扬《〈修禅道场碑〉与唐代天台宗复兴运动新解》,《北京大学学报(哲学社会科学版)》2024年第2期。

过释读碑文及碑侧、碑阴题刻,细致展现湛然及其弟子所建立的宗教网络和以佛陇为中心的寺院建设。在作者看来,在湛然修禅道场基础上建立的禅林寺,不仅得到台州地方官府全力支持,李吉甫执政的中央朝廷可能也有介入,而随着禅林寺的建立,在佛陇展开的天台宗复兴运动在建制上迈进了一大步,佛陇与国清寺的关系亦发生调整,前者在寺院体系内的地位上升,再度成为实际的天台精神中心。文章还对日本天台宗将道邃尊奉为天台宗湛然付法祖师的记载进行了反思,旨在还原树立《修禅道场碑》的湛然弟子行满在天台宗复兴运动中的突出贡献,强调行满作为佛陇修禅道场和之后建立的禅林寺的座主,就天台体系内部建制而言,是掌握湛然开创的天台复兴运动脉搏的关键人物。

　　以上论述大抵围绕单一寺院展开,聂靖《9—11 世纪的燕云佛教与禅宗——以蓟州盘山碑刻为线索》,[①]则聚焦蓟州盘山寺庙群,考察其在唐末迄至辽代的兴衰演变。文章立足唐五代辽金与盘山相关的碑铭,首先还原盘山佛教的发展沿革与空间结构,指出早期盘山佛寺主要建于山下接近平原处,后逐步向中盘与峰顶发展;水源与山林资源是寺庙选址的重要考虑因素,"五个盆池隐毒龙"的传说象征了早期山上寺院的分布与边界。基于此,作者尝试勾稽盘山兴起的内外因素,指出盘山佛教声誉渐隆与本地禅僧宝积、道宗、晓方的弘法有关,及临济义玄兴于镇州,普化、存奖、志闲等盘山僧众与临济宗发生联系,盘山禅门镶嵌入禅宗谱系与信息网络,由此盘山成为外地禅僧游学参访的圣地;同时,会昌灭佛导致幽蓟城市中的僧人避难盘山,本地寺院与僧人数量骤增,一定程度上加速了农禅结合的进程。不过,随着石敬瑭割燕云于辽,盘山

---

① 聂靖《9—11 世纪的燕云佛教与禅宗——以蓟州盘山碑刻为线索》,《唐研究》第 28 卷,北京:北京大学出版社,2023 年,第 363—392 页。

禅门失去了与南方禅宗的联系,逐渐沦为禅宗网络中的"失语者",不可避免地走向衰落。不难看出,作者虽然强调盘山禅门有其地域特殊性,但并不忽视地域与全国整体的联系,强调是否进入禅宗主流话语与信息网络对山门具有绝大影响,正如作者所总结的那样,盘山之兴得乎"预流",而盘山衰落亦可归因于关系网络之断绝。

以上就是基于碑志对中古佛教神圣空间的探讨,类似取径下的道教神圣空间研究,首先应举出雷闻的多篇论述。在《唐代潜山的信仰世界——以石刻材料为中心》①一文中,作者通过解读两方石刻文献——唐大历七年(772)立《唐天柱山司命真君庙碑》和开成五年(840)立《潜山真君庙左真人仙堂记》,指出潜山九天司命真君庙的置立是在玄宗崇道运动的高潮中实现的,天宝九载(750)创立祠庙以及十载(751)奉安御额,均表明该庙具有强烈的官方色彩,而迟至大历年间立碑,则可能与同样将潜山视为宝地的佛教竞争相关;安史乱后,原本即在潜山具有影响的左慈开始得到官方崇祀,并在地域社会的信仰体系中更受重视。《碑志所见的麻姑山邓氏——一个唐代道教世家的初步考察》,②重点虽在以麻姑山(位于唐代抚州南城县西南)为布教根据地的邓氏,其中亦涉及麻姑山作为道教圣地的形成,指出麻姑山的兴起,得益于得到唐玄宗赏识、道号"紫阳"的邓思瓘,邓紫阳死葬麻姑山顶、置麻姑山庙,确立了麻姑山在道教信仰体系中的地位;中唐时期,麻姑山略显暗淡,不过随着邓延康的努力,麻姑山的名声开始从抚州传布至整个江南,又从江南播于

---

① 雷闻《唐代潜山的信仰世界——以石刻材料为中心》,《敦煌学》第 27 辑,台北:乐学书局,2008 年,第 223—238 页。

② 雷闻《碑志所见的麻姑山邓氏——一个唐代道教世家的初步考察》,初刊《唐研究》第 17 卷,北京:北京大学出版社,2011 年,后收入魏斌主编《古代长江中游社会研究》,上海:上海古籍出版社,2013 年,第 257—284 页。

两京。此外,《龙角仙都:一个唐代宗教圣地的塑造与转型》,①利用
唐开元十七年(729)立《大唐龙角山庆唐观纪圣之铭》、天宝二年
(743)立《大唐平阳郡龙角山庆唐观大圣祖玄元皇帝宫金箓斋颂》、
长庆三年(823)立《庆唐观李寰谒真庙题记》等碑刻,考察晋南浮山
县羊角山作为宗教圣地的塑造与转型过程,指出羊角山由于在李唐
开国战争中出现太上老君五次化现的神话,唐高祖李渊在当地置立
祠庙,老君信仰成为当地主流信仰;及唐玄宗兴起崇道高潮,羊角山
更受重视,玄宗不仅将老君庙改为庆唐观,还御制御书《纪圣铭》,派
中使与京城高道前往参加为国祈福的金箓斋,庆唐观由此兼具道教
宫观与皇家宗庙的双重性质,并在此后长期扮演护国角色;不过随
着李唐灭亡,庆唐观失去与王朝正当性的关联,不得不面临转型,一
方面,其道众通过制造祥瑞及更名天圣,试图与新王朝建立关联,另
一方面加强与地域社会的联系,转型成为浮山县祷雨之所,由此更
加融入当地民众的日常生活。三项研究,虽然考察对象不一,但其
中亦有共通之处,即在神圣空间的形成过程中,王朝权力发挥了举
足轻重的作用。

　　雷氏研究之外,魏斌《句容茅山的兴起与南朝社会》,②以萧梁普
通三年(522)刻立于茅山南洞口的《九锡真人三茅君碑》为线索,考
察了以句容茅山为中心的南朝道教信仰地理的形成。作者注意到

---

① 雷闻《龙角仙都:一个唐代宗教圣地的塑造与转型》,初刊《复旦学报》2014 年第 6
期,更为详实的文本收入陈金华、孙英刚主编《神圣空间:中古宗教中的空间因
素》,上海:复旦大学出版社,2014 年,第 333—366 页。
② 魏斌《句容茅山的兴起与南朝社会》,初刊《历史研究》2014 年第 3 期,后收入氏著
《"山中"的六朝史》,第 95—137 页。魏斌曾讨论一系列神圣空间的形成,如天台
山、南岳衡山、东阳金华山、六朝会稽海岛、宫亭庙等,间或使用石刻文献,如天台山
研究中用到沈约撰《桐柏山金庭馆碑》,南岳衡山研究中用到梁元帝萧绎撰《南岳
衡山九真馆碑》等,但石刻并未构成主要依据,唯此篇以石刻文献为重要线索。

题名于碑的"齐梁诸馆高道"人数众多,籍贯明确,呈现出侨旧混杂的特征。基于此,作者尝试探讨三茅君的信仰内涵,指出三茅君是三位原籍关中、渡江成为茅山之主的"神仙侨民",推测这种侨寓情节的三茅君传记,出现于杨、许降神的东晋中期,或与南渡道士相关;三茅君被赋予的信仰职责是"监泰山之众真,总括吴越之万神",即主管江南侨旧民众的升仙之路和生死问题,具有融合侨旧的信仰面貌。在这种"宗教想象力"的影响下,三茅君信仰广为传布,茅山也成为道教圣地,在过江侨民尤其是同样出身侨民的宋、齐、梁三朝统治者的支持下,刘宋以后道馆日渐增多,齐梁时期更是走向极盛。可以看出,作者是在北人南渡、侨旧融合的背景下思考神圣空间茅山之兴起的,亦即在作者看来,句容茅山的圣地化过程,某种意义上正是东晋南朝政治体制侨旧融合的政治社会图景在信仰层面的展现。

　　侧重宗教信仰自身的研究大致如上所述,偏于信仰周边人群、社会的研究,学者瞩目的焦点之一便是普通信众的组织形态,尤其是所谓社邑或曰义邑问题。围绕社邑,学界相关研究甚夥,特别是基于敦煌文书的探讨,成果极为丰硕,[①]从碑志出发的考察,也为解明中古社邑的构成及活动提供了诸多细节。[②] 与地域社会相关,刘淑芬《香火因缘——北朝的佛教结社》,[③]利用造像记等,辨析北朝时

---

① 以敦煌文书为中心的敦煌社邑研究,相关学术史参赵大旺《敦煌社邑研究 80 年的回顾与展望》,《中国史研究动态》2019 年第 2 期。

② 以石刻为中心的北朝社邑研究,相关学术史参仓本尚德《北朝仏教造像銘研究》,第 38—41 页;张媛《北朝邑义考略——以陕西地区石刻造像为中心》,《文博》2023年第 2 期,注 1。

③ 刘淑芬《香火因缘——北朝的佛教结社》,初刊黄宽重主编《中国史新论·基层社会分册》,台北:联经出版事业公司,2009 年,后收入氏著《中古的社邑与信仰》,第80—94 页。

期山东地区和关陇地区佛教社邑的区域性特色,指出山东地区的社邑具有三个特色:一是社邑名称,相对于北方多数地区(包括山西、河北、河南、陕西)多称"义邑",其成员称"邑义",山东地区佛教结社成员则多称"法义"(或作"法仪"),其组织也称"法义";二是成员之间互称"兄弟姊妹";三是山东法义的执事较为简单,仅有"维那""维那主""都维那"三种名衔,其中"维那主"之衔仅见于本区。关陇地区的佛教社邑具有四个特色:一是陕西的造像碑有并造佛、道教像者,且几乎仅见于陕西;二是关陇地区出现异于其他地区的义邑执事名衔,包括部分执事名衔杂糅道教色彩,甘肃一带义邑成员多称"邑生",少数僧尼带有俗家姓氏;三是部分义邑兼具宗教之外的职能;四是多有非汉民族组成义邑,或加入汉人义邑,参与造像。仓本尚德同样利用造像记,对北朝时期更大范围内社邑的地域特征进行了梳理,譬如按照社邑普通成员的名衔差异,区分出五大区域,其中河南、山西、陕西大部分地区多称"邑子",甘肃陇东地区、陕西西部多称"邑生",河北及山东北部西部、河南东北部多称"邑义""邑人""母人",河北、山东黄河入海口地区出现以"王主比丘"主导的社邑,山东青州、济南多称"法义";至于社邑其他成员的名衔,各地也间有差异。[1] 这些基于跨地域比较而提炼的各地社邑以成员名衔为中心的地域特征,为理解社邑的地方性提供了线索。

具体到各地社邑,北齐天统三年(567)立、位于今河北定兴县石柱村的标异乡义慈惠石柱,系为表彰当地佛教社邑的慈善活动而立,为考察北朝后期地方社邑的构成及运行提供了珍贵材料。刘淑芬《北齐标异乡义慈惠石柱——中古佛教社会救济的个案研究》,[2]

---

[1] 仓本尚德《北朝佛教造像铭研究》,第94—172页。

[2] 刘淑芬《北齐标异乡义慈惠石柱——中古佛教社会救济的个案研究》,初刊《新史学》第5卷第4期,1994年,后收入氏著《中古的社邑与信仰》,第229—265页。

通过梳理石柱文字，指出在北魏末东魏初的战乱中，以王兴国为首的石柱村佛教社邑（柱文称"义"），在战乱之后发起掩埋尸骨、救济饥民的事业；至东魏武定二年（544），随着名僧昙遵加入，社邑获得更多经济来源，在信众的支持下，社邑所建义堂在新官道旁建起庞大义坊，并发起更大规模的赈济活动，包括北齐天保八年（557）救助承担修筑长城之役的民夫，河清三年（564）救助遭受水灾的饥民；进而，作者进一步考察义坊的成员、组织和经济基础，认为义坊成员绝大多数为当地平民百姓，此外还包括当地大族、官僚及昙遵的信徒，义坊组织结构相对简单，仅包括上座、寺主、居士三个职称，其钱财主要来自施主捐赠。佐川英治《北齐标异乡义慈惠石柱所见的乡义与国家的关系》，①也论及该社邑的发展历程，指出大致经历四个阶段：王兴国等最初施行乡葬提供义食—地方大族卢文翼延请高僧昙遵到访—武定四年（546）设置新义堂—居士路和仁主持义坊。作者还对施主捐赠土地的性质及与均田制的关系进行了辨析。二文通过对石柱村社邑的精细梳理，展示了一个在特殊时期、特殊地点出现的社邑之发展历程及组织结构，它既具备若干一般佛教社邑的共同特征，也包括在一些特定地域环境下衍生的独特元素。

又颜尚文《法华思想与佛教小区共同体——以东魏〈李氏合邑造像碑〉为例》，②以东魏兴和四年（542）立《李氏合邑造像碑》为线索，探讨河北正定地区以《妙法莲华经》为信仰的佛教社邑之形成。

---

① 佐川英治《北齐标异乡义慈惠石柱所见的乡义与国家的关系》，牟发松主编《社会与国家关系视野下的汉唐历史变迁》，上海：华东师范大学出版社，2005年，第248—260页。

② 颜尚文《北朝佛教社区共同体的法华邑义组织与活动——以东魏〈李氏合邑造像碑〉为例》，初刊《佛学研究中心学报》第1期，1996年，后改题《法华思想与佛教小区共同体——以东魏〈李氏合邑造像碑〉为例》，收入氏著《中国中古佛教史论》，北京：宗教文化出版社，2010年，第416—436页。

文章指出,以出身地方豪族的李次、李显族为首,李氏一族及村中居民共同信奉《法华经》,并组成法华社邑团体;社邑以都邑主、邑主比丘为领导,唯那为干部,众多邑子为基层成员;社邑遵循法华精神,共同建立寺院讲堂,延请僧侣讲诵《法华经》,塑造"二佛并坐"法华佛像,举行开光、供养、斋戒、行道等法华法会活动,并进一步从事村落小区之外的造井、种树等公益活动。据此可见,尽管李氏社邑明确是以《法华经》为指导思想,但其组织结构、社会活动与其他社邑并无根本不同。

至于同时期关中地区的社邑,仓本尚德《北朝時代の関中における道仏二教の義邑について》,①聚焦北朝时期关中地区制作佛道二教混合造像的社邑,首先将二教混合造像区分为以佛像为中心的佛道像和以道教神像为中心的道佛像,由此将造像分为佛像、佛道像、道教像、道佛像四种,指出制作不同造像的社邑成员名衔上存在差异,其中"邑谓""制律""呗匿"多见于佛像,"弹官""侍者""平望"多见于道(道佛)像;进而作者加入时间维度,注意到西魏以降,关中地区道佛像、道教像数量减少,佛像、佛道像数量增加,推测可能是由于彼时信仰佛教的氐人、羌人因参加酋帅毛遐、毛鸿宾兄弟平定北地郡叛乱的战争而地位上升,故有能力制作更多佛像。张媛《北朝邑义考略——以陕西地区石刻造像为中心》,②也以陕西地区出土的九十五件石刻造像为据,综合考察北朝佛教、道教及佛道混合的社邑,明确时人将社邑称为邑或邑义、邑仪、仪邑,而在三种社邑中,以佛教社邑最多(六十六例),佛道混合社邑次之(二十二例),

---

① 仓本尚德《北朝造像銘にみる道仏二教の関係—関中における邑義の分析を中心に》,初刊《東方宗教》第 109 号,2007 年,后改题《北朝時代の関中における道仏二教の義邑について》,收入氏著《北朝仏教造像銘研究》,第 173—228 页。
② 张媛《北朝邑义考略——以陕西地区石刻造像为中心》,《文博》2023 年第 2 期。

道教社邑最少(七例),进而通过分析造像题材和发愿文,指出相比道教及佛道混合社邑,佛教社邑对自身教义、造像活动、供奉主神等有更为清晰的认识,并推测道教造像或受佛教造像影响;此外对于关中地区独有的佛道混合社邑,也注意到北魏最多,推测或与彼时佛道并崇、二道并重的社会风气相关。这些研究虽不如基于北齐标异乡义慈惠石柱对华北社邑的考察那样具体而微,但同样从若干细节展现了北朝关中地区社邑的地方色彩。

基于碑志的唐代社邑研究主要集中在幽州地区,这显然同样受益于房山石经。早在 1987 年,梁丰《从房山"石经题记"看唐代的邑社组织》,①即发现石经题记中出现大量邑、社,指出这些邑、社虽主要从事造经活动,但并非仅是为造经而临时组织起来,其成员,邑一般设邑主、邑官、平正、录事,普通成员称邑人,社由社官统一管理,僧侣、俗人均可担任社官;文章还对邑/社异同、邑/社与由商业同行组织的"行"的关系、邑/社中的佛道混合现象等进行了分析。又 1989 年,唐耕耦发表《房山石经题记中的唐代民间社邑》,②更为系统地梳理了石经题记中的社邑情况。文章首先针对行业性社邑,通过统计出现时间及规模,指出行业性社邑分布较为集中,主要位于幽州范阳郡和大历四年(769)自幽州分出的涿州治所,时间也集中分布在玄宗天宝年间和德宗贞元年间;进而围绕地区和跨地区社邑,通过列表统计的方式确认其主要集中在天宝、贞元年间,但也指出不同时期社邑构成存在差异,即天宝年间的社邑多为行业性社邑和以州郡县命名的社邑,成员以工商业者和城市居民为主,贞元年间则以村名、乡名的社邑为多,成员以乡村居民为主,判断这反映出

---

① 梁丰《从房山"石经题记"看唐代的邑社组织》,《中国历史博物馆馆刊》1987 年第 10 期。
② 唐耕耦《房山石经题记中的唐代民间社邑》,《文献》1989 年第 1 期。

贞元时期城市工商业大不如天宝时兴盛。最后，作者还参照敦煌社邑文书，对社邑的组织结构、人数规模、社会身份、上经月日等进行了探讨。通过这些梳理，文章对房山石经所见幽州社邑进行了全景描摹，在确认幽州社邑与其他地域社邑异同的基础上挖掘前者的独特之处，并注意其在不同时期的历史演变，由此呈现了唐代幽州社邑的整体图景。

　　长期致力于房山石经研究的气贺泽保规也注意到石经中的社邑，先后发表多篇文章探讨石经刊刻背后的人群。在 1988 年刊出的《唐代幽州の地域と社会—房山石経題記を手がかりとして》①一文中，作者以房山石经中《大般若经》题记为线索，梳理其中的社邑组织，由此勾勒出一个以房山云居寺为中心的信仰范围，并指出名为"行"的各类行会亦参与其中。之后，1996 年发表的《唐代房山雲居寺の発展と石経事業》，②作者继续瞩目幽州社邑，通过分析天宝元年（742）开始并在唐代后半叶大量刻造的《大般若波罗蜜多经》题记，发现同业组织的"行"与信仰团体组织的"社"参与了这类石经的制作，由此确认刻经事业得到了以幽州为中心的新兴都市工商业者的支持。又 2013 年发表的《房山雲居寺石経事業と唐後半期の社会》，③作者进一步聚焦唐代后半期，指出与安史之乱前由都市居民构成石经事业的核心力量不同，唐代后半期幽州卢龙军节度使及一般居民逐渐参与刻经，且其范围扩大至以卢龙军（幽州）为中心的河北全境，人群也兼有胡汉。这样，通过对房山刻经人群的历时性梳

---

① 气贺泽保规《唐代幽州の地域と社会—房山石経題記を手がかりとして》，唐代史研究会编《中國都市の歴史的研究》，东京：刀水书房，1988 年，第 157—167 页。

② 气贺泽保规《唐代房山雲居寺の発展と石経事業》，气贺泽保规编《中國仏教石経の研究—房山雲居寺石経を中心に》，第 23—105 页。

③ 气贺泽保规《房山雲居寺石経事業と唐後半期の社会》，气贺泽保规编《中国中世仏教石刻の研究》，东京：勉诚出版，2013 年，第 296—333 页。

理,作者从另一维度展示了唐代幽州社邑构成乃至地域社会全体的变迁状况。

社邑是佛教传入中国之后的产物,那么在社邑出现之前,宗教信仰人群的组织形态又是怎样的?魏斌《东汉地方神祠的信仰形态——重读六通元氏碑刻》,①即致力于发掘社邑组织前史。文章通过分析保存至今的六通河北元氏县碑刻——《祀三公山碑》(元初四年,117)、《三公山神碑》(本初元年,146)、《封龙山颂》(延熹七年,164)、《无极山碑》(光和四年,181)、《三公之碑》(光和四年,181)、《白石神君碑》(光和六年,183),指出这些山神祠虽由地方官府主导建立,官府在面临祈雨禳灾需要和长吏德政追求时也会进行祭祀,但山神祠更为日常性的信仰图景则是用于庙巫和周边地域民众的祭祀祈祷活动;而民众祭祀分为个人和集体性两种,后者包括血缘性家族和超越血缘的地域性群体两种结合方式,与早期道教组织和佛教社邑有着内在的共通性。亦即在作者看来,早期道教组织和佛教社邑并非无源之水,而是可以在地方神祠信仰中找到滥觞,地方神祠信仰中出现的集体性运作方式,既可以成为早期道教组织的民俗基础,在佛教传入后也容易转化为社邑造像、造寺和斋会等集体性的佛事行为。

除去有组织的信仰形态外,围绕特定地域信仰周边人群、社会的研究还包括以下一些。爱宕元《唐代江南における宗教の関係を媒介とした士人と地域社会—「潤州仁静観魏法師碑」を手掛りに》,②以立于唐仪凤二年(677)的《润州静观魏法师碑》为线索,探讨基于

<hr>

① 魏斌《东汉地方神祠的信仰形态——重读六通元氏碑刻》,《中华文史论丛》2021年第1期。

② 爱宕元《唐代江南における宗教の関係を媒介とした士人と地域社会—「潤州仁静観魏法師碑」を手掛りに》,初刊谷川道雄編《中国士大夫階級と地域社会との関係について総合的研究》,昭和五七年度科学研究費総合研究A研究成果報告書,1983年,后收入氏著《唐代地域社会史研究》,第333—355页。

宗教信仰而形成的特定地域内道俗士人之间的联系。通过分析碑主魏(隆)法师的出身、师承、宗教地位及碑阴题名所见信众的身份地位,作者指出作为茅山派道士的魏法师虽出身寒门士族,但凭借崇高的宗教地位在地方影响巨大,赢得包括地方官僚、魏氏族人和周边民众的礼敬。在此基础上,周鼎《家族、地域与信仰:〈唐润州仁静观魏法师碑〉所见唐初江南社会》,①进一步申述魏法师与信众之间的关联,指出和魏法师出身的任城魏氏在西晋末南渡、以侨姓低级士族活跃于京口一带类似,碑文与碑阴所见信众,大多也是东晋以降迁徙、定居于京口的侨民后裔,及至唐初,多已完成土著化。不难看出,在作者看来,魏法师除了以宗教信仰为媒介与地方民众建立联系,东晋南朝形成的家族网络也在其中发挥影响。基于此,作者对唐初江南地域人群关系演变提出更具理论意义的思考,即虽然历经王朝鼎革、政区废置等,但在江南地域社会内部,人群结构与人际结合的样态均呈现出静态感、延续性的一面。这一认识为观察六朝隋唐地域社会的演进提供了新的面向,对反思诸如"士族中央化"的既有解释框架,也不无裨益。

　　爱宕、周二文系围绕单件碑志展开,一地集中分布的造像记则为观察地域内信仰周边人群提供了更为丰富的素材。北村一仁即在之前基于正史等传世文献考察南北朝时期边境人群的基础上,利用造像记对边境地域的信仰人群进行审视,尤其是东魏北齐与西魏北周的边境地域,最受瞩目。《南北朝後期潁川地区の人々と社会—石刻史料を手掛かりとして》,②首先扼要说明了东魏北齐、西魏

①　周鼎《家族、地域与信仰:〈唐润州仁静观魏法师碑〉所见唐初江南社会》,《史林》2019 年第 1 期。
②　北村一仁《南北朝後期潁川地区の人々と社会—石刻史料を手掛かりとして》,《龍谷史壇》第 129 号,2008 年,第 45—81 页。

北周对立时期颍川地区的地理环境及政局状况,继而以当地所见四方造像碑记为中心——东魏兴和二年(540)立《敬史君禅静寺刹前铭》、西魏大统十三年(547)立《杜照贤等立四面佛题名》、东魏武定八年(550)立《杜文雅等十四人造像记》、北齐武平五年(574)立《张思伯造浮图记》,指出身处战乱漩涡的颍川民众制作造像,一方面旨在祈求佛、观世音菩萨等护佑,另一方面则希望通过基于血缘、地缘、信仰等形成以"乡豪"等为中心的"邑",与王朝国家建立联系。换言之,在作者看来,地方民众自发组织、制作的佛教造像,并非只是单纯信仰的产物,同时还含有向王朝表示效忠、借以谋求生存的特定政治意图。

随后《北朝~隋初期の河東地域における諸仏教事業の背景—絳邵地区出土仏教碑記の研究・序説》,[①]同样瞩目东西政权对立之际边境地域的造像事业,在梳理河东北部绛邵地区(约当今山西运城北部)的环境、北朝后期至隋初地方政局及佛教传布状况的基础上,系统分析当地出土的造像碑记,指出从北朝到隋初,当地佛教信众往往结成社邑进行造像、修筑寺院乃至个人表彰等集体事业,这些社邑包括三种类型:其一是以单个家族为中心、基于血缘而形成的社邑;其二是以地域内居住,包括多姓氏人群、基于地缘而形成的社邑;其三是以长官与僚佐为中心、基于官缘而形成的社邑。其中第三类社邑成员主要为非汉族人群。

在前文分析的基础上,北村进一步探讨分别从属东西政权的边境地域民众造像之间的异同。以同者言之,即是强调不少造像均带有强烈的政治意涵。《両魏期における正平高涼楊氏と地域社会—仏教造

---

① 北村一仁《北朝~隋初期の河東地域における諸仏教事業の背景—絳邵地区出土仏教碑記の研究・序説》,《東洋史苑》第81号,2013年,第62—113页。案本文重点讨论社邑,但考虑到与上下文一脉相承,故置于此。

像事业をめぐる人々とその目的》，①以西魏大统六年（540）立《巨始光等造像碑》、北魏永安三年（530）后不久立《僧智薛凤规等道俗造像记》为中心，具体考察绛邵地区的豪族正平高凉（今属山西稷山）杨氏，探讨其参与造像事业的考量及意义，指出北魏末至东西魏对立时期，当地形成以杨氏为中心并联合地方官巨氏及地方大族王氏、张氏等的社邑。东西魏对立之际，他们出资造像，试图通过向政权表达归属，实现维护地方自治的目的，而造像主导者即是归属西魏的杨氏。

对该时期从属东部政权的边境地域造像的分析见于以下二文。《北朝国境地域における仏教造像事业と地域社会—山西陽城出土「上官氏等合邑造釋迦仏像摩崖」を手掛かりとして》，②以山西阳城出土的北齐天保六年（555）立《上官氏等合邑造释迦佛像摩崖》为线索，确认以上官氏一族为主要构成的社邑制作此摩崖，带有强烈的政治意图：一方面，借以宣示对东魏北齐政权的忠诚，凝聚当地人心，另一方面，还有意与同样在边境地域进行佛教事业的西魏北周将军杨㮎进行对抗。《北魏、东魏时期端氏县酒氏家族的佛教造像事业》，③则以安平端氏酒氏家族在北魏、东魏时期制作的一系列造像为中心，指出与北魏时期酒氏造像题名未见官职、表明与北魏政权关系较为疏远不同，东魏时期造像题名中不少酒氏成员都有官职。在作者看来，东魏政府试图通过任命当地人担任地方官吏的方

① 北村一仁《両魏期における正平高涼楊氏と地域社会—仏教造像事業をめぐる人々とその目的》，《龍谷史壇》第140号，2015年，第29—78页。
② 北村一仁《北朝国境地域における仏教造像事業と地域社会—山西陽城出土「上官氏等合邑造釋迦仏像摩崖」を手掛かりとして》，《東洋史苑》第84号，2015年，第1—46页。
③ 北村一仁《北魏、东魏时期端氏县酒氏家族的佛教造像事业》，楼劲主编《魏晋南北朝史的新探索——中国魏晋南北朝史学会第十一届年会暨国际学术研讨会论文集》，北京：中国社会科学出版社，2015年，第518—534页。

式拉拢他们，这是酒氏家族成员获得官职的重要原因，而酒氏也借助造像表达效忠东魏的态度，以期维护自身利益。据此可见，尽管这些造像的"金主"构成相对简单，大抵由一族制作，但政治意涵同样直接且丰富，绝非只是单纯基于个人信仰。

至于分别从属东西政权的边境地域民众造像之间的差异，北村认为西魏北周一方多建造大型造像碑，参与者多是由作为地方官吏的当地豪族或北族贵族主持，当地民众作为僚佐或普通民众参与其中；与之相对，东魏北齐很少制作这类大型造像，参与造像的地方官吏也不多。关于此，前文中已有所涉及，《北朝～隋における民衆仏教と地域社会—山西省運城市出土の仏教石刻を用いて》和《北朝国境地域社会における造像事業と人々—汝水上～中流域の状況について》，①分别考察分属西魏北周和东魏北齐的造像，进一步论证此问题。前者围绕西魏北周在河东地区两个军事据点树立的造像碑——北周保定元年（561）立于玉壁城的《延寿公碑》和天和六年（571）立于龙头城的《拔拔嵘碑》，指出二碑均是以地方长官为主导、结合作为僚佐的地方豪右和乡里民众制作而成，显示出浓厚的社会、政治色彩；后者聚焦同样位于东西边境地域的汝水上、中流域的八件造像碑记，在分析其地理位置、造像规模及参与人群的基础上，确认其与西魏北周主导下河东地区的造像事业不同，即汝水上、中游的八件造像，均非由地方官主导的大规模造像事业。在作者看来，这种不同反映出东西政权统治方针存在差异，即北周试图通过佛教积极介入地方社会，而北齐则似乎无此用意。

---

① 北村一仁《北朝～隋における民衆仏教と地域社会—山西省運城市出土の仏教石刻を用いて》，龍谷大学アジア仏教文化研究センター《2014年度研究報告書》，2015年，第379—404页；《北朝国境地域社会における造像事業と人々—汝水上～中流域の状況について》，《東洋史苑》第86、87号，2016年，第267—324页。

　　无论如何,重视边境地域尤其是从属西魏北周地区的造像背后的政治意涵,这在北村一仁对边境地域造像的认识中是非常突出的。①当然,北村也意识到并非所有立于边境地域的造像都旨在表达政治意愿。《河南省洛寧県出土「北周牛氏千仏碑」に見る東西国境地域社会―「南北朝~隋代仏教石刻タイムマップ」の活用例》,②即瞩目河南洛宁出土、北周保定五年(565)立《北周牛氏千佛碑》,在细致分析其建立背景、参与人群的基础上,指出其与河东地区由地方长官主导的大型造像不同,系当地土豪牛氏基于私人意愿而立,其中并未窥见明显的政治意图。又《東魏~北斉期の「豫北」地域における造像と社会事業―義井・義橋・八関斎》,③对于一度为战火所波及的豫北地区的造像、营立佛寺乃至建造义井、义桥等慈善事业,也强调其主导者为李氏、吕氏、廉氏、尚氏、张氏等地方大族,并判断法华信仰传统及地方经济发展乃是推动诸族开展造像及慈善事业的主要原因。要之,尽管北村关注的边境地域并不多元,仅集中在西魏北周与东魏北齐位于山西南部至河南北部、西部一线的边境,但作者并未将此地域信仰人群的活动描绘成单一图景,而是充分注意到各地差异,由此呈现出不同地域信仰人群在建造佛像等佛教活动时丰富而鲜活的历史场景。

　　除了北村一仁上述研究外,其他学者也曾利用一地集中分布的石刻文献探讨当地信仰人群动向。刘淑芬《从本愿寺石刻看唐代获

---

① 关于此,2017 年发表的《北朝期における「邑義」の諸相―国境地域における仏教と人々》一文也有涉及,于此不赘。初刊《アジア遊学》213,2017 年,又收入窪添慶文編《魏晋南北朝史のいま》,东京: 勉诚出版,2017 年,第 110—120 页。

② 北村一仁《河南省洛寧県出土「北周牛氏千仏碑」に見る東西国境地域社会―「南北朝~隋代仏教石刻タイムマップ」の活用例》,龍谷大学アジア仏教文化研究センター《2014 年度研究報告書》,2015 年,第 219—242 页。

③ 北村一仁《東魏~北斉期の「豫北」地域における造像と社会事業―義井・義橋・八関斎》,《東アジア石刻研究》第 9 号,2022 年,第 1—58 页。

鹿的地方社会》,①以唐代获鹿县（今河北石家庄鹿泉区）九件唐代佛教石刻为线索,探讨本愿寺在从武后长安二年(702)迄玄宗天宝四载(745)四十余年时间内发展背后的获鹿地方社会。文章首先梳理本愿寺史,提出这四十余年是本愿寺发展的重要时期,并通过碑刻题名确认本愿寺的主要支持者是获鹿本地人士,由此指出本地居民的社会阶层、生计与经济情况与本愿寺发展密切相关。在作者看来,获鹿地区在高宗和玄宗天宝初年两度兴修水利,农业生产增加,地区经济力提升,使得当地信徒更有余裕赞助寺院各项宗教活动和寺院建设;又获鹿地区有不少居民应募从军,从军行役之苦使他们倾向于借助宗教活动以祈求平安;此外,地方官员希望累积名望,也有助于寺院硬件设施的建设。这样,在当地居民及地方官员的支持下,加上僧人智秀的推广教化,本愿寺得以迅速发展。

刘琴丽《唐代幽州军人与佛教——以〈房山石经题记汇编〉为中心》,②重点关注幽州军人群体的佛教信仰表现,指出不少幽州军人都曾参与刻经,盛唐至晚唐时期,更是成为当地佛教事业发展的主要支柱之一;而幽州军人刻经之诉求,除了常见的为自己和亲属祈福外,还包括为节度使及其家人祈福、为节度使生日祝寿等,具有一定的地域特色。作者认为,这显现出佛教已被部分幽州军人利用,成为他们政治宣传的工具。

孙齐《芮城道教三百年史——以北朝隋唐造像为中心的考察》,③

---

① 刘淑芬《从本愿寺石刻看唐代获鹿的地方社会》,初刊简牍学会编辑部主编《劳贞一先生九秩荣庆论文集》,台北:兰台出版社,1997 年,后收入氏著《中古的佛教与社会》,上海:上海古籍出版社,2008 年,第 115—144 页。

② 刘琴丽《唐代幽州军人与佛教——以〈房山石经题记汇编〉为中心》,《世界宗教研究》2011 年第 6 期。

③ 孙齐《芮城道教三百年史——以北朝隋唐造像为中心的考察》,《唐研究》第 24 卷,北京:北京大学出版社,2019 年,第 207—265 页。

是对北朝隋唐山西芮城地区信仰演变进行探讨的一篇宏文。文章以五十余件芮城地区所见北朝隋唐造像为中心,考察不同身份的人群在地区信仰历时性变迁中的地位与选择,指出在北朝时期,芮城宗教活动是以家族为中心,芮城地区最重要的家族陈氏、张氏,信奉佛教,居住在芮城县城周围,社会地位较高,相互联姻;与此同时,居住在黄河南岸的焦家、李家和蔡家则信奉道教,这一分布状况表明道教在当时属于边缘地带的弱势家族所信仰的宗教。不过在进入 8 世纪后,芮城道教进入"道观时代",当地至少修建了五座道观,因道观道士能够享受授田、免赋等优待条件变得有利可图,佛教家族陈氏、张氏遂被道教吸收,并进入道观体制内部,甚至担任观主等教内高级职务,而最重要的奉道家族焦家却未能在道观中占据一席之地。在作者看来,地方强势家族在唐代道观道士的竞争中占得先机,正反映出地方权势家族对道观体制的把持和垄断。这样,通过展示信仰人群对信仰背后利益的追求,作者展示了"神圣"宗教信仰极为"世俗"的一面。

段彬《高欢侍佛图与北朝晚期的肆州地域社会》,[1]以 2013 年出土于山西忻州市忻府区的东魏武定二年(544)造高欢侍佛图为线索,结合周边所出造像记,考察北朝晚期肆州地域人群的政治动向。文章首先通过还原高欢侍佛图的刊刻过程,推测该图系通过宣示造像者与最高权力者之间的联系,标榜造像者的现实地位。由此,作者将目光引向造像者,指出包括高欢侍佛图在内的肆州造像记往往是由临时组成的佛教社邑建造而成,这些社邑多由具有任官成员的"乡豪"家族主导。这些乡豪通过家族联姻、宗教仪式相互联结,并因受益于尔朱氏及高欢崛起而形成共同的政治态度,因此他们的造像活动绝非单纯的宗教仪式,而是借助造像攀附权力,同时彰显自

---

[1] 段彬《高欢侍佛图与北朝晚期的肆州地域社会》,《中国中古史研究》第 10 卷,上海:中西书局,2023 年,第 51—77 页。

身的政治、社会地位,具有浓烈的政治性色彩。

又特定地域内特定家族的宗教信仰,学者也有所留意。案中古时期家族信仰世代传承,这一点已为学界熟知,与家族信仰相关的石刻文献的出土,则为了解其细节提供了诸多史料。爱宕元《唐代河東聞喜の裴氏と仏教信仰—中眷裴氏の三階教信仰を中心として》,①瞩目河东闻喜裴氏,结合正史列传与数十方墓志、塔铭、神道碑,对唐代河东闻喜裴氏一族的佛教信仰进行了全景描摹,尤其指出其中多崇奉三阶教。佐藤智水《河北省涿県の北魏造像と邑義(前編)》,②注意到河北涿州出土的三件北魏造像,均有高氏族人参与,据此对涿州当陌村高氏的社会地位进行了探索,根据高氏家族成员没有官爵,且未联姻幽州名族,推测该族大约处于地方中间阶层稍上的位置。沈国光新刊《北朝隋唐冯翊严氏奉佛考——以石刻史料为中心》,③聚焦冯翊严氏,广泛利用碑志、造像记、经幢等各类石刻文献,对北朝隋唐冯翊严氏一族的奉佛事迹进行了系统梳理,指出在北朝时期,冯翊严氏已经开始倾心于佛教,尤其是在关中地区,积极进行弘法实践;至唐代,随着以严挺之为代表的唐代冯翊严氏定居洛阳,受洛阳释风影响,严氏坚持以佛教信仰作为家学传承,连续数世均有家族人员与佛教关系密切,甚至出家为僧尼;另一方面,严氏不少家族成员又因仕宦供职地方,如严武仕于巴州,严士良仕于江州,严绶仕于宣州、并州、襄州等地,他们与当地僧人发生接触,推动各地佛教事业的发展。这样,以河东闻喜裴氏和冯翊严氏

---

① 爱宕元《唐代河東聞喜の裴氏と仏教信仰—中眷裴氏の三階教信仰を中心として》,吉川忠夫编《唐代の宗教》,京都:朋友书店,2000 年,第 35—61 页。

② 佐藤智水《河北省涿県の北魏造像と邑義(前編)》,《仏教史研究》第 43 号,2007年,第 1—39 页。

③ 沈国光《北朝隋唐冯翊严氏奉佛考——以石刻史料为中心》,《唐研究》第 29 卷,北京:北京大学出版社,2024 年,第 337—369 页。

为样本,爱宕和沈氏先后勾勒了信仰在家族发展过程中的传递性,由此深化了学界对中古时期家族信仰的认识。

要之,基于碑志对信仰周边人群、社会的研究,虽然其行文也围绕宗教信仰展开,但信仰自身并不构成论述中心,信仰背后人群的考量——无论是出自虔诚的信仰需求,还是另有特定政治、社会目的,以及活动——譬如如何实践宗教信仰,信仰之下如何经营日常生活等,才是学者着力探讨的内容。而借助这一视角转换,"神圣"的宗教信仰与"世俗"的地域社会有了更多联结之处,由此立足前者的研究得以透视更多具体鲜活的地域社会图景。

三、地方政治研究

在社会学的传统定义中,社会乃是与国家相对立的一种存在。不过在中国古代,"普天之下,莫非王土;率土之滨,莫非王臣",无论多么偏远,社会无时无刻不处在国家权力的控制之下,只是强弱或有差别。这也就意味着,政治是社会史研究无法回避的课题,从碑志出发的中古地域社会史研究,也有不少触及地方政治。

基于碑志的地方政治研究,按其主题,大致可以分为两类:一是围绕权力,着重考察国家权力如何渗透、支配地方,以及包括地方长官、强宗大族和普通百姓在内的地方势力如何与国家权力合作或反拨,这类研究可称之为地方统治研究;二是围绕治理,即致力于探讨地方长吏如何有效管理地方,这类研究可称之为地方治理研究。

关于国家权力如何渗透地方,简而言之,大致可以分为两种途径,一是基于制度设计,二是通过具体政治行为。关于前者,最为密切相关的便是基层地方行政建制。案传世文献对地方行政建制的记载大抵偏于郡县以上，县以下只是笼统言之，而在包括石刻文献在内的出土文献中，县以下诸如乡里城坊等行政建制，则被大量提及。因此，对于县以下基层乡里城坊的考索，便成为碑志出发的中古地方政治研究的重要课题，无论王朝都城洛阳①、

① 关于汉魏洛阳，参陈长安《邙山北魏墓志中的洛阳地名及相关问题》，初刊《中原文物》1987年特刊，后收入洛阳市文物局、洛阳白马寺汉魏故城文物保管所《汉魏洛阳故城研究》，北京：科学出版社，2000年，第674—690页；张剑《关于北魏洛阳城里坊的几个问题》，叶万松主编《洛阳考古四十年——1992洛阳考古学术研讨会论文集》，北京：科学出版社，1996年，第263—269页；张金龙《北魏洛阳里坊制度探微》，《历史研究》1999年第6期；陈建军、王莉萍、周华《北魏洛阳城里坊新考》，《中国古都研究》2015年第2辑，西安：三秦出版社，2015年，第116—132页；陈建军、苏静、周华《汉魏洛阳城里坊搜佚》，《三门峡职业技术学院学报》2017年第3期；陈建军、周华《汉魏洛阳城里坊补录与辨误》，《中国古都研究》2022年第1辑，第54—67页。

　　关于隋唐洛阳，参赵超《唐代洛阳城坊补考》，《考古》1987年第9期；赵振华、何汉儒《唐代洛阳乡里方位初探》，赵振华主编《洛阳出土墓志研究文集》，北京：朝华出版社，2002年，第41—119页；张剑《洛阳出土墓志与洛阳古代行政区划之关系》，赵振华主编《洛阳出土墓志研究文集》，第133—162页；李浩《唐代乡村组织研究》，山东大学博士学位论文，2003年，第30—31页；周晓薇、王其祎、王灵《隋代东都洛阳城四郊地名考补——以隋代墓志铭为基本素材》，《中国历史地理论丛》2009年第3辑；周晓薇、王其祎《隋东都洛阳城坊考补》，《中国历史地理论丛》2014年第2辑；田卫卫《唐洛阳里坊辑补——以大唐西市博物馆藏墓志为中心（上）》，《碑林集刊》第21辑，西安：三秦出版社，2015年，第90—97页；田卫卫《唐洛阳里坊辑补（下）——以大唐西市博物馆藏墓志为中心》，《碑林集刊》第22辑，西安：三秦出版社，2016年，第143—150页；陈呈、马强《唐代东都之洛阳县乡村里地名补考——以出土唐人墓志为主的考察》，《中国历史地理论丛》2016年第1辑；马强《出土唐人墓志历史地理研究》，北京：科学出版社，2020年，第85—183页。

　　以隋唐两京乡里城坊为题的论著，也论及隋唐洛阳。参辛德勇《隋唐两京丛考》，西安：三秦出版社，1991年，2版，西安：三秦出版社，2006年，第146—198页；阎文儒、阎万钧《两京城坊考补》，郑州：河南人民出版社，1992年，第609—1135页；杨鸿年《隋唐两京坊里谱》，上海：上海古籍出版社，1999年；《隋唐两京考（2版）》，武汉：武汉大学出版社，2005年；徐松撰，李健超增订《增订唐两京城坊考（修订版）》，西安：三秦出版社，2006年，第262—447页；爱宕元《唐代两京乡里村考》，初刊《東洋史研究》第40卷第3号，1981年，后改题《两京乡里村考》，收入氏著《唐代地域社会史研究》，第3—94页；《唐代京兆府·河南府乡里村考》，唐代（转下页）

长安①、邺城②，还是分别作为淮南地区、北方地区、西南地区之地方

（接上页）史研究会编《東アジアにおける国家と地域》，东京：刀水书房，1999年，第163—190页；陈呈《唐两京乡村地名考论——以出土唐代墓志为主的考察》，西南大学硕士学位论文，2016年。

① 关于北周及隋唐长安，参王仲荦《北周地理志》，北京：中华书局，1980年，第5—19页；辛德勇《隋大兴城坊考稿》，《燕京学报》新27期，北京：北京大学出版社，2009年，第25—72页；田卫卫《唐长安坊里辑补——以大唐西市博物馆藏墓志为中心》，《碑林集刊》第18辑，西安：三秦出版社，2012年，第108—129页；武伯纶《唐万年、长安县乡里考》，初刊《考古学报》1963年第2期；《唐万年、长安县乡里补考》，二文后合并改题《唐长安郊区的研究》，收入氏著《古城集》，西安：三秦出版社，1987年，第88—138页；杜文玉《唐长安县、万年县乡里补考》，初刊史念海主编《汉唐长安与关中平原》，《中国历史地理论丛》1999年增刊，第395—402页，后收入氏著《中国中古政治与社会史论稿》，西安：三秦出版社，2010年，第310—316页；尚民杰《唐长安、万年县乡村续考》，初刊西安市文物保护考古所《西安文物考古研究》，西安：陕西人民出版社，2004年，第365—390页，后收入氏著《长安绎古——汉唐历史考古文集》，北京：文物出版社，2016年，第96—120页；程义《隋唐长安辖县乡里考新补》，《中国历史地理论丛》2006年第4辑；户崎哲彦《唐京兆府万年县乡里补考》，《中国历史地理论丛》2010年第2辑；高铁泰《对〈唐京兆府万年县乡里补考〉的异议》，《唐都学刊》2011年第4期；马强《出土唐人墓志历史地理研究》，第184—233页；徐畅《长安未远——唐代京畿的乡村社会》，北京：生活·读书·新知三联书店，2021年，第87—129页；吕笑丹《唐万年、长安县乡村考订补》，《中国古都研究》2021年第2辑，第85—96页。

以隋唐两京乡里城坊为题的论著，也论及隋唐长安。参辛德勇《隋唐两京丛考（2版）》，第1—145页；阎文儒、阎万钧《两京城坊考补》，第8—608页；杨鸿年《隋唐两京坊里谱》《隋唐两京考（2版）》；徐松撰，李健超增订《增订唐两京城坊考（修订版）》，第1—261页；爱宕元《両京郷里村考》，《唐代地域社会史研究》，第3—94页；《唐代京兆府·河南府郷里村考》，唐代史研究会编《東アジアにおける国家と地域》，第163—190页；陈呈《唐两京乡村地名考论——以出土唐代墓志为主的考察》，西南大学硕士学位论文，2016年。

② 关于东魏北齐邺城，参王仲荦《北周地理志》，第904—929页；牛润珍《东魏北齐邺京里坊制度考》，《晋阳学刊》2009年第6期；《古都邺城研究——中世纪东亚都城制度探源》，北京：中华书局，2015年，第199—204页；郭济桥《东魏、北齐邺京城乡建制》，《殷都学刊》2012年第4期；王莉萍、陈建军、周华《邺都里坊补遗》，《中国古都研究》2016年第2辑；蒋子谦《东魏北齐邺都基层建置与管理考》，《中国国家博物馆馆刊》2019年第11期；杜鹃花、周华、陈建军《东魏北齐邺都可考里坊的补录与辨误》，《三门峡职业技术学院学报》2022年第4期；庄丽、陈建军《邺城里坊续补》，《华夏考古》2023年第4期等。

重镇的扬州①、幽州②、成都③,乃至偏僻如浙东慈溪地区④,其基层乡里城坊的构成、分布、关系乃至内部空间等,均因立足石刻文献的搜简、考索而获得相当程度的澄清。⑤

至于具体政治行为,将新地民众转为国家控制下的编户齐民,是学者最常论及的内容之一。林昌丈《斯叟何在? ——从越嶲郡东汉光和、初平石刻谈起》,⑥重新审视位于今凉山昭觉的光和三年(180)石刻与初平二年(191)石刻,并结合考古遗址分布,从微观尺度呈现东汉王朝行政体系沿交通线深入大凉山腹地的进程。文章通过细读光和石表所记"庚子诏书",指出石表并非旨在刊刻庚子诏书,安斯乡的析置、乡有秩的迁转及其十四里民众的复除,才是表文呈现的核心内容,初平石刻的重点亦是如此。在作者看来,石表的刻立,与东汉末政治、社会环境密切相关。亦即秦汉时期,王朝沿交通线将权力的触角伸入深远之地,不过随着编户和王化的加深,当

---

① 关于唐代扬州,参爱宕元《唐代の扬州城とその郊区》,初刊梅原郁编《中國近世の都市と文化》,京都:京都大学人文科学研究所,1984 年,后收入氏著《唐代地域社会史研究》,第 357—413 页;陈彝秋《唐代扬州城乡乡里略考》,《扬州大学学报(人文社会科学版)》2000 年第 2 期。

② 关于唐代幽州,参赵其昌《唐幽州村乡初探》,初刊中国考古学会编辑《中国考古学会第一次年会论文集 1979》,北京:文物出版社,1980 年;《唐幽州村乡再探》,初刊《首都博物馆论丛》1994 年第 1 期,二文后皆收入氏著《京华集》,北京:文物出版社,2008 年,第 36—52、53—59 页。

③ 关于唐代成都,参王文才《成都城坊考》,成都:巴蜀书社,1986 年;易立《唐宋时期成都府辖县乡、里考》,成都文物考古研究所编著《成都考古研究(二)》,北京:科学出版社,2013 年,第 424—455 页。

④ 张宇佳《越窑瓷墓志所见九至十世纪的浙东慈溪地方社会》,首都师范大学硕士学位论文,2020 年,第 21—42 页。

⑤ 又黄敏据石刻文献论及汉魏六朝多个地区的乡村里坊,参《汉魏六朝石刻乡里村坊研究》,北京:中国社会科学出版社,2019 年。

⑥ 林昌丈《斯叟何在? ——从越嶲郡东汉光和、初平石刻谈起》,《魏晋南北朝隋唐史资料》第 48 辑,2023 年,第 5—27 页。

地包括蛮夷和汉民在内的普通民众赋役负担越发沉重,以致激起民变,在此状况下,适时调整原有赋税政策成为缓和矛盾的重要手段,两件石刻重点刊刻复除内容,其用意即在此。文章从交通道路、乡里编排和租赋复除三个要素入手,揭示在汉民、叟夷错杂而处的大凉山腹地,王朝权力与地方长吏、地方势力之间既有竞争又有合作的复杂历史图景。

在另一篇文章中,林昌丈又讨论了王朝权力如何深入闽地人群。《试论汉六朝闽地人群的编户化进程——以墓砖铭文为中心》,[①]以福建地区出土墓砖铭文为中心,勾勒了闽地人群在汉魏六朝时期的编户化进程。文章首先通过对武夷山城村汉城遗址、浦城临江镇上面山遗址出土板瓦、筒瓦等建筑材料及陶器上所见工匠人名的考察,确认西汉闽越部分人群已拥有汉名但无汉姓;随着西汉攻占闽越,闽地建立相对稳定的郡县行政体系,更多土著人群被编户入籍,由此获得华夏化特征的姓氏;及东晋南朝时期,稍成规模的移民入闽,闽地人群的姓氏结构发生变动,形成侨旧混杂的社会面貌,但土著仍占主体。这样,以闽地人群的姓氏变化为线索,以编户化为主轴,作者展示了闽地人群从"化外"至"化内"缓慢且不乏曲折的转变过程。

殷盼盼《北魏泾水中上游的族群融合与王朝管理——以〈皇甫驎墓志〉为线索》,[②]则涉及北魏前期泾水中上游地区一些部族从部落社会到郡县编户的变迁历程。文章在唐长孺既有论述的基础上,聚焦《皇甫驎墓志》载志主于孝文帝延兴年间被泾州胡族推为"统

---

① 林昌丈《试论汉六朝闽地人群的编户化进程——以墓砖铭文为中心》,《文史哲》2019 年第 2 期。
② 殷盼盼《北魏泾水中上游的族群融合与王朝管理——以〈皇甫驎墓志〉为线索》,《中国边疆史地研究》2024 年第 1 期。

酋"一事,指出统酋是北魏管理胡族部落的职务,一般由胡族酋豪担任;北魏太武帝占据泾水中上游初期,当地保留了大量胡族聚落,胡族酋豪势力强大,北魏通过封爵、任官等方式将胡族酋豪纳入管理体系,并将胡族部落编户化;随着平凉休屠胡金崖、黄石屠各路那罗、卢水胡刘超等叛乱相继被平定,胡族部落趋于瓦解,酋豪势力日渐削弱,延兴年间汉人豪右皇甫骥出任统酋,不仅反映出泾州胡族部落进一步瓦解,同时标志着泾州胡、汉势力对比发生逆转,至6世纪初,汉人豪右更是成为泾州区域政治的主导力量。

除了编户齐民之外,国家将权力扩展至地方的方式还有许多。譬如暴力形式的军事占领,胡开全、王怀成、王兴振、胡哲先后以位于今成都龙泉驿天落石、由北周仪同三司强独乐、大都督夫蒙儁于北周孝闵帝元年(557)制作的造像龛及摩崖石碑《北周文王碑》为据,明确宇文泰是以军事统治的方式治理蜀地。① 魏斌《北周天落石军团》,②也瞩目该碑,探讨西魏平蜀后关陇军事体制在蜀地的展开过程。文章通过分析姓氏族属,指出强独乐、夫蒙儁分别出自氐、羌,统领的是一个在蜀地戍防的关陇集团——文中称之为天落石军团,推测军团成员主要来自渭水以北的氐、羌人口聚集区,北魏末年关陇动乱,当地氐、羌等人口最终被吸纳入尔朱天光、贺拔岳、侯莫陈悦、宇文泰军团,随后在西魏平蜀以及关陇军事体制向蜀地延伸的背景下,戍防于沱江中游的武康郡,成为西魏、北周控制蜀地的重要力量。作者认为,戍防武康的天落石军团,一方面防御旧梁残余

---

① 胡开全《北周文王碑考释》,四川省社会科学院、四川省人民政府文史研究馆主办《国学》第2集,成都:四川人民出版社,2015年,第158—167页;王怀成《成都龙泉驿北周文王碑及宇文泰治蜀之道》,四川师范大学中华传统文化学院、四川省人民政府文史研究馆《国学》第8集,成都:巴蜀书社,2020年,第154—155页;王兴振、胡哲《西魏蜀地的政区建设与治理》,《史学月刊》2024年第2期。
② 魏斌《北周天落石军团》,《文史》2023年第2辑。

势力，一方面控遏山地蛮獠，尤其是获取蛮獠活跃山地的盐铁资源，对支撑关陇军国体制具有重要意义。

又交通建设也是国家权力向地方延伸的重要途径。王承文《晚唐高骈开凿安南"天威遥"运河事迹释证及推论——以裴铏所撰〈天威遥碑〉为中心的考察》，①以海上运河"天威遥"的开凿为例，论述唐代对安南统治的强化。文章以镇守安南的高骈幕僚裴铏撰于唐咸通九年（868）并正式刻立于咸通十一年（870）的《天威遥碑》为中心，在梳理其文本流传、确认"天威遥"名称的基础上，指出高骈开凿的天威遥实际位于今广西壮族自治区防城港市江山区所在的江山半岛上，而高骈之所以花费巨大人力、物力开凿这条规模巨大的海上运河，则是因为以"天威遥"及其故迹为代表的海上航运通道是中央王朝联结安南地区的重要通道，自秦汉迄至隋唐，中央王朝与安南地区大规模的人员往来、军队调遣、赋税征收和货物运输，都极大地依赖海上航运通道。基于此，作者详细梳理历代对"天威遥"及其故迹的利用，确认东汉马援征讨交趾，即曾开凿"天威遥"运河，唐朝几次大规模用兵安南，也都开凿或利用此条通道，咸通六年（865），随着高骈收复安南，驻扎军队，大规模军粮运输成为重要问题，高骈遂在前人基础上于咸通九年进一步开凿"天威遥"，确保军粮供应。要之，在作者看来，高骈开凿"天威遥"运河的直接原因是对安南地区数额巨大的军需粮饷运输，更深层的原因则是唐朝安南海上通道在政治、军事和海外贸易中所发挥的重要作用；随着"天威遥"的开凿，唐王朝在安南的统治获得重要支持。

---

① 王承文《晚唐高骈开凿安南"天威遥"运河事迹释证——以裴铏所撰〈天威遥碑〉为中心的考察》，初刊《"中研院"历史语言研究所集刊》第81本第3分册，2010年，后改题《晚唐高骈开凿安南"天威遥"运河事迹释证及推论——以裴铏所撰〈天威遥碑〉为中心的考察》，收入氏著《唐代环南海开发与地域社会变迁研究》，第328—432页。

对于王朝权力鞭长莫及之地方的地方势力授官封爵,也是国家建立羁縻式统治的常用手段。新津健一郎《从西南蛮封爵看8世纪云南地区:以〈爨公墓志〉为线索》,①以1999年四川成都出土、制作于唐贞元二年(786)的《爨公墓志》为中心,着眼于墓志记录的爵位及世袭情况,探讨了8世纪云南地区的社会结构和政治体制。文章通过考证墓志内容,确认志主家族原是滇东大族,与8世纪中期爨蛮混乱和南诏反唐有着密切关系。进而,作者以墓志所记"南宁郡王"为线索,指出开元年间以前,在与吐蕃关系高度紧张的情况下,唐王朝优待当地附唐部族,最终在大理、滇东两区形成作为外藩的二"王"并立的结构,借以维持王朝影响力及对抗吐蕃;及740年代末,爨氏因内讧变弱,760年代更因南诏徙民政策离开滇东,南宁郡王继承人守隅也加入南诏政权;另一方面,志主爨子华则迁居四川,面对破坏唐王朝秩序的南诏,被期待恢复秩序并获得虚封南宁郡王,驻屯于与封地有关的戎州路;780、790年代,剑南西川节度使韦皋重建包括南诏册封在内的西南边界统治体制,以统治云南一带的南诏王为中心,封其他大首领为"郡王",爨氏作为郡王,重要性不复当年。这样,以封爵为线索,作者揭示了唐王朝于8世纪在云南地区建立统治的努力与无奈,封爵成为窥视彼时唐王朝统治云南强弱的重要指标。

编户齐民、军事占领、交通建设、授官封爵,可以说是国家伸展权力的"硬"统治,除此之外,宗教、仪礼、文化等柔性统治方式,亦常为国家所使用。王承文《越南新出隋朝〈舍利塔铭〉及相关问题考释》,②以隋文帝仁寿元年(601)颁发天下三十州舍利并令建塔供奉为例,

---

① 新津健一郎《从西南蛮封爵看8世纪云南地区:以〈爨公墓志〉为线索》,《唐研究》第26卷,北京:北京大学出版社,2021年,第209—234页。

② 王承文《越南新出隋朝〈舍利塔铭〉及相关问题考释》,初刊《学术研究》2014年第6期,后收入氏著《唐代环南海开发与地域社会变迁研究》,第309—328页。

检讨这种统治方式在交州施行及面临的障碍。文章通过考释越南北宁省出土仁寿元年立《舍利塔铭》,确认交州为奉安舍利的三十州之一。不过,作者注意到在接受舍利的三十州中,仅交州没有出现地方官迎合隋文帝崇佛及"雅好符瑞"心理而编造出来的"感应"事迹,推断这反映出彼时控制交州的李佛子对隋文帝试图通过颁发舍利宣示隋朝主权的行动有所抵触。故在作者看来,隋仁寿元年交州舍利塔的新建,实际折射出交州李佛子割据集团与隋中央王朝之间一段复杂而微妙的关系史。

新津健一郎《後漢西南地域における地方行政と地域文化の展開——成都東御街後漢碑にみる郡學と地域社會》,①瞩目成都出土汉阳嘉二年(133)立李君碑及元嘉二年(152)立裴君碑,结合《华阳国志》等材料,探讨东汉后期王朝对四川地区的文化统治及引发的连锁反应。作者首先基于立碑者题名,确认其中大部分为蜀郡太守属吏、在郡学等官学机构讲学的学师;进而以学师姓氏为线索,指出学师群体不仅包括本郡大姓,还包括邻郡大姓,推测这可能与游学相关。在作者看来,因游学而酝酿的跨郡人际联系,促成了将包括数个郡的四川视为一个整体的"巴蜀"地域意识的生成。由此,作者意识到一个悖论,即国家权力出于统治的需要,将以儒教为代表的政治、学术文化引入四川,但在包括四川在内的边疆地区,基于此文化而形成的知识人团体,却可能滋生对王朝的离心力。

以上诸篇大抵旨在观察国家权力如何渗透、支配地方,不过,正如数篇文章均有所展示的那样,各类人群交错的地方也非一味顺服,甘心接受外来国家权力的介入与统治。因此,国家权力延伸至

---

① 新津健一郎《後漢西南地域における地方行政と地域文化の展開——成都東御街後漢碑にみる郡學と地域社會》,《史學雜誌》第 128 卷第 12 号,2019 年,第 1—32 页。

地方的过程并不总是一帆风顺，经常会面临地方势力的挑战甚至暴力对抗。事实上，基于碑志的地方政治研究，有些即是围绕地方势力对国家权力的博弈展开。本书第四章《近年来中古碑志研究的新动向》，其中"碑志的政治景观研究"一节提到仇鹿鸣论述河朔藩镇利用德政碑等维护自身统治，即致力于此。梶山智史《刘宋〈爨龙颜碑〉所见南中大姓爨氏》，①聚焦刘宋大明二年（458）立《爨龙颜碑》，探讨南中大姓爨氏与刘宋朝廷的权力纠纷，亦属此类。作者敏锐地发现在关于碑主爨龙颜是否曾任宁州刺史一事上，碑文与史传存在分歧。基于此，作者推测，刘宋鉴于自己难以直接统治宁州，一方面授予当地土豪爨氏临时性的宁州刺史一职，施行间接统治；另一方面又试图通过任命"遥领"的宁州刺史，干涉爨氏对宁州的统治。与之针锋相对，爨氏则通过竖立《爨龙颜碑》，向内外宣示自己作为宁州实际统治者的特殊政治地位与权威，以及牵制希望直接统治宁州进而频繁施加压力的刘宋王朝。在此场合，石碑已然化身成为对抗国家权力的工具。

　　除了对抗、博弈之外，地方势力与王朝权力的关系还包括合作与共谋，且相比于前者，这是二者间更为常态的关系。这也就意味着，在论述地方统治之际，诸如地方官吏、豪族大姓等的日常动向，也是题中应有之义。东晋次《後漢時代の選擧と地方社會》，②以《酸枣令刘熊碑》及《巴郡太守张纳碑》碑阴题名为例，确认东汉地方社会存在着被称为"县中士大夫"的人群，他们多是当地豪族出身，担任县

---

① 梶山智史《刘宋〈爨龙颜碑〉所见南中大姓爨氏》，武岑怡译，《中国中古史研究》第8卷，上海：中西书局，2020年，第275—288页。

② 东晋次《後漢時代の選擧と地方社會》，初刊《東洋史研究》第46卷第2号，1987年，后收入氏著《後漢時代の政治と社會》，名古屋：名古屋大学出版会，1995年，第267—274页；中译《东汉时代的政治与社会》，付晨晨、薛梦潇、刘莹译，上海：上海古籍出版社，2023年，第196—203页。

廷或州郡吏员。刘增贵《从碑刻史料论汉末士族》,①也利用多方汉碑碑阴题名确认这一点,并依据题名指出这些地方豪族且利用门生故吏关系进一步扩展势力。唐长孺《跋敬史君碑》,②聚焦东魏兴和二年(540)立《敬史君碑》,以碑阴题名多见敬氏一族成员为线索,指出碑主敬显儁带着以宗族为核心的部曲上任颍州刺史,同时,碑阴题名显示颍州当地大姓亦多担任州郡僚佐,因此彼时颍州地方官府大抵处于外来地方长官及其宗族与当地大姓的联合统治之下。

　　需要指出的是,地方势力介入地方统治,并非仅有出任州郡僚佐一途,有时候他们会维持官府之外的身份,以政府机构与地方社会中间人的角色参与地方统治,唐代文献中屡见不鲜的"乡望"或"望乡"便是这类人群的代表。船越泰次《唐代均田制下における佐史・里正》,③在中村治兵卫依据《唐会要》等将乡望设定为与《通典》"乡官"条所见耆老/父老相当、主要负责地域内思想意识的基础上,审视长安四年(704)立于卫州共城县之《百门陂碑》所记"乡望",基于乡望与作为国家权力直接实施者的诸色职掌人之佐史,以及具有国家权力代理人和被统治者二元属性的里正,往往具有密切的同宗血缘联系,推测乡望属于介于大土地所有者与小农之间的富农阶层。杉井一臣《唐代前半期の郷望》,④亦瞩目乡望的身份地位,他以更多石刻文献如《百门陂碑》、《金刚经碑》(开元七年,719)、《本愿寺石幢》(制作时间不

---

① 刘增贵《从碑刻史料论汉末士族》,《傅乐成教授纪念论文集——中国史新论》,台北：学生书局,1985 年,第 338—348 页。
② 唐长孺《跋敬史君碑》,初刊《魏晋南北朝隋唐史资料》第 4 期,1982 年,后收入氏著《山居存稿》,北京：中华书局,2011 年,第 114—122 页。
③ 船越泰次《唐代均田制下における佐史・里正》,初刊《文化》第 31 卷第 3 号,1968 年,后收入氏著《唐代両税法研究》,东京：汲古书院,1996 年,第 337—371 页。
④ 杉井一臣《唐代前半期の郷望》,唐代史研究会编《中國の都市と農村》,东京：汲古书院,1992 年,第 297—323 页。

详,推测或在景龙年间)、《大云寺弥勒重阁碑》(天授三年,692)等为据,判断乡望属于酝酿庞大低级官僚的社会阶层,地位低于甲族,官品在六品以下,并指出乡望是一种为县所认可并记录在案的身份,故能列席州县礼仪活动。穴泽彰子《唐·五代における地域秩序の認識—郷望的秩序から父老的秩序へ変化を中心として》,①同样将目光投向《百门陂碑》等石刻文献中的乡望,在前人论述基础上进一步澄清乡望身份,认为乡望往往出身具有一定社会地位的阶层,与名望、门第、官职甚至经济实力密切相关,并以地方树立德政碑、建造桥梁等为例,指出从唐到五代,伴随贵族社会解体,地方秩序发生从乡望秩序到父老秩序的变迁。案上述研究虽然关注的并非特定地域,而是中古某一时期地方社会中广泛存在的现象,所论也未必尽皆允当,但对地方豪族与乡望在地方秩序中所处位置的揭示,对于理解中古地域社会内地方统治的日常状况,无疑多有启示。

基于碑志的地方统治研究大抵如上所述,接着来看与地方治理相关的研究。从碑志出发的地方治理研究,一种取径是从碑文直接提取地方长吏如何实施治理的信息,另一种取径则是重视石碑自身,将石碑尤其是德政碑视为地方治理的手段之一。关于前者,如孟凡港以立于后周显德二年(955)的《济州刺史任公屏盗碑》记载碑主对济州贼患的处理为中心,结合《卫州刺史郭公屏盗碑》等,考察后周王朝对地方贼盗的治理方式,包括审才任职、任官唯贤,重典治盗、武力剿杀,赦罪招抚、加强防备,政治宣教、宽惠安民等。② 又吕

① 穴泽彰子《唐·五代における地域秩序の認識—郷望的秩序から父老的秩序へ変化を中心として》,《唐代史研究》第5号,2002年,第46—65页。
② 孟凡港《石刻中的山东古代社会》,北京:中国社会科学出版社,2019年,第225—239页。

博《读〈高陵令刘君遗爱碑〉论关中郑白二渠水利往事》,①瞩目刘禹锡撰《高陵令刘君遗爱碑》中所记高陵令刘仁师着力治理泾阳权幸壅水占田、妨碍高陵县水利灌溉一事,将其置于关中权势之家多专占水利的大背景下,考察刘仁师治理地方水利的艰辛历程,指出尽管唐王朝明文规定禁止公私专占水利,但官贵往往凭借权势在郑白二渠上游修建碾砠、堤堰谋求私利,由此影响了河渠下游高陵县的水利灌溉;基于此,刘仁师依照王朝规定,一方面开通新的水道接入泾阳,另一方面又陈请京兆府拆除上游堰塞,以此保障高陵县民众得享渠水长利。不过,文章也提到刘仁师可能并未能拆除权势之家的碾砠,治理水利亦存限度,展示了古代王朝地方治理的复杂性。

关于后者亦即以德政碑为代表的石碑对于地方治理的意义,近年来学者多有论述,其中穴泽彰子、佐藤直人、刘馨珺、刘琴丽、夏炎、何亦凡先后从地方民吏的参与、国家与地方的互动、石碑文字的另类表达乃至石碑的神异力量等论述碑刻作用于地方治理的原理与逻辑。②

①　吕博《读〈高陵令刘君遗爱碑〉论关中郑白二渠水利往事》,《唐研究》第 29 卷,2024年,第 169—195 页。
②　穴泽彰子《唐·五代における地域秩序の認識—鄉望の秩序から父老の秩序へ変化を中心として》,《唐代史研究》第 5 号,2002 年,第 46—65 页;佐藤直人《後漢德政碑の出現とその周辺——西狹頌摩崖を事例として》,《統合テクスト科学研究》第 3 卷,2005 年,第 105—128 页;刘馨珺《唐代"生祠立碑"——论地方信息法制化》,邓小南、曹家齐、平田茂树主编《文书·政令·信息沟通:以唐宋时期为主》下册,北京:北京大学出版社,2012 年,第 463—516 页;刘琴丽《表彰抑或利用:唐代德政碑刻立的政治意图》,《江西社会科学》2014 年第 12 期;《德政碑与唐代州县官员的政绩书写》,《四川师范大学学报(社会科学版)》2015 年第 4 期;《唐代乡族势力的地方政治参与——以德政碑为中心》,《兰州学刊》2019 年第 6 期;《德政碑所见唐代颂政歌谣考论》,《隋唐辽宋金元史论丛》第 11 辑,上海:上海古籍出版社,2021 年,第 60—69 页;夏炎《唐代石刻水旱祈祷祝文的反传统表达及其在地方治理中的功用》,《史学月刊》2021 年第 5 期;何亦凡《唐代德政类碑刻:民间社会与王朝国家互动的鲜活证明》,《中国典籍与文化》2023 年第 1 期;《德政类碑刻与唐代的地方治理》,《甘肃社会科学》2023 年第 2 期等。

夏炎复发表系列文章,聚焦若干地方官府所立与水旱祈祷相关的碑刻,探寻信仰工程背后的地方治理实态。《唐代地方官府水旱祈祷与水利资源控制——以泉神祠庙石刻为中心》,[1]以现存数通文本完整的唐代泉神祠庙石刻为例,试图揭示地方官府围绕特定泉水资源及其神祇而实施的祈祷、修庙、立碑等行为背后的地方治理逻辑。文章首先分析武周长安四年(704)立《百门陂碑》,明确碑文虽然重在记载卫州共城县令曹怀节率领官民在百门陂神祠多次祈雨祈晴获验的事迹,但其碑却非仅是为了纪念地方官水旱祈祷获验而立。作者认为,地方官府为了保护辖区内重要泉水资源不被破坏,利用当地民众浓厚的泉水祠神信仰,通过实施水旱祈祷、修建祠庙、建立碑石等仪式,间接地完成了对泉水资源的保护与掌控,且石碑的树立使得这一隐形保护举措能够持久传承。进而,作者又将目光转向开元二十四年(736)立《白鹿泉神君祠碑》、太和六年(832)刻《龙泉记》,确认它们共享同一模式。基于此,作者判断,这类祠庙碑记载祈祷获验只是表相,保护水资源才是举行盛大仪式及刻碑立石背后的真正动机,祠庙碑的地方治理意义也正体现于此。

　　类似,《白居易祭龙祈雨与唐后期江南地方治理》,[2]同样致力于探讨信仰工程背后的地方治理实态。文章以白居易在杭州刺史任上撰《祭龙文》为线索,以后梁贞明二年(916)钱镠撰《新建钱塘湖广润龙王庙碑》与长庆四年(824)白居易撰《钱唐湖石记》为核心史料,揭示白居易杭州祭龙祈雨背后隐藏的地方治理真相。亦即白居易举行官方祈雨,一方面希望通过精神力量稳定旱情下的社会,另一

---

① 夏炎《唐代地方官府水旱祈祷与水利资源控制——以泉神祠庙石刻为中心》,《史学集刊》2021年第6期。

② 夏炎《白居易祭龙祈雨与唐后期江南地方治理》,《山西大学学报(哲学社会科学版)》2023年第4期。

方面则旨在进一步强化龙神信仰的力量,利用民众对神祇的敬畏之心,实施对作为西湖重要水利设施之石函和湖堤的保护。又同样关涉西湖,《白居易〈冷泉亭记〉所见唐代杭州官方建亭立石与区域治理》,①梳理白居易长庆三年(823)撰并刻石之《冷泉亭记》,指出作为西湖水利资源治理工程之一环,白居易为了减少时人对西湖重要水资源冷泉溪的破坏,将建在"水中央"的亲水亭——冷泉亭改造为岗亭,以实施冷泉溪水资源的监督保护。在作者看来,唐代地方官府在建亭修亭之后又刻立亭记石刻,有时乃是地方治理的重要手段,不应简单视为胜概营造与写景抒情。

　　强调信仰工程背后的地方治理意义,这一主旨在以下几篇文章中也得到延续。《白居易皋亭庙祈雨与中古江南区域社会史的展开》,②瞩目白居易作于长庆三年(823)的《祈皋亭神文》,以南宋绍兴二十年(1150)鲍黉撰《灵惠庙记》为线索,推断钱塘、海盐、盐官的陈氏家族是推动当地皋亭神信仰的主要力量,支配着上塘河、临平湖水利资源的陈氏建立皋亭神祠,希望利用佛教与祠神双重信仰,提升与巩固家族在当地的社会地位,增强家族凝聚力,并保障家族的经济利益。文章进而指出,白居易到任杭州后,为了让上塘河水灌溉两岸田地,以及在上塘河水位不足的情况下,决临平湖以灌注官河,积极寻求与钱塘、盐官陈氏家族合作,于是通过在皋亭庙举行祈雨仪式,搭建地方官府与地方家族之间利益关系的桥梁,借以实现地方治理的理想。《石刻所见唐后期藩镇的信仰工程与地域社会——九世纪前期义成军的个案》,③

---

① 夏炎《白居易〈冷泉亭记〉所见唐代杭州官方建亭立石与区域治理》,《唐史论丛》第36辑,西安:三秦出版社,2023年,第65—84页。

② 夏炎《白居易皋亭庙祈雨与中古江南区域社会史的展开》,《社会科学战线》2023第12期。

③ 夏炎《石刻所见唐后期藩镇的信仰工程与地域社会——九世纪前期义成军的个案》,《中外论坛》2023年第3期,上海:上海古籍出版社,2023年,第3—25页。

以宝历二年(826)白敏中撰《滑州修尧祠记》及《滑州明福寺新修浮图记》为中心,指出义成军节度使李听于宝历二年在滑州实施了包括尧祠祈雨、修庙,新建明福寺塔,以及在两处分别建立纪念石刻的系列信仰工程,滑州当地的杜氏、齐氏家族及明福寺僧侣是明福寺的主要经营者,刘氏家族则与尧祠相关。基于此,作者认为,李听实施的诸如祈雨、修庙与建塔等信仰工程,均是地方官府与地域社会以信仰为媒介,实现官民合作的仪式性与政治性工具,而建于祠庙与佛寺的纪念性石刻则是双方合作的永久性契约,在此过程中,地方家族攫取现实利益,地方长官则在地方家族的支持下展开地方治理。《〈胥山铭并序〉所见唐后期江南祠神信仰与区域治理》,①以元和十年(815)杭州刺史卢元辅撰《胥山铭并序》为核心材料,认为针对当地广为流传的伍子胥信仰,卢元辅通过修庙、祭神、立碑等仪式对信仰进行强化,从官方立场承认民间祠神信仰,从而与祠庙经营者建立合作关系,并利用祠神信仰的力量筹措资金及招募劳力,以修筑海塘。基于此,作者判断,包括伍子胥庙在内的民间祠庙,并非简单的信仰空间,而是地方长吏治理地方的重要工具。《唐后期地方官府祈雨修庙立碑与南方地域社会——以虔州储潭庙碑刻为例》,②聚焦大历五年(770)裴谞撰《储潭神颂》与裴曙撰《储潭祈雨感应颂并序》石刻,推测储潭庙为东晋时代的岭南北上移民群体所建,是民众祈求十八滩航船平安的重要信仰空间,虔州刺史裴谞因祈雨获验,遂以官方身份并率同族成员出资修庙立碑;在作者看来,裴谞的这一举措反映出外来家族裴氏、虔州地方官府与储潭庙经营

---

① 夏炎《〈胥山铭并序〉所见唐后期江南祠神信仰与区域治理》,《中华文史论丛》2024年第3期。

② 夏炎《唐后期地方官府祈雨修庙立碑与南方地域社会——以虔州储潭庙碑刻为例》,《江西社会科学》2024年第7期。

者之间在虔州地域社会的复杂互动关系,而石刻则是三方合作的重要见证,在大族生存、官府地方治理与地域社会发展中承担文字见证意义。要之,以上研究虽然讨论对象不一,地域也覆及江南、河北,但作者的思考可谓一以贯之,即认为地方官府围绕信仰展开的祈雨、修庙、立碑行为与地方治理之间存在互动关系,强调不应将这些仪式性行为仅仅视为一种信仰或德政表达,更要结合特定的历史时空背景,寻找仪式表象之下隐藏的地方官府区域治理的复杂历史实相。

夏炎之外,鲍隆轩《唐前期祠庙建立与地方治理中的信任危机及其应对——以相州〈尉迟迥庙碑〉为中心》,①也论及地方长吏信仰工程背后的地方治理需求。文章瞩目记录开元末相州刺史张嘉祐修建尉迟迥庙的缘起始末及其德政的《尉迟迥庙碑》,首先通过分析相州地区流传的尉迟迥不利长官的鬼祟传说,指出相州百姓对地方官府存在信任危机;复通过挖掘新任相州刺史张嘉祐对尉迟迥的尊奉及考量,指出张嘉祐为了促使尉迟迥信仰合法化,将尉迟迥塑造成为奉上顺下、兼具"忠""武"的人物形象,由此确立祠庙的政治正确性基础与信仰基础,从而建立尉迟迥祠庙。在作者看来,与地方社会合作建立尉迟迥庙,是张嘉祐一次十分审慎的地方治理决策与巧妙的政治公关,是他取得相州地方社会初步认可和支持的宣传手段,同时也是他和他所在的河东张氏家族重新崛起的需要。据此可见,张嘉祐建立尉迟迥祠庙这一信仰工程,其目的并不单一,但实现地方治理乃是重要缘由,这一点毋庸置疑。

传世文献记载的中古政治史,发生在王朝中央的宫廷政治乃是无可争议的重心,帝王将相也"当仁不让"地构成政治史的主角,地

---

① 鲍隆轩《唐前期祠庙建立与地方治理中的信任危机及其应对——以相州〈尉迟迥庙碑〉为中心》,《唐史论丛》第36辑,2023年,第3—23页。

方政治纵非全无踪迹,一定也是极为边缘的。其结果便是,在传世文献的视阈下,中古地方政治大抵晦暗不明,不仅权力结构多有尚待发覆之处,运行机制更是难言其详。而得益于安置在地方、与地方密切相关的碑志,中古地方政治的诸多微观细节能够从历史的深潭中水落石出。尤其重要的是,与传世文献基本立足从上到下、从中央到地方的视角不同,不少碑志乃是立足地方,甚至能够发出权力结构中"弱者"的声音。这一维度的加入,使得中古地方政治改变只有单一旋律的演奏形式,而具有了复调效果,以此呈现的地方政治史自然也就更显丰富鲜活。

四、其 他 研 究

除了上述得到学者充分讨论的议题外,基于碑志的地域社会史研究还涉及其他议题,譬如特定地域的观念文化即曾得到部分学者关注。马强《出土唐人墓志历史地理研究》第十章《出土墓志所见唐人地域思想研究》,[1]系统整理了唐人墓志中对关内、鄜邠、河南、河东、河朔、陇右及河西、巴蜀、荆楚、江淮、江南、岭南等十一个地区的评价,一定程度上展现了唐人通行的地域观念,为认识各地区的整体风貌提供了新维度。张天虹《唐后期幽州镇的"忠义"观:从〈涿州范阳县文宣王庙之碑〉说起》,[2]以唐贞元五年(789)立《涿州范阳县文宣王庙之碑》为线索,考察唐代后期作为河朔藩镇之一的幽州镇之忠义观念。文章通过分析《文宣王庙之碑》刻立的背景及过程,

---

① 马强《出土唐人墓志历史地理研究》,第 286—342 页。
② 张天虹《唐后期幽州镇的"忠义"观:从〈涿州范阳县文宣王庙之碑〉说起》,《唐研究》第 24 卷,2019 年,第 373—396 页。

推测"最务恭顺"的幽州节度使刘济树立此碑,一方面固然是向中央传递恭顺的信号,但另一方面,在幽州镇的政治环境下,其更重要的目的可能还是面向幽州镇本地读者,宣传系于地方权威的忠义观,广行教化,凝聚幽州集团。亦即在作者看来,在包括幽州在内的河朔强藩割据称雄的过程中,可能曾试图塑造一种不同于唐朝中央所宣传的忠于唐廷的忠义观念,这种忠义观念以藩镇长官为效忠对象,帮助后者割据统治。

又得益于新疆吐鲁番地区集中出土的砖志,中古时期吐鲁番当地人的故乡观念和国家认同的变迁亦为学者所瞩目。孟宪实《唐统一后西州人故乡观念的转变——以吐鲁番出土墓砖资料为中心》,①注意到吐鲁番出土砖志记载志主故乡、郡望,以唐统一高昌为界,前后存在差异:在此之前,故乡无一例外都是高昌以外的内地某处,但高昌人实际与故乡(郡望)并不发生联系;在此之后,西州成为故乡,但部分西州人却指内地某些郡望为故乡。作者认为,这种书写差异反映出当地观念及风气的转变,即统一之前,作为外来移民的高昌汉人心系故园,故在墓志中标明故乡,但受高昌社会结构及价值观念影响,并不攀附中原名族;及统一之后,在中原崇尚郡望之风的吹拂之下,受之影响的西州人迅速建立与中原郡望的联系。裴成国《故国与新邦——以贞观十四年以后唐西州的砖志书写为中心》,②同样注意到吐鲁番砖志在唐统一高昌前后的若干变化,试图从中发现国家认同的转变。文章瞩目以下几个变化,譬如纪年方式由"年号纪年加干支岁"变为"年号纪年加岁次干支",采用"讳"和"字"来

---

① 孟宪实《唐统一后西州人故乡观念的转变——以吐鲁番出土墓砖资料为中心》,《新疆师范大学学报(哲社版)》1994年第2期。

② 裴成国《故国与新邦——以贞观十四年以后唐西州的砖志书写为中心》,《历史研究》2012年第5期。

表记亡者名字,以"伪"字指称灭亡的高昌国并在砖志中标明墓葬所在位置等,判断前两个变化是向中原学习的结果,后一变化则源自唐朝政府对当地砖志书写的规范和要求。作者认为,这些书写变化植根于观念变迁,即唐朝攻占高昌后,由于措置周到,使得高昌移民能够迅速接受中原文化并对唐朝国家建立认同,而吐鲁番砖志书写的变化,正是这种认同的外在标记。裴氏另一篇《高昌国末年以降砖志书写中的"高昌人"》,①复以吐鲁番砖志中的"高昌人"书写为线索,梳理当地"高昌人"认同的兴衰演变,认为高昌人认同在高昌国时代业已产生,高昌国晚期,随着外部威胁加剧,部分墓表明确将籍贯系于交河郡,标志"高昌人"认同的觉醒;及高昌亡国,外部势力进入使得高昌遗民的自觉意识进一步增强;永徽初年部分高昌王族和豪族返回故地,他们的"高昌人"认同与当地的遗民认同合流,使得永徽、龙朔年间墓志中"高昌人"书写显著增多;不过,处于自发状态的"高昌人"认同因无法得到强化,最终归于消亡,与此同时,"西州人"认同则日趋强势。从地域观到忠义观,再到故乡观念、国家认同,上述五篇文章虽然焦点不一,时代、地域也有差异,但均系围绕观念文化展开,这一点毋庸置疑。

观念文化之外,诸如地区开发、经济生产、风俗民情、战争灾难等一般社会史议题,学者也有所留意。陈昊《石之低语——墓志所见晚唐洛阳豫西的饥馑、疾疫与伤痛叙述》,②通过解读唐咸通年间的四方墓志——《张留客墓志》《崔纾墓志》《贾洮墓志》《沈子柔墓志》,在既有研究的基础上,展现咸通九年至十二年(868—871)洛阳

---

① 裴成国《高昌国末年以降砖志书写中的"高昌人"》,《中国边疆史地研究》2020 年第 1 期。

② 陈昊《石之低语——墓志所见晚唐洛阳豫西的饥馑、疾疫与伤痛叙述》,《唐研究》第 19 卷,北京:北京大学出版社,2013 年,331—360 页。

和豫西发生的疾疫、饥馑,以及时人对此的伤痛记忆。文章并不重在描述疾疫、饥馑具体场景,而是围绕四桩个案,阐述不同身份人士在当时的遭际,包括时任河南府户曹参军的贾洮与时任汝州临汝县令的崔纾在遭遇疾疫之际的不同应对方式,妓女沈子柔与源匡秀的倾城之恋及疾疫感受,李琂妾室张留客的佛教信仰及与其夫李琂的真挚情感,以此为基础,进一步探究作为见证者与叙述者的贾涉、崔延辉、源匡秀、李琂如何记忆伤痛。文章另辟蹊径的处理,虽然失去了对这场灾难的整体观察,但娓娓道来的生离死别,却令读者感受到更富"人性"也更为鲜活的地域社会史。

马强、孟凡华《出土唐人墓志所见唐代巴蜀图景考论》和刘儒《唐代岭南墓志所见粤西地域风貌、民俗风情及南迁士人之民族态度》,[①]均是以一地出土墓志为中心,探讨墓志所呈现的地域社会图景。前者瞩目巴蜀,讨论巴蜀地区城市经济的繁荣、山川形胜的典故化、交通线路的险阻以及时人对巴蜀的地域评价;后者聚焦岭南,论述自然地理、节气物候、民族风俗、风土人情、南迁士人任官、王朝统治政策乃至民族关系、民族态度等。二文立足墓志文字,对巴蜀、岭南两地进行全景式描摩,试图呈现地域社会的整体面貌。不过,考虑到墓志文字多程式化表达,则这类文字究竟能多大程度地反映时人认识,或仍可斟酌。

同样关涉岭南,张琪《唐宋桂州的山岩开发与地方社会》,[②]着重论述岭南西部桂林地区的景观开发。文章在整理桂林地区唐宋石刻资料的基础上,结合方志、文集等传世文献,对桂州城内外山岩的

[①] 马强、孟凡华《出土唐人墓志所见唐代巴蜀图景考论》,《中华文化论坛》2020 年第 5 期;刘儒《唐代岭南墓志所见粤西地域风貌、民俗风情及南迁士人之民族态度》,《云南民族大学学报(哲学社会科学版)》2020 年第 3 期。

[②] 张琪《唐宋桂州的山岩开发与地方社会》,《魏晋南北朝隋唐史资料》第 48 辑,2023 年,第 70—111 页。

开发进行深描,确认地方官游宴和僧道信仰活动是桂州山岩开发的主要动力,并尝试分析二者异同,指出地方官员因掌握政治、经济和人力资源,在地方开发建设中发挥主导作用,但文人官员出于游宴和留名目的开发的山岩,因缺少民间社会的自主维护,数十年后或重归荒芜,有些又经后代士大夫之手得以修复;僧人、道士主要通过山林苦修、造像、寺庙营建和瘗窆开发山岩,他们主导的开发,因其宗教功能与民间的联系,往往具有更强的生命力。由此可见,作者虽然讨论山岩开发,但瞩目的却是人,山岩开发过程中地方官、僧道、民众之间的联结与互动,才是作者关注的重心。换言之,作者乃是以交汇不同人群的山岩为中心,具体而微地展现桂州城内外人群互动的生动图景。

　　岳思彤《中晚唐五代上林湖地区的瓷业生产与地域社会》,①将目光投向学者已多有留意的浙江慈溪上林湖地区,着重探讨当地的瓷业生产。文章通过分析上林湖地区出土瓷墓志所记信息,勾勒了当地瓷墓志风气的形成过程和瓷业生产的演变,指出安史乱后,在湖州移民的推动下,具有瓷业生产传统的上林湖畔逐渐出现制作、使用瓷墓志的风气,且随着人员、商品往来及瓷业生产扩张,这一风气在宣宗大中前后向周边地域传播,由此形成一种独特的地域风习;与此同时,上林湖地区出现瓷器生产技术的革新,诞生秘色瓷,且秘色瓷成为贡瓷,由此国家开始在当地推行保制,以组织窑工、保证生产;五代时期吴越国又在此设立窑务,系于省司,进一步加强对当地瓷业生产与制瓷工匠的控制。随着上林湖瓷业被纳入官营,当地部分百姓开始进入底层官吏队伍,与普通窑民间出现阶层分化。文章通过细致分析,从信息并不丰富的墓志文字中发掘出上

---

① 岳思彤《中晚唐五代上林湖地区的瓷业生产与地域社会》,《中华文史论丛》2024年第1期。

林湖瓷墓志风气形成、传播和瓷业生产、管理的宏大地域图景,提出很多新知。

仇鹿鸣《战争、死亡与信仰:唐末五代的泽潞地方社会》,[1]是作者基于唐代潞州墓志分析泽潞地方社会系列中的一篇。与前文关注移民书写不同,本文更注重揭示泽潞地方社会的现实状况,指出作为唐末五代梁、晋双方争夺最激烈的地区,潞州墓志中保留了大量有关战争、流散和死亡的经历与记忆;文章复留意丧葬习俗,指出当地长期流行家族合葬传统,并指出在佛教逆修斋供的影响下,中唐以后逐渐兴起预修坟墓之风;文章还论及宗教与经济,认为宗教网络存在韧性,窑业是藩镇财政的重要来源。要之,文章立足潞州出土墓志,广泛讨论泽潞地区在唐末五代涉及社会、文化方面的诸多转变,其旨趣即如作者所说,乃是试图以泽潞地区为例,展示一个普通区域在战争外力冲击之下的变迁与恒定。

五、结　语

基于碑志的地域社会史研究大致即如上所述,其成果之丰硕厚重,由此可见一斑。尽管不能断言,没有碑志支撑,中古地域社会史研究即无从展开,毕竟无论传世文献还是以敦煌吐鲁番文书为代表的出土文献,也包含大量地域史信息。不过,天然具有地域属性、与地方社会密切相关的碑志,在许多场合构成中古地域社会史研究的重要史料基础,这一点毋庸置疑。尤其是考虑到碑志作为一手文献,常常能突破作为传世文献书写主体的知识精英的限制,传达在

---

① 仇鹿鸣《战争、死亡与信仰:唐末五代的泽潞地方社会》,《中华文史论丛》2024 年第 1 期。

传世文献中相对边缘的"弱者"的声音,则碑志之于中古地域社会史的价值,无论怎么高估都不过分。而在碑志的支撑下,中古地域社会史不仅能够展现更多传世文献所不及的内容,且更为生动鲜活。

当然,中古碑志的地域社会史研究也存在继续推进的空间。第一,研究尚多薄弱环节。如上所见,迄今基于碑志的中古地域社会史研究,在议题选择上颇不均衡,社会结构、宗教信仰、地方政治等获得学者较多青睐,而社会经济、民众生活、地理环境等,则关注较少。之所以如此不均,一方面固然与碑志所载信息有所侧重相关,但另一方面,学者的问题意识恐怕也负有不可推卸的责任。案社会结构、宗教信仰、地方政治,因关涉中古时代族群、宗教、豪族等关键词,历来为学者瞩目,而诸如社会经济、民众生活、地理环境,则长期处于多数学者的视域之外。在此传统之下,中古碑志的地域社会史研究偏重前者,也就势所必然。无论如何,社会经济、民众生活、地理环境等作为地域社会的有机构成,缺少它们的地域社会图景是不完整的,补足后者,不仅可以深化对地域社会的理解,对认识社会结构、宗教信仰、地方政治等热点问题,也多有补益。

第二,缺乏地域社会的整体史。经过长期耕耘,基于碑志的中古地域社会史研究已在多个具体问题上取得令人瞩目的成果,中古地域社会的面貌也获得相当程度的澄清。不过,迄今所有研究大抵只围绕地域社会的某一侧面,在诸多单个侧面积累已丰的情况下,基于碑志的中古地域社会史研究是否还能挑战更高目标——建立地域社会的整体史?固然,对于围绕单件碑志展开的地域社会史而言,这大约是无法完成的任务,不过对于若干石刻文献集中涌现的地区,譬如出土大量墓志的洛阳、长安、邺城、潞州,分别出土具有地域特色的砖志和瓷墓志的新疆吐鲁番和浙江慈溪地区,造像记或刻经题记较为集中的陕西铜川耀州地区和唐代幽州等,这种可能性并非全无。事实上,考虑到立足敦煌吐鲁番文献考察河西地域整体史已经成果丰硕,利用简牍探讨战国秦汉迄至西晋的中南地域史也在进行之中,则利用石刻文献群建立中古特定时期特定地域的整体史,无疑也是未来应当开拓的方向。

　　附记:本文写作源自中国社会科学院古代史研究所陈爽先生于2022 年 10 月在复旦大学举办的"碑之转身——中古中国石碑与石刻文化学术研讨会"上的提示。文章写作过程中,河南农业大学北村一仁、北京师范大学雷闻、南开大学夏炎、北京大学史睿、复旦大学徐冲、复旦大学仇鹿鸣、山东大学孙齐、长春师范大学李弘喆、日本御茶水女子大学三浦雄城、武汉大学薛梦潇、清华大学智慧等先生曾惠赐相关成果。又本文获得清华大学基础文科发展项目资助。对于以上帮助,谨此一并致谢。案中古碑志地域社会史研究成果极为丰富,本文虽尽力搜简,但遗漏在所难免,归类失当及误解文意之处也或存在,敬请相关作者及读者谅解。

　　补记:本文原刊《魏晋南北朝史研究》第 2 辑,桂林:广西师范大学出版社,2024 年,第 229—293 页。

史料批判研究篇

第七章　通往史料批判研究之途

近年来历史学研究中，"文本(text)"是一个极为醒目的名词，出现频率之高，绝对可以跻身热门词汇之列。"文本"一词最初是由结构主义和后结构主义语言学者提出和使用的，随着后现代主义的推波助澜，逐渐被引入包括历史学在内的广大学科。目前在历史学领域，"文本"可以说大行其道，"文本"及与之相关的"书写""建构"等，几乎成为时下历史学研究最常见的词汇之一。

文本的流行，自然也就意味文本研究备受关注。翻检近年历史学书刊杂志可知，每年都有大量围绕文本各个环节展开的研究陆续刊出，不少学术会议、工作坊也以文本研究为主题。值得注意的是，在蓬勃开展的具体研究中，一些学者还尝试提炼一些概念，用以界定、命名各自的研究理路。这些概念或称"史料论研究"，或称"历史书写研究"，或称"文本考古学"，或称"新史源学"，本章所谓"史料批判研究"亦是其中之一。文本研究诸概念的核心旨趣是什么？不同概念之间有何异同？笔者特地标举的史料批判研究又有什么新意？作为一种研究理路的史料批判研究是如何兴起的？具体应如何展开？其贡献与不足分别体现在哪里？在本章中，笔者将尝试回答这些问题。

一、文本研究的几个概念

所谓史料论研究，又称"史料论式的研究"，是对日语"史料論的研究"的翻译。根据安部聪一郎梳理，史料论研究的渊源可以上溯至 19 世纪以来传统的史料批判方法，1990 年代后半期以后由科学、哲学及社会学等学者带动的对"历史讲述者"的重视，进一步提示对讲述历史的史料进行反思，历史学者在进入 21 世纪以降的回应则最终促成史料论研究蓬勃发展。① 关于史料论研究的确切含义，在 2011 年发表的文章中，安部聪一郎指出史料论研究系"以特定的史书、文献，特别是正史的整体为对象，探求其构造、性格、执笔意图，并以此为起点试图进行史料的再解释和历史图像的再构筑"。② 随后在 2016 年，安部聪一郎再次赋予史料论研究以更为清晰的定义，即"理解史料内容的同时，重视史料的成书过程，主要从史料选择、文章构成和叙述形式等方面考察史料著者、编纂者的意图及其对历史的理解，同时将史料所要传达的内容与其成书的时代状况相结合。该研究主要通过对多种史料进行讨论，再将研究结果进行比较，进而窥探史料著者、编纂者的意图，历史理解的方向性及偏好，从而构建出新的'历史像'"。③ 在后一定义中，安部明确将史料成书过程视为史料论研究的焦点，尤其重视史料撰者、编纂者的意图

---

① 安部聪一郎《日本学界"史料论"研究及其背景》，刘峰译，《中国史研究动态》2016年第 4 期。

② 安部聪一郎《三国西晋史研究的新动向》，安部聪一郎等《日本魏晋南北朝史研究的新动向》，《中国中古史研究》第 1 卷，北京：中华书局，2011 年，第 8 页。

③ 安部聪一郎《日本学界"史料论"研究及其背景》，《中国史研究动态》2016 年第4 期。

和对历史的理解,这也就意味着,史料撰者、编纂者的意图和认识,乃是史料论式研究的重中之重。

与史料论研究相比,历史书写研究是中文世界的固有词汇,不过明确将之视为一种有着特定取径、对象乃至独特属性的研究范式和领域,则以复旦大学历史系的徐冲为代表。徐氏将历史书写划分为狭义、广义两个层面,认为"狭义的'历史书写',是指成形的、可见的史学作品;这一意义上与传统史学史的研究对象存在很大重合。而广义的'历史书写',可以理解为一种即时性的人类行为,即人们在行动之际无时无刻不在脑中对与自己相关的过去进行理解和形塑,以此获得现实行动的正当性与安全感。……而'对古人的历史书写'进行研究,某种程度上可以定义为,由狭义的历史书写作品(可见的、成形的、静态的),剥离、分析和复原出广义的历史书写行为(不可见的、复数的、动态的)"。① 据此可见,在徐氏看来,历史(已发生之事)是人们正当化自己行动的重要途径,为达到这一目的而采取的行动即为历史书写,其形式包括脑中所想、口耳所传和笔端所写,史学作品只是其中的一个组成部分;所谓历史书写研究即是由形诸文字的笔端所写进入人们脑中所想、口耳所传,亦即透过史学作品观察文字背后的政治、社会行为。正是在此意义上,徐冲强调历史书写不是一种特定方法,而是与政治史、制度史、宗教史、女性史等并列的研究领域。② 而上述界定也显示出,徐氏尤其重视历史书写背后的行动者意识,倾向于认为文本是人们基于正当化自己行动而有意制作的产物,其对撰述意图的强调,甚至还在史料论研究之上。

文本考古学为美国学者蔡涵墨(Charles Hartman)所使用的一个

---

① 徐冲《历史书写与中古王权》,《中国史研究动态》2016年第4期。
② 徐冲《历史书写与中古王权》,《中国史研究动态》2016年第4期。

概念。对于历史文本,蔡氏有一个基本认识,即"首先,大多数被我们当成历史'事实'接受的内容,实际上是事后产生的对先前事件的印象和投影。对历史学家来说,真正能够证实的'事实'即便不是完全不存在,也是相当稀罕的物件。其次,由于这些事后的形象经由语言创造并代代相传,他们是文学叙事产品,可以随着时间的推移而改变"。由此蔡氏断言,"材料并非一次完成的静态的产物,而应看作伴随着政治与思想变化,文本随时代变化不断经历变更与操作的动态过程的结果",亦即在他看来,后人据以理解史事的材料,实际都有一个层累、复杂的动态生成过程。而在此链条中的诸材料,彼此存在文本间性(intertextuality,或称文本交叉性①),相互关联,故文本生成可以被还原为具有多个叙述分层、并按照编年顺序加以排列的文本集合形态。基于此,文本研究便可以参照考古地层学,垂直地理解材料,并将文本生成过程反转,通过比较各叙述分层的异同,探讨文本因袭、叠加、涂抹、改造的历时性演变过程。② 这一研究取径,作者称之为"文本考古学"。由此可见,所谓文本考古学,实际就是瞩目文本流衍过程中的诸多变化,探求包裹在文本周边、促使这些变化产生的政治、社会背景,这之中,尤以思想文化背景最为蔡氏瞩目。

新史源学是北京大学历史学系苗润博近年来揭举的一个概念,这是相对于传统史源学而言的一种研究取径。自20世纪30年代陈垣正式提出"史源学"概念以来,传统史源学逐渐被明确为是一门追

---

① 所谓文本间性或文本交叉性,即是认为所有文本都建立在与其他文本的关系之上,一个文本通常依赖其他"前文本"而存在,而它本身又会成为后来文本的"前文本"。参王晴佳、古伟瀛《后现代与历史学:中西比较》,济南:山东大学出版社,2006年,第63页。

② 蔡涵墨《历史的严妆——解读道学阴影下的南宋史学》,"序",北京:中华书局,2016年,第4—5页。

寻史料来源,进而稽考史实、辨明正误的学问,是史料学的重要分支,其核心乃在通过追寻史料来源,厘定各史料间的关系,进而判明史料的真伪优劣,为历史研究提供可靠的资料。① 在苗润博看来,这是远远不够的,而且还存在诸如忽视文本传抄的复杂性、溯源具有相当的随意性、对文本整体逻辑脉络缺乏省思等问题。因此他提出要将史源学处理典籍的方式由史料取向转为文本取向,以史书为研究本体而不止作为利用对象,关注整体的文献源流而非零星的史料溯源,进而在明确文本源流的基础上,对其生成衍化过程加以剖析、对比,窥探以往被遮蔽、被隐藏的复杂图景。要之,苗氏所界定的新史源学,②某种意义上可以视为传统史源学与现代文本批判相结合的产物,从史源稽考进入,但不停留于明确史源,而是以明确史源为基础,展现文本本身发生、赓衍、定型的生命历程,进而揭示深藏于文字背后的历史图景。可以认为,正是这种结合,使得史源学能够突破只是附属于历史学的工具性学问的定位,其本身即是历史研究的重要途径。③

最后关于史料批判研究,这是笔者近十多年常使用的一个概念。在中、日文中,传统的史料批判一词常被用来形容自 15 世纪意大利人文主义者瓦拉(Lorenzo Valla,1407—1457)辨析古文献真伪开始,经 19 世纪德国史学家兰克(Leopold von Rank,1795—1886)、德罗伊森(J. G. Droysen,1808—1884)、伯伦汉(Ernst Bernheim,1850—

---

① 史丽君《陈垣的史源学理论与实践》,北京:人民出版社,2016 年,第 60 页。

② 苗润博谦虚地说不敢妄称"新史源学",不过从他对所从事工作的界定看,称之"新史源学"并不为过。

③ 参苗润博《〈辽史〉探源》,北京:中华书局,2020 年,第 371—375 页;《〈辽史〉与史源学》,胡珂采访,《文献清源与史学问径》,北京:中华书局,2023 年,第 305—306 页;《〈〈辽史〉探源〉题外话》,初刊《澎湃新闻·私家历史》2023 年 3 月 12 日,后收入氏著《文献清源与史学问径》,第 314—317 页。

1942)及法国史学家朗格诺瓦(C. V. Langlois,1863—1929)、瑟诺博司(Ch. Seignobos,1854—1942)阐释和实践、发扬光大的史料处理方式(Quellenkritik/Die Kritik,或译作"史料考证")。① 此一史料处理方式的核心就是要求对史料考订辨析,去伪存真,确保作为历史研究基础之史料的真实性。② 由此可见,传统意义上的史料批判仅是历史研究的前提,希望通过保证史料真实可靠达成历史研究的真实可靠,是科学史学或曰实证史学的产物。而笔者所谓史料批判研究,则并非正式研究前的准备工作,而是自身即成为探求历史面貌的入口,具有明确的方法论意义。亦即史料批判研究虽然立足于史料分析,但却超越史料分析,将对史料的辨析考订推向对包裹在史料周边历史诸问题的探究,如果借用陆扬在评介《新出魏晋南北朝墓志疏证》时所说,即是从史料分析转向史学分析。③

进言之,所谓史料的史学分析,即是把史料的形成看成是具有前因后果、且与周边史事密切关联的历史事件,从史学研究的角度、全面彻底地探寻史料所蕴含的历史信息。这些历史信息既显见于文字记载,又隐藏于文字背后。而在传统史料学的视角下,研究者

---

① 其中德罗伊森、伯伦汉、朗格诺瓦、瑟诺博司等关于史料批判有系统阐释,参德罗伊森撰、耶尔恩・吕森、胡昌智编选《历史知识理论》,胡昌智译,北京:北京大学出版社,2006年,第25—28页;伯伦汉《史学方法论》,陈韬译,胡昌智、李孝迁整理,上海:上海古籍出版社,2018年,第120—199页;朗格诺瓦、瑟诺博司《史学原论》,余伟译,郑州:大象出版社,2010年,第36—81页。

② 今井登志喜《歴史学研究法》,东京:东京大学出版会,1953年,第35—70页;尾形勇等编《歴史学事典》第6卷《歴史学の方法》"史料批判"条,黑田日出男撰,东京:弘文堂,1998年,第315—316页;斯特凡・约尔丹主编《历史科学基本概念辞典》"史料考证"条,克劳斯・阿诺尔德撰,孟钟捷译,北京:北京大学出版社,2012年,第224—225页。

③ 陆扬《从墓志的史料分析走向墓志的史学分析——以〈新出魏晋南北朝墓志疏证〉为中心》,初刊《中华文史论丛》2006年第4期,后收入氏著《清流文化与唐帝国》,北京:北京大学出版社,2016年,第305—332页。

关注的几乎仅为文字内容,文字记载之外,则大多不在视域之内。史料批判研究则不同,在此视角下,史料并非只是落于纸面的静态存在,而是动态的历史过程,有发生、流衍,也会变异、终结,既承受周边史事的影响和制约,也推动后者的改变和发展。因此,在史料批判研究看来,不仅史料记载的内容作为研究的基础和出发点不应被忽视,史料的形成过程也应作为探寻文字背后历史的"利器"而具有特别的意义。正是在后者意义上,史料批判研究或可比拟政治史领域"事件取径"的历史研究或制度史领域"制度取径"的历史研究——即不再把事件、制度视为自足的研究对象,而是将其作为透视隐藏于事件、制度背后的政治、社会、民族、文化等的研究路径和视角,①乃是一种"史料取径"的历史研究,探寻史料生住异灭背后的历史图景,才是史料批判研究的矢的所在。

要之,对于文本研究,虽然学者有着不同的命名,围绕这些命名,相应也有不同定义,研究亦各有侧重,不过整体而言,其间亦不乏共通之处,尤其以下列两点最为突出。其一,均以对史料文本的细致分析为起点,着眼于史料文本的生成、流动和意义。所谓"生成",就是文本的编纂、创作,由于中国古代历史文本具有相当程度的沿袭性,因此文本的生成又有一次生成、二次生成乃至无数次生成,多数史料都是经过层累、复杂的生成过程后才呈现今天所看到的面貌。所谓"流动",即是指文本生成后在传抄、流布过程中发生的各种变异,影响变异的因素有很多:有物质性和技术性的,譬如口头流传较易发生变异,抄写次之,版刻印刷相对较少,又长距离较之

---

① 关于"事件取径"的历史研究,参李里峰《从"事件史"到"事件路径"的历史——兼论〈历史研究〉两组义和团研究论文》,初刊《历史研究》2003 年第 4 期,后收入氏著《中国政治的历史向度》,南京:南京大学出版社,2018 年,第 20—38 页。关于"制度取径"的历史研究,参本书第二章。

短距离、字数较多的"大文本"较之字数较少的"小文本"大约更容易变异;也有主观性的,譬如接受者、传播者的认识以及社会文化背景,有时也会对文本流传施加影响。某种意义上,文本的流动,也可以说是文本的又一次生成。至于"意义",即是指文本不仅是历史进程的产物,同时也对历史进程产生影响,在此意义上的文本,可以被认为具有主体性、能动性的一面。其二,均以探讨史料生成、流动背后的历史图景为归依。史料批判研究已如前述,安部聪一郎对史料论研究的定义亦指出,重新解释史料并构筑新的历史图像,才是史料论研究的最终目标。徐冲也强调历史书写研究是透过史学作品观察文字背后的政治、社会行为,为此他还着意声明历史书写研究不是一种特定方法,而是与传统史学史截然有别的独立研究领域。蔡涵墨虽仍留在史学史,称"活"的史学史,不过他所谓文本考古学亦非停留于文本自身,探求包裹在文本周边、促使文本产生变化的政治、社会背景,才是文本考古学的旨趣所在。而苗润博所设定的史源学的理想状态,是能够呈现全新的问题空间,故在他看来,史源视野下的文本批判,落脚点不应该在于"破",而应该在于"立"。由此可见,对文本生成、流动背后历史的关注,正是上述文本研究区别于传统史料学、史学史的显著特征,也是较之后者最大的推进和超越之处。

那么,笔者为何要在史料论研究、历史书写研究、文本考古学之外另提史料批判研究呢?[①] 这里有两点考虑。其一,如上所述,无论史料论研究、历史书写研究,还是文本考古学,都主要关注文本生成背后的撰述意图和成书背景,尤其是撰述意图,最被青睐,不少文本研究均是循此维度展开探究。案撰述意图和成书背景固然是影响文本生成的重要因素,不过从中国古代历史文献的形成过程看,不

---

① 新史源学提出在后,故此不论。

少史传都是以此前各类档案、行状、诏书、表奏为基础,有些则是因袭前史旧文,因此并非所有文字都出自史家自造,甚至可以说绝大多数文字都渊源有自。另一方面,即便一些文字有着史家的深度参与,但考虑到古代史书编纂艰难却又不绝如缕的直书传统,毋宁认为史家多数场合也非任意行文。要之,史传上的文字,哪些是经意的记载,哪些是不经意的记载,①或者说哪些是因袭前人、秉笔直书,哪些是史家有意识书写,有时恐怕不易分清。因此,史料文本的生成毋宁说乃是多种因素合力作用的结果,撰述意图和成书背景只是其中一部分,甚至在一些场合并非发挥主要作用。这也就意味着,探究文本生成,如果一味执着于撰述意图和成书背景,或不免有求之过深甚至误入歧途之嫌。② 其二,史料文本生成的其他环节,如史料来源、书写体例,同样可以构成探寻历史图景的重要线索。譬如史料来源的选择、接受与文本环境、书籍传播等密切相关,书写体例的因袭与调整则可反映文本脉络或文化氛围,二者理所应当被纳入文本生成研究的视野。事实上,从二者居于文本自身脉络、对文本生成更具决定性作用看,毋宁说二者更应被置于优先考察的位置,只有在明确史料来源、书写体例等内证的基础上,才能对诸如撰述意图、成书背景等外证展开恰如其分的论述。

基于上述考虑,故笔者坚持使用"史料批判研究"一词,并在2016年发表的文章中将史料批判研究定义为,以批判的眼光对待史料,不将其视为天然可供信赖的文字,注重通过分析史料来源、书写体例、成书背景、撰述意图等,考察史料文本的形成过程,以此为基

---

① 傅斯年语,傅斯年《史学方法导论:傅斯年史学文辑》,北京:中国人民大学出版社,2004年,第38—39页。
② 何德章《评〈中古时代的历史书写与皇帝权力起源〉》,《中国史研究》2016年第1期;苗润博《〈辽史〉探源》,第373—375页。

础,探讨影响和制约这一过程的历史图景,并揭示史料生成所具有的历史意义。① 希望借助这一定义,聚焦文本生成的全过程,由此更为全面准确地呈现文本生成、流动背后的历史图景。

二、史料批判研究的兴起

史料批判研究,如果追溯其历史,可以追到很早,譬如古代史家(刘知幾等)对史书曲笔的认识,即与史料批判研究的某些方面有相通之处;②而 20 世纪 20—40 年代以顾颉刚为旗帜的"古史辨派"对古史文献的怀疑精神,更是多具契合。当然,这种契合并不意味着史料批判研究只是向古史辨派简单回归,二者显而易见的差异包括:

其一,在考察范围上,古史辨派多将矛头对准古史系统,汉代以降历史则较少关注,如周予同即曾说"疑古派"的缺点之一就是,"他们的研究范围仅及于秦、汉以前的古史以及若干部文学著作"。③ 史料批判研究则将目光扩展至所有时期的史传文献,考虑到古史文献本身作为史部文献的暧昧性,则这一扩展不仅仅只是考察范围的扩大,更可以说是对中国古代史书基本认识的巨大转变。在此认识下,一切史料文本都可以成为史料批判研究的检视对象,无论其为历史传说,抑或已然属于常识。得益于此,史料批判研究不仅大大拓展了"用武之地",研究本身也获得更大意义。

其二,在研究旨趣上,古史辨派的核心仍是疑古与辨伪,故其

① 拙稿《通往史料批判研究之途》,《中国史研究动态》2016 年第 4 期。
② 刘知幾撰,浦起龙通释,王煦华整理《史通通释》卷七《曲笔》,上海:上海古籍出版社,2009 年,第 182—185 页。
③ 周予同《五十年来中国之新史学》,朱维铮编《周予同经学史论著选集(增订本)》,上海:上海人民出版社,1996 年,第 547 页。

落脚点乃在文本。顾颉刚不止一次宣称,其工作重心是历史记载而非历史本身。譬如在《与钱玄同先生论古史书》中,顾颉刚声明古史辨的宗旨即是"辨明古史,看史迹的整理还轻,而看传说的经历却重"。① 所谓"传说的经历",即指不同文本中的古史记载。又在 1925 年回复李玄伯(李宗侗)的信函中,顾颉刚也说"我对古史的主要观点,不在牠的真相而在牠的变化",概括言之即是"不立一真,惟穷流变"。② 所谓"变化""流变",也就是古史记载的流衍。古史辨的这一特点在时人观察中也可一览无余。譬如早在 1933 年,罗香林(署名"佛应")即注意到"顾先生所辩论的,仅及于'写的历史',或者'某一时代的人对于古史的观念',并没有开展到'古代事情'的本身"。③ 冯友兰 1937 年为《古史辨》第 6 册所作"冯序"中也说,"疑古一派的人,所作的工夫即是审查史料"。④ 由此可见,古史辨派某种程度上已经放弃对古史史实的探求,古史记载在不同文本中的历时性流衍,不仅构成古史辨派研究的起点,甚至也是目标。⑤ 史料批判研究虽然也从文本切入,历史记载的生成过程亦是分析焦点,但终点却不停留于此,正如前述定义所强调的,探讨包裹在文本生成、流动周边的历史图景,才是包括史料批判研究在内的前述文本

① 顾颉刚《与钱玄同先生论古史书》,初刊《努力》增刊《读书杂志》第 9 期,1923 年 5 月 6 日,后收入氏著《顾颉刚古史论文集》卷一,北京:中华书局,2011 年,第 180 页。
② 顾颉刚《答李玄伯先生》,初刊《现代评论》第 1 卷第 10 期,1925 年 2 月 14 日,后收入氏著《顾颉刚古史论文集》卷一,第 313—314 页。
③ 佛应《读顾颉刚先生古史辨》,《国立中山大学文史学研究所月刊》第 1 卷第 1 期,1933 年,第 90 页。对此文的分析,参罗志田《〈古史辨〉的时代语境和学理基础——述罗香林少为人知的一篇旧文》,《经典淡出之后——20 世纪中国史学的转变与延续》,北京:生活·读书·新知三联书店,2013 年,第 28—51 页。
④ 冯友兰《冯序》,《古史辨》第 6 册,上海:上海古籍出版社,1982 年,第 1 页。
⑤ 关于古史辨的这一研究取向,参王学典、李扬眉《"层累地造成的中国古史"——一个带有普遍意义的知识论命题》,《史学月刊》2003 年第 11 期。

分析诸概念的最终目标。

其三,在处理手法上,古史辨派将一切"可疑"文字都归于造伪,不免简单粗暴。事实上,顾颉刚也曾宣称关注史事,譬如在《古史辨第一册自序》中,顾颉刚说关注古史记载在不同文本中的流衍,"不但可以理出那时人的古史观念,并且可以用了那时人的古史观念去看出它的背景——那时的社会制度和思想潮流。这样的研究有两种用处,一是推翻伪史,二是帮助明瞭真史"。① 所谓"帮助明瞭真史",即是揭示影响文本生成、流动的周边史事。在《古史辨第二册自序》中,顾颉刚说得更清楚,"我的理想中的成就,只是作成一个战国、秦、汉史家;但我所自任的也不是普通的战国、秦、汉史,乃是战国、秦、汉的思想史和学术史,要在这一时期的人们的思想和学术中寻出他们的上古史观念及其所造作的历史来。我希望真能作成一个'中古期的上古史说'的专门家,破坏假的上古史,建设真的中古史",②明确以"建设真的中古史"——具体而言即思想史和学术史——为己任。不过,从具体研究实践看,顾颉刚及古史辨派建设"真史"的工作毋宁说并不成功。一个重要原因就是顾颉刚视"可疑"文字均为刻意造伪的结果,不着意区分有意伪造与自然积累,甚至认为从战国到秦汉有一个古史造作运动,手法极其粗暴草率。顾颉刚何以如此认识随时间不断充实的古史传说,对此学者有不同理解,或认为与激烈反传统的时代氛围相关,或认为受到以康有为为代表的晚清今文学家的影响,③无论如何,顾颉刚简单以"造伪"定位这一

① 顾颉刚《古史辨第一册自序》,初刊《古史辨》第 1 册,北京:朴社,1926 年,后收入氏著《顾颉刚古史论文集》卷一,第 57 页。

② 顾颉刚《古史辨第二册自序》,初刊《古史辨》第 2 册,北京:朴社,1930 年,后收入氏著《顾颉刚古史论文集》卷一,第 95 页。

③ 系统梳理参王汎森《古史辨运动的兴起——一个思想史的分析》,台北:允晨文化实业股份有限公司,1987 年;修订本,上海:上海人民出版社,2024 年。

进程,必然使得其所勾勒的"真史"简单颟顸且疑窦极多。与之相比,史料批判研究虽然也坚持对待文本批判、怀疑在先,但强调要以细致的文本分析为基础,综合考察史料来源、书写体例、成书背景、撰述意图等各类可能影响文本面貌的维度,力图更为准确地把握文本生成和流动的生命历程。在此基础上建立的历史图景,自然要可靠得多。

要之,作为保守的历史学的一种新的研究理路,史料批判研究确实有一些理念在之前已可见到萌芽,不过,作为一种覆盖全部历史文献、尤其主要以历代正史为解析对象的史学潮流,史料批判研究无疑是近二十多年兴起并蔚为大观的。那么,是什么原因推动史料批判研究成为一股史学潮流的呢?笔者认为主要有以下两个因素。

首先,得益于传统史料处理方式的进一步发展。我们知道,在正式研究之前,对史料进行精心考辨,可以说是历史学界由来已久的传统,如梁启超即把史料处理分别为"正误"和"辨伪"。[①] 更为系统的归纳见于杜维运《史学方法论》。杜氏把对史料的处理称为"史料的考证",分史料外部考证和史料内部考证,其中外部考证包括:1. 辨伪书,2. 史料产生时代的考证,3. 史料产生地点的考证,4. 史料著作人的考证,5. 史料原形的考证;内部考证包括:1. 记载人信用的确定,2. 记载人能力的确定,3. 记载真实程度的确定。[②]

按照梁启超和杜维运的归纳,传统史料处理的重点在于确保史料真实可靠,以求真求实为首要目标,围绕这个目标,历史学家需对史料进行无微不至的内、外考证。而在这个工作之后,探讨史料的形成过程及意义似乎也就是顺理成章的事情。在确认史料真伪的

---

① 梁启超《中国历史研究法》,上海:上海古籍出版社,1998年,第77—107页。
② 杜维运《史学方法论》,台北:三民书局,1986年,第153—167页。

基础上,如果继续追问,史料是怎样形成的? 史家为什么要这样书写? 史料的性质又是什么? 史料生成具有什么意义? 这些,就已经进入史料批判研究的范畴。要之,对于史料批判研究而言,史料真伪并不重要(事实上,伪作更有探讨的价值),重要的是史料的形成过程,亦即史料为什么会呈现现在的样式。

其次,后现代史学对史料批判研究的兴起也起到推波助澜的作用。一般认为,后现代史学对传统历史学的冲击主要体现在两个方面:一是对传统历史认识论和历史编撰学的挑战,二是历史研究兴趣的转移。① 若按照王晴佳的概括,前者冲击的是如何理解历史学家工作性质和局限的"小写历史",后者冲击的是以西方文化为中心、试图解释整个人类历史演变的"大写历史"。② 所谓历史研究兴趣的转移,即指研究者把目光转向日常生活、底层人物、突发事件、妇女、非西方社会、性行为、精神疾病等边缘和微观历史,也就是一些学者所说的新社会史,这一点与本文主旨无关,暂且不论;而对传统历史认识论和历史编撰学的挑战,指的就是质疑和否认历史记录的真实性、客观性,视史料为文本,极端者甚至把史学等同于文学,强调史家或其他因素对历史编撰的影响。这与史料批判研究关注史料形成过程无疑是吻合的。

要之,史料批判研究既是传统史料处理方式的延伸,同时又受到后现代史学的影响。这也就意味着,史料批判研究虽然兴起较晚,但并非全新研究理路,其关注对象、提问方式,均与传统文献学、史学史有着千丝万缕的联系。不过,史料批判研究也非传统文献学、史学史在新时期的简单复制,得益于后现代史学对历史认识论和历史编纂学的深刻发覆以及文本观念的引入,史料批判研究

① 仲伟民《后现代史学:姗姗来迟的不速之客》,《光明日报》2005 年 1 月 27 日。
② 王晴佳、古伟瀛《后现代与历史学:中西比较》,第 38—66 页。

在与既往研究保持联系的同时又能显现诸多超越,彰显传统文献学、史学史不能关照的地方。① 史料批判研究与传统文献学、史学史间延伸与超越的关系,使得其既能浸润最新理论思考,充分实现文本研究的意义,同时又可植根传统,尽可能贴近中国古代历史文献生成的实态,从而最大限度地避免新理论应用于旧材料时的"水土不服"。

三、史料批判研究的四个取径

以上简要介绍了史料批判研究的定义及兴起背景,那么史料批判研究如何进行呢? 对此笔者在前面的定义中已有提示,即史料批判研究主要遵循四个研究取径: 1. 史料来源,2. 书写体例,3. 成书背景,4. 撰述意图。以下笔者将以若干具体研究为例,展示史料批判研究是如何展开的。

---

① 传统文献学研究关注哪些内容,学者论述不一。黄爱平主编《中国历史文献学(第2版)》将以下八门学问列为分支学科: 目录学、版本学、校勘学、考证学、辨伪学、辑佚学、避讳学、史源学;杨燕起、高国抗主编《中国历史文献学(修订本)》举出九门分支学科,分别为: 目录学、版本学、校勘学、辨伪学、辑佚学、史源学、传注学、编纂学、藏书史;周少川认为仅目录、版本、校勘、辑佚、辨伪、注释六门专学,诸如典藏、编纂、考证、史源、避讳等则为边缘学科。分见黄爱平主编《中国历史文献学(第2版)》,北京: 中国人民大学出版社,2019年,第71—116页;杨燕起、高国抗主编《中国历史文献学(修订本)》,北京: 国家图书馆出版社,2005年,第243—431页;周少川《当前历史文献学学科建设刍议》,《淮北师范大学学报(哲学社会科学版)》2012年第6期。据此,文献学主要关注文献的形态、整理、分类、鉴藏等,对于文献如何生成,关注较少。至于传统史学史,尽管存在各种呼吁,但经典史著、重要史家及修史制度最为学者关注,经典史著之外的史学著述,多遗漏在视野之外。此外对经典史著的分析,大体关照其书整体,对于史传具体篇章甚至局部文字的生成,往往缺乏细致分析。

1. 史料来源

如所周知,历史研究讲究言必有据,亦即每一个观点、每一个认识都需有所依据,不能凭空生发。同理,史书编纂亦讲究言必有征。清人章学诚论文史差异时曾说:

> 即如文士撰文,惟恐不自己出;史家之文,惟恐出之于己,其大本先不同矣。史体述而不造,史文而出于己,是为言之无征。无征,且不信于后也。①

这句话说得很形象,也很极端,不过还是很能代表古人对历史编纂的认识的,即史书应"述而不造",亦即多沿袭,而非创作。当然,从后现代的立场看,只要历史为人书写,就已经融入创作成分,"述而不造"是不可能的,不过站在古人的立场,毋宁认为对于古人来说,追求史书言之有征还是实际可行的。而所谓言之有征,亦即认为史书编纂当依据史源,故对于史书的文本来源,很早就得到了史家关注,很多史书在纂修时,都会或详或略地说明记载依据。譬如司马迁撰《五帝本纪》,即称:

> 学者多称五帝,尚矣。然《尚书》独载尧以来;而百家言黄帝,其文不雅驯,荐绅先生难言之。孔子所传宰予问《五帝德》及《帝系姓》,儒者或不传。余尝西至空桐,北过涿鹿,东渐于海,南浮江淮矣,至长老皆各往往称黄帝、尧、舜之处,风教固殊焉,总之不离古文者近是。予观《春秋》《国语》,其发明《五帝德》《帝系姓》章矣,顾弟弗深考,其所表见皆不虚。《书》缺有间矣,其轶乃时时见于他说。非好学深思,心知其意,固难为浅

---

① 章学诚《与陈观民工部论史学》,章学诚撰,仓修良编注《文史通义新编新注》外篇一,杭州:浙江古籍出版社,2005 年,第 405 页。

见寡闻道也。余并论次,择其言尤雅者,故著为本纪书首。①

这里,司马迁明确交待《尚书》《五帝德》《帝系姓》等是《五帝本纪》的史料来源。又《殷本纪》的史源,司马迁自述:

> 余以《颂》次契之事,自成汤以来,采于《书》《诗》。②

《颂》即《诗经·商颂》,亦即司马迁系据《诗经·商颂》叙述殷商始祖契的事迹,成汤以降历史则据《尚书》和《诗经》。至于《史记》其他诸篇,司马迁也或隐或显地交待史源。③ 像司马迁这般交待全书或部分篇章史源的史家在古代并不少见,而史料来源的丰富、多元、可信与否也被视为评估史书质量高低的标准。④

至 20 世纪 30、40 年代,陈垣先生首创"史源学"这一概念,并开设了史源学课程。不过,陈垣所谓"史源学"与一般探讨文本史料来源仍有不同。陈垣所考察的史源是指寻找史学研究著述的史源,按其自述,即"择近代史学名著一二种,逐一追寻其史源,检照其合否,以练习读一切史书之识力及方法,又可警惕自己论撰时不敢轻心相掉也"。⑤ 因此作为陈垣史源学检讨对象的并非所谓史料性文本,而是诸如顾炎武《日知录》、赵翼《廿二史札记》、全祖望《鲒埼亭集》等研究论著,故陈垣的史源学只是训练学生的一种手段,尚不能谓有

---

① 《史记》卷一《五帝本纪》"太史公曰",北京:中华书局,1959 年,第 46 页。

② 《史记》卷三《殷本纪》"太史公曰",第 109 页。

③ 张大可、赵生群等《史记文献与编纂学研究》,张大可、安平秋、俞樟华主编《史记研究集成》第 11 卷,北京:华文出版社,2005 年,第 74—94 页。

④ 如郑樵即曾批评《史记》编纂采书不广,谓"当迁之时,挟书之律初除,得书之路未广,亘三千年之史籍,而踽踽于七八种书,所可为迁恨者,博不足也"(《通志总序》,《通志二十略》,北京:中华书局,1995 年,第 1 页)。不过,对于郑樵的批评,学者多持反对意见。

⑤ 陈垣《史源学实习课程说明》,《史源学实习及清代史学考证法》,北京:商务印书馆,2014 年,第 1 页。

方法论之自觉。及 80 年代中国历史文献学建立后,一些文献学研究者也将史源学视为文献学的必要组成部分,他们在继承陈垣史源学思想的同时,将史源探索施于一般史料之上,这与史料批判研究取径之一的史料来源已经大体一致。①

1.1 研究举例

接着来看几个追索史料来源研究的例子。

第一个例子围绕的是世人耳熟能详的故事——曹冲称象,具体内容无待赘言,总之这是一个反映年幼的曹冲机智明敏的故事。由于这个故事记载于《三国志·曹冲传》,云:

> 邓哀王冲字仓舒。少聪察岐嶷,生五六岁,智意所及,有若成人之智。时孙权曾致巨象,太祖欲知其斤重,访之群下,咸莫能出其理。冲曰:"置象大船之上,而刻其水痕所至,称物以载之,则校可知矣。"太祖大悦,即施行焉。②

所以一般认为确有其事。不过,清人何焯认为,孙权能够获得大象,只有在建安十五(210)年平定交州之后,而曹冲在建安十三年(208)已死,因此他怀疑曹冲称象的故事并非史实,可能是参照古算术书或《能改斋漫录》引《符子》载燕昭王有大豕,命水官浮舟而量之之事伪造出来的。③ 陈寅恪在此基础上进一步追寻,他发现在佛教故事中乃有更为接近的浮舟称象之事。北魏吉迦夜与昙曜译《杂宝藏经》记载:

---

① 杨燕起、高国抗主编《中国历史文献学(修订本)》,第 359—378 页;黄爱平主编《中国历史文献学(第 2 版)》,第 112—116 页。关于 20 世纪历史学者对史源的关注,参陈爽《漫说史源调查(代导言)》,《文献》2020 年第 3 期。
② 《三国志》卷二〇《魏书·武文世王公传·邓哀王冲传》,北京:中华书局,1959 年,第 580 页。
③ 何焯《义门读书记》卷二六《三国志·魏志》,北京:中华书局,1987 年,第 450 页。

> 天神又问,此大白象有几斤? 而群臣共议,无能知者。亦
> 募国内,复不能知。大臣问父,父言,置象船上,著大池中,画水
> 齐船,深浅几许,即以此船量石著中,水没齐画,则知斤两。即
> 以此智以答天神。

虽然《杂宝藏经》出自北魏,不过陈氏怀疑故事在之前已经存在,而
曹冲称象即是根据此佛教故事敷衍而来。[①] 按照这一见解,则流传
千载的曹冲称象可能只是附会佛教故事而成的一段伪史。

　　第二个例子的主角是司马光,故事同样是大家耳熟能详的司马光
砸缸的故事。案司马光砸缸的故事明确见于《宋史·司马光传》,云:

> 光生七岁,凛然如成人……群儿戏于庭,一儿登瓮,足跌没
> 水中,众皆弃去,光持石击瓮破之,水迸,儿得活。其后京、洛间
> 画以为图。[②]

故一般多赞成此事为真。不过,邱靖嘉、蒲俊两位学者在仔细辨析
该条记载的史源后,另提出疑问。他们注意到,《宋史·司马光传》
的上述记载出自朱熹《三朝名臣言行录》,最初源起则是北宋人惠洪
撰《冷斋夜话》。《冷斋夜话》成书上距司马光离世已 20 余年,且此
书记事多伪托附会,司马光同时代的文献,如苏轼撰《司马温公行
状》《司马温公神道碑》、范镇撰《司马文正公光墓志铭》均无此事,
官修《哲宗实录》也未提及,故在他们看来,此事真伪未必没有疑问。
当然,目前还没有证据确切证明司马光砸缸一事即出自杜撰,但其

---

① 陈寅恪《三国志曹冲传华佗传与佛教故事》,初刊《清华学报》第 6 卷第 1 期,1930 年,
　　后收入氏著《寒柳堂集》,北京:生活·读书·新知三联书店,2001 年,第 176—177
　　页。无独有偶,钱钟书也指出曹冲称象故事与《杂宝藏经》记载相合。参《管锥篇》
　　一六〇《全晋文》卷一五二"舟量大豕"条,北京:中华书局,1979 年,第 1261 页。
② 《宋史》卷三三六《司马光传》,北京:中华书局,1977 年,第 10757 页。

真伪已然存在质疑的空间。①

第三个例子围绕的是"杯酒释兵权"。对赵宋历史稍有了解者大概知道，北宋初年曾有所谓"杯酒释兵权"一事，太祖赵匡胤借宴请禁军大将的机会，解除了他们的领兵之权。关于此事，历来无疑。不过徐规、顾吉辰等注意到，"杯酒释兵权"最早见于事件发生70年后的王曾(978—1038)撰《王文正公笔录》，而在更早的丁谓(966—1037)之婿潘汝士编《丁晋公谈录》，以及北宋官修《太祖实录》《三朝国史》中均不见记载，据此他们怀疑"杯酒释兵权"一事的真实性，认为有关太祖"杯酒释兵权"之记载，经历了从无到有、从简到详的过程，且各说之间互相抄袭、渲染，最终出现一个有声有色的"杯酒释兵权"的"历史事实"。② 尽管"杯酒释兵权"一事是否即伪学者也有不同意见，③但这一传历千载、被笃信无疑的历史事件显然已失去信史地位。

再来看第四个例子。前些年，北京大学历史学系的辛德勇老师出版了一部引起广泛争议的小册子——《制造汉武帝》。④ 如所周知，田余庆先生在《论轮台诏》一文中有一个经典判断，即汉武帝刘彻在其去世前两年，大幅转变政治取向，由横征暴敛、穷兵黩武转向富国安民，亦即所谓"守文"。针对这一判断，辛老师发现，田先生论述的主要依据不见于《史记》《汉书》，仅见于司马光《资治通鉴》，而

① 邱靖嘉、蒲俊《试析"司马光击瓮"故事的史源及其产生背景》，《唐宋历史评论》第5辑，北京：社会科学文献出版社，2018年，第126—146页。
② 徐规、方建新《"杯酒释兵权"说献疑》，初刊《文史》第14辑，1982年，后收入氏著《仰素集》，杭州：杭州大学出版社，1999年，第526—532页；徐规《再论"杯酒释兵权"——兼答柳立言先生》，《仰素集》，第616—633页；顾吉辰《关于宋初"杯酒释兵权"的几个问题》，《中州学刊》1993年第3期。
③ 柳立言《"杯酒释兵权"新说质疑》，初刊《大陆杂志》第80卷第6期，1990年，后收入《宋史研究集》第22辑，台北：国立编译馆，1992年，第1—20页；王育济《论"杯酒释兵权"》，《中国史研究》1996年第3期。
④ 辛德勇《制造汉武帝》，北京：生活·读书·新知三联书店，2015年。

《资治通鉴》则是依据了南朝刘宋王俭撰、属于小说家流的《汉武故事》，难以采信。这样，辛老师通过对《资治通鉴》史源的考察，对田先生论述提出质疑，提出汉武帝晚年并未发生政治取向的重大转变。尽管从结论看，辛氏论述未必可从，但文中所展开的对文献史料来源的考察，不为无益。

以上四个例子都是关于历史人物、历史事件的记载，记载典章制度的志书，同样也有追索史源的必要。譬如在《宋书》和《隋书》中，都有一段篇幅较长、记载皇太子以下百官印绶冠服制度的文字，前者在《宋书·礼志五》，记载刘宋一朝制度，后者在《隋书·礼仪志六》，主要叙述萧梁一朝制度。这两段文字极为详细，且在同时期文献中不见其比，因此很自然地就成为学者考察刘宋、萧梁两朝官僚、礼仪等制度的重要依据。

然而关于《宋书·礼志五》，日本学者小林聪却发现其记载多与刘宋制度不合。经过仔细辨析，小林聪确认其史源并非刘宋时期的律令规定，而是以西晋泰始四年（268）颁布的泰始令之《官品令》为基础，并参考注释泰始令的《晋百官表注》《车服杂注》等加工而成。[1] 明乎此，《宋志》有较多与刘宋制度不符的记载也就不难理解了，这意味着，《宋志》固然涉及一些刘宋制度，但总体上看，在作为考察刘宋制度的史料这一点上，它是有所欠缺的。

《宋志》如此，《隋志》又如何呢？与《宋志》自身并未言明内容所属历史时期不同，《隋志》明确声称所记为萧梁制度，学者或进一步揭示其史源为梁武帝天监二年（503）颁布的律令制度。[2] 不过这

① 小林聪《六朝時代の印綬冠服規定に関する基礎的考察—〈宋書〉礼志にみえる規定を中心に》，《史淵》第 130 辑，1993 年，第 77—120 页。
② 小林聪《『隋書』に見える梁陳時代の印綬冠服規定の来源について》，《埼玉大学纪要　教育学部（人文・社会科学编）》第 47 卷第 1 号，1998 年，第 103—119 页。

里也有一个疑问,梁代行用时间最长的制度是天监七年(508)改革后的制度,《隋书·百官志上》所记梁代官制也是天监七年制,为何《礼仪志》记载皇太子以下百官印绶冠服制度却采用天监二年制?基于此,笔者详细辨析《隋志》每一条记载,结果发现《隋志》所据并非天监二年律令,而是以《宋书·礼志五》所记百官印绶冠服制度为基础,糅合西晋泰始令及其衍生著作,以及东晋以降至梁初的一些制度变革综合而成。① 因此,《隋志》所记并不能如实反映萧梁印绶冠服制度,不能简单据以考察萧梁官僚、礼仪制度。

考察志书史源,有时候还会有一些有趣的发现。笔者曾在一篇小札中检视《汉书·百官公卿表》开篇一段话的史料来源:

> 《易》叙宓羲、神农、黄帝作教化民,而《传》述其官,以为宓羲龙师名官,神农火师火名,黄帝云师云名,少昊鸟师鸟名。

其中说得很清楚,伏羲龙师名官以下出自《左传》。那么《左传》是如何记载的?请看下文:

> 昔者黄帝氏以云纪,故为云师而云名;炎帝氏以火纪,故为火师而火名;共工氏以水纪,故为水师而水名;大皞氏以龙纪,故为龙师而龙名。我高祖少皞挚之立也,凤鸟适至,故纪于鸟,为鸟师而鸟名。②

比较可知,《左传》记载要详细得多。而除了记载详简之外,还有一点值得注意,《左传》中列上古帝王一共是五位:黄帝、神农(炎帝)、

---

① 拙稿《也说〈隋书〉所记梁代印绶冠服制度的史源问题》,《中华文史论丛》2011 年第 1 期。
② 《春秋左传正义》卷四八《昭公十七年》,阮元校刻十三经注疏本,北京:中华书局,1980 年,第 2083 页。

共工、太皞(伏羲)、少皞,《汉表》则只有四位:伏羲、炎帝、皇帝、少昊。那么问题来了:共工去哪儿了? 笔者注意到,共工在汉代以降逐步负面化、妖魔化,大约因为这个缘故,班固在撰述《汉表》时故意把共工漏掉了。这里,史料来源又引出了成书背景问题。①

由此可见,和政治事件相关记载的史源可能存在问题一样,原本认为客观记载一朝制度的志书文本同样存在史源问题,甚至总体上看,后者更容易出现沿袭、挪用前代文本的情况。无论如何,史料来源是决定史料文本的重要因素,史料文本现状又主导着历史研究的具体展开,在这个意义上,对史料来源的探索,无疑是史料批判研究的必要环节。

1.2　如何判定史源

关于史源探索的必要性,学者曾列举若干点,譬如有助于鉴定史料真伪及其可靠程度、有助于纠正前人著述中的谬误、有助于正确剪裁取舍史料、有助于确切理解史料、有助于扩大史料范围、有助于树立谨严的治史学风等。② 从上述例子也可看出,探索文本的史料来源确有助于正确理解史料,并鉴定记载的可靠程度(当然,这也不绝对,构成史料来源的文本有时反不如后出文本可信)。那么如何追索并判断史源呢? 这里分两种场合,一种场合是史家明确交待其史料出处,譬如前引《史记·五帝本纪》,司马迁自叙参考了《尚书》《五帝德》《帝系姓》等,故可以确认《五帝本纪》系以上述诸篇为史料来源。此外又如使"杯酒释兵权"一事广为流传的李焘撰《续资治通鉴长编》,李焘在叙述完事件后注云:

> 此事最大,而《正史》《实录》皆略之,甚可惜也,今追书。按

①拙稿《〈汉书·百官公卿表〉为何不记"共工"(上、下)》,《中华文史论丛》2014年第2期。
②杨燕起、高国抗主编《中国历史文献学(修订本)》,第364—378页。

> 司马光《记闻》，云守信等皆以散官就第，误矣。王曾《笔录》皆
> 得其实，今从之。文辞则多取《记闻》，稍增益以丁谓《谈录》。①

据此，《续资治通鉴长编》所记"杯酒释兵权"系斟酌取舍《王文正公笔录》、司马光《涑水记闻》及《丁晋公谈录》而成。这种场合的史料来源是比较容易判定的。

不过，在多数场合，史家都不主动交待其文字依据，这种场合的史料来源又应如何判定？最基础的办法就是比勘文字，②一般而言，当时间先后的两个文本文字大体相同时，二者有较大几率存在继承关系。不过，这一认识更多适用于较长段落甚至是整篇文字相同的场合，如果只是短小的片段文字，则不乏另外可能。近来，研究先秦两汉文本的学者提出"公共素材"的概念，指出战国秦汉间存在一些故事、说理和短语，它们以独立段落或说短章的形式存在，并作为"公共"资源被各类诸子文献取材，由此构成"公共素材"。③ 与之类似，笔者对史书人物书写的研究也发现类传人物书写多使用程式化、类型化的书写模式。④ 由此可见，两份时间先后、文字相近的文

---

① 《续资治通鉴长编》卷二《太祖建隆二年（961）》"时石守信、王审琦等皆上故人"条，北京：中华书局，2004年，第50页。

② 文字比勘为探索史源最基础的研究手段，这一点已是学界共识。参陈爽《漫说"史源调查"》，《文献》2020年第3期。

③ 徐建委《战国秦汉间的"公共素材"与周秦汉文学史叙事》，《中山大学学报（社会科学版）》2012年第6期；《文本革命：刘向、〈汉书·艺文志〉与早期文本研究》，北京：中国社会科学出版社，2017年，第25—41页。

④ 拙稿《中古良吏书写的两种模式》，《历史研究》2014年第3期；《中国古代良吏书写模式的确立——从〈史〉、〈汉〉到〈后汉书〉》，《中国学术》第38辑，北京：商务印书馆，2017年，第217—247页。类似概念还有鲍则岳（Wiliam G. Boltz）提出的构建模块（building blocks）、于溯提出的模块化书写等，参 Wiliam G. Boltz, The Composite Nature of Early Chinese Texts, Martin Kern ed., *Text and Ritual in Early China*, Seattle: University of Washington Press, 2005, pp.50–78；于溯《隐蔽的网络：中古文献中的模块化书写》，《古典文献研究》第25辑上，南京：凤凰出版社，2022年，第6—16页。

本，未必一定存在直接继承关系，二者可能各自独立借用"公共素材"或书写模式进行创作，亦即不排除二者同源异流，甚至各有来源。回到"杯酒释兵权"的论争，否定者倾向于晚出的《王文正公笔录》《涑水记闻》是在《丁晋公谈录》的基础上增加宴饮亦即"杯酒"的记事。不过，这种看法是以《笔录》《记闻》本自《谈录》为前提，然而无论《笔录》还是《记闻》对此均无明确阐述，因此不排除《笔录》《记闻》另有所据，亦即《笔录》《记闻》与《谈录》并非前后相继，而是同源异流甚至各有源流，二者的差异可能并非源自《笔录》《记闻》在《谈录》基础上"添枝加叶"，而是由于抄录最初史源时的详略调整，故不能简单以《笔录》《记闻》晚出就断言其记载不可信。这或许也是否定"杯酒释兵权"说未得研究者公认的原因。

要之，对于判定短小的片段记载而言，单纯依据文字相近尚无法断言二者存在因袭关系，还需在二者之间寻找联系，确认先出文本有机会能够被后出文本接触、吸收。笔者判断《隋书》所记皇太子以下百官印绶冠服制度本自《宋书》，这是基于《宋书》在《隋书》成书的李唐前期广泛流传，《隋书》编纂者很容易接触到《宋书》；推测《汉书·百官公卿表》记上古官制出自《左传》，除了其中提到"《传》述其官"外，班固撰《汉书》与《左传》的关联也是考虑因素——班固本人甚至被视为隐藏的《左传》信徒。① 要之，判定文字相似的两个文本具有传承关系，需要一些前提，譬如先出文本流传较广，易为后世文本接触，后出文本撰者的思想倾向使得先出文本易被接受，先出文本能够通过某些人或事进入后出文本，等等，只有以这些前提为保障，判定两个文本存在源流联系，或许才更可靠。

----

① 福井重雅《漢代儒教の史的研究—儒教の官学化をめぐる定説の再検討》，东京：汲古书院，2005 年，第 423—484 页。

值得注意的是，利用比勘文字判断文本关联时，一些细节也可成为有力线索，譬如文本中的错误。一般而言，如果两个文本存在同样错误，或者后出文本内容与其诞生时期的历史认识或宣称的所记时代历史不符，二者存在因袭关系的可能性较大。前者如笔者推测《隋书》所记皇太子以下百官印绶冠服制度出自《宋书》，两个文本中都出现司隶校尉、安夷护军、抚夷护军，以及针对周边族群的护匈奴中郎将、护羌校尉等这些南朝时期早已被废除或取代的官职，即是关键指标。① 后者如杨军认为《辽史·营卫志》多出自辽人耶律俨修《皇朝实录》，《营卫志·部族上》"古八部"条所见"今永州木叶山有契丹始祖庙"这一明显不符合金元时代地方行政建置的描述，即构成立论基础；苗润博推测《辽史·天祚皇帝纪》相当程度地抄录两宋之际曾辗转于辽、宋、金三朝的史愿撰《亡辽录》（《北辽遗事》），《天祚纪》附《耶律淳传》所谓"世号为北辽"，与实际方位不符，而在宋辽南北对峙时期宋人常称契丹政权为"北辽"，亦构成重要依据。② 不难想见，这类错误若非因袭，很难同时发生，而以讹传讹一定建立在相互关联的基础上。由此可见，与正确的文本相比，错误文本作为判断史料来源的依据，意义是很突出的。

关于错误文本作为判断史源的依据，还可以举一个图像文本的例子。自20世纪60年代以来，江苏南京、丹阳地区的六朝墓葬中曾先后出土九组竹林七贤与荣启期拼砌砖画，包括南京西善桥宫山墓、西善桥油坊村罐子山墓、丹阳胡桥仙塘湾墓、丹阳建山金家村墓、丹阳胡桥吴家村墓、南京栖霞狮子冲1号墓和2号墓、南京雨花

---

① 拙稿《也说〈隋书〉所记梁代印绶冠服制度的史源问题》，《中华文史论丛》2011年第1期。

② 杨军《耶律俨〈皇朝实录〉与〈辽史〉》，《史学史研究》2011年第3期；苗润博《〈辽史〉探源》，第76—78页。

台石子岗 5 号墓及雨花台铁心桥小村墓。由于竹林七贤与荣启期拼砌砖画大抵出土于王侯陵墓,故向来受研究者关注,但由于这些墓葬多无纪年,墓主是谁也存在争议,因此砖画之间的关系也成为长期困扰学界的一个难题。耿朔近著《层累的图像——拼砌砖画与南朝艺术》便根据若干图像中的错误剖析了一些砖画间的关系。譬如书中判定石子岗 5 号墓的七贤砖画与宫山墓同源,图像中两处"出格"细节便构成重要线索:其一是阮籍画像中,阮籍挽起的左边袖口上有一条斜线;其二是王戎画像中,王戎右手挥舞的如意上方有三根颇为突兀的平行斜线。这两处细节与上下左右图像均无关联,也不具备造型意义,因此可以认为是一个"失误"。借助这样的错误,并结合其他图像表现,书中有力地证明了两幅七贤砖画系同模关系。又如吴家村砖画中"阮咸"与"王戎"两个榜题错置——王戎画像题作"阮咸",阮咸画像题作"王戎",狮子冲 2 号墓的七贤砖画恰也如此,这也构成书中判定狮子冲 2 号墓向秀一侧砖画与吴家村墓同模制作的依据之一。① 要之,在判定同类图像的相互关系时,图像文本中的错误固然并非唯一依据,诸如文本整体面貌、绘制时地、绘制者等都是应当纳入考虑的元素,但"错误"往往构成最具说服力的关键线索,较之其他元素更能凿实不同图像文本之间的关联。

除此之外,一些特定表述也可构成判定史源的标识。譬如独特的用词,前引苗润博以"北辽"一词判断《辽史·天祚皇帝纪》有取鉴《亡辽录》之处,即属此类。又《辽史》或以"内族"指代"宗室",且称呼皇帝间或不循常规、使用简称"某帝"的简谥,据苗氏考证,金章宗泰和六年(1206)曾规定避世宗父宗尧名讳,金人陈大任修《辽史》亦遵从此规定,故苗氏判断《辽史》中凡称"内族""某帝"的文字

---

① 耿朔《层累的图像——拼砌砖画与南朝艺术》,北京:人民美术出版社,2020 年,第64—65、81 页。

大约皆系袭陈大任书之旧文。这一论证同样是以独特用词推断《辽史》史源。[①] 又如独特的书写格式,陈新元注意到《元史》中有一些二三百余字的简短列传,传主以武将居多,且时常将十几乃至二十余篇短传编入同一卷,与《元史》一般列传体例不同,经比对相关文字,推测应来自元文宗时纂修的《经世大典》之《臣事》。[②] 此处,独特的书写格式构成追索《元史》列传史源的标识。再如《隋书》记皇太子以下印绶冠服制度中有"(自)此条以下皆陈制,与梁不同(或梁所无)",这是显示"梁制"有所缺失的文字,而《宋书》恰亦不载,考虑到这些仪制在刘宋、萧梁二朝实际都存在,故笔者判断这亦表明《隋书》所记本自《宋书》。这里,显示"缺失"的独特表述,成为勾稽两个文本关联的线索。[③]

以上寻觅文本史源,大抵建立在有可堪对照的文本的基础上,那么如果没有后者,寻觅史源是否就无能为力?那倒也不是,有一些切入点,可以帮助我们在没有对照文本时找出史源。譬如修史体制,关于此,聂溦萌《中古官修史体制的运作与演进》做了若干示范。譬如关于纪传体王朝史中的"列国传"——亦即以王朝周边族群、政权为记述对象的四夷传记,聂氏注意到从《汉书》以降,诸史编次次序、叙述结构存在诸多差异。《汉书》《东观汉记》及《后汉书》之"列国传"——称"西域传",列国顺序大体沿交通路线展开,推测可能是以使者报告为主干,由使者报告形成的行记进入史馆,为史家采用,由此形成沿交通线亦即行旅线路的叙述顺序。《三国志·东夷传》列叙略有调整,但基本结构类似,推测可能源自正始六年(245)毌丘

---

① 苗润博《〈辽史〉探源》,第 114、411—431 页。

② 陈新元《〈元史〉列传史源新探》,《中国史研究》2020 年第 2 期。

③ 拙稿《也说〈隋书〉所记梁代印绶冠服制度的史源问题》,《中华文史论丛》2011 年第 1 期。

俭东征高句丽的报告。及至《宋书·夷蛮传》,结构出现巨变,《夷蛮传》对诸蛮夷的记载,大抵包括与刘宋交战、刘宋册命、蛮夷朝贡,间或还引用蛮夷上于宋廷或宋廷下于蛮夷的文书,基于此,聂氏判断此当源自刘宋官方资料,甚至可以说是仅仅依据了官方档案。此后《梁书·诸夷传·西北诸戎传》和《隋书·西域传》,内容变得规整,都以列国各自为叙述单位,且列国所记项目基本一致,包括历史、风俗物产、与中原王朝的交往尤其是朝贡等,聂氏判断二书当源自同一类文献,即诸如《职贡图》这样的"使图类"文献。基于"使图类"文献编撰列国传的方式在唐代成为定制,即由在京负责处理蛮夷事务的鸿胪寺在蛮夷使者至京时讯访其国土地、风俗、衣服、物产等,编成"使图类"文献上报史馆,成为国史"列国传"的史源。在此研究中,诸史列国传的史源原文早已亡佚,今人无从目睹,但是修史体制——书中称之为"政务—修撰联动机制",提示了追索判断相关史传史料来源的契机。

通过"政务—修撰联动机制"寻觅史源,还见于书中对"孝义类传"——即是以忠孝节义人物为记述对象的传记——史源的探索。首先是孝义类传中的一些典型情节,聂氏注意到常常与官府的察举、表彰相关,推测这类情节化、戏剧化的记载可能源自与人物管理、人物事迹相关的文书,如考核、举荐文书等,尤其是察举文书最为主要。其次,从《宋书》开始,不少史书如《宋书》《南齐书》《魏书》《周书》等,呈现强烈的"文书风格"。这种"文书风格"的文本大多只记载传主一事一行,后或附以政府表彰。譬如《宋书·孝义传·贾恩传》:

> 贾恩,会稽诸暨人也。少有志行,为乡曲所推重。元嘉三年(426),母亡,居丧过礼。未葬,为邻火所逼,恩及妻桓氏号哭奔救,邻近赴助,棺椁得免。恩及桓俱见烧死。有司奏改其里为孝义里,蠲租布三世。追赠天水郡显亲县左尉。

又如同卷《王彭传》：

> 王彭，盱眙直渎人也。少丧母。元嘉初，父又丧亡，家贫力弱，无以营葬，兄弟二人，昼则佣力，夜则号感。乡里并哀之，乃各出夫力助作砖。砖须水而天旱，穿井数十丈，泉不出，墓处去淮五里，荷檐远汲，困而不周。彭号天自诉，如此积日，一旦大雾，雾歇，砖灶前忽生泉水，乡邻助之者，并嗟叹神异，县邑近远，悉往观之。葬事既竟，水便自竭。元嘉九年（432），太守刘伯龙依事表言，改其里为通灵里，蠲租布三世。①

这种记述方式明显与以生平事迹、仕宦履历为主要构成的一般传记不同。聂氏推测，这类传记应当也来自官方政务文书。这类政务文书藏于官府，或直接进入官方修史机构，由此为史家取材。与孝义类传传主相关的原始政务文书同样早已湮没无闻，不过通过追究其另类叙述方式，结合修史体制，学者得以判定其史料来源。②

除了修史体制外，对文本生成环境的准确把握，有时也会成为探寻史源的"利器"。所谓文本生成环境，包括文本的流传、收藏、阅读乃至相关政治、社会、文化动向，等等。譬如对于《辽史·天祚皇帝纪》所附耶律大石离开辽朝西征、建立政权的"西辽事迹"，苗润博认为其文本来源有二：其中关于耶律大石事迹部分，出自经过精细雕琢的诸如开国君主传记之类的西辽官方文献；西辽君位传承部分，出自基于原始情报简单排比后的"大事记"或"大事简编"。在论证这两个结论的过程中，文本生成环境即构成重要线索。关于前者，作者注意到将耶律大石政权称作"西辽"，始自蒙元重臣耶律楚

---

① 《宋书》卷九一《孝义传》，北京：中华书局，1974年，第2243、2250页。
② 聂溦萌《中古官修史体制的运作与演进》，上海：上海古籍出版社，2021年，第32—75页。

材,在耶律楚材其他文字中,也展现出他将耶律大石政权视为辽朝延续的"辽史观"。作者进而发现耶律楚材曾在西辽故地停留较长时间,并与原西辽勋贵过从甚密,且耶律楚材曾收藏作为元修《辽史》最重要原始资料的辽代耶律俨修《皇朝实录》,此书最终进入元朝官方藏书系统。这样,以耶律楚材为中介,作者将西辽官方文献开国君主传记与《辽史》"西辽事迹"联系起来,推测前者构成后者的史源之一。至于后者,作者以西辽年号"续兴"被中原王朝史书改为"绍兴"为线索,推测这是因避金朝末代皇帝哀宗完颜守绪讳而改,由此论断西辽"大事简编"极有可能出自金末文献系统——具体说可能是金朝使者在蒙古西征时期远赴西域面见成吉思汗时搜集、整理的西辽历史信息,随着金末文献辗转为元朝史家所获,最终成为《辽史》中西辽相关记载的另一史源。① 在此讨论中,由于原始文本已佚,同样无法进行文本比勘,但借由分析文本结构及一些另类书写,并通过对包括文本生成、流传等中间环节以及相关政治、社会动向等文本生成总体环境的把握,学者仍建立起相对可靠的《辽史》"西辽事迹"的史源追索。

　　当然,与基于文本比勘判定文本史料来源相比,基于修史体制或文本生成环境寻觅史源存在更多风险,毕竟古代文本流传的实际面貌多已不可晓,其是否即如基于修史体制或文本生成环境所展示的文本流动路径,未必没有疑问。譬如《宋书》"孝义类传"以下所谓文书风格的记载,胡宝国即推测可能源自杂史杂传,即孝义类传的人物大多来自社会下层,朝廷缺乏其档案资料,所以传记只能依据杂史杂传,而杂史杂传多不系统、不完整,故而呈现出缺斤短两的"文书风格"式记载。② 而诸史"列国传"之史源,西辽历史信息如何进入《辽史》,也未

---

① 苗润博《〈辽史〉探源》,第 325—360 页。
② 胡宝国《读〈南史〉〈宋书〉推论正史与杂史的关系》,《汉唐间史学的发展(修订本)》,北京:北京大学出版社,2014 年,第 211—212 页。

必没有其他解释。因此,修史体制或文本生成环境在寻觅史源时一般只宜作为时空背景,构成辅助性证据。具体探索某一文本史料来源的研究,多数场合仍应立足于文本细节,通过或隐或显的若干线索,结合文本环境展开推论,如此才能更为贴切地迫近文本史料来源。

2. 书写体例

书写体例也是很早就为学者所关注的问题。大的方面,纂修史书用纪传体还是编年体,这便是一个体例问题;小的方面,如本纪、列传、书志如何设置,篇章如何命名,顺序如何排列,书写如何遣词造句等,都与体例相关。关于这些问题,唐人刘知幾和清人章学诚分别在《史通》和《文史通义》这两部中国古代最优秀的史学批评论著中有详细阐释,可以参看。

及至现代,书写体例仍为学人所重。余嘉锡即明确宣称:"凡读古人之书,当通知当时之文体。"①所谓"文体",即指书写体例。余先生且身体力行,在 20 世纪 30 年代给学生上课时,专门讲述古书体例问题,如古书的作者、命名、编次,诸子造作故事的缘由,古书分别内外篇,刘向校雠编次等,后由周祖谟先生编为《古书通例》一书,为了解古书体例的必读之作。之后李学勤撰《对古书的反思》,李零撰《出土发现与古书年代的再认识》《简帛古书与学术源流》等,其中对出土简帛古书体例亦有所分疏,所论大体与余先生相合。②

余嘉锡等先生所论,大体属于古书体例中较为宏观者,文献中

---

① 余嘉锡《古书通例》,北京:中华书局,2009 年,第 295 页。
② 李学勤《对古书的反思》,初刊复旦大学历史系编《中国传统文化的再估计——首届国际中国文化学术讨论会(1986)文集》,上海:上海人民出版社,1987 年,第 548—553 页,后收入氏著《简帛佚籍与学术史》,南昌:江西教育出版社,2001 年,第 28—33 页;李零《出土发现与古书年代的再认识》,初刊《九州学刊》第 3 卷第 1 期,1988 年,后收入氏著《李零自选集》,桂林:广西师范大学出版社,1998 年,第 22—57 页;《简帛古书与学术源流(修订本)》,北京:生活·读书·新知三联书店,2020 年,第 189—195 页。

一些相对具体、细节的书写体例，近年来学者也有不少讨论。这里略举几例。

第一个例子是列传的编次顺序。案今所谓正史者，体裁上均属纪传体史书。而纪传体史书，一般由本纪、列传、书志三部分组成，有的还包括表。四者中，书志与表仅部分正史有之，本纪与列传则无一例外皆有设置，所谓"纪传体"亦由此得名。本纪系按照帝王次序记载王朝大事，大约相当于大事编年记，故大致以时间顺序编排，那么以人物为中心的列传，其编排次序又是怎样的呢？一般而言，列传人物编排大致也以时间为序，不过，由于同一时期列传人物的存在是复数式的，因此在以时间为序的大前提下又存在一些小的列传编次体例，概括而言，主要有以下四种。

其一，以类相从。所谓以类相从，即是按照功绩、德行、学术等标准，将生平事迹类似的人物合于一卷或前后相连进行书写。这种体例在《史记》中已经存在，合于一卷者如管仲与晏子同在卷六二、老子、韩非同在卷六三，孙武、吴起同在卷六五，孔子弟子同在卷六七，孟子、荀子同在卷七四，鲁仲连、邹阳同在卷八三，屈原、贾谊同在卷八四等；前后相连者如苏秦、张仪分居卷六九、卷七〇，战国四公子——齐孟尝君、赵平原君、魏信陵君、楚春申君分居卷七五至卷七八，被时人视为循吏的汲黯、郑当时列传（卷一二〇）序于循吏列传（卷一一九）后①等。以类相从最显著的例子就是所谓类传，自《史记》以降，类传在历代正史中均有设置。《史记》类传包括刺客列传、循吏列传、儒林列传、游侠列传、佞幸列传、滑稽列传等，从篇名可知，进入同一类传者均为生平事迹具有共性之人。应该说，《史记》对以类相从体例的执行是非常彻底的，有时甚至超越时间顺序，

---

① 泷川资言《史记会注考证》卷一二〇《汲郑列传》引宋人叶梦得语，北京：文学古籍刊行社，1955年，第4863—4864页。

这也招致后人批评,如刘知幾即说:"编次同类,不求年月,后生而擢居首帙,先辈而抑归末章,遂使汉之贾谊将楚屈原同列,鲁之曹沫与燕荆轲并编,此其所以为短也。"①

其二,以事相连。所谓以事相连,即是指因与同一事件相关,一些人物被合于一卷或前后相连进行书写。《史记》中,合于一卷者如廉颇、蔺相如因完璧归赵同在卷八一,袁盎、晁错因同主削藩共在卷一〇一,魏其侯、武安侯因灌夫事同在卷一〇七;前后相连者如韩安国、李广、匈奴、卫青、霍去病分居卷一〇八至卷一一一,因皆牵涉匈奴,故有此安排,而司马相如(卷一一七)序于西南夷之后(卷一一六),大约也与司马相如以中郎将出使、略定西南夷相关。② 要之,以事相连编次列传也是《史记》常用的书写体例,后世正史亦时有运用。

其三,以官职位次相从。顾名思义,以官职位次相从就是按照官职、位次高低进行排列,《史记》中已有其例,不过在《汉书》之后,更为显著。据曲柄睿分析,《汉书》较多按照不同官职、位次区分人物,合并列传,以宣帝以降进入仕途的诸臣为例。

表 7-1 《汉书》宣帝、元帝以降单元诸臣编排

卷次	标　目	人　物	最高官职	位次
81	匡张孔马传	匡　衡	丞相	公
		张　禹	丞相	

---

① 刘知幾撰,浦起龙通释《史通通释》卷二《二体》,第 25 页。关于《史记》编次以类相从,最新讨论参曲柄睿《整齐世传——前四史人物列传编纂研究》,北京:中华书局,2022 年,第 52—66 页。

② 泷川资言《史记会注考证》卷一一〇《匈奴列传》、卷一一七《司马相如列传》,第 4497—4498、4703—4704 页。学者甚至认为从卷一〇八至卷一一八皆与周边族群相关,是为更宏观的以事相连。胡鸿《能夏则大与渐慕华风——政治体视角下的华夏与华夏化》,北京:北京师范大学出版社,2017 年,第 134—138 页。

续　表

卷次	标　目	人　物	最　高　官　职	位次
81	匡张孔马传	孔　光	丞相、大司徒、太傅、太师	公
		马　宫	大司徒、太傅	
82	王商史丹傅喜传	王　商	丞相	公
		史　丹	左将军、光禄大夫	
		傅　喜	大司马	
83	薛宣朱博传	薛　宣	丞相	公
		朱　博	丞相	
84	翟方进传	翟方进	丞相	公
85	谷永杜邺传	谷　永	大司农	卿
		杜　邺	凉州刺史	
86	何武王嘉师丹传	何　武	大司空、御史大夫	公
		王　嘉	丞相	
		师　丹	大司马、大司空	

如表 7-1 所见,几例合传中,公基本与公同传,卿大体与卿同传,官职位次成为确定同一时期同传人物的关键指标。① 不过值得注意的是,在以官职位次划分列传人物的大原则下,事实上也存在以类相从的因素。譬如同属公,匡衡、张禹、孔光、马宫以儒学进身,故同在卷八一,王商、史丹、傅喜以外戚进身,故同在卷八二,薛宣、朱博以能吏进身,

---

① 曲柄睿《〈汉书〉列传编纂研究》,初刊《学灯》第 2 辑,上海:上海古籍出版社,2017年,第 103—128 页,后收入氏著《整齐世传——前四史人物列传编纂研究》,第66—112 页。

故同在卷八三,据此也可窥知班固编排列传人物时的精心细腻之处。

其四,以家族关系相从。所谓以家族关系相从,是指同一家族的人员被列于同传。这一体例在《史记》《汉书》中已见,但并不突出,至魏晋南北朝时期,则成为彼时史书编排列传人物时最重要的准则之一。以《晋书》为例,卷六五为《王导传》,其中收录人物如表7-2所见:

表7-2 《晋书·王导传》收录王导家族成员

第一代	第二代	第三代	第四代	第五代
王 导	王 悦	王 琨	王 嘏	王 恢
	王 恬			
	王 洽	王 珣	王 弘	
			王 虞	
			王 柳	
			王 孺	
			王昙首	
		王 珉	王 朗	
			王 练	
	王 协	王 谧	王 瓘	
			王 球	
			王 琇	
	王 劭	王 穆	王 简	
			王 智	
			王 超	

续　表

第一代	第二代	第三代	第四代	第五代
王导	王劭	王默	王鉴	
			王惠	
		王恢		
	王荟	王廙	王泰	
			王华	

可以看到,全卷所收人物均为王导子嗣。考虑到第四代以下生活时代已大体进入刘宋,见载《宋书》,不难想见,若无晋宋更迭,《晋书·王导传》所收王导家族人员当更多。披览魏晋南北朝诸正史可知,如《晋书·王导传》这般广录家族成员的列传编排方式在当时纪传体史书中极为普遍,相当多的出身大族的传主,其同族人员均被附于同传,以致部分列传几乎如同家传。①

以类相从,以事相连,以官职位次相从,以家族关系相从,这四种列传编次体例针对的都是华夏政权内部的人物,那么对于华夏政权外或者华夏边缘的周边族群,史家又以何种方式进行编排?从历代正史看,周边族群一般被汇入一卷或前后相连的数卷集中书写,因此本质上讲,针对周边族群的列传编次亦可谓以类相从。不过在这一宏观概括下,还有更具体的体例可以追寻。

前已提及,《史记》针对周边族群采取以事相连的编次原则,故异族并不前后相连,中间间或插入与处置异族相关的朝臣。不

---

① 《宋书》《魏书》《南史》《北史》等莫不如此,《魏书》还曾因此被杨惰批评"此谓不刊之书,传之万古。但恨论及诸家枝叶亲姻,过为繁碎,与旧史体例不同耳"。《北史》卷五六《魏收传》,北京:中华书局,1974年,第2032页。

过自《汉书》以降,周边族群基本被连续书写。胡鸿发现,虽然这些描述周边族群的列传习惯上被称作"四夷传",但《史记》《汉书》乃至东汉官修纪传体国史《东观汉记》、陈寿撰《三国志》,以经学"东夷、西戎、南蛮、北狄"观念编排异族的意识并不十分突出,而大体与《三国志》前后成书的鱼豢撰《魏略》、谢承撰《后汉书》及司马彪撰《续汉书》,异族传中的四夷框架渐趋明显,及至范晔《后汉书》,臻于成熟。此后以四夷编排异族虽然在南朝史书中不见因袭,但北朝史家则延续这一体例,至唐初修《周书》《隋书》《北史》《晋书》诸史,遂形成形式最为完备的"四夷传"。其编排如表7-3所见。

表7-3 正史"四夷传"收录四夷顺序

书　名	卷　次　及　书　名
汉　书	94 匈奴　95 西南夷两粤朝鲜　96 西域
后汉书	85 东夷　86 南蛮西南夷　87 西羌　88 西域　89 南匈奴　90 乌桓鲜卑
宋　书	95 索虏(附芮芮等)　96 鲜卑吐谷浑　97 夷蛮　98 氐胡
隋　书	81 东夷　82 南蛮　83 西域　84 北狄
周　书	49 异域上(东夷、南蛮、西戎)　50 异域下(北狄、西域)
晋　书	97 四夷(东夷、西戎、南蛮、北狄)

据此,则是否按照四夷观念编排周边族群,又构成异族书写的一个小体例。① 不过,"四夷传"的编次模式并未维持太久,至宋代以降,由于政权分立及非华夏族群建立统一王朝,以四夷编排周边族群的

---

① 胡鸿《能夏则大与渐慕华风——政治体视角下的华夏与华夏化》,第133—148页。

模式渐被放弃,周边族群渐被编总至《外国传》下,这又导致正史书写周边族群体例的另一次转变。[1]

正史列传编次体例就介绍到这里,如果细究,还有不少体例有待发覆,限于篇幅,兹不赘述。和列传编次一样,书志也有一些未被史家言明的书写体例潜藏其中。这里略举两例。

《续汉书·舆服志下》:

> 进贤冠,古缁布冠也,文儒者之服也。前高七寸,后高三寸,长八寸。公侯三梁,中二千石以下至博士两梁,自博士以下至小史私学弟子,皆一梁。宗室刘氏亦两梁冠,示加服也。

《明史·舆服志三》:

> 文武官朝服。洪武二十六年(1393)定,凡大祀、庆成、正旦、冬至、圣节及颁诏、开读、进表、传制,俱用梁冠,赤罗衣,白纱中单,青饰领缘,赤罗裳,青缘,赤罗蔽膝,大带赤、白二色绢,革带,佩绶,白袜黑履。[2]

以上两条分别是晋人司马彪撰《续汉书》和清人编《明史》对进贤冠或谓梁冠的记载。不难看出,二者除内容有别外,叙述方式亦显有差异——前者是自冠名说起,进而罗列哪些人着此冠;后者则是自人说起,进而云及所着冠。阎步克认为,二者实际代表了中国古代冠服叙述的两种模式,前者由冠统服、由服及人,后者以人为纲、由人及服,隋唐以前,基本遵循“由冠及人”模式,此后则转为“由人及

---

① 钱云《从“四夷”到“外国”:正史周边叙事的模式演变》,《复旦学报(社会科学版)》2017年第1期。

② 《续汉书·舆服志》,《后汉书》,北京:中华书局,1965年,第3666页;《明史》卷六七《舆服志三》,北京:中华书局,1974年,第1634页。

服"模式。① 不同叙述模式也就意味着不同的书写体例,而不同书写体例必然导致文本呈现不同的样态。

官制文本中也有类似的书写体例转换。《续汉书·百官志》载太常官属:

> 太常,卿一人,中二千石。本注曰:掌礼仪祭祀。……丞一人,比千石。本注曰:掌凡行礼及祭祀小事,总署曹事。其署曹掾史,随事为员,诸卿皆然。
>
> 太史令一人,六百石。本注曰:掌天时、星历。……丞一人。明堂及灵台丞一人,二百石。本注曰:二丞,掌守明堂、灵台。
>
> 博士祭酒一人,六百石。本仆射,中兴转为祭酒。博士十四人,比六百石。……掌教弟子。国有疑事,掌承问对。
>
> 太祝令一人,六百石。本注曰:凡国祭祀,掌读祝,及迎送神。丞一人。本注曰:掌祝小神事。
>
> 太宰令一人,六百石。本注曰:掌宰工鼎俎馔具之物。……丞一人。
>
> 大予乐令一人,六百石。本注曰:掌伎乐。……丞一人。
>
> 高庙令一人,六百石。本注曰:守庙,掌案行扫除。无丞。
>
> 世祖庙令一人,六百石。本注曰:如高庙。
>
> 先帝陵,每陵园令各一人,六百石。本注曰:掌守陵园,案行扫除。丞及校长各一人。本注曰:校长,主兵戎盗贼事。
>
> 先帝陵,每陵食官令各一人,六百石。本注曰:掌望晦时节祭祀。②

---

① 阎步克《分等分类视角中的汉、唐冠服体制变迁》,初刊《史学月刊》2008 年第 2 期,后收入氏著《从爵本位到官本位——秦汉官僚品位结构研究(增补本)》,北京:生活·读书·新知三联书店,2017 年,第 154—160 页。

② 《续汉书·百官志二》,《后汉书》,第 3571—3574 页。

很明显,司马彪记载东汉朝的太常,不仅叙述整个太常系统以太常一职统括全文,太常下诸署同样以诸署长官带动对该署的描述,亦即这是一种以"长官为纲"的叙述模式。同样是记载太常,《旧唐书·职官志》则记作:

> 太常寺:卿一员,正三品。……少卿二人,正四品。……太常卿之职,掌邦国礼乐、郊庙、社稷之事,以八署分而理之:一曰郊社,二曰太庙,三曰诸陵,四曰太乐,五曰鼓吹,六曰太医,七曰太卜,八曰廪牺。总其官属,行其政令。少卿为之贰。凡国有大礼,则赞相礼仪。……

> 丞二人,从五品上。主簿二人,从七品上。录事二人,从九品下。府十二人,史二十三人。博士四人,从七品上。谒者十人,赞引二十人。太祝六人,正九品上。祝史六人。奉礼二人,从九品上。赞者十六人。协律郎二人,正八品上。亭长八人,掌固十二人,太庙斋郎,京、都各一百三十人。太庙门仆,京、都各三十人。丞掌判寺事。……

> 两京郊社署:令各一人,从七品下。丞一人,从八品上。府二人,史四人,典事三人,掌固五人,门仆八人,斋郎一百一十人。郊社令掌五郊社稷明堂之位,祠祀祈祷之礼。……

> 鼓吹署:令一人,从七品下。丞三人,从八品下。府三人,史六人。乐正四人,从九品下。典事四人,掌固四人。鼓吹令掌鼓吹施用调习之节,以备卤簿之仪。……

> 太医署:令二人,从七品下。丞二人,从八品下。府二人,史四人,主药八人,药童二十四人。医监四人,从八品下。医正八人,从九品下。药园师二人,药园生八人,掌固四人。太医令掌医疗之法。……

太卜署：令一人，从八品下。丞一人，正九品。卜正二人，从九品下。卜博士二人。从九品下。太卜令掌卜筮之法。……

廪牺署：令一人，正八品下。丞一人。正九品。廪牺令掌荐牺牲及粢盛之事。……

汾祠署：令一人，从七品下。丞一人。从八品上。汾祠令、丞，掌神祀、享祭、洒扫之制。

两京齐太公庙署：令各一人，从七品下。丞各一人。从八品上。令、丞掌开阖、洒扫及春秋仲释奠之礼。①

从太常寺到其下诸署，官署名都构成该部分叙述的线索，发挥着提纲挈领的作用。这也就意味着，《旧唐书》是以"官署为纲"模式展开对太常及其属官的叙述。

明确了上述两类叙述模式后，再来看这两类模式在历代正史官制文本中的分布情况（表7-4）。

表7-4　正史官制叙述模式

正史	汉书	续汉书	宋书	南齐书	魏书	晋书	隋书	旧唐书	旧五代史	新唐书	辽史	金史	宋史	元史	明史	清史稿
叙述模式	长官为纲	长官为纲	长官为纲	长官为纲	建制变化	长官为纲	官署为纲	官署为纲	建制变化	官署为纲	官署为纲	官署为纲	官署为纲	官署为纲	官署为纲	官署为纲

可以看到，除《魏书·官氏志》与《旧五代史·职官志》因撰修粗疏，②而以官职建制变化略叙一朝官制外，其余都完全或主要采用了"长

---

① 《旧唐书》卷四四《职官志三》，第1872—1877页。

② 《旧五代史·职官志序》称《唐六典》记载完备，"故今之所撰，不敢相沿，祖述五代之命官，以踵百王之垂范，或厘革升降，则谨而志之"，大约不过是开脱回护之词。《旧五代史》卷一四九《职官志》，北京：中华书局，1976年，第1989页。

官为纲"或"官署为纲"模式。而值得注意的是,大抵以《晋书·职官志》与《隋书·百官志》为界,在此之前官制叙述以"长官为纲"为主,在此之后,"官署为纲"的叙述模式则成为主流。

《晋书·职官志》与《隋书·百官志》均成书于唐代前期,这意味着,官制文本书写体例的巨大转变大致是在唐代前期完成的。唐代前期为什么会发生这一转变,对此学界尚存争议。楼劲认为或与汉唐行政体制转变相关,具体表现为两点:其一,长官与佐官关系变化,长官权力缩减,佐官权位上升,二者间的牵制、协调逐渐明确;其二,与之相伴,长官、佐官与其下主管诸务的属官和从事相关案牍文书的属吏之间,亦渐强化了协同行事的一面。[①] 此说固然不误,笔者之前也持类似认识,不过考虑到行政体制与官制书写之间尚需官制认识作为中介,官制书写与官制认识更具直接联系,因此在最新的思考中,笔者更倾向于认为是汉唐官制认识的变化导致这一转变,即汉代流行长官至上的官制认识,因此书写官制时采用长官为纲模式,唐代流行官署优先的官制认识,故官制书写改行官署为纲模式。[②] 无论如何,唐代前期官制书写体例曾发生巨大转变,这一点毋庸置疑,而书写体例的转变也造成官制文本形态上的显著差异。要之,如果说史料来源对于文本形态具有决定性意义,那么书写体例同样也是影响文本的重要元素,理所当然应被纳入史料批判研究的视野。[③]

3. 成书背景

接着来看成书背景。无待赘言,任何一个文本,都是在特定时

① 楼劲《从"以官存司"到"以司存官"——〈百官志〉体例与汉唐行政体制变迁研究》,《历史研究》2021 年第 1 期。
② 拙稿《官者何也:汉唐间官制认识转变试析》,《清华大学学报(哲学社会科学版)》2025 年第 1 期。
③ 关于志书书写体例,正史地理文本如何编排同级行政区,也是耐人寻味的好课题。关于此,学者已有不少探讨,兹不赘述。

空背景下酝酿并诞生的。这种背景可能是政治的、文化的、社会的、民族的、地理的、技术的，等等，它们透过史家之笔渗入文本，或隐或显、或多或少地影响着文本的生成，故成书背景也是史料批判研究必须关注的维度。我们仍通过几个具体例子来看成书背景对历史书写的影响。

　　东汉末年有一个大名士，叫郭泰，也写作"郭太"，字林宗。郭泰以品评人物著称，《后汉书·郭太传》还专门记载了一系列他评议人物的事迹。也就是说，作为人物评论家的郭泰，是世人所熟悉的郭泰形象。不过，日本金泽大学安部聪一郎教授发现，在范晔《后汉书》之前的各种郭泰传记中，郭泰并不总是以人物评论家的面目出现，时代越早，他更多表现为隐逸者的形象。安部由此指出，郭泰形象在不同时期的传记中有一个不断变化、丰富的过程，其中一条关键线索就是郭泰作为隐逸者和人物评论家两种形象的此消彼长：隐逸者的形象渐趋淡化，人物评论家的形象则日益放大，及至范晔《后汉书》，郭泰遂以人物评论家代表的形象出现。郭泰形象为什么会有这一转化？在安部看来，东汉以后士大夫的评价构成重要的时代背景，随着士大夫评价越来越重视郭泰人物品评的一面，史传中的郭泰遂也由隐逸者化身为人物评论家。这样，通过郭泰形象的变化，安部成功展示了成书背景对人物书写的影响。①

　　安部强调成书背景对包括范晔《后汉书》在内各种东汉史文献产生影响，并不仅限于郭泰形象转变一例，他曾从各个角度聚焦这一问题。在一篇总论性文字中，针对以往学者试图通过比较诸家《后汉书》《后汉纪》复原东汉历史的倾向，他提出诸家《后汉书》《后

---

① 安部聪一郎《『後漢書』郭太列伝の構成過程—人物批評家としての郭泰像の成立》，《金沢大学文学部論集　史学·考古学·地理学篇》第28号，2008年，第13—110页。

汉纪》编撰之际,可能已经融入撰者的政治立场和价值观,特别是魏晋南北朝时期对东汉历史的理解也会被无意识地混入其中。在安部看来,成书于魏晋以下的各种《后汉书》《后汉纪》,并不能看成是东汉历史的如实记录,而是渗透了魏晋以下对东汉历史的认识,其中既包括编撰者的思想、价值观,也包括整个时代的东汉历史观。而无论是编撰者的思想、价值观,还是整个时代的东汉历史观,实际都构成成书背景,制约着东汉史文本的生成,故在利用各种东汉史文献探讨东汉历史时,成书背景乃是必须留意的维度。①

　　日本东京大学佐川英治教授对《魏书》成书背景的分析,也揭示出成书背景对理解文本的重要性。如所周知,北魏孝文帝改革是北魏历史上的大事,此后北魏多采用汉魏以来的华夏文物制度,在此之前,北魏则多施行源自内亚传统的北族制度。如孝文帝祖父文成帝巡幸山东、途经灵丘时所立南巡碑,以及一些北魏前期墓志,其中均可见到不少不见于华夏官僚制度的官职。然而《魏书》对北魏前期历史的记载中,却不易看到这一点,《魏书》所呈现的北魏前期似乎完全是一个华夏政权,这是什么缘故? 佐川英治注意到,《魏书》实际是在孝文帝汉化政策的延长线上编纂而成,目的是要将孝文帝的汉化政策历史性地正当化,其写作背景则是魏齐禅让革命和汉人贵族对"监修国史"的掌握,亦即《魏书》是在代人、汉人历史观对立的背景下,基于山东士族立场撰述而成。明乎此,《魏书》将北魏前期华夏化的书写考量就不难理解了。简言之,《魏书》为了合理化孝文帝的汉化改革,采取了将此过程历史化的策略,试图将北魏塑造为"自古以来"就是一个华夏政权,在此意图下,北魏前期一些非华夏因素就在历史书写中被剔除了。这里,魏齐之际的政治、社会背

---

① 安部聪一郎《後漢時代関係資料の再検討—先行研究の検討を中心に》,《史料批判研究》第 4 号,2000 年,第 1—43 页。

景虽非直接影响文本,但透过意欲将孝文帝汉化改革历史性正当化的撰述意图,亦间接引导和影响着《魏书》撰述。①

以上两个例子讨论的都是成书背景对整部书的影响,事实上在一些具体行文中,也不时可见成书背景的影响。笔者曾经注意到中国古代史书在建构人物形象时偏爱使用各类书写模式,所谓书写模式,即指那些高度类型化、程式化的文本元素。读过武侠小说的读者都知道,武侠小说里有许多共通的内容,譬如悦来客栈到处都有,是古代最大的连锁客栈,超级剧毒、解药、暗器都产自西域,长着超长白发和胡子的是旷世高人,两斤熟牛肉和上等女儿红为大侠套餐,等等,这些就是书写模式。武侠小说这类文学作品有书写模式,史传里也有。在诸多书写模式里,有一类比较特殊,笔者称之为“德感自然”模式,即是将人事与自然联系起来。譬如中古时期曾流行两种建构良吏形象的书写模式,“猛虎渡河”与“飞蝗出境”。所谓“猛虎渡河”,即某地原本有老虎为害,后来地方长官施行德政,老虎受感化后渡河而去。这类记载在史传中颇为常见,兹举数例。

> 稍迁侍中、弘农太守。先是崤、黾驿道多虎灾,行旅不通。昆为政三年,仁化大行,虎皆负子度河。——《后汉书·儒林传上·刘昆传》

> 迁九江太守。郡多虎暴,数为民患,常募设槛阱而犹多伤害。均到,下记属县曰:“夫虎豹在山,鼋鼍在水,各有所托。且江淮之有猛兽,犹北土之有鸡豚也。今为民害,咎在残吏,而劳勤张捕,非忧恤之本也。其务退奸贪,思进忠善,可一去槛阱,

---

① 佐川英治《東魏北齐革命と『魏書』の編纂》,《東洋史研究》第 64 卷第 1 号,2005年,第 37—64 页;中译《东魏北齐革命与〈魏书〉的编纂》,刘啸译,陈锋、张建民主编《中国古代社会经济史论:黄惠贤先生八十华诞纪念论文集》,武汉:湖北人民出版社,2010 年,第 426—448 页。

除削课制。"其后传言虎相与东游度江。——《后汉书·儒林传上·宋均传》

刘平为全椒长。……先是县多虎为害，平到修政，选进儒良，黜贪残，视事三月，虎皆渡江而去。——《汉后书·孝子传·刘平传》

出为编令，治有异绩。先是，县境多虎暴，黔娄至，虎皆渡往临沮界，当时以为仁化所感。——《梁书·孝行传·庾黔娄传》

如上所见，四处文字虽不完全相同，但基本内容一致，即老虎为害—地方长吏施行德政—老虎受感化渡河而去，可以认为它们遵循的是同一套书写模式。

至于"飞蝗出境"，请看以下几条记载：

迁密令……时天下大蝗，河南二十余县皆被其灾，独不入密界。督邮言之，太守不信，自出按行，见乃服焉。——《东观汉记·卓茂传》

（天保）九年（558），除阳平太守，治有能名。是时，频有灾蝗，犬牙不入阳平境，敕书褒美焉。——《北齐书·羊烈传》

再迁肃州刺史。……仪凤间，河西蝗，独不至方翼境，而它郡民或馁死，皆重茧走方翼治下。——《新唐书·王方翼传》

调太平路芜湖县尹。……贡赋征发及时，民乐趋事，教化大行，飞蝗独不入境。——《元史·欧阳玄传》

可见所谓"飞蝗出境"，简单说就是蝗虫受官吏德化影响，不进入官吏治下为灾。在此模式中，官吏德政同样被与自然现象紧密关联。

猛虎渡河与飞蝗出境之外，建构良吏形象的德感自然模式还包

括"驯雉""止讼""德降澍雨""德致祥瑞"以及具有地域性特征的
"合浦还珠"等。从史传记载看,这些书写模式除"合浦还珠"可能因
地域要求(需要临海)使用受限外,其余几种均较常见。而披览史传
可以发现,不仅良吏,诸如孝子、列女、高僧等德行高尚的类型化人
物,历代史家在建构他们的形象时均热衷采用德感自然模式。

为什么中国古代史书中会出现大量超经验、超自然的德感自然
模式? 案史传人物书写采用德感自然模式大抵始于东汉,而东汉之
所以出现德感自然模式,不难想见应与这一时期流行天人感应理论
密切相关。天人感应观念起源甚早,周代已可觅其滥觞,[①]但直至董
仲舒系统总结、整理,其说才真正成为一种广为流行的理论,西汉后
期兴起并风靡一时的谶纬学说对此亦起到推波助澜的作用。[②] 天人
感应理论的流行,使得时人笃信人类行为与自然世界之间存在互动
关系,在此意识下,大概率属虚构的德感自然模式遂应运而生。另
一方面,东汉重视名节,推动时人追求声名,"凡可以得名者,必全力
赴之",以致经常产生超出一般认知的特立独行行为,[③]反映到叙述
层面,也需要一种更能彰显名节的书写方式,而德感自然模式因将
人事关联自然、以自然衬托人事,在彰显名节时效果更胜,由此进入
时人视野,被史家广泛采用。要之,东汉开始利用德感自然模式形
塑德行高妙之士,极有可能乃是天人感应说构成的文化背景与崇尚
名节的时代氛围合力推动的结果。而在德感自然模式产生之后,尽
管天人感应理论在宋代以降遭受挑战,但其理论核心即人事与自然

---

① 陈侃理《儒学、数术与政治:灾异的政治文化史》,北京:北京大学出版社,2015 年,
第 10—11 页。
② 关于谶纬与天人感应说的关联,参陈侃理《儒学、数术与政治:灾异的政治文化
史》,第 162—174 页。
③ 赵翼撰、王树民校证《廿二史札记校证(订补本)》卷五"东汉尚名节"条,北京:中
华书局,1984 年,第 102—104 页。

相对应仍在古人知识结构中根深蒂固,加之古代史家对典故传统青睐有加,由此即便时人意识到诸如"猛虎渡河""飞蝗出境"等事迹出自虚妄,但德感自然模式仍在不同层次的历史书写中长期流行。①

　　成书背景的影响有时还会体现在极其细微的地方。胡宝国注意到,《史记》《汉书》对传主籍贯的书写存在差异,《史记》多以县名为籍贯,《汉书》则以郡名+县名的方式记录籍贯。如表7-5所示:

表7-5　《史记》《汉书》传主籍贯书写

传　主	《史记》	《汉书》
张释之	堵阳	南阳堵阳
卫　青	平阳	河东平阳
路博德	平州	西河平州
郅　都	杨	河东大杨
宁　成	穰	南阳穰
郭　解	轵	河内轵

《史记》中单以县名为籍贯者,《汉书》往往于县名前补上郡名。当然,《汉书》也未完全修订《史记》的籍贯记录方式,书中个别传主籍贯仍只标县名,但值得注意的是,《汉书》在记录司马迁以后亦即《史记》没有记载的人物之籍贯时,很少会忽略郡名。对此,胡氏认为,《史记》以县名为传主籍贯的记录方式可以追溯到战国,乃是因袭旧传统,随着郡在汉武帝以降地位日显,以郡为单位的新的区域观念

---

① 拙稿《中古良吏书写的两种模式》,《历史研究》2014年第3期;《中国古代良吏书写模式的确立——从〈史〉、〈汉〉到〈后汉书〉》,《中国学术》第38辑,2017年,第217—247页。

形成,《汉书》遂改以郡名+县名的方式记录传主籍贯。① 这里,制度和文化背景,构成《史》《汉》籍贯书写方式差异的主导力量。

以上几个例子,分别从人物形象演变、早期历史书写、书写模式变迁、籍贯书写差异等展现了成书背景之于文本的意义。可以看到,无论是整本史传抑或细节描述,都有可能不同程度地受到时代背景影响,甚至在某些时候,成书背景还是决定史传如何书写的第一要素。正是在此意义上,笔者认为成书背景亦是理解、认识文本的关键钥匙。

4. 撰述意图

最后来看一下第四个研究取径——撰述意图,事实上,古代史家关于史书曲笔、以史为鉴等认识已在一定程度上触及史书的撰述意图,而在后现代史学影响下,撰述意图对史书形成的意义也更为学者所关注,近年来的文本研究中,不少分析都聚焦撰述意图,徐冲《中古时代的历史书写与皇帝权力起源》②即为此一取径的代表论著。如前所述,徐冲对历史书写的界定即倾向于认为文本是有意制作的产物,强调文本生成背后的撰述意图,故其论述亦多围绕撰述意图展开。这里仅以书中对"起元"和"开国群雄传"的分析略作说明。

所谓"起元",是指国史书写中从何时开始采用本王朝纪年方式纪年。徐冲发现,魏晋以降,以刘宋时徐爰撰国史为转折,此前国史书写采取"禅让后起元",即在前代王朝纪年下书写本朝"创业之主",而此后则变为"禅让前起元",即自本朝开国之君创业伊始即使用本朝纪年。徐氏认为这一变化反映了时人对皇帝权力起源认识的变化,"创业之主"取代"前朝功臣",成为皇帝权力起源的起点。

---

① 胡宝国《〈史记〉与战国文化传统》,《汉唐间史学的发展(修订本)》,第1—8页。
② 徐冲《中古时代的历史书写与皇帝权力起源》,上海:上海古籍出版社,2012年。

亦即在徐冲看来,国史书写在"起元"的使用上具有明确的政治意图,目的就是促使本朝开国之君权力的正当化、合法化。

和"起元"一样,"开国群雄传"的变化也被认为有政治意图驱动。所谓"开国群雄传",是指纪传体王朝史中以前代王朝的末世群雄为书写对象的一组列传。徐冲发现,中古纪传体王朝史中,"开国群雄传"的设置呈现与"起元"转换一致的变化:三国至南朝前期,"开国群雄传"结构性地存在于纪传体王朝史中;南北朝后期至唐代前期,则结构性缺失。由此徐冲视"开国群雄传"和"起元"为一组联动的意识形态装置,共同服务于皇帝权力起源的正当化。

概言之,在徐冲看来,国史书写中"起元"和"开国群雄传"如何设置并不只是简单的史书体例问题,而是政治问题,有着明确的撰述意图,具体而言即是将本朝皇帝权力来源正当化、合法化,亦即历史书写是为皇帝权力服务的。

徐冲的这个例子可能有些思辨,再举两个内容相对具体的例子。在三国历史中,关于曹魏历史,有两个经典的历史理解图式:其一,曹丕、曹植"后嗣之争"引发曹魏压制宗王;其二,魏晋交替进程中曹、马之争。这两个图式在陈寿《三国志》中已有呈现,后经众多学者论证而影响巨大,几成定论。① 不过,近来学者则对这两个大家耳熟能详的历史图式提出挑战,怀疑二者均为特定撰述意图下的产物。关于前者,津田资久通过比对《三国志》与《魏略》《曹植集》等文献,复原曹植在汉魏交替之际的一系列遭遇,指出《三国志》所呈现的曹植"不遇"形象与史有违。他发现,与东汉诸王相比,曹魏宗

---

① 关于其研究状况,参看津田资久在《曹魏至親諸王考—『魏志』陳思王植伝の再検討を中心として》(《史朋》第 38 号,2005 年,第 1—29 页)和《符瑞「張掖郡玄石図」の出現と司馬懿の政治的立場》(《九州大学東洋史論集》第 35 号,2007 年,第 33—68 页)二文中的总结。

室诸王地位并未发生明显变化，都处于一种象征性的"藩屏"地位，甚至从诸王犯大罪事实上不被问罪这一点来看，曹魏宗室诸王某种程度上是受到礼遇的。因此在津田看来，《三国志》所记曹丕/曹植"后嗣之争"、曹植的"悲剧"形象以及宗室诸王被"冷遇"的历史图景，都是陈寿一手建构出来的，其动机是为了强调曹魏衰亡是压抑宗王、册立妾为皇后、重用外戚等的结果；而陈寿之所以如此，则是因为《三国志》撰述之际西晋政坛存在齐王攸归藩、胡贵嫔受宠以及外戚杨氏干政等问题。尤其是齐王攸归藩，由于太子司马衷"不惠"，朝野之间普遍要求齐王攸辅政、反对晋武帝令其归藩。陈寿在此舆论环境中，希望借助塑造曹魏压制宗王导致速亡的历史图景，表达要求齐王攸辅政、反对外戚干政的政治意图。①

关于曹、马之争，津田资久亦有论述。在《三国志》《晋书》等文献中，司马懿往往是以与曹氏保持一定距离的面目出现，学者也据此提炼出曹氏为法家寒族代表，司马氏为儒家世家大族代表，曹、马之争即是儒家世家大族取代法家寒人的斗争。② 津田则强调司马懿与曹魏关系密切，譬如在《曹真碑》树立及明帝青龙三年（235）张掖郡玄石图事件中，司马懿均表现积极，显示出与魏明帝关系亲密。因此在津田看来，司马懿的本质与其说是反对曹魏之世家大族的代表，毋宁说是积极靠拢皇权、图谋维护既有权益的侧近之臣，"佞臣"一面色彩较重，而这种与曹魏帝室结成的私人性亲近关系，正是司

---

① 津田资久《『魏志』の帝室衰亡叙述に见える陈寿の政治意識》，《東洋学報》第84卷第4号，2003年，第1—28页；《曹魏至親諸王考—『魏志』陳思王植伝の再検討を中心として》，《史朋》第38号，2005年，第1—29页；《〈三国志·曹植传〉再考》，《中国中古史研究》第1卷，北京：中华书局，2011年，第71—79页。

② 陈寅恪《书世说新语文学类钟会撰四本论始毕条后》，初刊《中山大学学报》1956年第3期，后收入氏著《金明馆丛稿初编》，北京：生活·读书·新知三联书店，2001年，第48页；《陈寅恪魏晋南北朝史讲演录》，万绳楠整理，合肥：黄山书社，1987，第1页。

马懿能够崛起的重要原因。①

　　无独有偶,仇鹿鸣也注意到《晋书》有意塑造司马懿与曹操的背离。譬如关于司马懿最初出仕,《晋书》强调司马懿本不欲与曹操合作,迫于无奈才进入曹操帐下;又如关于司马懿与曹操的关系,《晋书》显示曹操时时猜忌司马懿。而从其文献看,这些记载都存有疑问,司马懿大约收到曹操征辟后第一时间即进入曹操幕府效力,曹操猜忌司马懿的记载也极可能与史有违。晋初史家为什么要着意强调司马懿与曹氏的背离与对立? 原因显而易见。作为曹魏元老重臣、受托孤之命的司马懿"自作家门",很难逃脱儒家道德标准中"不忠"的指责,因此晋初史家希望借助塑造其与曹魏的背离与对立,为司马氏代魏之举开脱责任,由此构筑魏晋鼎革的合法性。② 由此可见,和突出曹丕/曹植之争、塑造曹魏压制宗王图式类似,晋初史臣对曹、马之争的书写,同样是基于特定意图的产物。

　　又北朝后期至隋唐初期,有所谓"八柱国之家",如《周书》所见,"故今之称门阀者,咸推八柱国家云"。③ "八柱国家"构成北周杨隋及李唐前期的权力中枢,北周迄至唐前期最有权势的关陇集团,"八大柱国家即其代表也"。④ 案八柱国,是指宇文泰、李虎、元欣、李弼、独孤信、赵贵、于谨、侯莫陈崇八位柱国大将军,对于八柱国的存在及排序,历来少有怀疑,前岛佳孝和山下将司则在与其他文献的对读中发现疑问。在《西魏・八柱国の序列について—唐初編纂奉勅

---

① 津田资久《<曹真残碑>考释》,《国士舘東洋史学》创刊号,2006 年,第 59—96 页;
　《符瑞「張掖郡玄石図」の出現と司馬懿の政治的立場》,《九州大学東洋史論集》第
　35 号,2007 年,第 33—68 页。
② 仇鹿鸣《魏晋之际的政治权力与家族网络(修订本)》,上海:上海古籍出版社,2020
　年,第 75—80 页。
③《周书》卷一六,北京:中华书局,1971 年,第 272 页。
④ 陈寅恪《唐代政治史述论稿》,北京:生活・读书・新知三联书店,2001 年,第 234 页。

撰正史に於ける唐皇祖の記述様態の一事例》一文中,前岛注意到传世文献记载八柱国顺序并不一致,如《通典》和《文献通考》将李虎降至元欣之下,《资治通鉴》更是将李虎降至李弼之后;而除李虎外,诸书记载其他七人顺序则都一致。考李虎就任柱国大将军时,头衔为太尉、大都督、尚书左仆射、陇右行台、少师,似乎地位尊崇,不过前岛怀疑其中太尉、尚书左仆射、陇右行台三职系据李世民经历伪造,从仅余的"少师"头衔判断,李虎地位或在于谨之下,侯莫陈崇之上;而《周书》将李虎拔高到仅次于宇文泰的位置,其目的就是为了凸显李虎地位显赫。①

　　循着前岛的思路,山下将司进一步对"八柱国"一词的产生进行了思考。在《唐初における『貞観氏族志』の編纂と「八柱国家」の誕生》一文中,山下首先通过检索传世文献和出土文献确认:1."八柱国"一词仅见于唐代以降、尤其是贞观以降的文献,2.文献中所见"八柱国"有时并非指《周书》中的"八柱国家"。由此他提出疑问,所谓"八柱国"及《周书》所记"八柱国家"这样的门阀观念,在唐代之前是否确实存在? 山下通过对《周书》文本的分析指出,"八柱国"以及仅次于"八柱国"的"十二大将军",其人选都是初唐史家有意选择的,所谓"八柱国""十二大将军",不过是贞观六年(632)编纂《贞观氏族志》、为提高李唐皇室权威而由初唐史家建构出来的一个概念。②

　　从结论上看,从根本上推翻"八柱国"的山下将司显然走得更远一些,二人的一致之处是都承认"八柱国"这一概念包含撰述意图。

---

① 前岛佳孝《西魏·八柱国の序列について─唐初編纂奉勅撰正史に於ける唐皇祖の記述様態の一事例》,《史学雑志》第108编第8号,1999年,第63—84页。

② 山下将司《唐初における『貞観氏族志』の編纂と「八柱国家」の誕生》,《史学雑志》第111编第2号,2002年,第1—32页。

在二人看来,无论是调整"八柱国"中的李虎排序,还是凭空虚构"八柱国"概念,其目的都是为了提高李唐皇室权威,为李唐皇室权力的正当性服务。

李唐皇室不仅试图通过前朝历史书写达成某种意图,对本朝历史的书写亦是如此。陈寅恪早已指出,成书于高祖武德年间的温大雅撰《大唐创业起居注》曾委婉记录高祖称臣突厥,且太宗为此事谋主,不过在此后国史及自国史衍生的两《唐书》中均隐没不载。显然,在逐渐强大的李唐君臣看来,称臣突厥事不光彩,故国史书写中予以讳饰。① 仇鹿鸣比较《大唐创业起居注》、《册府元龟》节录的唐实录以及两《唐书》相关文字时也注意到,实录及据实录删略而成的《旧唐书》对于李唐开国的记事多有增益和润色,而增润修改的首要目的就是凸显太宗本人在太原起兵中的作用。譬如在《大唐创业起居注》中,起兵的主谋是高祖本人,面对隋炀帝的问责,高祖积极谋划起兵反隋;太宗则是献策"芒砀山泽,是处容人"——名义上效仿汉高祖,实则逃亡充当盗贼;而在唐实录中,力主起兵者变为太宗,高祖则成为一个庸懦无能、任人摆布的角色;又如《大唐创业起居注》记李渊起兵时出现紫云瑞应,唐实录移花接木于太宗身上,等等。经此调整,原本作为首功之人的李渊被塑造成一个性格懦弱、胸无大志的人物,李世民则成为起兵主谋,独居创业开国首功。

不仅太宗在历史书写中获益,跟随太宗的从龙功臣也是"一人得道,鸡犬升天"。仇鹿鸣发现,在太宗朝的国史书写中,似乎有削弱太原元从、推重太宗嫡系的倾向。譬如根据《大唐创业起居注》载太原起兵时的李渊集团,除建成、世民外,另有十六人构成集团中坚,其中有六人在唐国史中未立传,而名列武德元年(618)免死功臣

---

① 陈寅恪《论唐高祖称臣于突厥事》,初刊《岭南学报》第 11 卷第 2 期,1951 年,后收入氏著《寒柳堂集》,第 108—121 页。

名单的十六人中,也有六人未获单独列传,只是以附录方式存有传记。与之相对,一些在李唐创业过程中事功庸碌、但因玄武门之变有功者,如刘师立、李孟尝、庞卿恽,则被拔擢到较高位置。固然,这些改动未必都是史家刻意为之,但无论如何,基于服务于太宗及其臣僚的撰述意图,确实构成影响李唐国史书写的重要因素。且如果与前述徐冲对国史"起元"和"开国群雄传"的分析,以及前岛佳孝、山下将司对八柱国的梳理相比,仇氏研究表明,史传文本的撰述意图不仅服务于整个王朝,同时亦可服务于某一皇帝。①

　　唐太宗做过的事,武则天也曾"如法炮制"。据唐雯分析,武则天对于历史书写的重塑几乎贯穿整个武后时代。在皇后阶段,即采取诸多手段伪造历史,包括1.改《贞观氏族志》为《姓氏录》,将本为寒门小户的武氏列为第一等,并伪造武氏源出姬姓的赫赫世系;2.修改武则天曾侍奉太宗的经历,改为太宗以武则天赐与高宗;3.在国史书写中塑造武则天父亲武士彟光辉高大的形象。及至成为女皇,又进一步通过树立丰碑、把持国史等重构历史,包括1.立《述圣记》碑,钦定高宗朝历史;2.立《大周无上孝明高皇帝碑》,虚构各种事迹乃至神迹,渲染武士彟高大形象;3.重修国史,塑造武周王朝的正当性。通过一系列涉及谱牒、国史、碑刻的各类历史书写,武则天试图重构历史,借以塑造其成为皇后乃至称帝的正当性。②

　　以上所举例子中,撰述意图多系围绕皇帝、皇权展开,不过需要指出,史传所蕴含的撰述意图,也未必都为皇帝服务。譬如前引辛

---

① 仇鹿鸣《隐没与改篡:〈旧唐书〉唐开国纪事表微》,《唐研究》第25卷,北京:北京大学出版社,2020年,第147—172页。
② 唐雯《"信史"背后——以武后对历史书写的政治操控为中心》,《中华文史论丛》2017年第3期。

德勇《制造汉武帝》认为《资治通鉴》塑造晚年悔过的汉武帝，是为了告诫宋神宗不要采纳王安石的施政方针。若此说可从，则在此书写中，司马光实际服务于自己的政治主张。① 又津田资久质疑曹魏压制宗王，指出陈寿有意塑造这一图式旨在表达要求齐王攸辅政、反对外戚干政的政治意图，则这一书写同样出于针对皇帝的立场。此外，黄桢分析南朝正史佞幸类传（如《宋书·恩幸传》《南齐书·幸臣传》），发现其中所收佞幸均为担任中书舍人的寒人，与《史记》《汉书》收录标准不同，揭示这一书写乃是基于士大夫立场，批评南朝皇帝以寒人任中书舍人典掌机要的制度设计。② 又笔者之前思考舆服志不记载皇帝乘坐龙舟的问题，也推测或是士大夫意识的结果——龙舟既不安全且多用于游玩，士大夫不希望皇帝乘坐，故舆服志中不予记载。③ 要之，尽管由于中国古代史书修纂与政治密切相关，前者书写不可避免地会受到皇权干扰，由此往往为皇帝、皇权服务，但这并不意味着史家即完全俯伏于皇权面前，在一些场合，我们也能看到史家试图"以史制君"，④展现其基于士大夫或个人立场积极主动的一面。而在此场合产生的撰述意图，自然未必为皇帝服务，有

---

① 姜鹏亦指出《资治通鉴》书写多有服务于司马光施政理念之处。《〈资治通鉴〉文本的内外语境——兼说〈通鉴纪事本末〉的体裁障碍》，《学术研究》2011 年第 12 期；《司马光施政理念在历史编纂中的表达——从〈资治通鉴补〉对原作的改动说起》，《复旦学报（社会科学版）》2015 年第 2 期。

② 黄桢《中书省与"佞幸传"——南朝正史佞幸书写的制度背景》，初刊《中国史研究》2018 年第 4 期，后改题《中书省与"佞幸传"——南朝隋唐间制度文化变迁之一例》，收入氏著《汉唐间的制度文献与制度文化》，上海：上海古籍出版社，2023 年，第 183—204 页。

③ 拙稿《被"遗忘"的龙舟——小议正史书志的书写策略》，北京大学历史学系、北京大学中国古代史研究中心编《祝总斌先生九十华诞颂寿论文集》，北京：中华书局，2020 年，第 336—365 页。

④ 关于中国古代史学中的"以史制君"，参雷家骥《中国古代史学观念史》，北京：北京师范大学出版社，2018 年，第 352—394 页。

时甚至站在皇帝的对立面。

5. 内证与外证

以上笔者通过若干具体研究,简要介绍了当前史料批判研究的四个研究取径。当然,除了上述取径,其他一些因素也可能影响史料文本的生成。譬如修史机制,一部史籍,出自官修抑或私修,无疑会对文本最终样貌——无论形式还是内容——产生直接影响;又如文本载体,既然竹帛或纸张对古人书写存在深刻制约,史料文本的生成大约也难逃其影响。这些因素在一些场合,也应纳入考察视野。

另一方面,即便是上述四种研究取径,也非截然不相关。譬如分析史料来源,也需同时留意体例、背景和意图,因为后者会对何以选择此一史源,以及在此史源上的调整改动提供启示;而分析撰述意图,也需关注史源、体例和背景,建立在史源、体例、背景探讨基础上的意图分析,才不至于向壁虚造,臆测过多。因此,尽管以上列举具体研究时仅着重指出它们在单个维度上的作为,但事实上在分析文本时,上述四个取径可能都需留意。譬如笔者在追索《汉书·百官公卿表上》开篇叙述上古官制的文字之史料来源时,成书背景即对理解《汉表》与其史源间的差异颇多助益;苗润博梳理《辽史》诸篇史源,也是以对包括来源文献的流传过程、最终文本的编纂过程等书籍环境的通体关照为基础;又胡宝国探讨《史记》《汉书》传主籍贯书写背后文化传统的差异,指向的是成书背景,但籍贯书写方式其实也属书写体例;此外,佐川英治分析《魏书》为何以华夏王朝形态书写北魏前期历史,落脚点固在撰述意图,但成书背景亦无时无刻不在视野之内。这些研究均表明,对于文本的生成与流动而言,史料批判研究的四个取径乃是密切相关,很难孤立处理,因此在进行具体研究时,应同时参照各种取径,在整体视野下揭示某一取径的突出影响。

又在进行史料批判研究时,还面临一个问题,即上述四种研究取径,当以何者为先? 有一些研究,动辄讨论文本生成的时空背景,极言文字背后的政治意图。成书背景、撰述意图固然是影响文本生成的重要元素,但却非唯一元素,一些被视为源自成书背景或撰述意图的文字,不排除另有缘由。在此场合一味探讨成书背景、撰述意图,其结果只能是空中楼阁,似是而非。笔者认为,四种研究取径中,史料来源、书写体例植根于文本自身,是为内证,成书背景和撰述意图围绕于文本周边,乃是外证。二者之中,内证对于文本生成往往具有先决性意义,故史料批判研究,应遵循自内证到外证、先内证而后外证的原则。

关于史料批判研究中内证应优先于外证,这里举几个艺术史研究的例子。图像文本中,与史料来源、书写体例、成书背景、撰述意图四个维度相对应的元素,分别为素材粉本、风格技法、绘制背景、创作意图。以下例子将表明,对于图像文本的考察,如果将图像中的特定表现率尔归结为绘制背景、创作意图,其结果可能讨论越深入,距离真相越远。第一个例子的主题是南宋遗民郑思肖(1241—1318)所绘之"无根兰"图。所谓"无根兰",是指在郑思肖传世《墨兰图》中,画纸中央只有茕茕孑立的兰草,其下没有土壤(图7-1)。对于这一绘制方式,至迟从元末明初开始,世人便将其与郑思肖的遗民立场相关联,视为忠于赵宋、不屈服于蒙元的政治象征。不过黄小峰注意到,这种绘兰不见土壤的视觉效果并非郑思肖的专利,南宋禅僧玉涧《墨兰图》同样不绘土壤,且其渊源可以上溯至彼时流行的折枝花卉画法。基于此,结合郑思肖思想中的佛教元素及其人与宗教团体的联系,黄小峰认为,《墨兰图》可能只是在宗教节日之时奉献给宗教社团的供养品,因此郑思肖在绘画中贯注的并非政治理念,而是对佛教核心教义以及儒家的宇宙生成理论"易"学的理解阐发,而元末明初苏州士人圈则基于特定的时代背景将此绘制方式纳入郑思肖的政治思想,有意塑造郑思肖的典范遗民形象。① 若此说不误,则郑思肖所谓"无根兰",更多是某一特定粉本来源影响下的产物,传统理解的、旨在表达政治倾向的绘制意图,并未在其中构成支配因素。

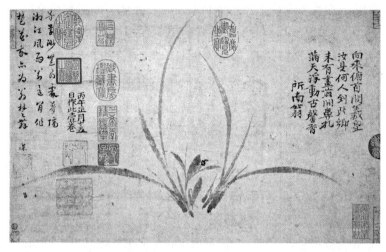

图 7 - 1　郑思肖《墨兰图》纸本水墨 25.7×42.4 cm 大阪市立美术馆藏

第二个例子围绕的是汉画像石中的楼阁拜谒图与车马出行图,二者均为汉画像石的常见题材(图 7 - 2、图 7 - 3)。对于楼阁拜谒图,巫鸿认为这是表现宫廷朝见,带阙的楼阁代表皇帝的宫殿,接受拜谒者为汉代皇帝,特别可能是以汉高祖为原型,拜谒者为贤明的大臣,此外二楼还绘制有德行的皇后,整幅图的寓意是表现君权。②

---

① 黄小峰《拯救郑思肖:一位南宋"遗民"的绘画与个人生活》,《美术研究》2020 年第4 期。
② 巫鸿《武梁祠——中国古代画像艺术的思想性》,柳扬、岑河译,北京:生活·读书·新知三联书店,2006 年,第 208—227 页。

至于车马出行图,巫鸿认为其内容分成两类,一类展示墓主的官职或墓主其他生前经历,一类是对送葬行列或是想象中灵魂出行场面的描绘,巫鸿重点关注后者,判断其目的在于表现死后升仙思想。① 不过对此理解,孙机、邢义田等均表示不同意见。对于楼阁拜谒图,孙机不赞成受谒者为汉代皇帝,判断即墓主人,双峰夹峙的楼阁代表墓主人生前的房舍,车马出行图则为表现死者生前出行的场景。在孙机看来,无论楼阁拜谒图还是车马出行图,都是墓主人生前起居出行等情况的反映,以期墓主在地下仍延续其尘世间优越的生活,亦即所谓"大象其生"。② 邢义田也认为受谒者并非汉代皇帝,车马出行图也与升仙无关,但亦不赞成为墓主人生前经历的反映,基于对榜题、格套、类型和脉络的分析,邢义田认为车马出行图并不一定是墓主生前曾参加过的真实活动场景,而是建造者依据当时社会流行的价值观和惯例,以"应有的排场和合乎想象的画面内容来赞颂死者";楼阁拜谒图也只是墓主子孙和参与设计的工匠受风气的影响,用习见的图像模式来表现墓主。③ 按照这一理解,则楼阁拜谒图及车马出行图既非旨在表现君权和升仙思想,也与"大象其生"无关,其在汉画像石中频繁出现,不过是某种风格技法的产物。

---

① 巫鸿《超越"大限"——苍山石刻与墓葬叙事画像》,初刊1994年;《从哪里来? 到哪里去? ——汉代丧葬艺术中的"柩车"与"魂车"》,初刊1998年,二文后皆收入巫鸿撰,郑岩、王睿编《礼仪中的美术——巫鸿中国古代美术史文编》,郑岩等译,北京:生活·读书·新知三联书店,2005年,第205—224、260—273页。

② 孙机《仙凡幽明之间——汉画像石与"大象其生"》,初刊《中国国家博物馆馆刊》2013年第9期,后收入氏著《仰观集——古文物的欣赏与鉴别(修订本)》,北京:文物出版社,2015年,第165—217页。

③ 邢义田《武氏祠研究的一些问题——巫著〈武梁祠——中国古代画像艺术的思想性〉和蒋、吴著〈汉代武氏墓群石刻研究〉读记》,初刊《新史学》第8卷第4期,1997年;《汉代画像胡汉战争图的构成、类型与意义》,初刊《台湾大学美术史研究集刊》第19期,2005年,二文后皆收入氏著《画为心声:画像石、画像砖与壁画》,北京:中华书局,2011年,第605—611、364—365页。

图 7 - 2　山东嘉祥武氏祠前石室后壁小龛后壁画像石

《中国画像石全集》第 1 卷《山东汉画像石》,济南:山东美术出版社,2000 年,图 66。

图 7 - 3　山东嘉祥宋山第二批画像石第 14 石

《中国画像石全集》第 2 卷《山东汉画像石》,济南:山东美术出版社,2000 年,图 104。

　　第三个例子是笔者曾有解读的传阎立本绘《历代帝王图》中的皇帝异服问题。一般认为,今波士顿美术博物馆藏《历代帝王图》分为前后两段,前段包括汉昭帝、光武帝、魏文帝、吴主孙权、蜀主刘备、晋武帝,后段包括陈宣帝、陈文帝、陈废帝、陈后主、周武帝、隋文帝、隋炀帝,后段为 7 世纪作品,前段则是根据后段图像摹作,成于 11 世纪之前的北宋年间。不同时期绘制的前后两段在帝王形象上差异明显:北宋摹制的前半段,除汉昭帝外其余帝王千篇一律地穿着冕服;唐人绘制的后半段,构成主体的南北帝王则身着不同冠服——北方帝王穿着冕服,南方帝王穿着以各类纱帽为代表的便服(图 7-4)。画家在绘制历代帝王时为何会有这样的冠服安排?对此,陈葆真怀疑后半段南北皇帝异服或与以唐太宗为首的唐初君臣对南北朝正统所在的历史认识相关,即身着冕服的北方诸帝为正统,身着便服的南朝诸帝为非正统;前半段除汉昭帝外其余帝王全都服冕,则是因为画家的兴趣在于表现"正统观",即利用从光武帝到晋武帝六个依顺序排列的皇帝,来反映从汉到西晋之间各代政权的连续性和正统性。要之,在陈葆真看来,尽管《历代帝王图》前后两段绘制于不同时期,但二者实际共享一套符号体系,在此体系中,皇帝冠服与正统与否相关:服冕=正统,便服=非正统,由此《历代帝王图》以不同冠服加诸帝王,也就蕴含着浓烈的创作意图。[①] 不过,依照笔者理解,《历代帝王图》中皇帝异服的原因实际另有所在。作为原本的后半段以不同冠服加于南北帝王,不过是对东晋南朝及北朝皇帝像不同绘制模式的继承。在东晋南朝皇帝像的系谱下,南朝帝王穿着以白纱帽为代表的便服,且被描绘成宴居场合的坐姿,形如文人雅士,闲散自在;而在北朝皇帝像的传统中,北朝皇帝则穿上更显王者气象的冕服。而北宋画家选择以冕服加诸补绘的帝王,则与帝王像绘制中长期流传的对服冕帝王像的偏好相关。换言之,

---

① 陈葆真《图画如历史:传阎立本〈十三帝王图〉研究》,初刊《台湾大学美术史研究集刊》第 16 期,2004 年,第 1—48 页,后收入氏著《图画如历史——中国古代宫廷绘画研究》,杭州:浙江大学出版社,2019 年,第 47—77 页。

《历代帝王图》皇帝异服的图像密码乃在素材粉本与风格技法,与特定的政治认识和历史理念并无关联。①

① 拙著《〈历代帝王图〉的诞生》,上海:上海古籍出版社,2025 年。

图 7－4　传阎立本《历代帝王图》绢本水墨设色
51.3×531 cm 波士顿美术博物馆藏

上述三个例子所针对的图像文本或图像文本中的特定表现,以往常被结合绘制背景或创作意图进行解释,尤其是创作意图,最为学者所瞩目,被视为图像表现的主导元素。然而,黄小峰等的论述却表明,素材粉本、风格技法这些内生于图像自身脉络的因素,才在图像生成过程中发挥决定性作用。如果不清楚这一点,极言图像文本的绘制背景与创作意图,则对图像的解读或有误入歧途之嫌。文字文本的分析亦是如此,只有在明确史料来源和书写体例的基础上,才能继续讨论成书背景和撰述意图,否则后者的讨论容易流于穿凿附会,犹如建立在流沙之上的高楼大厦,虽然华美,但根基不稳,顷刻之间或即坍塌崩毁。

四、史料批判研究的得与失

以上我们介绍了史料批判研究的四种研究取径,从所举例子可以看出,史料批判研究对于推动历史研究颇有助力,尤其是对基础深厚而又史料稀缺的中古史研究,推动尤为显著。不过,对于一种仍在发展中的研究理路,我们也应保持足够的清醒:这一研究范式有什么贡献?又有哪些需要注意的地方?亦即史料批判研究的得与失分别体现在何处?

1. 史料批判研究的"得"

史料批判研究的"得",概括而言主要有两点:一是冲击或动摇了一些传统理解上的历史图式;二是为历史研究提供了新视角,发现了新问题。

20世纪的一百年,是中国历史研究取得长足进步的一百年,产生了一批贡献巨大、影响深远的学者,也建立了不少理解历史演变的经典图式。这些图式从纷繁复杂的历史中抽绎、提炼而来,化繁为简,极大地便利了后世学人认识这段历史。不过另一方面,随着研究的深入,图式的有效性也引起一部分敏锐研究者的注意,[1]而史料批判研究亦为重新审视甚至解构这些历史图式提供了独特视角。譬如前面提到的徐规、顾吉辰对"杯酒释兵权"一事的否定,津田资久、仇鹿鸣对曹马之争叙述的推翻,前岛佳孝、山下将司对"八柱国"的挑战等,均为此类研究。此外,安部聪一郎质疑川胜义雄所论贵族起源于东汉后期清流士大夫的经典论述,[2]亦是取径于此。固然,从结论看,这些本自批判性分析文本的质疑、挑战未必皆能推翻现有历史图式,但其为重新审视经典图式提供了契机,却也毋庸置疑。

史料批判研究的第二点"得"是提供了新视角,发现了新问题。如所周知,当下的中国古代史研究越来越倚重新出文献,尤其是唐代以前,几乎达到依赖的程度。之所以如此,一个重要原因就是传世文献因已被充分开掘,能够提炼的历史信息在传统史料处理方式

---

① 参本书第十一章。

② 安部聪一郎《党錮の「名士」再考—貴族制成立過程の再検討のために》,《史学雑誌》第111编第10号,2002年,第1—30页。

下所剩无几，利用颇为不易。史料批判研究则为此提供了新的视角，一些在传统史料处理方式下被忽视的问题水落石出，呈现在研究者面前。譬如徐冲对历史书写与皇帝权力起源和结构之关系的研究，即是典型。此外像佐川英治对《魏书》成书背景的考察，为解读《魏书》里的"另类"书写提供了新角度；苗润博对《辽史》史源的分析，为重建契丹早期历史奠定了新可能；楼劲和笔者对汉唐官制叙述模式从"长官为纲"到"官署为纲"转变的考察，也为认识汉唐行政体制和官制认识变迁提示了新线索。凡此种种，均表明从对文本的批判性分析入手，有可能化"熟"为"生"，展示新问题，从而为积累已丰的传统研究开辟新的空间。

2. 史料批判研究的"失"

以上是史料批判研究的"得"，史料批判研究的"失"，大致可以归纳为以下三点。

首先，不少史料批判研究推测成分较多，论证不够充分。譬如史料批判研究的取径之一是追索史料来源，由于史料状况的限制，文本与文本之间未必都能严丝合缝地衔接，不同文本之间的联系存在诸多缺环，需要通过推测甚至想象建立二者之间的关联。又成书背景究竟是否以及如何、多大程度地影响历史书写，很多时候也没有直接证据，需要推测。此外，一些史料批判研究或直指撰述意图，涉及史家或与修史相关的皇帝、臣僚的心理层面，不少判断难从史料获得证实，推测难以避免。推测并非不可，但有高下之分，一些将史料来源、书写体例、成书背景、撰述意图等与文本内容相关联的研究，目前看来论证仍显薄弱，关联似是而非。要之，如何能在现有史料状况下恰如其分地论证各种维度对文本生成及流动的影响，这是史料批判研究亟需注意的问题。

其次，"破"有余而"立"不足。前已指出，不少史料批判研究均以挑战、质疑传统历史理解的经典图式为己务,不过如果苛刻一点要求的话,既然以往的历史理解图式有误,那么通过史料批判,能否建立新的历史图景?可以预见,如果史料批判研究不能改变重心在"破"、"立"义不足的现状,当年疑古思潮所受到的指责恐怕也会再次落到史料批判研究之上。① 事实上,从事史料批判研究的学者已经注意到这一点,譬如前引文本分析诸概念均强调要以探讨史料生成、流动背后的历史图景为归依;徐冲通过"起元""开国群雄传""外戚传""隐逸传"等剖析中古皇帝权力的起源和结构,楼劲和笔者立足汉唐官制叙述模式从"长官为纲"到"官署为纲"的转变,探讨汉唐行政体制和官制认识的变迁,苗润博通过梳理《辽史》史源,发现契丹王朝的历史书写乃是以家族史取代民族史,以阿保机家族的发展代表整个契丹集团的衍变,进而揭示契丹早期历史的演化等,②则从具体研究层面展示了这一努力。当然无须讳言,从研究现状看,不少研究仍停留于文本分析层面,未能从文本批判进入建构史实,史料批判研究建立新图景的努力仍有待加强。

第三,史料批判研究对理论上应是真实可信的历史文本持怀疑、批判态度,但这种怀疑有时也会有过度之虞。从历史文献的形成过程看,不少史传都是以此前各类档案、行状、诏书、表奏为基础,有些则是因袭前史旧文,因此史传上的文字,哪些是经意的记载,哪些是不经意的记载,③或者说哪些是因袭前人,哪些是史家有意识书写,有时恐怕不易分清。这也就意味着,史料批判研究之"疑",有些时候可能生的不是地方。这样的例子并不少见。譬如曾有学者怀

---

① 周予同《五十年来中国之新史学》,朱维铮编《周予同经学史论著选集(增订本)》,第547页。

② 苗润博《契丹建国前史发覆——政治体视野下北族王朝的历史记忆》,《历史研究》2020年第3期;《重构契丹早期史》,北京:北京大学出版社,2024年。

③ 傅斯年语,傅斯年《史学方法导论:傅斯年史学文辑》,第38—39页。

疑淝水之战的真实性,认为淝水之战是以公元383年刘牢之与前秦的一次小规模战争为原型,加上隋朝征讨高句丽失败的萨水之战而人为塑造出来的,亦即淝水之战乃是事实与想象的结合;史家如此处理,旨在谏阻唐太宗东征高句丽的战争,且强化唐朝的正统性。不过,这一质疑显然过于轻率,难以成立。① 要之,如何在该疑处生疑,不需疑处不疑,这个界限尽管很难区分,但无疑应是史料批判研究应该努力的方向。

附记:本文原是本科生课程《历史文献学》讲义之一部分,主体撰写于2020年,是由发表于《中国史研究动态》2016年第4期上的同题论文扩展而来,收入本书时略有增补。需要说明的是,对于与本章主题相关的文本分析研究,本章及下章均系于史料批判研究的名义下进行说明,并不意味着分析文本只有这一种理路。事实上,正如文中所述,围绕文本分析,学者基于不同概念形成各自理路,即便没有明确提出某一概念,相信也有其理路。因此,本章将相关研究统一系之于史料批判研究,只是由于这些研究在思考方式上多有相通之处,可以放在一起比较,绝无意排斥或者取代其他研究理路。笔者始终认为,学术创新的动力正在于"百花齐放",当思想的野马能够在自由的天空下任意驰骋,当学者能够心无旁骛、畅所欲言地谈论学术问题,我们距离真正的学术创新就不远了。

---

① 孙卫国《淝水之战:初唐史家们的虚构?——对迈克尔·罗杰斯用后现代方法解构中国官修正史个案的解构》,《河北学刊》2004年第1期。

第八章 魏晋南北朝史研究中的
史料批判研究

　　对于以探求文本生成、流动及意义为中心的文本分析,学者或称"史料论研究",或称"历史书写研究",笔者暂统一称之为"史料批判研究",①这是近年来在魏晋南北朝史青年研究者中比较盛行的一种研究范式。②刊登于《中国中古史研究:中国中古史青年学者联谊会会刊》第1卷上、由数位日本年轻学者合撰的《日本魏晋南北朝史研究的新动向》,其中阿部幸信执笔的"东汉史"部分、安部聪一郎执笔的"三国两晋"部分,以及佐川英治执笔的"五胡北朝"部分,均单列一节,专门叙述史料批判研究的最新进展。③又2013年3月在上海复旦大学举行了一个小型学术工作坊,主题是"建构与生成:汉唐间的历史书写诸层面",实际讨论的也是对中古历史文献的史料批判研究。由此可见,史料批判研究正受到学界越来越多的关注。

---

① 案"史料批判"一词,常被用来形容兰克史学的史料处理方式(Quellenkritik,或译作"史料考证"),即要求对史料考订辨析,去伪存真,确保史料的真实可靠,与本文所说史料批判研究不同。
② 三者亦有区分,参本书第七章。
③ 安部聪一郎等《日本魏晋南北朝史研究的新动向》,《中国中古史研究:中国中古史青年学者联谊会会刊》第1卷,北京:中华书局,2011年,第4、8—9、15—17页。

　　什么是史料批判研究？简言之，史料批判研究是一种史料处理方式。如所周知，在正式研究之前，对相关史料进行精心考辨，可以说是历史学界由来已久的传统，如梁启超即把史料处理分别为"正误"和"辨伪"。① 更为系统的归纳见于杜维运《史学方法论》。杜氏把对史料的处理称为"史料的考证"，分史料外部考证和史料内部考证，其中外部考证包括：1. 辨伪书，2. 史料产生时代的考证，3. 史料产生地点的考证，4. 史料著作人的考证，5. 史料原形的考证；内部考证包括：1. 记载人信用的确定，2. 记载人能力的确定，3. 记载真实程度的确定。② 那么，史料批判研究与此前的史料处理方式有什么不同？

　　按照梁启超和杜维运的归纳，传统史料处理的重点在于确保史料的真实可靠，以求真求实为首要目标；而史料批判研究，如安部聪一郎所作定义，是"以特定的史书、文献，特别是正史的整体为对象，探求其构造、性格、执笔意图，并以此为起点试图进行史料的再解释和历史图像的再构筑"。③ 亦即与传统史料处理方式相比，史料批判研究并不满足于确保史料真实可靠，而是在此基础上继续追问：史料是怎样形成的？史家为什么要这样书写？史料的性质又是什么？即如安部定义所见，探求历史文献的"构造、性格、执笔意图"才是史料批判研究的重点所在。换言之，对于史料批判研究而言，史料真伪并不重要，重要的是史料为什么会呈现现在的样式。

　　毋庸赘言，史料批判研究的兴起，首先得益于传统史料处理方

---

① 梁启超《中国历史研究法》第五章《史料之搜集与鉴别》，上海：上海古籍出版社，1998 年，第 77—107 页。

② 杜维运《史学方法论》第十章《史料的考证》，台北：三民书局，1986 年，第 151—173 页。

③ 安部聪一郎《三国西晋史研究的新动向》，安部聪一郎等《日本魏晋南北朝史研究的新动向》，《中国中古史研究：中国中古史青年学者联谊会会刊》第 1 卷，第 8 页。

式的进一步发展。在对史料进行无微不至的内、外考证后，探讨史料的形成过程似乎也就是顺理成章的事情。其次，后现代史学对史料批判研究的兴起也起到了推波助澜的作用。一般认为，后现代史学对传统历史学的冲击主要有两个方面：一是对传统历史认识论和历史编撰学的挑战，二是在后现代史学思潮影响下历史研究兴趣的转移。① 所谓历史研究兴趣的转移即是指研究者把目光转向日常生活、底层人物、突发事件、妇女、性行为、精神疾病等微观和细节，也就是一些学者所说的新社会史，这一点与本文主题无关，暂且不论；而对传统历史认识论和历史编撰学的挑战，指的就是否认历史的真实性、客观性，视史料为文本，极端者甚至把史学等同于文学，强调史家或其他因素对历史编撰的影响。这一点与史料批判研究以探求史料的"构造、性格和执笔意图"为目标无疑是契合的。

需要说明的是，对于史料"构造、性格和执笔意图"的重视并非史料批判研究新创，如刘知幾对史书曲笔的认识，即与此颇有相通之处，②而20世纪前半期顾颉刚所领导的"古史辨派"对古史文献的怀疑精神，更是多具契合之处。

20世纪50年代郑天挺在南开大学讲授史料学，也提出要"批判地研究史料，分析史料的阶级性，推求史料的最初思想意图"。③ 不过作为一种正逐渐成为潮流的研究范式，史料批判研究无疑是近20年内才兴起的。以下兹以时代为序，依次回顾魏晋南北朝史研究中的史料批判研究。此外与东汉相关的许多史料均成书于魏晋南北朝时期，且由于东汉系魏晋南北朝时期的入口，因此这里我们将对

---

① 仲伟民《后现代史学：姗姗来迟的不速之客》，《光明日报》2005年1月27日。

② 刘知幾撰，浦起龙通释《史通通释》卷七《曲笔》，第196—203页。

③ 郑天挺《史料学教学内容的初步体会》，氏著《探微集》，北京：中华书局，1980年，第283页。此点承南开大学中国社会史研究中心常建华教授教示，谨致谢忱。

东汉文献的史料批判研究也放在一起评述。

一、东汉史料批判研究

东汉史料批判研究的代表人物是安部聪一郎。安部是日本魏晋南北朝史研究年轻一辈的翘楚,长于东汉时代的史料分析和政治史研究,在走马楼吴简研究上也颇有建树。

安部对东汉史料进行史料批判始于 2000 年,是年 6 月,安部发表了他在该领域的第一篇文章——《後漢時代関係史料の再検討—先行研究の検討を中心に》,①正如题目所显示的那样,本文是在前人研究基础上对东汉史料的一次系统整理。文中,针对以往学者试图通过比较诸家《后汉书》《后汉纪》来复原东汉历史的倾向,安部提出诸家《后汉书》《后汉纪》编撰之际,可能已经融入了撰者的政治立场和价值观,特别是魏晋南北朝时期对东汉历史的理解也会被无意识地混入其中;而保留下各种已经散佚的诸家《后汉书》的类书、注释书,其编纂方法犹如史书,其中也包含编撰者的思想、价值观在内。因此安部认为,今天任何试图以诸家《后汉书》《后汉纪》来复原东汉历史的尝试都是不明智的。这篇文章奠定了安部对东汉史料理解的基本观点,即成书于魏晋以下的各种《后汉书》《后汉纪》,并不能看成是东汉历史的如实记录,而是渗透了魏晋以下对东汉历史的认识,其中既包括编撰者的思想、价值观,也包括整个时代的东汉历史观。

《後漢時代関係史料の再検討》是对东汉史料进行总体论述的

---

① 安部聪一郎《後漢時代関係史料の再検討—先行研究の検討を中心に》,《史料批判研究》第 4 号,2000 年,第 1—43 页。

一篇宏文,而正如安部在文中所说,上述观点还需要更多以对校诸家《后汉书》为基础的个案研究为支撑,为此他选择了袁宏《后汉纪·明帝纪》永平三年(60)所记刘平、赵孝事迹作为考察对象。在《袁宏『後漢紀』·范晔『後漢書』史料の成立過程について—劉平·趙孝の記事を中心に》①一文中,安部通过比较《东观汉记》和诸家《后汉书》《后汉纪》用词(如"义士")及记事的差异,发现袁宏《后汉纪》和范晔《后汉书》对于"义"尤为强调,指出这是受到史家个人意识的影响,同时也可能融入了逐渐累积的魏晋以下对东汉历史的理解。这样,通过这篇个案式研究,安部具体论证了史家个人意识及魏晋时代的东汉历史观对诸家《后汉书》《后汉纪》书写的影响。两篇文章,一从宏观整体,一从具体个案,充分阐释了安部对东汉史料的基本认识。

接下来,安部通过从史料批判角度对川胜义雄六朝贵族制论的质疑和挑战进一步强化了上述认识。川胜义雄是"六朝贵族制论"的主将,著有《六朝贵族制社会研究》②等。川胜关于六朝贵族制有诸多论述,除了大家较为熟悉的提倡"豪族共同体"外,还有一个重要观点就是他把魏晋以下的贵族溯源到东汉末年党锢事件中的清流士大夫,提出清流士大夫是一个政治上具有共同儒家国家观念、社会上具有共同儒家道德感情,相互间联系密切的统一体,作为清流士大夫舆论圈的"乡论"有三个层次,一是县、乡层面的第一次乡论,二是郡层面的第二次乡论,三是全国层面的第三次乡论,由此在空间上呈现"乡论环节的重层构造",而魏晋贵族就来自全国规模的

---

① 安部聪一郎《袁宏『後漢紀』·范晔『後漢書』史料の成立過程について—劉平·趙孝の記事を中心に》,《史料批判研究》第 5 号,2000 年,第 113—140 页。

② 川胜义雄《六朝贵族制社会の研究》,东京:岩波书店,1982 年,中译《六朝贵族制社会研究》,徐谷芃、李济沧译,上海:上海古籍出版社,2007 年。

第三次乡论名士。

川胜观点提出后,影响很大,学界也有不少争议。① 与其他学者试图从正面予以检证的努力不同,安部独辟蹊径,转从史料形成的角度考察东汉末年清流士大夫的实际存在状态。在《党錮の「名士」再考—貴族制成立過程の再検討のために》②一文中,安部通过梳理包括范晔《后汉书》在内的诸史料所记表现全国层面名士的"三君""八俊"等名号发现,这些名号是在三国末年、西晋时期才逐渐出现的,东汉时期尚不存在,因此东汉末年并没有所谓全国规模的"天下名士",当时名士圈仅存在于郡、县层面,川胜所谓空间性重层结构(县乡—郡—全国),是历时性累积的结果。通过这些分析,安部得出了与前文一致的结论,即作为川胜立论基础的范晔《后汉书》的记载并非东汉历史实态,而是受到了魏晋以下东汉时代观的影响。

循此,安部又以东汉末年名士郭泰形象的演变为例,质疑川胜所说。在川胜的论述中,郭泰原为清议首领,是太学生"浮华交际"的象征性人物,后转为逸民式人物,由此论述逸民式人士是清流势力的延续。而安部通过梳理范晔《后汉书》之前各种郭泰传记发现,郭泰形象在不同时期的传记中有一个不断变化、丰富的过程,其中一条关键线索就是郭泰作为隐逸者和人物评论家两种形象的此消彼长:隐逸者的形象日益淡化,人物评论家的形象则越来越被强调,及至范晔《后汉书》,郭泰遂以人物评论家代表的形象出现,郭泰形象这一变化反映了东汉以后士大夫对郭泰评价的变化。因此在安

---

① 关于此,参看安部聪一郎《清流・濁流と「名士」—貴族制成立過程の研究をめぐって》一文中的回顾。《中国史学》第 14 卷,2004 年,第 167—186 页。

② 安部聪一郎《党錮の「名士」再考—貴族制成立過程の再検討のために》,《史学雑誌》第 111 编第 10 号,2002 年,第 1—30 页。

部看来,川胜所谓郭泰形象的两面乃是历史性呈现的结果,并非汉末郭泰的实际情形。①

　　同样出于对六朝贵族制论的反思,安部还从史料批判角度考察了与贵族制形成密切相关的隐逸、逸民人士。他发现,隐逸思想在汉晋时期有一个变化过程,汉碑所呈现的东汉时代的"隐逸",意味着致力学术、教化"童蒙",而从西晋开始,出现认可出仕的新的隐逸观,"隐逸"的政治性逐渐突显,为以儒家礼教为中核的王法体制所包容;而以范晔《后汉书》为基础建立的对东汉隐逸的理解,实际受到了晋代以后隐逸观的影响。这里,安部通过对汉魏以下隐逸观念的考察再次确认了上述意见。②

　　通过以上梳理,至此我们可以大致了解安部聪一郎史料批判研究的特点:即在充分掌握、细密甄别各种文本异同的基础上,探讨文本成立时期的社会文化观念及撰者个人意识对历史书写的影响。如下文所见,这一方法也是目前史料批判研究的常用方法之一。

　　毋庸赘言,作为史料批判研究的常用方法,通过对校文本考察史料形成的方法已被证明行之有效,但不可否认,以这种方法展开的史料批判研究也有其天然不足,尤其是在史料缺乏的早期古史领域。如在安部的研究中,被用来与范晔《后汉书》对校的诸家《后汉书》《后汉纪》多已散佚,仅在一些类书或注释书中略有存留,这些保留下来的断片文字固属吉光片羽,但究竟能在多大程度上代表史书整体,恐怕尚存疑问。此外,类书、注释书引文时的种种疏略、讹误,能否保证现存文字即史书原文? 而后出史书所见内容之差异,究竟

---

① 安部聪一郎《『後漢書』郭太列伝の構成過程—人物批評家としての郭泰像の成立》,《金沢大学文学部論集史学・考古学・地理学篇》第 28 号,2008 年,第 13—110 页。

② 安部聪一郎《隠逸・逸民的人士と魏晋期の国家》,《歴史学研究》第 846 卷,2008 年,第 34—42 页。

是史家有意处理还是沿袭旧史？这些也是有疑问的。①

　　不过尽管如此，安部的上述考察对当下东汉史研究仍有启发意义，这种启发不仅在于促使研究者重新思考一些学界成说，更重要的是提示研究者对呈现东汉历史的各种文献保持充分警惕，留意文本形成过程中的社会文化观念及史家个人意识可能产生的影响。而这一提示显然不应局限于东汉史一隅，对于其他历史时期的史料，也应保持同样的警惕之心。

　　东汉文献的史料批判研究，除了安部聪一郎外，还有一些学者也涉足其间。其中值得注意的是阿部幸信和徐冲对司马彪《续汉志》的解读，以及佐藤达郎对《汉官解诂》《汉官仪》等官制著述的分析。阿部瞩目于《续汉志》中的《舆服志》，其讨论有以下两篇文章：

　　1.《後漢車制考—読『続漢書』輿服志劄記・その一》，《史艸》第 47 号，2006 年。

　　2.《後漢服制考—読『続漢書』輿服志劄記・その二》，《日本女子大学纪要・文学部》第 56 号，2007 年。

　　在这两篇"札记"式的文章中，阿部将关注的焦点从此前着重讨论的舆服仪制中的特殊构成——印绶——扩展至舆服全体，探讨车、服制度与位阶序列之关系。阿部发现，《舆服志》关于车服制度的记载存在一些缺漏、重复甚至矛盾之处，推测其并非是对单一制度统一、体系性的记载，而是混杂了不同时期的制度，并指出《舆服志》将绶制作为礼制而非官制记载的观念与《汉书》《东观汉记》所

――――――

① 具体来说，如安部认为东汉时期不存在全国性的名士序列，有学者对此即持保留态度。参见津田资久《漢魏交替期における『皇覧』の編纂》注 38，《東方学》第 108 号，2004 年，第 55—68 页；牟发松《范晔〈后汉书〉对党锢成因的认识与书写——党锢事件成因新探》，《华东师范大学学报（哲学社会科学版）》2012 年第 6 期。

见汉人对绶制的认识不同，而与西晋《泰始令》暗合。如前所述，安部聪一郎认为诸家《后汉书》《后汉纪》编撰之际，可能融入了魏晋南北朝时代对东汉历史的理解，其论述集中在传记部分，阿部则提示我们，志书记载同样存在着这种倾向。

如果再把视野放宽些，结合魏晋南朝时期舆服仪制的记载文本，则阿部这一发现的意义就更为突出了。据小林聪分析，《宋书》《南齐书》中有关舆服仪制的记载均沿自《泰始令》，[1]拙稿也指出，《隋书》所见梁、陈印绶冠服制度是以《宋书》为基础，最终也源自《泰始令》。[2]现在阿部证明，即便记载《泰始令》以前舆服仪制的《续汉书·舆服志》，同样受到《泰始令》的影响。这就意味着，对于从东汉至梁陈长达500余年的舆服仪制，研究者不得不面临这样一个现实：即所有文本均或多或少地受到西晋《泰始令》的影响，未必反映时代实际状态。[3]

与阿部将论述重点置于《舆服志》不同，徐冲对《续汉志》的考察集中于《百官志》。在《〈续汉书·百官志〉与汉晋间的官制撰述——以"郡太守"条的辨证为中心》[4]一文中，徐冲首先拆解《百官志》记

---

① 小林聪《六朝時代の印綬冠服規定に関する基礎的考察—〈宋書〉礼志にみえる規定を中心に》，《史淵》第130辑，1993年，第77—120页；《晋南朝における冠服制度の変遷と官爵体系—〈隋書〉礼儀志の規定を素材として》注12，《東洋学報》第77卷第3、4号，1996年，第77—120页。不过与对《宋书·礼志五》所记百官印绶冠服制度有详细讨论不同，对于《南齐书》相关记载，小林并未予以检证。

② 拙稿《也说〈隋书〉所记梁代印绶冠服制度的史源问题》，《中华文史论丛》2011年第1期。

③ 颇为奇怪的是《晋书·舆服志》，本应直接与《泰始令》相关的《晋书·舆服志》，却因沿袭《续汉书·舆服志》而保留下不少汉制内容。参拙稿《〈通典〉"晋太尉进贤三梁冠"小札》，《烟台大学学报（哲学社会科学版）》2014年第4期。

④ 徐冲《〈续汉书·百官志〉与汉晋间的官制撰述——以"郡太守"条的辨证为中心》，初刊《中华文史论丛》2013年第4期，后改题《〈续汉书·百官志〉与汉晋间的官制撰述》，收入氏著《观书辨音：历史书写与魏晋精英的政治文化》，北京：北京大学出版社，2020年，第113—148页。

载的文字结构,指出《百官志》系由"正文"和"注文"两部分构成,其中"正文"叙述职官及官属名称、员额、秩级,"注文"叙述职官职掌与沿革;以此为基础,徐冲进而尝试在汉晋官制撰述的谱系之中对《百官志》进行定位,提出《百官志》的这一撰述方式,系对东汉后期以来崇重《周礼》的官制撰述新动向的继承和发展,其背后则是士人群体在儒学意识形态的作用下再造、重塑新型皇帝权力结构的历史进程。近年来,学者越来越不满足于将志书视为单纯的典章仪制的记载,主张志书亦附着强烈的意识形态性格。如中村圭尔提出,汉末到六朝时期出现的百官志,并不纯粹是对现实官制的叙述,而是有着强调王朝秩序整体的更高意图。① 徐冲的上述研究,可被视为在此延长线上,对《续汉书·百官志》所附意识形态进行的更为具体、细节的探究。

如果说徐冲关注的是正史中官制的叙述,佐藤达郎瞩目的则是诸如《汉官解诂》《汉官仪》等非正史的东汉官制记录文本。在《胡广『漢官解詁』の編纂—その経緯と構想》②一文中,佐藤考察了东汉时代四种官制著述的成书过程,指出撰述主旨有如下变化: 即从王隆《汉官篇》美化汉制,到刘珍《汉家礼仪》、张衡《周官解说》比附《周礼》称扬汉制,再到胡广《汉官解诂》以汉制为主体,客观载录制度沿革,其背景是古文学术的兴起与史学的独立。承此,在《応劭「漢官儀」の編纂》③

---

① 中村圭尔《六朝における官僚制の叙述》,《東洋学報》第 91 卷第 2 号,2009 年,第 31—62 页,中译《六朝官僚制的叙述》,付晨晨译,《魏晋南北朝隋唐史资料》第 26 辑,武汉: 武汉大学文科学报编辑部,2010 年,第 276—283 页。

② 佐藤达郎《胡広『漢官解詁』の編纂—その経緯と構想》,初刊《史林》第 86 卷第 4 号,2003 年,第 95—112 页,后收入氏著《漢六朝時代の制度と文化・社会》,京都: 京都大学学术出版会,2021 年,第 103—126 页。

③ 佐藤达郎《応劭「漢官儀」の編纂》,初刊《関西学院史学》第 33 号,2006 年,第 89—108 页,后收入氏著《漢六朝時代の制度と文化・社会》,第 127—147 页。

一文中,佐藤接着考察应劭《汉官仪》的性质和编纂背景,指出应劭"博搜多载"的撰述宗旨使得《汉官仪》成为汉代制度的百科全书,这既是对东汉以来学术潮流的继承,同时又是向六朝学术潮流发展的准备。

不难看出,和前述安部等人一样,佐藤也特别关注文献形成时代社会文化思潮对文献旨趣的影响。所不同的是,在安部等的研究中,后代历史观对东汉历史书写的影响被尤为强调,相比而言,佐藤更注重东汉自身社会文化思潮对文献撰述的影响。佐藤这种重视当代社会文化背景的倾向还体现在他对其他文本的分析上,如在一篇关于汉代官箴的考察中,佐藤也强调当时的社会文化背景对官箴论述的影响。①

二、三国史料批判研究

三国文献的史料批判,用力最多、成就最大的当属津田资久。津田长期以来一直致力于曹魏政治史研究,而史料批判即是其最主要的切入点。

津田关于三国文献的考察始于《『魏略』の基礎的研究》,②如篇题所见,这是一篇针对曹魏鱼豢所撰《魏略》的基础性研究,对于《魏略》体例、史源及成书年代均提出不少新见。随后在《陳寿伝の研究》③一文中,津田又以《晋书·陈寿传》为考察对象,指出其中存在

---

① 佐藤达郎《漢代の古官箴論考編》,初刊《大阪樟蔭女子大学学芸学部論集》第42号,2005年,第264—254页,后收入氏著《漢六朝時代の制度と文化·社会》,第79—102页。
② 津田资久《『魏略』の基礎的研究》,《史朋》第31号,1998年,第1—29页。
③ 津田资久《陳寿伝の研究》,《北大史学》41,2001年,第58—74页。

纪年错误和史料改窜等问题，并尝试依据《华阳国志》等，重新构筑陈寿事迹。这两篇的分析基本仍属于传统史料处理的范畴，对于史料批判研究所强调的对历史文献"构造、性格、执笔意图"的探求，二文并未过多涉及。此外，《王肃「論秘書表」の基礎的研究》①勘校佚文，尝试恢复王肃任职秘书监期间所上《论秘书表》，《「郛休碑」初探》②采择良拓，在复原碑文基础上梳理郛休仕宦履历，同样也是这种传统史料处理方式的研究。

不过，在最早一篇《『魏略』の基礎的研究》中，津田已经注意到《晋书》关于司马懿仕宦之初的记述可能混入后世的改动。③ 此后，这种注重探求文献构造、性格和执笔意图的史料处理方式逐渐成为津田研究的重心。大致而言，津田的史料批判研究同样是以质疑、挑战魏晋政治史的传统理解图式展开的，其论述对象有二：一是曹丕、曹植"后嗣之争"引发的曹魏压制宗王现象，二是魏晋交替进程中的曹、马之争。这两种图式在陈寿《三国志》中已有呈现，后经众多学者论证影响巨大，几成定论。④

津田对曹魏压制宗王现象的质疑，肇端于《『魏志』の帝室衰亡叙述に見える陳寿の政治意識》⑤一文。在这篇旨在考察陈寿关于曹魏衰亡的叙述中所隐含的创作意图的文章中，津田指出，

---

① 津田资久《王肃「論秘書表」の基礎的研究》，《国士舘大学文学部人文学会纪要》第38号，2007年，第1—19页。

② 津田资久《「郛休碑」初探》，《国士舘东洋史学》第3号，2008年，第29—87页。

③ 津田资久《『魏略』の基礎的研究》，《史朋》第31号，1998年，第16页，注31。

④ 关于其研究状况，参看津田资久在《曹魏至親諸王考—『魏志』陳思王植伝の再検討を中心として》（《史朋》第38号，2005年，第1—29页）和《符瑞「張掖郡玄石図」の出現と司馬懿の政治的立場》（《九州大学東洋史論集》第35号，2007年，第33—68页）二文中的总结。

⑤ 津田资久《『魏志』の帝室衰亡叙述に見える陳寿の政治意識》，《東洋学報》第84卷第4号，2003年，第1—28页。

《三国志》所记曹丕、曹植"后嗣之争",是陈寿操纵史料、有意夸张歪曲的结果,其动机是为了强调曹魏衰亡与压抑宗王、册立妾为皇后、重用外戚相关,背景则是《魏志》撰述之际齐王攸的归藩、胡贵嫔的存在以及外戚杨氏干政等政治问题。循此,在《曹魏至親諸王考—『魏志』陳思王植伝の再検討を中心として》①一文中,津田再次将目光对准"怀才不遇"的曹植,通过复原曹植在汉魏交替之际的遭遇,指出《三国志》所呈现的曹植"不遇"形象与史有违。津田发现,与东汉诸王相比,曹魏宗室诸王地位并未发生明显变化,都处于一种象征性的"藩屏"地位,甚至从诸王犯大罪事实上不被问罪这一点来看,曹魏宗王某种程度上是受到礼遇的。由此津田提出,《三国志》中曹植的"悲剧"形象以及宗室诸王被"冷遇"的历史图式,是陈寿一手建构出来的,这是《三国志》撰述之际,西晋武帝晚年朝野要求齐王攸辅政、反对晋武帝令其归藩的舆论环境塑造的结果。另一方面,当时社会上流行的贾逵、王肃所提倡的利用宗室至亲辅政的《周礼》国家观,也直接影响了《曹植传》的书写。随后《〈三国志·曹植传〉再考》,②津田再次确认了上述意见,且怀疑曹魏对至亲诸王的"压迫",是司马氏抬头以后的政策。

这样,津田通过揭橥《三国志》与《魏略》《曹植集》等文献的差异,指出前者所呈现的曹魏压制宗王的历史图式是陈寿基于晋初政治及自身历史观刻意塑造的结果。这一发现对传统之于曹魏宗室政治的理解无疑是一个巨大冲击。尽管上述论述不乏推测成分,但

---

① 津田资久《曹魏至親諸王考—『魏志』陳思王植伝の再検討を中心として》,《史朋》第 38 号,2005 年,第 1—29 页。

② 津田资久《〈三国志·曹植传〉再考》,《中国中古史研究:中国中古史青年学者联谊会会刊》第 1 卷,2011 年,第 71—79 页。

研究所具有的启发意义，却是无可否认的。

　　津田对曹、马之争对立图式的质疑则是通过考察几通碑刻展开的。在《「曹真残碑」考释》①一文中，津田注意到曹魏明帝时立于雍州、旨在颂扬曹真功绩的《曹真碑》有彼时出镇雍州的司马懿的积极参与，且碑文以曹魏为虞舜之后，与明帝、高堂隆等一系列礼制改革相应，显示出司马懿与明帝关系密切。由此津田指出，司马懿的本质与其说是反对曹魏之世家大族的代表，毋宁说是积极靠拢皇权的侧近之臣。随后在《符瑞「張掖郡玄石図」の出現と司馬懿の政治的立場》②一文中，津田又从司马懿对曹魏青龙三年（235）见于张掖郡的玄石图的关与再次论证了上述意见。津田首先从玄石图出现的系谱确认张掖郡玄石图的目的是要使策立齐王芳太子一事正当化，而操作此事的除明帝深所倚赖的高堂隆外，当时出镇长安、任当分陕的司马懿也奔走其间，由此指出司马懿并非作为世家大族代表反对曹氏，相反却是明帝"近臣"，与曹魏帝室结成私人性的亲近关系，司马氏势力的抬升亦由此而起。此外，在前揭《「郭休碑」初探》文末，津田也以司马懿"私属"郭休德政碑之碑文中对司马懿、曹爽双头辅政体制认可，且一言未及肃清曹爽派之功绩，提出同样质疑。

　　由此可见，对于前贤试图从曹、马之争解释司马氏崛起背景及进程的观点，津田旗帜鲜明地站在了反对者的立场上。在他看来，司马氏之崛起并非是在与曹氏对抗的过程中成长起来的，相反却是源自司马懿厕身皇帝近臣，向皇权靠拢，从而攫取大权；其本人不是世家大族代表，世家大族内部也非统一阵线。要之，对于以党派集

① 津田资久《「曹真残碑」考释》，《国士舘東洋史学》创刊号，2006 年，第 59—96 页。
② 津田资久《符瑞「張掖郡玄石図」の出現と司馬懿の政治的立場》，《九州大学東洋史論集》第 35 号，2007 年，第 33—68 页。

团之争解释魏晋革命,津田是持否定态度的。①

以上我们分析了津田以魏晋革命为背景展开的三国史料批判研究,在此之外,津田还有一篇《漢魏交替期における『皇覽』の編纂》,②探讨汉魏革命对文献编纂的影响。文中指出,曹丕在禅让前夕组织编纂《皇览》,其意是要树立即将到来的曹魏王朝的正统,而《皇览》采用类聚体,则是受到《周礼》国家观的影响。这样,通过对《皇览》编纂背景的考察,津田突破此前对《皇览》单纯文献学的探讨,将《皇览》编纂与汉魏革命连在一起解读,为理解《皇览》提供了全新视角。

不难看出,虽然同样以质疑、挑战传统理解上的历史图式为矢的,津田与前述安部聪一郎之间还是有着明显差异:如果说安部较重视史料成立时期的社会文化观念对历史书写的渗透,津田则更重视现实政治形势对历史书写的影响。在津田看来,文献成书时期的王朝政治环境,以及史家基于此而产生的政治意识,均直接影响和塑造历史文献的书写;具体到三国文献,汉魏交替和魏晋交替所带来的王朝革命,被津田视为影响三国史料书写最为重要的原因。如下文所见,这种对现实政治形势的重视,也是史料批判研究的常用方法之一。

当然,犹如多数史料批判研究一样,津田的论述也存在一些

---

① 近年来,国内学界也出现反思从政治集团诠释政治进程的声音,见仇鹿鸣《陈寅恪范式及其挑战——以魏晋之际的政治史研究为中心》,《中国中古史研究:中国中古史青年学者联谊会会刊》第 2 卷,北京:中华书局,2011 年,第 199—220 页;《魏晋之际的政治权力与家族网络》,"绪论",上海:上海古籍出版社,2012 年,第 8—11 页;修订本,上海:上海古籍出版社,2020 年,第 9—11 页;《魏晋易代之际的石苞——兼论政治集团分析范式的有效性》,《史林》2013 年第 3 期。

② 津田资久《漢魏交替期における『皇覽』の編纂》,《東方学》第 108 号,2004 年,第 55—68 页。

难以确凿之处,所论也未必尽皆允当。譬如对《曹植传》与《曹植集》《魏略》等的差异,津田一面倒地采纳后者,不免有偏听之嫌;对司马懿政治行为的分析,也忽视了政治人物表现的复杂性。不过,津田这一颠覆性的研究,对于认识《三国志》的书写,无疑具有启发意义;此外对几成定论的魏晋革命论,也促使我们重新思考。

津田之外,另一位主要以三国文献作为考察对象的学者是满田刚,对于《三国志》以及作为其基础的王沈《魏书》、韦昭《吴书》等,满田都有细致梳理。[①] 不过,与津田侧重从史料批判角度处理三国史料不同,满田对三国史料的考察仍多属于传统史料处理范畴。当然,在一些文章中,满田也流露出对史料性格、构造和执笔意图的关注。如在《韋昭『吳書』について》[②]一文中,满田指出韦昭《吴书》成书于诸葛恪执政时期,其纂修基于宣扬孙吴正统性以及孙吴统一全国的历史观。又如在《諸葛亮歿後の「集団指導体制」と蒋琬政権》[③]和

---

① 关于《三国志》,如《『三國志』蜀書の典據について》,《創価大学大学院紀要》第23号,2001年;《『三國志』魏書の典據について(卷一～卷十)》,《創価大学人文論集》第14号,2002年。关于王沈《魏书》,如《王沈《魏書》研究》,《創価大学大学院紀要》第20号,1998年;《敦煌文献所見王沈《魏書》について》,《シルクロード研究》第2号,2000年;《『太平寰宇記』所引王沈『魏書』について─附論:『太平寰宇記』所引『魏志』・『魏略』・魏收『魏書』》,《創価大学人文論集》第22号,2010年;《中國佛教文献所引王沈『魏書』佚文について─附論:所謂『魏志』倭人傳の史料批判に關する一考察》,《シルクロード研究》第7号,2012年。关于韦昭《吴书》,如《韋昭『吳書』について》,《創価大学人文論集》第16号,2004年;《『太平寰宇記』所引韋昭『吳書』について》,《創価大学人文論集》第23号,2011年。

② 满田刚《韋昭『吳書』について》,《創価大学人文論集》第16号,2004年,第235—285页。

③ 满田刚《諸葛亮歿後の「集団指導体制」と蒋琬政権》,《創価大学人文論集》第17号,2005年,第181—219页。

《蜀漢·蔣琬政權の北伐計畫について》①两篇讨论后诸葛亮时代蜀汉政治史的文章中,满田分析了陈寿的"蜀汉国史观",指出陈寿眼中,蒋琬政权与诸葛亮政权性质相似,蒋琬是诸葛亮正统继承人,与之相对,费祎和姜维政权则指向另外的方向。此外在《劉表政權について—漢魏交替期の荆州と交州》②一文中,满田注意到《三国志》及裴松之注引诸书对刘表多负面评价,认为这是史臣为曹魏张目、有意为之的结果,未必与史实相符。

不难看出,与津田以质疑、挑战基于传统理解而构建的历史图式为矢的、积极主动地展开史料批判研究不同,在满田的研究中,传统史料处理方式仍占主流,史料批判仅是辅助手段,地位要弱化得多。因此满田的论文结构,主体部分一般仍是传统意义的考察,史料批判多数只是作为点缀在文末出现。或许正是基于此,就研究所体现的启发性而言,满田的研究不得不说略有欠缺。

三、两晋南朝史料批判研究

两晋南朝史领域,注重从史籍纂修者以及成书时的政治、社会状况把握历史并非晚近才有的现象。至少在越智重明的研究中,已显示出对此研究方法的重视,③安田二郎对六朝政治史的一系列考察,同样流露出这一倾向。如初刊于 1985 年的《南朝貴族制社会の

① 满田刚《蜀漢·蔣琬政權の北伐計畫について》,《創価大学人文論集》第 18 号,2006 年,第 131—154 页。

② 满田刚《劉表政權について—漢魏交替期の荆州と交州》,《創価大学人文論集》第 20 号,2008 年,第 125—160 页。

③ 安部聪一郎《三国西晋史研究的新动向》,安部聪一郎等《日本魏晋南北朝史研究的新动向》,《中国中古史研究:中国中古史青年学者联谊会会刊》第 1 卷,第 8 页。

変革と道徳・論理》,①即整理分析了沈约、裴子野、萧子显等对袁粲、褚渊褒贬背后的特定历史观;《東晋の母后臨朝と謝安政権》②和《西晋武帝好色考》③二文也涉及从文本形成过程解析历史图像:前者指出东晋中期以后世人对谢安评价较高,故《宋书·五行志》一反常规,不书旱灾与褚太后临朝、谢安执政之间的关系,试图隐瞒谢安执政属于外戚政治这一"不光彩"的事实;后者提示晋武帝的好色形象是《晋书》着力塑造的结果,其中融入了唐太宗结合自身对晋武帝处理太子举措的认识,判断《晋书》带有鲜明的"唐太宗时期现代史"的特征。此外,较近如小池直子对晋初政治史的探讨,也融入了这一研究理念。在《賈南風婚姻》④一文中,小池针对《晋书》中被塑造为"恶女"的贾南风,指出《晋书》编撰者实际是把晋朝短祚原因归咎于以贾后为首的奸佞集团,并为此搜集组织了大量记载贾后恶劣形象的史料。在小池看来,《晋书》对西晋灭亡的总结,与唐太宗将西晋短祚归于策立司马衷为太子的历史认识并不一致,而是有其沿自此前记载的独立的一面。这与前揭安田二郎的观点恰好相反。

受此影响,以特定历史文献为考察对象的史料批判研究在两晋南朝史领域也如火如荼。首先是《晋书》。清水凯夫以陶潜、陆机及

① 安田二郎《南朝貴族制社会の変革と道徳・論理》,初刊《東北大学文学部年報》第34号,1984年,第1—63页,后收入氏著《六朝政治史研究》,京都:京都大学学术出版会,2003年,第635—680页。

② 安田二郎《褚太后の臨朝と謝安》,初刊新野直吉、诸户立雄两教授退官记念会编《中国史と西洋史の展開》,东京:みしま书房,1991年,后改题《東晋の母后臨朝と謝安政権》,收入氏著《六朝政治史研究》,第230—231页。

③ 安田二郎《西晋武帝好色考》,初刊《東北大学東洋史論集》第7号,1998年,第1—100页,后收入氏著《六朝政治史研究》,第127—144页。

④ 小池直子《賈南風婚姻》,《名古屋大学東洋史研究報告》第27号,2003年,第28—61页。

王羲之传的书写为例,指出其中多包括有意识的修改。① 铃木桂则对《晋书》的纪年方式予以了特别关注。在《五胡十六国时代に関する諸史料の紀年矛盾とその成因—唐修『晋書』載記を中心として》②一文中,铃木指出《晋书》关于五胡十六国的纪年有许多矛盾之处,分析其原因是各朝称元法不同,而这关涉《晋书》修撰者对十六国历史正统观的认识。随后《唐修『晋書』にみえる唐初の正統観—五胡十六国の称元法の検討から》,③铃木通过分析各朝称元法,指出唐修《晋书》不拘泥胡汉之别,以前凉、西凉、南凉居于十六国历史正统的位置,反映出初唐君臣试图削弱南朝一系的贵族门阀,以建立新的胡汉融和政权秩序。近年来,包含正统观在内的初唐历史观是学界瞩目的焦点,吕博、刘浦江分别从各自视角对此问题进行了深入探讨,④而正如铃木桂之于《晋书》,以及下文将要提及的会田大辅对唐初成立的北周相关史料分析所见,考察史籍形成过程以及史家书写原因的史料批判研究,可以进一步丰富和细化学界对初唐历史观的认识。⑤

关于《晋书》,此外值得一提的是美国学者迈克尔·罗杰斯

① 清水凱夫《唐修『晋書』の性質について(上)—陶潜傳と陸機傳を中心として》,《学林》第 23 号,1995 年,第 66—92 页;《唐修『晋書』の性質について(下)—王羲之傳を中心として》,《学林》第 24 号,1996 年,第 63—95 页。

② 铃木桂《五胡十六国时代に関する諸史料の紀年矛盾とその成因—唐修『晋書』載記を中心として》,《史料批判研究》第 4 号,2000 年,第 66—132 页。

③ 铃木桂《唐修『晋書』にみえる唐初の正統観—五胡十六国の称元法の検討から》,《史料批判研究》第 5 号,2000 年,第 95—112 页。

④ 吕博《唐代德运之争与正统问题——以"二王三恪"为线索》,《中国史研究》2012 年第 4 期;刘浦江《南北朝的历史遗产与隋唐时代的正统论》,《文史》2013 年第 2 辑。

⑤ 何德章曾尝试探讨李延寿之正统观对《南》《北》史春秋笔法的影响,《〈南〉、〈北〉史之正统观》,《史学史研究》1990 年第 4 期。

（Michael C. Rogers）对《晋书·苻坚载记》的解构。在为《苻坚载记：正史的一个案例》①所写的长篇序言中，罗杰斯指出《苻坚载记》"叙述的并非前秦的真实历史，而是运用了神话、想象与虚构的手法，折射了唐太宗时期的历史与隋炀帝时期的历史；进而否定淝水之战为真实的历史，把它看成是初唐史家们用事实与想象混合而编成的一个虚构的故事"，"其用意在于反对唐太宗征讨高句丽的战争"。②

　　要之，当前对《晋书》的史料批判研究，多强调唐初君臣对晋史书写的影响，大到王朝政权的历史定位，小到政治事件的叙述和人物形象的塑造，都被认为可能融入了唐初君臣的特定历史观在内。当然，如小池《贾南风婚姻》一文所显示的那样，《晋书》中也有与唐初君臣历史观不一致的地方。这反映出《晋书》书写复杂的一面。

　　《晋书》以下的南朝诸史，从史料批判角度得到较多讨论的是《宋书》。关于《宋书》，首先应当揭举的是川合安基于批判、反思六朝贵族制论所做的分析。自20世纪80年代以来，川合一直致力于六朝贵族制论的反思与整理研究，除去政治史、制度史等视角的诸多探讨外，史料批判也是剖析视角之一。③在《『宋書』与刘宋政治史》一文中，川合指出，对于刘宋后期动荡不安的政治情势，《宋书》

---

① Michael C. Rogers, *The Chronicle of Fu Chien: a Case of Exemplar History*, Berkeley and Los Angeles: University of California Press, 1968.

② 转引自孙卫国《淝水之战：初唐史家们的虚构？——对迈克尔·罗杰斯用后现代方法解构中国官修正史个案的解构》，《河北学刊》2004年第1期。不过对于上述分析，孙氏并不赞同。

③ 拙稿《六朝时代的储官与皇权》，"绪论"，清华大学博士后研究报告，2012年，第8—10页。

撰者沈约将之归结为皇帝、恩幸寒人与贵族的对立,因此在《宋书》中极力强调两者之间的对立图式,但这事实上与史不符。① 可以看到,在这篇文章中,川合通过对贵族制社会在《宋书》中被书写、创造过程的探讨,试图达到解消贵族制论的目的。②

　　川合之外,另一位对《宋书》进行集中分析的是稀代麻也子。与前述多为历史学研究者不同,稀代为文学史研究出身,其 2003 年完成的博士论文《『宋書』のなかの沈約—生きるということ》,③如篇题所见,本意是要超越以往文学史研究单纯从文学作品看沈约的研究取径,试图从《宋书》的编纂态度、传记的存在形式、构成、叙述顺序等探讨沈约的生存状态及思想轨迹,因此其中包含不少历史学的考察,尤其是第二部分《人物像の構築》,分析《宋书》塑造的人物身上所附沈约之投影,与史料批判研究注重求历史文献的“构造、性格、执笔意图”不谋而合。

　　在《「智昏」の罪—劉義康事件の構造と「叛逆者」范曄の形象》一文中,稀代分析了《宋书》为塑造范晔“利令智昏”的人物形象而对史料所作的精心安排,包括丑化轶事的加入、异常的叙述顺序等均被认为是沈约有意操作以强化范晔其人的负面性。随后《「不仁」に

---

① 川合安《『宋書』と劉宋政治史》,初刊《東洋史研究》第 61 編第 2 号,2002 年,第 31—59 页,后收入氏著《南朝貴族制研究》,东京:汲古书院,2015 年;中译《南朝贵族制研究》,柴栋译,上海:复旦大学出版社,2022 年,第 115—141 页。

② 除了对《宋书》所呈现的历史图式进行史料批判分析外,同样出于批判贵族制论,川合还检讨了作为内藤贵族制论重要依据的柳芳《氏族论》,通过与南朝文献对比,指出《氏族论》说法并无依据。《柳芳「氏族論」と「六朝貴族制」学説》,初刊川合安代表「六朝貴族制」の学説史的研究》,平成 17 年度—19 年度科学研究費補助金基盤研究 C 研究成果報告書,2008 年,后收入氏著《南朝贵族制研究》,第 249—264 页。

③ 稀代麻也子《『宋書』のなかの沈約—生きるということ》,东京:汲古书院,2004 年。

对する感受性—王微伝と袁淑伝》一文,稀代通过对《宋书》中王微、袁淑描写不同的分析,再次论证了沈约对史事记载的操作,并以沈约对"文史"的重视强调《宋书》的文学性。承此,《『宋書』における蔡興宗像の構築》对比《蔡兴宗传》与《袁粲传》,提出前者中的蔡兴宗像带有沈约理想形象的投影,因此《宋书》与其说是"史实的记述",毋宁说是"文学"。

由此可见,在稀代看来,沈约是以文学的方式书写历史,因此她把史籍《宋书》当作文学作品来解读,从文学研究的视角出发,探讨《宋书》中所渗透的沈约意识。由于稀代是从文学视角考察《宋书》,史学论证方面不免有所欠缺,但较之以往多从沈约的文学作品或史论、序等切入,稀代从《宋书》史传探讨沈约的思想认识,大大扩展了研究范畴。而对《宋书》历史学的考察来说,稀代从文学视角的解读,也为重新审视《宋书》提供了别样视野。

《宋书》以下诸史,历来讨论不多,值得一提的是榎本あゆち比较《梁书》与《南史》异同所作的分析。其中《梁书》分析见于《姚察·姚思廉の『梁書』編纂について—臨川王宏伝を中心として》[1]一文,榎本考察了姚察、姚思廉父子何以在《梁书·临川王宏传》中对临川王宏"美书恶讳",推测这是由于寒人出身的姚氏借助与临川王家的关系,得以跻身士人,正是这种恩义、情谊关系,使得姚氏父子在记载以临川王为代表的萧梁宗室时,不吝溢美之词。

与《梁书》相反,成于北方史家之手的《南史》则对萧梁宗室诟病较多。在《『南史』の説話的要素について—梁諸王伝をてがか

① 榎本あゆち《姚察·姚思廉の『梁書』編纂について—臨川王宏伝を中心として》,初刊《名古屋大学東洋史研究報告》第12号,1987年,第1—25页,后收入氏著《中国南北朝寒門寒人研究》,东京:汲古书院,2020年,第381—410页。

349

りとして》①一文中，榎本注意到《南史》收录了许多《梁书》没有的旨在批判萧梁诸王的逸事记载，认为这是由于《南史》作者李延寿将萧梁灭亡归咎于因梁武帝宽纵导致诸王违反道德的行为，而这些逸事源自北齐系士人对萧梁历史的认识。随后在《再び『南史』の説話の要素について一萧顺之の死に関する記事を手掛かりとして》②一文中，榎本再次论证了《南史》记述中刻意放大萧齐皇室的矛盾，并贬低萧顺之、萧衍父子，指出这同样出自北齐系士人的南朝历史观。

　　不难看出，榎本主要是从《梁书》与《南史》的对比中展开论述，如前所述，这也是史料批判研究的常用方法之一。毋庸赘言，这样的研究还有许多工作可做，且不仅限于《梁书》。正如川合安在1989年的史学"回顾与展望"评述《『南史』の説話の要素について一梁諸王伝をてがかりとして》一文时所说，如果把《南史》与《宋书》《南齐书》及《陈书》放在一起比较，也将很有意义。③

　　以上是学界对两晋南朝正史所做的史料批判研究情况，除了正史，这一时期其他一些历史文献也得到不少探讨，其中安田二郎对《建康实录》的考察让人印象深刻。

　　《建康实录》是唐人许嵩在肃宗时期撰成的一部记载吴、东晋、

―――――――――――

① 榎本あゆち《『南史』の説話的要素について一梁諸王伝をてがかりとして》，初刊《東洋学報》第70卷第3、4号，1989年，第1—33页，后收入氏著《中国南北朝寒門寒人研究》，第411—439页。

② 榎本あゆち《再び『南史』の説話の要素について一萧顺之の死に関する記事を手掛かりとして》，初刊《六朝学術学会報》第8号，2007年，第81—96页，后收入氏著《中国南北朝寒門寒人研究》，第441—465页。

③ 《史学雑志》第99編第5号，1990年。事实上，在榎本あゆち《再び『南史』の説話の要素について一萧顺之の死に関する記事を手掛かりとして》一文中，已将《南史》与《南齐书》进行比较。

宋、齐、梁、陈六朝史事的著述,因六朝皆都建康,故以为名。一般认为,《建康实录》体例不纯,错误较多,①因此长期以来没有得到学者重视,研究也寥寥无几。② 安田二郎青眼独加,在《許嵩と『建康実録』》③一文中,尝试恢复许嵩撰述《建康实录》时的政治背景及特殊用意。安田首先判断现存《建康实录》为一部草稿,循此出发,分三个问题展开对许嵩编纂意图和背景的考察。第一,《建康实录序》云"南朝六代四十帝三百二十一年",计算存在矛盾,推测许嵩系刻意以递减数字六、四、三、二、一概括六朝历史;第二,《建康实录》记载政治、军事过于简单,甚至时有缺漏,记载灾异却巨细无遗,认为这反映出许嵩强烈的"定命论"和"王气论";第三,针对《建康实录》何以记载北朝傀儡后梁政权,指出这是因为许嵩要证实"王气"有一个西迁过程,即从建康到江陵,再到长安,最后到达肃宗即位所在的灵武,借此宣扬肃宗灵武政权的正统性。这样,在检讨完上述三个问题后,安田回到起点,即《建康实录》为何只以草稿存世。安田认为,《建康实录》的撰述初衷是要宣扬肃宗灵武政权的正统性,然而此后不到两月,唐军光复长安、洛阳,肃宗政权也随之迁往长安,许嵩撰述《建康实录》试图以王气西移来宣扬肃宗灵武政权的合理性,因此失去了基础,大约正因如此,《建康实录》才未被修改,仅以草稿形

① 许嵩撰,张忱石点校《建康实录》,"点校说明",北京:中华书局,1986年,第25—28页。

② 较重要的研究除张忱石《点校说明》外,另有张勋燎《〈建康实录〉及其成书年代问题》,初刊《古文献论丛》,成都:巴蜀书社,1990年,后收入氏著《中国历史考古学论文集》,北京:科学出版社,2013年,第707—721页;谢秉洪《〈建康实录〉作者与成书时代新论》,《南京师大学报(社会科学版)》2004年第5期;吴金华《〈建康实录〉十二题(上)》,《南京晓庄学院学报》2006年第3期;《〈建康实录〉十二题(下)》,《南京晓庄学院学报》2006年第5期等。

③ 安田二郎《許嵩と『建康実録』》,《六朝学术学会报》第7号,2006年,第125—138页。

式存世。

安田是日本学者中较早关注史籍编撰意图的一位,他对贵族心性的一系列考察即注重从史料性格出发。①《許嵩と『建康実録』》一文则将这一研究特点发挥到极致,立论大胆,想象丰富,精思妙见迭出。尽管从历史学实证一面来说,文中推测较多,不少论证尚待证实,但该文对探讨包括《建康实录》在内的众多史籍提供很多启示,这一点毋庸置疑。

四、北朝史料批判研究

北朝文献的史料批判研究,首先值得一提的是佐川英治的《東魏北斉革命と『魏書』の編纂》②一文。案佐川对《魏书》编撰的关注并不始于此,在此之前,佐川对北魏均田制的考察已涉及对《魏书》记载进行史料批判,指出《魏书》基于北齐政权立场编纂而成。③ 本文在此基础上,进一步思考《魏书》撰述背景和意图。文章首先瞩目《魏书》成书的政治环境,指出《魏书》是在代人、汉人历史观对立的背景下,基于山东士族立场撰述而成;进而通过梳理作为国史的“魏史”之编撰经纬,探讨对立历史观的由来,强调孝文帝时代李彪修史

---

① 安部聪一郎《三国西晋史研究的新动向》,安部聪一郎等《日本魏晋南北朝史研究的新动向》,《中国中古史研究:中国中古史青年学者联谊会会刊》第 1 卷,第 8 页。

② 佐川英治《東魏北斉革命と『魏書』の編纂》,《東洋史研究》第 64 編第 1 号,2005年,第 37—64 页,中译《东魏北齐革命与〈魏书〉的编纂》,刘啸译,陈锋、张建民主编《中国古代社会经济史论:黄惠贤先生八十华诞纪念论文集》,武汉:湖北人民出版社,2010 年,第 426—448 页。

③ 佐川英治《三長・均田両制の成立過程―『魏書』の批判的検討をつうじて》,《東方学》第 97 辑,1999 年,第 40—53 页;《『魏書』の均田制叙述をめぐる一考察》,《大阪市立大学東洋史論叢》第 11 号,2000 年。

的划时代意义；最后则以魏齐革命具有继承孝文帝汉化政策色彩为背景，尝试解释《魏书》的"秽史"问题。佐川认为《魏书》是在孝文帝汉化政策延长线上编纂的，目的是要将孝文帝汉化政策历史性的正当化，其写作背景则是魏齐禅让革命和汉人贵族对"监修国史"的掌握。这样，通过对《魏书》成书背景的考察，《魏书》编纂意图得到了清晰揭示，而包括"秽史"在内的诸多问题亦得到合理解释，这较之以前单纯纠缠于《魏书》是否为"秽史"的讨论，①无疑有很大推进。②

循着佐川的思路，胡鸿对《魏书·官氏志》之于北魏前期官制的书写进行了考察。在《北魏初期的爵本位社会及其历史书写——以〈魏书·官氏志〉为中心》③一文中，胡鸿认为《官氏志》所记华夏式的天赐官品制度为"攀附的华夏官僚制"，与实际制度不符，《魏书》如此书写，乃是孝文帝改革以后历代史臣不断剪裁、润饰和攀附的结果，其目的是试图通过建构北魏前期历史的华夏化以宣示正统。

制度书写之外，北魏前期历史人物的建构同样存在这种华夏化倾向。内田昌功《北燕冯氏の出自と『燕志』、『魏書』》④指出，《魏书》将出自鲜卑一系或东北诸族的北燕冯氏描述成汉人，即是因继承了依据冯太后旨意编纂的《燕志》将冯氏汉人化的结果。

---

① 关于《魏书》是否"秽史"的讨论，参看杨必新《〈魏书〉"秽史"问题研究》，华中科技大学硕士学位论文，2009年。
② 需要说明，此前尾崎康已对《魏书》成书时的汉人、代人对立背景有所揭示。《魏书成立期の政局》，《史学》第34卷第3、4号，1962年，第51—68页。
③ 胡鸿《北魏初期的爵本位社会及其历史书写——以〈魏书·官氏志〉为中心》，初刊《历史研究》2012年第4期，后改题《北朝华夏化进程之一幕：北魏道武、明元帝时期的"爵本位"社会》，收入氏著《能夏则大与渐慕华风——政治体视角下的华夏与华夏化》，北京：北京师范大学出版社，2017年，第242—274页。
④ 内田昌功《北燕冯氏の出自と『燕志』、『魏書』》，《古代文化》第57编第8号，2005年，第425—438页。

这样，通过佐川等人对《魏书》编撰意图和背景的考察，《魏书》书写的华夏化倾向已颇为清晰。① 固然，对于何人、何时推动了北魏国史书写的华夏化，学者之间尚存分歧，不同书写恐怕也各有背景，但《魏书》书写这一现象的揭示，犹如在《魏书》"秽史"与否的讨论外打开了另一扇解读之门，为理解《魏书》成书、乃至辨析史事都提供了新的视角。②

《魏书》外，"八柱国"是北朝史料批判研究的另一中心议题。如所周知，八柱国是北周隋唐时期的权力中枢，亦即陈寅恪所谓关陇集团的核心，其构成如《周书》卷一六所见，依次为宇文泰、李虎、元欣、李弼、独孤信、赵贵、于谨、侯莫陈崇。对于八柱国的存在及顺序，历来少有怀疑，前岛佳孝和山下将司则在与其他文献的对读中发现疑问。在《西魏・八柱国の序列について─唐初编纂奉勅撰正史に於ける唐皇祖の记述样态の一事例》③一文中，前岛注意到传世文献记载八柱国顺序并不一致，如《通典》和《文献通考》将李虎降至元欣之下，《资治通鉴》更是将李虎序于李弼之后；而除李虎外，诸书

① 关于《魏书》，还有园田俊介《北魏・東西魏時代における鮮卑拓跋氏（元氏）の祖先伝説とその形成》（《史滴》第 27 号，2005 年，第 63—80 页）、熊谷滋三《『魏書』と『北史』の爾朱栄伝について》（《史滴》第 27 号，2005 年，第 118—135 页）、聂溦萌《从国史到〈魏书〉：列传编纂与时代变迁》（初刊《中华文史论丛》2014 年第 1 期，后改题《北魏国史与魏收〈魏书〉》，收入氏著《中古官修史体制的运作与演进》，上海：上海古籍出版社，2021 年，第 275—292 页）等考察，兹不赘述。

② 如王铭、仇鹿鸣在讨论北魏庙号改易和国史之狱时，均不同程度受此影响。王铭《"正统"与"政统"——拓跋魏"太祖"庙号改易及其历史书写》，《中华文史论丛》2012 年第 2 期。仇鹿鸣认为《魏书》记载具有亲佛教的倾向，《高允与崔浩之死臆测——兼及对北魏前期政治史研究方法的一些反思》，《社会科学战线》2013 年第 3 期。

③ 前岛佳孝《西魏・八柱国の序列について─唐初编纂奉勅撰正史に於ける唐皇祖の记述样态の一事例》，《史学杂誌》第 108 编第 8 号，1999 年，第 63—84 页。

记载其他七人顺序则都一致。案李虎就任柱国大将军时,头衔为太尉、大都督、尚书左仆射、陇右行台、少师,似乎地位尊崇,不过前岛怀疑其中太尉、尚书左仆射、陇右行台三职系据李世民经历伪造,从仅余的"少师"头衔判断,李虎地位或当在于谨之下,侯莫陈崇之上,《周书》因李虎为李唐先祖,故将其拔高到仅次于宇文泰的位置。文末前岛还意识到,大统十六年(550)后八柱国之外的其他柱国大将军也曾被列于八柱国之列,八柱国及其后裔也未长期占据军事领导层,因此所谓"八柱国"一词,还需要重新检讨。①

　　循着前岛的思路,山下将司进一步对"八柱国"一词的产生进行了思考。在《唐初における『貞観氏族志』の編纂と「八柱国家」の誕生》②一文中,山下首先通过检索传世文献和出土文献确认:1."八柱国"一词仅见于唐代以降,尤其是贞观以降的文献,2.文献中所见"八柱国"有时并非指《周书》中的"八柱国家",由此提出疑问,所谓"八柱国"及《周书》所记"八柱国家"这样的门阀观念,在唐代之前果真存在吗? 山下通过对《周书》的文本分析指出,"八柱国"以及仅次于"八柱国"的"十二大将军",其人选均为初唐史家有意选择,所谓"八柱国""十二大将军",不过是贞观六年(632)编纂《贞观氏族志》,为提高李唐皇室权威而由初唐史家建构出来的一个概念。随后在《隋·唐初期の独孤氏と八柱国問題再考—開皇二十年「独孤羅墓誌」を手がかりとして》③一文中,山下认为《隋书·独孤罗

① 2007年,前岛佳孝发表《李虎の事跡とその史料》一文,再次确认文献中李虎相关记载多附有唐王朝意识在内。《人文研紀要》第61号,2007年,第69—100页。
② 山下将司《唐初における『貞観氏族志』の編纂と「八柱国家」の誕生》,《史學雜誌》第111編第2号,2002年,第1—32页。
③ 山下将司《隋·唐初期の独孤氏と八柱国問題再考—開皇二十年「独孤羅墓誌」を手がかりとして》,《早稻田大学教育学部学術研究(地理学·歷史学·社会科学編)》第51号,2003年,第1—15页。

传》精心粉饰业已衰落的独孤氏,同样应置于建构"八柱国""十二大将军"概念的背景下予以考虑。要之,与前岛佳孝仅是质疑唐初史籍对李虎地位的刻意拔高不同,山下将司则将质疑扩大到整个"八柱国""十二大将军"的存在,如果这一意见成立,这对陈寅恪以来以此为基础建构的北周隋唐权力中枢演变轨迹乃至府兵制等,都构成巨大冲击。

和安部聪一郎解构川胜义雄乡论的重层构造模式,津田资久解构《三国志》曹丕、曹植之争及曹马之争等一样,前岛佳孝和山下将司对"八柱国"的解构同样也是对旧有经典历史理解图式的质疑。尽管考虑到史料的存在状况,上述质疑未必就是定论,但这一发现至少提醒我们对相关史料应持有必要的警惕之心。近来平田阳一郎对府兵制的讨论中,即注意到《周书》《北史》记载之不可信。①

北朝史料批判研究另一引人注目的讨论是会田大辅对北周相关史料的解读。② 会田主要聚焦于《周书》对若干历史人物的形象塑造,考察其虚实及撰述意图。在《蕭詧の「遣使称藩」に関する一考察—『周書』に描かれた蕭詧像をめぐって》③一文中,会田发现《周书》描写萧詧"遣使称藩"有刻意模糊的倾向,推测其目的乃是强调萧詧行为的悲剧性和正当化;《周书》如此书写,除可能有出自

① 平田阳一郎《西魏・北周の二十四軍と「府兵制」》,《東洋史研究》第 70 卷第 2 号,2011 年,第 225—259 页。

② 除此之外,会田对《隋书》编撰亦有考察,参看《「宇文述墓誌」と『隋書』宇文述伝—墓誌と正史の宇文述像をめぐって》,《駿台史学》第 137 号,2009 年,第 1—26 页。

③ 会田大辅《蕭詧の「遣使称藩」に関する一考察—『周書』に描かれた蕭詧像をめぐって》,《文化継承学論集》第 3 号,2006 年,第 62—83 页。

后梁的史臣岑文本的参与外,唐初重臣萧詧之孙萧瑀的存在也是重要因素。随后《北周宇文護執政期再考—宇文護幕僚の人的構成を中心に》①一文,会田将焦点对准权臣宇文护,指出《周书》对宇文护的否定性描述与同时期其他文献并不一致,进而通过分析宇文护幕府的幕僚构成,确认其执政时政界并非如以往认为的那样为"亲宇文护派"和"亲周帝派"对立,宇文护用人并不偏颇专权,执政多有贡献,《周书》负面描述与其实际形象不符。②

　　除了对《周书》中单个历史人物形象进行辨析外,近年来会田还对北周皇帝和当权者的整体形象进行了考察。在《令狐德棻等撰『周書』における北周像の形成》③一文中,会田比对《周书》和成书于隋及唐初的《周齐兴亡论》和《帝王略论》后发现,只有《周书》把北周灭亡远因归于宇文泰"乖于德教",且《周书》对宇文护批判最严,对周武帝评价最高;基于此,会田推测《周书》如此书写有着特定的政治意图,其中彰显北周旨在树立王朝权威,否定宇文泰是为了宣扬周隋革命正统,贬低宇文护则是希望抬高周武帝等。

　　这样,会田通过精心比对《周书》与在此前后成书的其他文献,确认《周书》对北周若干重要历史人物的形象塑造多有不实,其背后隐含特定的政治意图。如前所述,这一方法是史料批判研究的常用方法之一,前揭安部聪一郎对东汉史料的批判及前岛佳孝、山下将

① 会田大辅《北周宇文護執政期再考—宇文護幕僚の人的構成を中心に》,初刊《集刊東洋学》第 97 号,2007 年,第 20—41 页,中译《北周宇文护执政期再考——以宇文护幕僚人事组成为中心》,林静薇译,《早期中国史研究》第 4 卷第 1 期,2012 年,第 1—40 页。

② 案在此之前,会田已经注意到《周书》对宇文护的描述可能有失偏颇。《北周「叱羅協墓誌」に関する一考察—宇文護時代再考の手がかりとして》,《文学研究論集》第 23 号,2005 年,第 123—144 页。

③ 会田大辅《令狐德棻等撰『周書』における北周像の形成》,"建构与生成:汉唐间的历史书写诸层面"学术会议,复旦大学,2013 年 3 月。

司对"八柱国"的反思均是如此。这一方法的前提是对正史外相关文献的搜集、辨析,为此会田对成书于《周书》前后的多部文献进行了考察,奠定了坚实的分析基础。① 不过另一方面,如果说正史撰述有着特定的撰述意图,那么其他文献是否即无类似倾向? 这恐怕是运用这一方法进行研究时需特别留意的。

五、史籍整体的史料批判研究

所谓史籍整体的史料批判研究,即指不以某一特定史籍为考察对象,而是以某类史籍,甚至史籍全部作为考察对象。这较之前引安部定义,进一步扩展了研究范围。

魏晋南北朝史籍整体的史料批判研究,首先想举出的是永田拓治对"先贤传"或"耆旧传"的考察。"先贤传"或"耆旧传"是汉魏六朝时期大量涌现的一种史籍类型,也称郡国书,属"杂传"的一种,逯耀东、胡宝国等已对包括"先贤传""耆旧传"在内的诸杂传之兴衰演变做了很好的梳理,认为与人物品评之风密切相关,②永田拓治在此基础上进一步追问编纂的意图和背景。

在《「先賢伝」「耆旧伝」の歴史的性格—漢晋時期の人物と地

---

① 会田大辅《『紫明抄』所引『帝王略論』について》,《国語と国文学》第87編第3号,2010年,第16—27页;《日本における『帝王略論』の受容について—金沢文庫本を中心に—》,《アジア遊学》第140号,2011年,第89—98页;《『類要』中の『通歴』逸文について》,《汲古》第63号,2013年,第6—12页等。

② 逯耀东《魏晋杂传与中正品状的关系》,《中国学人》第2期,1970年;《魏晋别传的时代性格》,《魏晋史学的思想与社会基础》,北京:中华书局,2006年,第71—97页;胡宝国《杂传与人物品评》,《汉唐间史学的发展》,北京:商务出版社,2003年,第132—158页,修订本,北京:北京大学出版社,2014年,第121—146页。

域の叙述と社会》①一文中，永田发现不同时期"先贤传""耆旧传"有着不同的编纂意图：东汉三国时期，其目的是想通过彰显先勋功臣和传达先贤事迹来恢复社会秩序；而在西晋，主要目的则变成与其他地区竞争优劣；及至东晋，"先贤传""耆旧传"被认为是对抗北来人士、宣扬南方士族的宣言书。随后《「状」と「先賢伝」「耆旧伝」の編纂—「郡国書」から「海内書」へ》②一文，永田着重讨论了"先贤传""耆旧传"编纂对于地方统治的意义，指出东汉时期，先人事迹被视为联系乡里社会风俗教化的重要纽带，编纂"耆旧传"有助于地方长吏推行教化；而魏文帝选定"二十四贤"，明帝编纂《海内先贤传》，则是树立理想人物形象，以达到全国统一重新构筑乡里社会的目的。承此，《上计制度与"耆旧传"、"先贤传"的编纂》③一文也指出，"耆旧传""先贤传"并不只是乡里意识的反映，还受到王朝政治意图和统治政策的影响，王朝出于稳定地方统治的需要，选定、表彰"先贤"，优待"先贤"子孙，这一政策导向对"耆旧传""先贤传"的编纂起到了推波助澜的作用。

另一方面，"先贤传""耆旧传"对于乡里社会、乃至家族个体的意义，也是永田考察的重点。前文《「先賢伝」「耆旧伝」の歴史的性格》对此已有揭示，在《『汝南先賢傳』の編纂について》④一文中，永田强调在社会重视先贤子孙的风潮下，编撰"先贤传"对于家族具有

---

① 永田拓治《「先賢伝」「耆旧伝」の歴史的性格—漢晋時期の人物と地域の叙述と社会》，《中国—社会和文化》第 21 号，2006 年，第 70—92 页。

② 永田拓治《「状」と「先賢伝」「耆旧伝」の編纂—「郡国書」から「海内書」へ》，《東洋学報》第 91 卷第 3 号，2009 年，第 1—32 页。

③ 永田拓治《上计制度与"耆旧传"、"先贤传"的编纂》，《武汉大学学报（人文科学版）》2012 年第 4 期。

④ 永田拓治《『汝南先賢傳』の編纂について》，《立命館文学》第 619 号，2010 年，第 352—367 页。

特定意义。这一观点在此后对同属杂传的"家传"的考察中也再次
得到确认。①

由此可见,永田主要是从"王朝"(中央政府、地方长吏)和"社
会"(乡里社会、家族个体)两个方面对汉晋时期"先贤传""耆旧传"
的编纂进行了考察。在永田看来,不同时期、不同范围("郡国"还是
"海内")甚至不同名称("耆旧"还是"先贤")的"先贤传""耆旧
传",都有各自不同的撰述背景和意图,这也直接影响着该类文献的
书写。随着撰述意图被揭示,以往多被看成是一个整体的"先贤传"
"耆旧传",其演变细节益发清晰,汉晋不同时期时代特征的某些侧
面,也因此得以更为具体地呈现出来。

其次需要举出的是徐冲对于皇帝权力秩序影响下的历史书写
的研究。和永田一样,徐冲关注的也是中古时代某一类史籍——国
史,他称之为纪传体王朝史。这一研究集中体现在专著《中古时代
的历史书写与皇帝权力起源》②内,其所讨论的核心,正如《前言》中
所说,"是中古时代每一个王朝的皇帝权力起源过程,与其纪传体王
朝史的'历史书写'之间,究竟构成了怎样的关系"。③ 为此,徐冲选
取了中古时代纪传体王朝史中四种典型的结构性存在作为考察对
象,分别是"起元""开国群雄传""'外戚传'与'皇后传'"和"隐逸
列传",探讨其变动、转换与皇帝权力的关系。

在"起元"部分,徐冲考察了起元转化与皇帝权力起源"正当性"
的联系。所谓"起元",是指国史书写中从何时开始采用本朝纪年方

---

① 永田拓治《漢晋期における「家伝」の流行と先賢》,《東洋学報》第 94 卷第 3 号,第
　　1—34 页;《『荀氏家伝』の編纂》,《歴史研究》第 50 号,2013 年,第 23—50 页。
② 徐冲《中古时代的历史书写与皇帝权力起源》,上海:上海古籍出版社,2012 年。
③ 徐冲《中古时代的历史书写与皇帝权力起源》,"前言",第 1 页。

式纪年。徐冲发现，魏晋以降，以刘宋时徐爰撰修国史为转折，此前国史书写采取"禅让后起元"，在前代王朝纪年下书写本朝"创业之主"，此后则变为"禅让前起元"，自本朝开国之君创业伊始即使用本朝纪年，认为这一变化反映了时人对皇帝权力起源认识的变化，"创业之主"取代"前朝功臣"，成为皇帝权力起源的起点。在徐冲看来，国史书写在"起元"的使用上是有政治意图的，"起元"显示出时人对皇帝权力来源正当性落脚点的认识，"禅让后起元"表明时人认为开国之君的"前朝功臣"身份是其权力合法性的来源，而"禅让前起元"则表明时人认为开国之君的"创业之主"身份已足以保证其权力的合法性。

和"起元"一样，"开国群雄传"也被认为是显示皇帝权力起源正当性的意识形态装置之一。所谓"开国群雄传"，是指纪传体王朝史中以前代王朝的末世群雄为书写对象的一组列传。徐冲发现，中古纪传体王朝史中，"开国群雄传"出现了与"起元"转换一致的变化：三国至南朝前期，"开国群雄传"结构性地存在于纪传体王朝史中，南北朝后期至唐代前期，则结构性地缺失。由此徐冲视"开国群雄传"和"起元"为一组联动的意识形态装置，共同服务于皇帝权力起源的正当化。

随后的"'外戚传'与'皇后传'"和"隐逸列传"，讨论的与其说是皇帝权力起源，毋宁说是皇帝权力结构，即透过列传结构的变化，探讨皇帝权力构成要素的转化。在"'外戚传'与'皇后传'"部分，徐冲认为汉代所书写的纪传体王朝史以"外戚传"的名目编总诸皇后，暗示外戚在汉代皇帝权力结构中具有正当位置；成书于魏晋南朝时期的纪传体王朝史以"皇后纪/后妃传"的名目编总诸皇后，意味着对汉代具有正当性和制度性的"外戚政治"之否定。"隐逸列传"部分则由朝及野，瞄准了原本在皇帝权力结构之外的隐逸群体，指出汉代成书的纪传体王朝史不设"隐逸列传"，表明"隐逸"并未成为汉代皇帝权力结构的正当组成,而以曹丕禅让前夕旍表包括处士在内的"二十四贤"为转折,魏晋南朝撰述的纪传体王朝史中均设"隐逸列传",意味着"隐逸"进入并内化于皇帝权力结构。可以看到,上述关于"'外戚传'与'皇后传'"和"隐逸列传"的讨论中,徐冲均将变化指向了汉魏革命,而汉魏革命正是作为此书基础的博士论文《"汉魏革命"再研究:君臣关系与历史书写》论述的主题。要之,在徐冲看来,汉魏时期皇帝权力结构出现了深刻变化,这一变化也反映到纪传体王朝史书写的结构变化上,"皇后纪/后妃传"取代"外戚传",以及"隐逸列传"进入纪传体王朝史,正是此一结构变化的具体表现。

由此可见,与前述史料批判多关注史籍所载具体内容不同,徐冲更重视史籍文献中一些结构性的存在,如史传的构成、命名,国史的"起元"方式等,通过比较撰述于不同时期的纪传体王朝史中这类结构性的存在,辅以成书环境的考察,探讨史籍结构背后以皇帝权力为主导的政治背景。由此原本属于史学史的课题进入了政治史领域,不仅扩大了史学史研究的范畴,同时也为政治史考察提供了独特视角。事实上,比较不同时期不同背景下的历史书写,某种程度上也是史籍整体的史料批判研究共享的研究方法,前揭永田拓治对"先贤传""耆旧传"的考察,以及下文将要叙及的笔者对史传模式的思考均是如此。

需要说明的是,近年来徐冲还将他对传世文献的批判性思考引入碑刻文献,尤其注重碑刻中所谓"异刻"所具有的特定内涵。在《从"异刻"现象看北魏后期墓志的"生产过程"》①一文中,徐冲归纳了八种"异刻"现象:(1)左方留白,(2)志尾挤刻,(3)志题挤刻,

① 徐冲《从"异刻"现象看北魏后期墓志的"生产过程"》,《复旦学报(社会科学版)》2011年第2期,修改后收入余欣主编《中古时代的礼仪、宗教与制度》,上海:上海古籍出版社,2012年,第423—447页。

（4）志题省刻，（5）志题记历官、志文记赠官，（6）志题记历官、后补刻赠官，（7）谥号空位，（8）谥号补刻，提出墓志生产是包括丧家、朝议等多种要素共同参与和互动的结果，而"异刻"提供了考察这类参与和互动的线索。循着这样的思路，《北魏元融墓志小札》①、《元渊之死与北魏末年政局——以新出元渊墓志为线索》②二文对墓志"异刻"背后的特殊政治内涵进行了具体而微的揭示。

最后，还想提一下笔者近年来对史传书写模式的一点思考。所谓"模式"，即指史传中那些高度类型化、程式化的文本构筑元素，它们或本诸现实，或由史家新造，在史籍中被大量运用，以构建形塑各式各样的人物形象。

管见所及，学界对"模式"的关注始于德国汉学家傅海波（Herbert Franke），早在1950年，傅氏就提示关注史传书写中的模式（topos）问题，③此后英国学者杜希德（Denis Twitchett）及美国汉学家傅汉思（Hans H. Frankel）均有续论，④榎本あゆち和安部聡一郎也注意到史传书写存在一些模式。⑤ 不过，对于模式的分析均非上述学者的

---

① 徐冲《北魏元融墓志小札》，《早期中国史研究》第4卷第2期，2012年，第129—160页。

② 徐冲《元渊之死与北魏末年政局——以新出元渊墓志为线索》，《历史研究》2015年第1期。

③ Herbert Franke, Some Remarks on the Interpretation of Chinese Dynastic Histories, *Oriens 3*, 1950, pp. 120 – 121.

④ 杜希德《中国的传记写作》，张书生译，《史学史研究》1985年第3期；傅汉思《唐代文人：一部综合传记》，郑海瑶译，倪豪士编选《美国学者论唐代文学》，上海：上海古籍出版社，1994年，第10—11页。

⑤ 榎本あゆち《姚察·姚思廉の『梁書』編纂について─臨川王宏伝を中心として》，第387—392页；安部聡一郎《袁宏『後漢紀』·范曄『後漢書』史料の成立過程について─劉平·趙孝の記事を中心に》，《史料批判研究》第5号，2000年，第113—140页。

论述中心,古代史籍中的种种书写模式尚未得到学界充分重视。

　　2009 年 8 月,笔者在武汉大学举行的第三届"中国中古史青年学者联谊会"上提交了一篇题为《想象的南朝史——以〈隋书〉所记梁代印绶冠服制度的史源问题为线索》的报告,其中指出,现存南朝诸史中保存了大量模式化的记载,这类记载大多是由史家依据某一特定典故模式建构出来,不能看作是真实历史的反映,南朝历史在很多场合是由诸多模式想象、堆砌的"伪历史"。文中并举出若干例子进行论证,包括孝子、良吏及勤学的种种书写模式。现在看来,南朝诸史中固然存在一些书写模式,但就此论证南朝史为想象堆砌而成,显然过激,史籍中模式对历史书写及理解的影响还需借助更为具体的个案探讨来支撑、充实。

　　为此,笔者以"猛虎渡河"和"飞蝗出境"这两个中古时期最常见的良吏书写模式为例,探讨其对史传编纂及性质的影响。在《中古良吏书写的两种模式》①一文中,笔者首先梳理了两种模式在中古史传中的应用情况,并归纳出若干变体,进而分析其在东汉出现及宋代以降长期延续的背景,文章最后指出,史传大量使用书写模式,一方面使得记载高度类型化、程式化,缺乏个性描述,另一方面也削弱了记述的真实性。

　　循着同样的思路,笔者进而又对《史记》《汉书》《后汉书》中的良吏书写模式进行了整体性梳理。在《中国古代良吏书写模式的确立——从〈史〉、〈汉〉到〈后汉书〉》②一文中,笔者确认《史记》书写良吏与后世差异较大,不仅载录对象非地方长吏,叙述政绩也语焉不详;及至《汉书》,则以社会所期待的理想良吏为基准,确立

---

① 拙稿《中古良吏书写的两种模式》,《历史研究》2014 年第 3 期。
② 拙稿《中国古代良吏书写模式的确立——从〈史〉、〈汉〉到〈后汉书〉》,《中国学术》第 38 辑,北京:商务印书馆,2017 年,第 217—247 页。

了一整套良吏书写模式;《后汉书》在此基础上,又增加了以灾异祥瑞论为认知背景的德感自然模式。这套经由《汉书》确立、《后汉书》完善的良吏书写模式,成为后世深所依赖的模板,为历代长期沿用。

要之,与徐冲基于列传结构变化探讨皇帝权力起源和结构转换、侧重于政治背景的考察不同,笔者对模式的分析则注重爬梳各种模式出现及应用背后的社会文化背景,当然,政治文化也包括在内。透过各种模式,笔者所欲追踪的并非多数史料批判研究所关注的政治史,而是社会史和文化史,这也是模式分析的最终目的所在。

六、结　　语

以上就是管见所及近年来魏晋南北朝史研究中史料批判研究的现状,受视域所限或有遗漏,但总体面貌应无大误。可以看到,相对而言,日本学者在这一领域开拓更早,成果也更为丰富。事实上,中国学者进入史料批判研究,部分原因正是得益于日本学者的启迪,如徐冲自称受到安部聪一郎的诸多影响,笔者对模式的最初关注也来自阅读榎本研究时所获得的启发。

中日学者在史料批判研究领域的诸多交流使得其基本方法亦为两国学人所共享。如上所见,当前史料批判研究主要方法有三:一是比较成书于不同时代的文献对同一或相关记载的异同,由此探讨各时期的政治环境、历史观或史家个人意识对历史书写的影响,前揭安部聪一郎、榎本あゆち及会田大辅的研究允为该方法应用的典型;二是分析文献成书背景,探讨政治环境、社会氛围、文化思潮等对历史书写的影响,由于中国古代以正史为代表的史传文献多与政治密切相关,因此从政治环境切入的研究尤多,津田资久、安田二郎、佐川英治等莫不如是;三是不拘泥具体内容,从整体上比较不同时期同一类别的一组文献的性质、结构等,由此探讨文献形成背后的政治或文化氛围,这在永田拓治和徐冲的研究中体现得尤为突出。当然,上述方法也非截然区分,毫不关涉,如前文叙述所显示的那样,很多研究毋宁说是两种、甚至三种方法并用,第一、第三种方法的考察离不开对成书背景的分析,第二种方法的思考有时也需要从比较有着各自背景的文献异同切入。

无论如何,虽然上述三种方法侧重各有差异,但其对史传文献所持批判、质疑的目光却是一致的,这不禁让人想起 20 世纪前期发生在中日学界的疑古思潮。如所周知,20 世纪前期,中日学界曾不约而同地出现对中国古史文献的质疑,中国为顾颉刚引导下的“古史辨派”,日本则以白鸟库吉“尧舜禹抹杀论”和内藤湖南“加上原则”为代表。① 疑古思潮以怀疑的眼光看待古史记载,将古史从经学中解放出来,由此几乎推翻了整个旧古史体系,对于当时的知识界造成极大震动。尽管在此后半个多世纪的学术发展中,疑古影响渐趋式微,学者甚至提出要“走出疑古时代”,“超越疑古,走出迷茫”,但疑古对历史文献所持的谨慎态度仍得到多数学

---

① 关于 20 世纪初叶中日学界对古史记载的质疑及其相互关系,较近的讨论有李孝迁《日本“尧舜禹抹杀论”之争议对民国古史学界的影响》,《史学史研究》2010 年第 4 期;杨鹏、罗福惠《古史辨运动与日本疑古史的关联》,《探索与争鸣》2010 年第 3 期;乔治忠、时培磊《中日两国历史学疑古思潮的比较》,《齐鲁学刊》2011 年第 4 期;赵薇《“尧舜禹抹杀论”与白鸟库吉的日本东洋史学》,《北方论丛》2013 年第 1 期;陈学然《中日学术交流与古史辨运动:从章太炎的批判说起》,《中华文史论丛》2012 年第 3 期;李孝迁《域外汉学与古史辨运动》,《中华文史论丛》2013 年第 3 期等。

者认可。① 在这个意义上,20 世纪末出现并正成为一种潮流的史料批判研究,未尝不是对半个世纪前疑古思潮的回应。

当然,史料批判研究的出现与其说是向疑古运动回归,或曰是对 50 年来学术发展的反动,毋宁说其出现也是顺应了新的学术思潮。如前所述,后现代史学的文本观念对史料批判研究的兴起即起到推波助澜的作用。当然,史料批判研究能在魏晋南北朝史领域大行其道还有更切实的原因,即魏晋南北朝史研究的现状。

现状之一是史料的限制。如所周知,新出魏晋南北朝时期的文献资料并不丰富,除了为数不多的简帛、碑刻偶有出土外,多数研究仍建立在对传统文献的理解和把握之上,这与此前的秦汉史研究和此后的隋唐史研究大不相同。既然仍是以分析传统文献为基础,则研究要想取得突破,就需尽量"榨取"文献的每一点信息。而史料批判研究正是"榨取"文献信息的有效途径之一。借助于文本分析,我们将目光转向史料形成时的具体语境,从而对史料的构造、性格、执笔意图有更多了解,由此史料的历史信息才能更为充分真实地呈现出来。

现状之二是旧学说的束缚。魏晋南北朝史研究常被认为是中国古代史研究中水准较高的领域,其标志之一就是有成熟且富有张力的学说所搭建起来的历史诠释框架,无论是内藤湖南的"六朝贵族制论",还是陈寅恪所建构的魏晋政争、隋唐渊源的权力递变模式,都深深影响着几代学人对该时段历史的理解。毋庸赘言,这些

---

① 如裘锡圭不止一次提到要继承"古史辨"派的古书辨伪成果。《文史哲》也曾刊发系列研究,重新评估"古史辨"派的学术意义。张富祥《"走出疑古"的困惑——从"夏商周断代工程"的失误谈起》,《文史哲》2006 年第 3 期;池田知久、西山尚志《出土资料研究同样需要"古史辨"派的科学精神——池田知久教授访谈录》,《文史哲》2006 年第 4 期;裘锡圭、曹峰《"古史辨"派、"二重证据法"及其相关问题——裘锡圭先生访谈录》,《文史哲》2007 年第 4 期等。

学说有着巨大的学术贡献,但随着时间推移,旧学说成为经典的同时也逐渐形成一种束缚,阻止研究者从其他可能的视角观察历史。而如前所述,不少史料批判研究所质疑、挑战的对象正是这些学说所建构的经典历史图式,在此意义上,史料批判研究无疑有助于挣脱旧有学说束缚,创造出富有新意的学术成果。

附记:本文初稿完成后,曾于南开大学举办的"首届古史新锐南开论坛"(2014 年 4 月)提交发表,蒙与会诸位先生提供宝贵修改意见。又在文章撰述及修改过程中,复旦大学徐冲教授、武汉大学魏斌教授也曾先后予以宝贵教示,京都大学土口史记先生惠赠日文学术论文。对于以上帮助,谨此一并致谢。

补记:本文最初写作于 2009 年,后经修改刊于《文史哲》2016 年第 1 期。犹记责编范学辉先生向笔者约稿时,笔者匆促间呈上格式、字体尚不符合刊物要求的初稿,先生很快便回复同意刊发,使得几乎要被束之高阁的小文得以面世,高情厚谊,令人感佩。而今先生已然离世,忆及先生种种关照,不禁唏嘘不已。此次收入本书,除对个别明显需要改动的论述有所调整及对注释补充最新信息外,其余均维持不变。又本文部分文字与前章内容重复,为保证文章完整性,未加删减,敬请读者谅解。

其他研究篇

第九章　二重证据法之后

　　在 20 世纪中国学术史上，王国维首提并付诸实践的"二重证据法"，毫无疑问是值得浓墨重彩、大书特书的一笔。尽管二重证据法所主张的将传世文献与新出文献相结合的治学取径并不始自王国维，至迟在宋代金石学中已有熟练运用，但二重证据法的提出以及王国维一系列以此为旨趣的典范性研究，犹如给此治学取径树起了一面大旗，推动同时或后来的学人更有意识地将传世文献与新出文献结合起来进行研究。故二重证据法问世之后，世人评价极高，樊少泉推许为中国文化之一大贡献，[①]杨宽也不吝赞美，认为："自王国维创二重论证之说，以地下之史料参证纸上之史料，学者无不据之以为金科玉律，诚哉其金科玉律也！"[②]及至今日，随着新出文献越来越多地以科学或非科学的途径问世，其对历史研究的重要性也与日俱增，尤其是对宋以前历史，新出文献业已成为不可或缺的史料，很少会有学者将新出文献抛于一旁，单独利用传世文献进行研究。在

① 樊少泉《最近二十年间中国旧学之进步》，署名抗父，初刊《东方杂志》第 19 卷第 3 期，1922 年，后收入章太炎、刘师培等撰《中国近三百年学术史论》，上海：上海古籍出版社，2006 年，第 389 页。
② 杨宽《中国上古史导论》，"自序"，上海：上海人民出版社，2016 年，第 2 页。

这种状况下,二重证据法几乎成为历史研究的"不二法门",引导学人积极主动地结合传世文献和新出文献进行探讨。

不过另一方面,不可否认的是,二重证据法也存在一些不足。这些不足体现在哪些方面?针对这些不足,学者又有什么应对之策?本章将尝试回答这些问题。

一、二重证据法的不足

二重证据法的不足,主要表现在以下两个方面。其一是王国维用以考证古史的所谓"地下之新材料"实际仅指地下之文字资料,如被王国维用作一重证据的"地下之新材料":甲骨文、金文、齐鲁封泥、汉晋简牍、唐人写本书卷、明清内阁档案等,无一例外均为文字资料。而同在20世纪前半叶,现代意义上的考古学亦在中国蓬勃发展,并在古史研究中发挥越来越突出的作用,故不少学者都对王国维"地下之新材料"仅包括文字资料不满。王国维的同事、中国考古学的奠基人李济在谈到1928年秋至1937年夏期间进行的安阳殷墟考古的意义时即说:

> (安阳发掘的)第二层意义,为"地下材料"这一观念,应由王国维氏的定义加以扩大。考古学家必须根据现代考古学的定义,把"地下材料"再作一番新的界说,即:凡是经过人工的、埋在地下的资料,不管它是否有文字,都可以作研究人类历史的资料。①

---

① 李济《安阳发掘与中国古史问题》,初刊《"中研院"历史语言研究所集刊》第40本,1968年,后收入张光直、李光谟编《李济考古学论文选集》,北京:文物出版社,1990年,第797页。

在李济看来,这一观点"实为殷墟发掘团全部同仁所接受的基本观念"。事实上,不仅殷墟考古人员,当时多数学人均接受此观点。后来陈寅恪概括二重证据法时便改为"取地下之实物与纸上之遗文互相释证";吴其昌叙述王国维学术贡献时也称"先师于学问上最大之贡献,乃在将物质与经籍,证成一片。……将地下纸上,打成一片"。① 核以王国维所论,二人所论显然是将王国维的定义放大了,而之所以有此改动,毋宁说正是受到以李济为代表的时人对地下材料认识的影响。据此也可看出,二重证据法将地下材料仅限于文字资料,对此不足学人有着较为一致的认识。故至后来,不仅考古学,其他一些学问也被视为历史研究的重要证据,由此二重证据法大为扩展,衍生出诸如三重、四重乃至多重证据法等论述。

二重证据法的第二点不足,是对传世文献与新出文献的结合、印证过于简单甚至轻率,对两种文献尤其是出土文献自身认识不足。这一点之前似乎不大为人瞩目,不过近十余年来随着学者对史料性质认识的加深,越来越被关注。具体而言,这一不足主要表现在以下四点。

第一,忽视传世文献与新出文献性质的差异。传世文献与新出文献存在差异,这一点傅斯年已有留意。1927 年在北京大学讲授《史料论略》时,傅斯年便将史料分为直接史料与间接史料,前者指未经中间人手修改或省略或转写的,后者指已经中间人手修改或省略或改写的,传世文献大致属间接史料,新出文献基本与直接史料相当,在傅斯年看来,直接史料来源有限制,且多残缺,往往有所偏重,间接史料则较为普通、略具系统。不过,傅斯年虽然认识到二者

---

① 分见陈寅恪《王静安先生遗书序》,初刊 1940 年,后收入氏著《金明馆丛稿二编》,北京:生活·读书·新知三联书店,2001 年,第 247 页;吴其昌《王观堂先生学述》,谢伟铭选编《吴其昌文存》,南京:江苏人民出版社,2016 年,第 72 页。

之间存在差异,但这并未影响他对二重证据法的评估,从他高度评价包括王国维《殷卜辞中所见先公先王考》《流沙坠简》在内的一系列结合传世文献与新出文献的研究来看,毋宁认为他对二重证据法的态度是很积极的。① 然而,不同性质、系统的两种史料是否即可无缝衔接,事实上却是存有疑问的。譬如二重证据法的一个巨大贡献即是结合殷墟卜辞与传世文献,确立了商代先公先王世系。但正如李锐所说,甲骨文所见商代先公先王,多见于周祭卜辞,它和传世文献《史记》等所载商代先公先王,属于不同的文本类型;二者既有同源部分,即殷商世系,也有属性不同的部分——《史记》等所记为单纯的世系,甲骨文所记则是祭祀系谱,祭祀不必完全遵循世系,多数是有选择的,故对于这种情况,应当求同存异,不能强行以某一文献否定另一文献,企图在不同性质文献的不同记载中判断正误,校准为一。②

碑志与史传的异同也能说明此情形。迄今出土的石碑墓志,不少碑主、志主都能在正史列传中找到对应。两类文献均以人物生平为主要内容,故所记总体一致,不过由于两类文献撰述旨趣不同,每每存在不合之处。对于这些不合,如果一概执着于校准为一并不明智。如欧阳修所说:

> 余所集录,与史传不同者多,其功过难以碑碣为正者,铭志所称,有褒有讳,疑其不实。至于世系、子孙、官封、名字,无情增损,故每据碑以正史。③

碑志中的人物生平信息固然可以"据碑以正史",但诸如涉及"功过"评价的文字,由于碑志旨在称颂,多有溢美不实之词,因此并不足以

---

① 傅斯年《史学方法导论》,北京:中华书局,2015 年,第 5—34 页。
② 李锐《"二重证据法"的界定及规则探析》,《历史研究》2012 年第 4 期。
③ 欧阳修撰、邓宝剑、王怡琳校注《集古录跋尾》"唐孔府君神道碑"条,北京:人民美术出版社,2010 年,第 213 页。

构成一重证据以补正史传。事实上,即便欧阳修看来"无情增损"的世系、子孙等,今人研究也指出其中多有建构、书写的成分,同样不能率尔"据碑以正史"。另一方面,史传生成也很复杂,撰述时也存在种种干扰因素,强行以史传校正碑志同样不可取。要之,对于性质不同的两类文献,应充分认识并尊重二者性质的差异,以及由此差异带来的记载之不同,唯如此,才能避免利用两种证据时的粗暴颟顸。

　　然而在二重证据法中,新出文献与传世文献可能的性质差异却被忽略不计。在王国维的论述中,很少见到对文献性质的细致辨析,似乎在他看来,只要文献记载对象相同,即可以被置于同一层面进行比对、印证。故在符号学家李幼蒸看来:

> 　　从历史符号学角度看,所谓"二重证据法"显然不是一个严格科学性的概念。因为它简单化了两个不同学科(考古学和古史学)运作程序之间的关系问题。例如,就殷商史研究中的二重证据法而言,问题还不在于实物史料和史书史料在指涉时间上是否相合,而在于两类史料对象的构成不同。何况先秦史书的指涉时间和制作时间二者也不是一回事。另一方面,尽管先秦史书伪作甚多,但编写者在竹帛上刻制文字时具有的记录编写意识和技能,是和甲文时代书写者在龟骨上刻句时的记录意识和技能极不相同的。因此也就是,二者在各自文字实践中体现的观察、记录、目的、惯习、技术条件等情况非常不一样。二重证据法打算将两套文本类型统一处置,乃因简单化地以为二者都"体现"着(实仅"指涉"着)同一客观历史对象。①

---

① 李幼蒸《顾颉刚史学与历史符号学——兼论中国古史学的理论发展问题》,初刊《文史哲》2007 年第 3 期,后收入氏著《历史和伦理:解释学的中西对话》,北京:中国人民大学出版社,2008 年,第 96—97 页。

这一批评固然激烈，但不得不说正击中了二重证据法的"软肋"。

第二，忽视新出文献的时代性。如前引傅斯年的划分所见，新出文献大抵被归入直接史料，而在"直接史料"的名义下，新出文献一般被认为写作较早，距离史事发生的时间较近。不过严格说来，这里面应有区分，新出文献成文固然距其写作的史事较近，但却未必构成共时关系，当新出文献并非写作于所记史事发生当时，其作为一重证据的有效性将大打折扣。譬如针对《史记》所记殷王世系，王国维以甲骨卜辞为一重证据，甲骨卜辞为商代遗存，距离商代历史不远，可靠性有保证，故王国维据以论述殷王世系，学者大抵赞同。不过，针对顾颉刚说"大禹是条虫"，王国维试图通过新出文献加以反驳。然而举出的两件新出文献却是春秋时期的秦公敦和齐侯镈钟，前者记有"鼏宅禹迹"，后者记有"处禹之堵"，王国维据以论断"春秋之世，东西二大国无不信禹为古之帝王，且先汤而有天下也"。不过，显而易见的是，秦公敦及齐侯镈钟至多只能证明春秋时人已有禹之观念，并不能证明历史上确有禹之存在。① 故王国维此说提出后，不仅治学旨趣相左的顾颉刚不接受，②傅斯年也不赞成——譬如他的名作《夷夏东西说》即将禹视为一神道，③其缘由即如李锐所说：

> 为什么王国维先生的《殷卜辞中所见先公先王考》和《续考》二文，根据甲骨文证《史记》等所记殷商世系、史实，受人推

---

① 梁涛《二重证据法：疑古与释古之间——以近年出土文献研究为例》，初刊《中国社会科学》2013 年第 2 期，后收入氏著《"亲亲相隐"与二重证据法》，北京：中国人民大学出版社，2017 年，第 152 页。

② 顾颉刚《我是怎样编古史辨的?》，初刊《中国哲学》第 2、6 辑，1980、1981 年，后收入氏著《顾颉刚古史论文集》卷一，北京：中华书局，2011 年，第 162 页。

③ 傅斯年《夷夏东西说》，《傅斯年全集》第 3 册，台北：联经出版事业公司，1980 年，第 110—111 页。

崇;而根据铜器证大禹为古帝王,却适得其反呢? 这涉及到"二重证据法"的规范性问题。王国维先生的前二文,是根据殷商时期的直接史料,证间接史料,直接史料的时代与所要证明的时代基本是共时性材料,故其结论可信。而根据铜器证大禹为古帝王,则是希望根据春秋时期的直接史料和间接史料,去证时代远在此前的史实,把异时性材料当作共时性材料,故而缺少说服力,不成功。①

故在李锐看来,二重证据法的第一条规则即是:

> 地下之直接史料,应与所要证明的纸上之间接史料属性相同,所指涉的时间基本上是共时的。只有遵循属性相同、共时这样的规则,"二重证据法"才能发挥效用。②

近年来新出文献中,无论历史典籍抑或其他文献,其中均不乏记载较早时期"史事"(包括真实发生的"史事"和后人理解的"史事")的内容,学者也多有以新出文献参证传世文献的尝试,或证明可信,或指出失真。不过值得注意的是,这些新出文献写作时间与学者所欲验证的"史事"时代相去甚远,譬如或有以作于西周的青铜器验证夏代以前历史,或有以抄写于战国以降的竹简验证春秋以前的史事,在此场合,新出文献能否构成一重证据,不得不说和王国维以春秋青铜器论证禹之存在类似,同样存在疑问。若强行以之为准校正传世文献,则或误入歧途。

第三,忽视新出文献的地域性。如果说甲骨文出土于殷商王城,这一问题还不是很严重,那么发现于边陲地区的汉晋简牍、敦煌

---

① 李锐《由新出文献重评顾颉刚先生的"层累说"》,《人文杂志》2008 年第 6 期。
② 李锐《"二重证据法"的界定及规则探析》,《历史研究》2012 年第 4 期。

吐鲁番文书等,如果不对其地域性充分重视,问题就颇为突出了。王国维曾为唐大历四年(769)沙州敦煌县户籍作跋,引唐志规定,解释其中的均田制实施状况,对于不合制度处,多有迂曲解释。① 不过,学者一般认为,敦煌吐鲁番地区实施的田制存在因地制宜的成分,未必与史志所载制度完全相合,彼时唐朝境内的田制,无论是否实施抑或如何实施,都存在地域性差异。明乎此,王氏强行牵合新出文献所见地域性规定与全国政策,进而在后者的框架下解释前者,毋宁说有胶柱鼓瑟之嫌。②

再如近年来风头极盛的"华南学派",大抵是依据地方或民间文献及田野观察——有些虽然未必新出,但由于与传统文献有别,这里也暂视为新出文献——进行区域研究。外界对他们的批评之一就是深陷局部、忽视整体,当然,这也可以理解为一种期待。不过,在将基于新出文献发现的区域历史上升为整体历史时,显然也有一个区域与全局、局部与整体的异同问题,如果忽视此一面向,率尔认为区域观察所得到的历史可行诸全国,则同样可能存在忽视新出文献地域特征的倾向。

要之,任何一种新出文献,无论发现地是边疆还是内地,乃至京畿,都或多或少具有地域性、个体性的色彩,其与彼时通行于全国的人事或制度存在龃龉是难免的,强行牵合二者,而无视新出文献的地域性特征,其结果只能或是管中窥豹,只见一斑,或是胶柱鼓瑟,牵强附会。

第四,过于信从新出文献。早在宋代金石学中,利用金石证经

① 王国维《唐写本燉煌县户籍跋》,《观堂集林·史林九》,《王国维全集》第8卷,杭州:浙江教育出版社,2009年,第527—528页。
② 胡戟等主编《二十世纪唐研究·经济卷》第一章《土地》,卢向前执笔,北京:中国社会科学出版社,2002年,第311—316页。

补史的金石学家已有"过信石刻"之弊,①主张传世文献与新出文献相结合的王国维同样难免于此。在 1913 年撰写的《明堂庙寝通考》中,王国维已提出殷墟甲骨、齐鲁鼎彝等新出文献的"征信之度"超过传世文献。② 及 1925 年正式提出二重证据法,王国维又说:

> 吾辈生于今日,幸于纸上之材料外,更得地下之新材料。由此种材料,我辈固得据以补正纸上之材料,亦得证明古书之某部分全为实录,即百家不雅驯之言,亦无不表示一面之事实。③

据此,对于新出文献与传世文献的关联,王国维实际设定了两种场合:第一,新出文献与传世文献不一致,在此场合,传世文献有误,新出文献不误,新出文献可以"补正纸上";第二,新出文献与传世文献记载一致,在此场合,二者记载都准确,新出文献可以"证明古书之某部分全为实录"。稍加琢磨不难发现,王国维其实没有考虑到新出文献也有可能记载不确,故在二重证据法中,新出文献绝对正确乃是作为前提而存在的。

王国维的认知并非孤例,傅斯年也宣称:

> 直接材料虽然不比间接材料全得多,却比间接材料正确得多。

因此应该拿来校正间接史料,如此:

> 间接史料的错误,靠他更正;间接史料的不足,靠他弥补;

---

① 岑仲勉《贞石证史》,初刊《中研院历史语言研究所集刊》第 8 本第 4 分册,1939 年,后收入氏著《金石论丛》,上海:上海古籍出版社,1981 年,第 76 页。
② 王国维《明堂庙寝通考·通论一》,《雪堂丛刻》第 3 册,北京:北京图书馆出版社,2000 年,第 298 页。案此文后收入《观堂集林》时,上引论述被删除。
③ 王国维《古史新证》,《王国维全集》第 11 卷,第 241—242 页。

> 间接史料的错乱，靠他整齐；间接史料因经中间人手而成之灰
> 沉沉样，靠他改给一个活泼泼的生气象。①

似乎在傅斯年看来，传世文献中诸多问题都可以在新出文献的校正
下迎刃而解。事实上，不仅倾向重建古史的王、傅如此认识新出文
献，疑古第一人顾颉刚亦对新出文献笃信有加。譬如在比较经书与
金文时，他便说道：

> 经文——比较有系统，却经过战国至汉人的涂抹。……金
> 文——这是没有系统的记载，但却是千真万确的记载。②

虽然这里传世文献仅及儒家经典而新出文献也仅及金文，不过推而
广之，不难想见在顾颉刚心目中，包括金文在内的新出文献也更为
可靠，这一点从他在与方诗铭、童书业合撰的《当代中国史学》（1947
年）中单列"新史料的发现和研究"一编、高度评价新史料之意义也
可窥知。③ 类似，梁启超撰于 1922 年之《中国历史研究法》，虽然对
墓志颇有微词，但对其他新出文献如汉晋简牍、敦煌写本、金文、甲
骨等，均极推重。④ 由此可见，相信新出文献更为准确，这并非王国
维一己之见，毋宁说乃是时人共识。

时人不仅相信新出文献更为准确，对于新出文献的史料价值也
更为看重。陈寅恪对彼时研究曾有一流传较广的界定，云：

> 一时代之学术，必有其新材料与新问题。取用此材料，以
> 研求问题，则为此时代学术之新潮流。治学之士，得预于此潮流

---

① 傅斯年《史学方法导论》，第 6—7 页。
② 顾颉刚《古史杂记（二）》"经文与金文的牴牾"条，《顾颉刚读书笔记》卷一四，北
京：中华书局，2011 年，第 16 页。
③ 顾颉刚《当代中国史学》，《顾颉刚古史论文集》卷一二，第 358—391 页。
④ 梁启超《中国历史研究法》，北京：中华书局，2015 年，第 66—71 页。

者,谓之预流(借用佛教初果之名)。其未得预者,谓之未入流。[1]

陈寅恪的看法今日看来不无可议之处,但在当时却不啻为颇具代表性的观感。顾颉刚、严耕望等均指出当时史学界存在重视研究新史料的现象,[2]萧熙群更是形象地描述为:

> 文字著录,视同废籍;终日孜孜,乃在直接史料之搜集。故出土之物,瓦石弥珍;一二文字,引以断古。[3]

无待赘言,新出文献之所以成为史学研究的"宠儿",正是以时人对新出文献史料价值的推重为基础的。更直接一点说,在时人看来,较之传世文献,未经后人扰动的新出文献大约具有天然的正当性,故学人争相辐辏,由此学术研究渐向新出文献倾斜、汇集。

20世纪初的学人如此信从新出文献,其实不难理解。一方面,对于当时学人来说,新出文献的大发现是一件振奋人心的事情,这些古人未及见的地下材料给了他们超越古人、超越乾嘉的巨大信心,因此他们对新出文献往往怀有一种天然的信任感。另一方面,经历疑古辨伪的涤荡,传世文献的权威性被消解殆尽,学人对传世文献往往抱持警惕之心,故此对于志在重建古史的学人来说,未经

---

[1] 陈寅恪《陈垣燉煌劫余录序》,初刊《中研院历史语言研究所集刊》第1本第2分册,1930年,后收入氏著《金明馆丛稿二编》,第266页。

[2] 顾颉刚《北京大学研究所国学门周刊一九二六年始刊词》,初刊《北京大学研究所国学门周刊》第2卷第13期,1926年,后收入氏著《宝树园文存》卷一,北京:中华书局,2011年,第221页;严耕望《通贯的断代史家——吕思勉》,《治史答问》,《治史三书(增订本)》,上海:上海人民出版社,2016年,第190页。其他论述可参罗志田《史料的尽量扩充与不看二十四史——民国新史学的一个诡论现象》,初刊《历史研究》2000年第4期,后收入氏著《近代中国史学述论》,北京:北京师范大学出版社,2015年,第54—83页;张越《新旧中西之间——五四时期的中国史学》,北京:北京图书馆出版社,2007年,第89—114页。

[3] 萧熙群《论治国史之要籍》,《斯文》第8、9期,1942年,第7页。

后人扰动的新出文献也就成了赖以依靠的最重要史料。两种情感驱动之下，当时学人大多对新出文献信任有加，相信后者准确可靠。王国维也不例外。虽然王国维生活上仍保留旧派文人风范，但学术却是趋新的、现代的，他对新出文献也很推崇，几乎不设想新出文献亦有可能存在错误，故在二重证据法中，传世文献只是被动接受新出文献的审查，接受后者的证明或补正。①

时至今日，我们已经深刻意识到新出文献也存在许多记载不确的内容，有些或为无意失误，有些则可能是刻意书写。简帛文献中的不实记载学者已多有指摘，②前引欧阳修语显示碑志文献亦不乏虚妄之处，至于金文，学者也指出其主观性与片面性的一面。③ 另一方面，新出文献不仅内容可能存在"伪"的成分，其文献自身亦有可能是伪的。李济曾提到民国初年引起包括罗振玉、王国维、郭沫若在内诸多学人热议的"商三戈"铭文，最后证实是伪刻。④ 时至今日，出于谋利的目的，这样的伪造品在新出文献中更是触目多见。由此可见，新出文献并不具有天然的正当性，其同样存在记载不确或伪

① 王国维1923年7月为商承祚《殷墟文字类编》作序时也曾说："故此新出之史料，在在与旧史料相需，故古文字、古器物之学与经史之学实相表里，惟能达观二者之际，不屈旧以就新，亦不绌新以从旧，然后能得古人之真，而其言乃可信于后世。"（《殷墟文字类编序》，《王国维全集》第14卷，第208页）不过整体而言，他和多数同时代学人一样，相信新出文献更加准确可靠。
② 参单育辰《楚地战国简帛与传世文献对读之研究》，北京：中华书局，2014年，第141—142页。
③ 夏含夷（Edward L. Shaughnessy），*Sources of Western Zhou History: Inscribed Bronze Vessels*，Berkeley：University of California Press，1991，pp. 175－182；李峰《西周的灭亡——中国早期国家的地理和政治危机》，徐峰译，上海：上海古籍出版社，2007年，第14—15页；《西周的政体——中国早期的官僚制度和国家》，吴敏娜等译，北京：生活·读书·新知三联书店，2010年，第13—23页。
④ 李济《安阳发掘与中国古史问题》，张光直、李光谟编《李济考古学论文选集》，第805页。

造内容的可能,一味以之为准审核传世文献,无论旨在补正还是证明,都不免出现牵凿附会之论。

概言之,二重证据法的两方面不足,前者体现于二重证据的构成,后者表现为二重证据如何运用。和王国维仅将与传世文献相对的第二重证据限定为地下文字资料不同,一些学者主张有更多材料可以被纳入证据范畴;而针对王国维无视两类证据性质的差异,一味以新出文献校对传世文献,一些学者强调应充分重视证据性质的差异,审慎处理不同材料之间的联系。这样,基于对二重证据法的不同认知,学者尝试在新的视角下审视探寻历史的证据,或是延伸或是反对,由此将二重证据法推向新的阶段。

二、扩展：多重证据法的多种表述

如前所述,针对二重证据法的两点不足,学者拿出两种应对之道。其一就是将更多材料或学科方法补入历史学研究,相继举出的包括考古学、民族学、人类学、实地调查、口述史料等。这之中,率先被纳入证据范畴的是考古学。

1. 从地下文字资料到考古资料

考古学首先被视为一重证据,与它和历史学的"近亲"关系密切相关。考古学与历史学虽然在利用材料、研究方法上各有侧重,但二者同以探求历史上的人、事、物质、文化等为目标,这也就意味着,二者之间具有天然的亲近关系。二者关系即如夏鼐所作形象比喻：

> 虽然二者同是以恢复人类历史的本来面目为目标,是历史

> 科学（广义历史学）的两个主要的组成部分，犹如车子的两轮，
> 飞鸟的两翼，不可偏废，但是二者是历史科学中两个关系密切
> 而各自独立的部门。①

夏先生这里旨在说明考古学的独立性，故对考古学与历史学的差异
多有强调，不过夏先生也指出，考古学与历史学关系密切，对于探求
人类历史面目不可偏废。明乎此，考古学或曰考古资料最先被列为
与以传世文献为基础的狭义历史学相对的一重证据，也就不难理
解了。

不过，对于如何安置考古资料，学者却有不同的处理方式。一
种方式是仍保持二重证据之说，但将王国维仅指文字资料之第二重
证据——"地下之新材料"扩展为考古资料，既包括考古所见文字资
料，也包括不含文字的其他考古资料，整体构成一重证据。前引李
济说已清晰表明了这一主张，陈寅恪、吴其昌将王国维二重证据法
的表述改为"取地下之实物与纸上之遗文互相释证"或"物质与经
籍，证成一片"，当也是接受此观念所作的调整。

安置考古资料的第二种方式是将文字之外的考古资料单独视
为一重证据，由此构成三重证据法。此说始于饶宗颐 1982 年在香港
夏文化探讨会上的致辞。在谈到研究夏文化的材料和方法问题时，
针对当时学界重点以田野考古探索夏文化，饶先生提出田野考古还
需结合传世文献进行考察，并特地提示甲骨文对于探索夏文化的重
要意义。文末他总结到：

> 总之，我认为探索夏文化，必须将田野考古、文献记载，和
> 甲骨文的研究，三个方面结合起来。即用"三重证据法"（比

---

① 夏鼐《什么是考古学》，初刊《考古》1984 年第 10 期，后收入《夏鼐文集》第 1 册，北
京：社会科学文献出版社，2017 年，第 238—239 页。

王国维"二重证据法"多了一重甲骨文）进行研究,互相抉发和证明。①

其中明确指出三重证据分别为田野考古、文献记载和甲骨文。显然,与王国维二重证据法相比,饶氏三重证据法多出的一重并非如他所说的"甲骨文",而是田野考古,亦即不含文字的考古资料。饶先生把田野考古界定为不含文字的考古资料,大约与文章讨论主题相关——夏文化田野考古迄未发现文字资料。

这之后,饶宗颐又将三重证据法的使用场合扩展至其他领域。在 1999 年发表的《古史重建与地域扩张问题》一文中,他不再仅在考察夏文化的题旨下申论三重证据法,云:

> 余所以提倡三重史料,较王静安增加一种者,因文物之器物本身,与文物之文字记录,宜分别处理;而出土物品的文字记录,其为直接史料,价值更高,尤应强调它的重要性。②

随着论述场合的扩大,三重证据也被重新界定,即传世古书、出土器物以及出土器物之文字记录,换个表述,即历史文献、出土实物和出土文字资料,后二者都属于广义的考古资料范畴。值得注意的是,和之前表述一样,饶先生这里仍将出土文字资料置于三重证据之首,这不禁令人想起包括王国维在内的 20 世纪前半叶学人对新出文献的无限信赖。据此可见,至少直至本世纪之前,这种信赖在相当一部分学人中仍维持不坠。

---

① 饶宗颐《谈三重证据法——十干与立主》,《饶宗颐二十世纪学术文集》卷 1《史溯》,台北:新文丰出版股份有限公司,2003 年,第 16 页。

② 饶宗颐《古史重建与地域扩张问题》,初刊《九州》第 2 辑,北京:商务印书馆,2001 年,后收入沈建华编《饶宗颐新出土文献论证》,上海:上海古籍出版社,2005 年,第 67—68 页。

以上简要介绍了以考古学或考古资料构成历史研究证据的两种处置方式，尽管界定略有不同，但二者均将包括文字资料和非文字资料的考古资料视为历史学不可或缺的"亲密战友"，这一点毋庸置疑。事实上，对于历史学与考古学一并构成历史研究的基石，世人基本没有异议，而在此基础上，哪些材料或学科方法又可构成新的证据，学者则有不同列举，由此形成措词相异的三重、四重证据说。不过总体上看，这些历史学、考古学之外列举的证据大抵皆属于民族学或人类学的范畴，故以下即以此类表述为重点，介绍学者对二重证据法的新表述。

2. 第三重证据：民族学或人类学

从时间上看，将民族学或人类学列为第三重证据，并不晚于将地下文字资料扩展为考古资料。如学者所述，至迟在郭沫若结合传世文献与新出文献的古史研究中，已然运用民族学资料进行参照。在1930年出版的《中国古代社会研究》——这是一部充分利用甲骨文、金文等新出文献结合传世文献进行研究的马克思主义史学名作——的"导论"中，郭氏为了探讨中国社会发展的历史进程，首先便引摩尔根《古代社会》(1877)及恩格斯《家庭、私有制和国家的起源》(1884)对世界范围内古代社会的观察作为参照。譬如他论述五帝时代为母系社会，即借用摩尔根、恩格斯对母系社会的界定，如存在野合杂交或者血族群婚，通行所谓姊妹共夫、兄弟共妻的"彭那鲁亚家族(Punaluan family)"概念，权力更迭父子不相承等，对传世文献所见五帝、三王的祖先诞生传说都是"感天而生，知有母而不知有父"，尧二女同嫁舜、舜兄弟共妻尧女，以及尧舜禹禅让等进行解读，由此将三代以前确定为母系社会。又书中其他篇章，如《〈周易〉时代的社会生活》《由原始公社制向奴隶制的推移》等，也都程度不等地利用民族学或人类学研究进行参照。

又在 1945 年出版的《十批判书》《青铜时代》两部著作中,郭沫若对三代历史的研究中亦多援引民族学、人类学为据。《十批判书》对井田制的分析即以古罗马人治野的方式为旁证,对阶级统治的考察也佐以彝族的黑骨头(贵族)、白骨头(奴隶)之分;《青铜时代》对周代土地制度的论述则一并参考了罗马的百分田法及彝族的土地分割法,且明确指出:"这些兄弟民族的状况正不失为解决中国古代社会的关键。了解得这些情形,回头再去读殷、周时代的典籍,有好些暧昧的地方也就可以迎刃而解了。"①

值得注意的是,即便单纯考释古文字,郭沫若也不忘参照民族学、人类学资料。在 1931 年出版的《甲骨文字研究》中——如书名所示,这是一部考释甲骨文的专论,其中《序录》所列 14 种主要参考书,除 9 种甲金文外,恩格斯的《家庭、私有制和国家的起源》、叶列妙士《古代东方精神文化纲要》也赫然在列;首篇论文《释祖妣》亦以人类社会婚姻形态的演变作为重要参考。由此可见,郭沫若对于民族学、人类学的借用是有明确意识的。尽管从具体论述看,郭沫若的借用不免生硬甚至机械——这一点颇遭时人批评,郭氏自己也不否认,但民族学、人类学构成他观察中国社会的重要佐证,这一点毋庸置疑。②

不过,郭沫若本人并未直接申述要以民族学、人类学构成与历史学、考古学并列的第三重证据,相对而言,徐中舒的意识则较为明确。在 1987 年发表的《我的学习之路》中,他回顾自己的学习轨迹时说:

① 郭沫若《青铜时代》,《郭沫若全集·历史编》第 1 卷,北京:人民出版社,1982 年,第 432 页。
② 以上论述参考了周书灿《试论郭沫若对民族学材料的运用——兼及其与徐中舒"古史三重证"的分野》,《郭沫若学刊》2011 年第 2 期;叶舒宪《国学方法论的现代变革》,《文史哲》1994 年第 3 期。

我研治中国古史六十余年,就是这样走过来的:围绕中国古史这一中心,由古文始,进而扩展到古文字学,进而扩展到考古学,进而扩展到民族史。①

徐先生自述他系统学习民族史时已五十多岁,而之所以要扩展到民族史,即是在他看来,随着近代文化人类学的长足进步,用边裔民族资料阐发古代社会发展的实际情况,已然成为研究古代历史的重要途径。

这之后,徐中舒又曾在数个场合表达这一观念。在 1988 年为学生唐嘉弘《先秦史新探》一书所作"序言"中,徐先生说:

传统的专治文献的方法,显然已经不能适应新的形势,必须将宝贵的大量的考古出土材料加以充分利用,并和文献资料结合起来,同时,作为"社会化石"的现存民族的调查以及民族史志,也应予以重视,这些都是十分有用的参考资料。②

又在 1998 年出版的《徐中舒历史论文选辑》"前言"中,徐先生再次申明:

我研究古文字学和先秦史,常以考古资料与文献资料相结合,再参以边地后进民族的历史和现况进行互证。③

由此可见,尽管徐中舒并未明确以诸如"三重证据法"等概念描述自己的研究取径,但他以历史文献、考古资料和民族学构成古史研究的三根支柱,主张结合参证进行研究,这一点应无疑义。可以说在徐中舒的研究中,三重证据说已经呼之欲出。

明确使用三重证据概括包括历史文献、考古资料和民族学的论

---

① 徐中舒《我的学习之路》,《文史知识》1987 年第 6 期。
② 徐中舒"序言",唐嘉弘《先秦史新探》,开封:河南大学出版社,1988 年,第 2 页。
③ 徐中舒《徐中舒历史论文选辑》,"前言",北京:中华书局,1998 年,第 1 页。

述,最早似出自杨向奎。在 1992 年出版的《宗周社会与礼乐文明》一书"序言"中,杨氏提出三重证据之说,云:

> 文献不足则取决于考古材料,再不足则取决于民族学方面的研究。过去,研究中国古代史讲双重证据,即文献与考古相结合。鉴于中国各民族间社会发展之不平衡,民族学的材料,更可以补文献、考古之不足,所以古史研究中的三重证代替了过去的双重证。①

其中明确将历史文献、考古资料与民族学的结合,称之为"古史研究中的三重证"。又在 1994 年发表的《历史考据学的三重证》中,杨先生再次申论民族学是以活的存在来证实历史上的记载,故可以成为第三种证据。②

　　徐中舒、杨向奎之外,还有不少学者也主张以民族学或人类学构成历史文献、考古资料外的古史研究的第三重证据,可以举出的有苏秉琦、唐嘉弘、叶舒宪、汪宁生、王震中、黄现璠、宁可、饶宗颐、曾宪通等,③海外学者张光直在 1980 年出版的《商文明》中将"理论

① 杨向奎《宗周社会与礼乐文明》,"序言",北京:人民出版社,1992 年,第 1 页。
② 杨向奎《历史考据学的三重证》,《中国社会科学院研究生院学报》1994 年第 5 期。
③ 苏秉琦《编者的话》,苏秉琦主编《考古学文化论集(一)》,北京:文物出版社,1987 年,第 3—4 页;唐嘉弘《中国古代民族研究》,"自序",西宁:青海人民出版社,1987 年,第 2—3 页;《先秦史新探》,"后记",第 438 页;叶舒宪《国学方法论的现代变革》,《文史哲》1994 年第 3 期;汪宁生《古俗新研》,"前言",兰州:敦煌文艺出版社,2001 年,第 1—2 页;王震中《重建中国上古史的探索》,"绪论",昆明:云南人民出版社,2015 年,第 1—4 页;黄现璠《论口述历史与人物访谈——以黄现璠的访谈成果为例》,2009 年;宁可《从"二重证据法"说开去——漫谈历史研究与实物、文献、调查和实验的结合》,《文史哲》2011 年第 6 期;饶宗颐《谈三重证据法——十干与立主》"补记",《饶宗颐二十世纪学术文集》卷 1《史溯》,第 17—18 页;曾宪通《古文字资料的发现与多重证据法的综合运用——兼谈饶宗颐先生的"三重证据法"》,《古文字研究》第 26 辑,北京:中华书局,2006 年,第 426—429 页等。

模式"列为探索殷商历史的五种途径之一,事实上亦即人类学的跨文化比较;①王煦华也称顾颉刚是以传世文献、考古资料结合民族学进行疑古辨伪。② 尽管对于这一重证据,学者表述不尽一致,如对其名目,或称民族学、人类学或民俗学,或称实地调查或口述史料,对其数目,或曰三重,或曰四重,或曰五重,但其实质毋宁说是相通的,即均主张民族学、人类学应是历史文献、考古资料外探索古史面貌的另一种证据。这也反映出,以历史文献、考古资料结合民族学或人类学进行研究,业已成为相当一部分古史研究者的共识。

民族学或曰人类学何以会获得学者青睐,"荣幸"列为古史研究的第三重证据? 这里不妨看看学者对此的论述。徐中舒曾说:

> 人类社会在发展中确有不少共性,当然也有各族的个性,在相同发展阶段和相似社会形态的各族历史,为什么不可以进行比较研究和相互印证?③

杨向奎也说:

> 历史发展是有规律的,而各民族间之发展并不平衡。就中国论,汉族早在四千年前进入奴隶社会,两千多年前进入封建社会,而我们某些兄弟民族内,有些在 19 世纪还处在奴隶社会或者是初期封建社会中,个别还处于原始社会的末期。不平衡的发展,使汉族在三千年以至二千多年前存在的现象,陆续地重现在各个历史时期的民族中。这不是历史的重演,而是不平

---

① 张光直《商文明》,张良仁、岳红彬、丁晓雷译,北京:生活·读书·新知三联书店,2019 年,第 59—65 页。

② 王煦华"导读",顾颉刚《秦汉的方士与儒生》,上海:上海古籍出版社,1998 年,第 5—6 页。

③ 徐中舒"序言",唐嘉弘《先秦史新探》,第 2 页。

衡的发展必然存在的现象。这也提供给我们一种机会,用后来再现的历史来说明过去的存在,这就是历史方法论上的第三种证据,即用活的存在来证实历史上的记载。①

由此可见,主张以民族学、人类学构成古史研究第三重证据的学者大抵相信人类社会发展具有普遍性、共通性的规律,一些发展较早、但业已过去的社会的历史面貌,可以借由对发展较晚、正在经历的社会的观察获得印证。要之,研究对象为古代社会尤其是先秦社会,以及相信人类社会发展存在普遍性、共通性的规律,促成部分古史研究者赞成以民族学、人类学与历史文献、考古资料一道,构成古史研究的三重证据。

三、分离：重视诸种
证据的主体性

以上我们介绍了学者针对二重证据法的不足采取的措施之一,不难看出,在此应对之策中,传世历史文献与其他资料紧密结合、相互印证,仍是学者瞩目的焦点。不过,正如前述二重证据法不足之第二点所见,传世文献与其他资料终究是性质不同的资料,其能否无缝衔接、进而相互参证,不得不说是存有疑问的。新出文献固不必说,没有文字的考古资料,本身并不会说话,其与以文字书写的历史文献之关联,绝非不证自明,具有天然的正当性。而民族学或人类学资料,乃是以相信人类社会发展具有普遍性、共通性的规律为前提,但这一规律是否存在,却也未必没有疑问,尤其在重视多元发

———————————
① 杨向奎《历史考据学的三重证》,《中国社会科学院研究生院学报》1994 年第 5 期。

展的今天,其问题更是日益凸显。① 更何况,根据今天对民族学、人类学调查的了解,经由实地调查所获取的民族志等,自身就存在种种问题。② 以之佐证古史,岂非犹如以曲校直,更生错乱。

除了不同类型的资料未必可以顺畅印证外,这样的取径还存在另外一个问题,即学者对其他材料的解读往往为"强大""系统"的历史文献或历史文献所构建的解释框架所左右,使得其他材料常常丧失主体性、独立性。如前引王国维对二重证据法的表述所见,王国维虽然相信新出文献更为可靠,但他对新出文献的定位却是证明或补正传世文献,亦即新出文献是服务于传世文献的。这样的认识并非王氏一己之见,傅斯年也说:"直接材料每每残缺,每每偏于小事,不靠较为普通、略具系统的间接材料先作说明,何从了解这一件直接材料?"因此要解读直接材料,首先要"靠间接材料做个预备,做个轮廓,做个界落"。③ 陈寅恪的表述更为形象,在1935年讲授"晋至唐史"课时,他说:

> 必须对旧材料很熟悉,才能利用新材料。因为新材料是零星发现的,是片断的。旧材料熟,才能把新材料安置于适宜的地位。正像一幅已残破的古画,必须知道这幅画的大概轮廓,才能将其一山一树置于适当地位,以复旧观。④

① 宁全红《"三重证据法"的反思》,《近代法评论》第4卷,北京:法律出版社,2012年,第66—88页。又前引张光直、饶宗颐、王震中等人论述也提到民族学、人类学资料用于古史研究的可能问题。
② 奈杰尔·巴利(Nigel Barley)《天真的人类学家——小泥屋笔记》,何颖怡译,上海:上海人民出版社,2003年;詹姆斯·克利福德(James Clifford)、乔治·E. 马库斯(George E. Marcus)编《写文化——民族志的诗学与政治学》,高丙中、吴晓黎、李霞等译,北京:商务印书馆,2006年。
③ 傅斯年《史学方法导论》,第6页。
④ 蒋天枢《陈寅恪先生编年事辑(增订本)》,上海:上海古籍出版社,1997年,第96页。

据此可见,傅、陈二人对新出文献的认识颇为一致:一方面,他们承认新出文献或许更为准确;另一方面,他们又强调对新出文献的解读必须建立在对传世文献把握的基础之上,在后者的框架下理解前者。而在后一认识中,新出文献乃是附着于传世文献存在,并不具有主体性、独立性,其作用只是对传世文献的证明或补正,亦即所谓"证经补史"。这对传世历史文献之外的诸种资料而言,无疑是一种限制和浪费,致使其他资料不能充分发挥其在历史研究中的意义和价值。

1. 新出文献与传世文献的分离

鉴于此,近年来也有学者尝试摆脱二重证据法,将其他资料与历史文献剥离。以新出文献为例,关于金文,譬如对西周官僚制度的研究,以往学者常以描述周代官职设置的《周礼》或《左传》为基础,然后寻找铜器铭文加以印证。尽管这些学者未必没有意识到《周礼》不过是战国晚期儒家传统的政治哲学家们对于周王朝官制的一个理想建构,但他们在解释西周官制时依然习惯性地把它当作一个手册来引用。哥伦比亚大学东亚语言和文化系的李峰则放弃这一倾向,尝试完全基于西周金文建构西周官制,在他看来,"如果我们从后世文献譬如说《周礼》这本书出发,我们将搞不清这些文献中记载的哪些是西周真正的制度,哪些是后世的创造"。[①] 故在其所撰《西周的政体——中国早期的官僚制度和国家》一书中,铸于各类青铜器上的铭文几乎成为唯一史料依据,由此建构了完全不受传世文献干扰的西周官制结构。

又在汉晋简牍研究中,亦存在将新出资料与传世文献进行比对解读的习惯。不过,正如孟彦弘所说:

> 对新发现的史料作历史学的研究,就需要将新史料所反映

---

① 李峰《西周的政体——中国早期的官僚制度和国家》,"中文版序",第6页。

的史事,纳到或嵌入我们已知的历史事实的框架中来进行考察。但是,这种嵌入,在逻辑上或方法上讲,是有致命缺陷的,因为新史料所反映的史事与文献中所记载的史料,即使名称相同,其内容也未必相同。简单的比对,可能会南辕北辙。①

亦即由于新出文献与传世文献乃是性质有别、系统相异的两套材料,简单比对合二为一,其结果乃是抹杀了可能存在的"异",导致相关解读陷入歧途。另一方面,这类比对解读还会造成另一问题,即:

> 这类研究从传统认识或长期讨论的重大问题出发,特别重视利用新异简文提出新见解,大量重复而单调的吴简却被有意无意地忽略了。②

由此可见,执着于新出文献与传世文献相结合,不仅可能导致对新出文献的解读出现偏差,在某些场合,新出文献的史料价值也不能获得充分呈现。这对于弥足珍贵的新出文献而言,是一种浪费。基于此,凌文超提出"二重证据分合法",试图重新界定新出文献与传世文献的关联,云:

> 具体而言,先是从新、旧材料中产生相对独立的认识,暂且搁置并积累差异,是为"分"。"分"的研究是以不妨碍新、旧认知为前提条件,不因结论的差异而片面地看重其中一类材料。强调"分",会促使研究者更加注重对新、旧材料的批判。就简牍而言,更加重视简牍本身的真伪、释文与图版的核对和簿书的复原等,会提醒研究者不轻易把新、旧材料联系起来,不能互

---

① 孟彦弘《评〈走马楼吴简初探〉——关于新史料与传世文献的比对》,《吴简研究》第2辑,武汉:崇文书局,2006年,第286页。
② 凌文超《吴简与吴制》,北京:北京大学出版社,2019年,第6页。

相释证的地方阙而不论或许是更谨慎、恰当的做法。随着研究的推进，当条件成熟时，再在众多新、旧材料认知差异中推演出新的更有说服力的结论，是为"合"。……"合"以"分"为①基础，"分"以"合"为目的。②

尽管凌氏指出新、旧文献研究的最终目的仍是"合"，但他特别强调"合"系以"分"为基础，"分"是更为优先的处理方式。在他看来，只有充分重视"分"的意义，新出文献的学术价值才既不会被放大，也不会被曲解或忽视。拒绝强行结合传世文献与新出文献，并将两类文献分离、独立处理置于优先的位置，无待赘言，这同样是对新出文献主体性的一种认可。

除此之外，近年来中古碑志研究中，重视碑志文献的主体性、进而在其自身脉络内进行考察，同样颇为学者关注。关于此，本书碑志研究篇中有详细梳理，兹不赘述。要之，由于新出文献与传世文献千丝万缕的关联，使得学者易于从二重证据法的维度进行解读，不过随着学者对新出文献认识的加深，新出文献与传世文献之间性质、系统的不同也越来越被学者关注，由此一些学者不再强行将二者视为紧密相连的两种证据，而是尝试分离二者，单独考察新出文献。在此意识下，新出文献的主体性、独立性获得凸显，传世文献的干扰亦被排除，由此产生了一些在传统二重证据法下无法观察到的问题和结论，推进了相关领域的研究。

2. 考古资料与传世文献的分离

与新出文献的分离取向相比，包括非文字资料的考古资料与传世文献的分离，步伐迈得更大。固然在世界范围内，早在 19 世纪后

---

① "为"，原书作"的"，疑误。

② 凌文超《走马楼吴简采集簿书整理与研究》，桂林：广西师范大学出版社，2015 年，第 470—471 页。

半叶,德国考古学家海因里希·谢里曼(Heinrich Schilemann)对古希腊的考古已经证实考古学可以摆脱历史文献的枷锁,独立建立起现代的古史体系。① 但具体到中国,受制于发达的经史传统,考古学自传入中国之日起便被赋予考证古史和古文献的重任,故长期与历史文献紧密相连。不过,大致在 1990 年代,一些学者开始呼吁中国考古也应与传世文献分离,独立完成探索早期历史面貌的任务。这方面,受经史传统束缚较少、且更易感知考古学理论方法变迁的海外学者"近水楼台",率先发表相关言论并付诸实践。据公开资料所见,至迟在 1992 年发表的《长江流域青铜器与商代考古》一文中,长期任教于普林斯顿大学的贝格立(Robert Bagley)已经指出"历史记载对田野考古带来双重的危险。一方面它告诉考古学家到哪里去看,并因此引导考古标本去适应传统;另一方面它告诉我们去看出些什么",批评考古学者在夏王朝的意识下进行考古工作。② 加州大学洛杉矶分校的罗泰(Lothar von Falkenhausen)在 1993 年发表的《论中国考古学的编史倾向》中,也指出狭隘的编史倾向使得中国考古学长期成为以传世文献为中心的"狭义历史学"的附庸。③ 随后在1994 年《剑桥中国上古史》的写作筹备中,贝格立、罗泰作为作者继续申述前论,认为要了解中国古代史必须摆脱传世文献,直接在考古发掘文物的基础上建立新的历史解释。④ 贝格立的意见尤为激

① 格林·丹尼尔(Glyn Daniel)《考古学一百五十年》,黄其煦译,北京:文物出版社,1987 年,第 127—138 页。
② 贝格立《长江流域青铜器与商代考古》,初刊 1992 年,任汶译,《南方文物》1996 年第 2 期。
③ 罗泰《论中国考古学的编史倾向》,初刊 1993 年,陈淳译,《文物季刊》1995 年第 2 期。
④ 史嘉柏(David Schaberg)《近十年西方汉学界关于中国历史的若干争论问题——2005 年 10 月 27 日在华东师范大学的学术演讲》,夏含夷编《古史新声——〈剑桥中国上古史〉的编纂与反响》,北京:生活·读书·新知三联书店,2020 年,第290—291 页。

烈,甚至主张完全切断考古与历史文献的联系,其所撰《商代考古》一章也几乎摒弃所有传世文献。[1]

罗泰的意见后来在其代表作《宗子维城》中也有延续,在这本初版于 2006 年的著作的"引论"部分,罗泰称:

> 总之,要有效地结合考古资料与文献,我们必须清楚地认识这两种材料本身的特征。在中国,许多考古学家都接受的、一个传统且流行的观念,就是认为考古学的主要作用就是提供佐证,而且最好是铭文材料,为基于文献的历史学研究服务。而我可能与当前美国人类考古学的主流观念不同,我强烈认同考古学研究的终极目标是,或应该是,促进对历史的理解。但是,我也坚决主张,要有效地做到这一点,考古学必须从文献历史学的束缚中解放出来。只有在不受外在文献历史学干扰的前提下,考古资料才能提供一种认识论上独立的认识。唯有如此,考古学论证才能做到客观公正,而有别于基于文献的历史学推理。考古出土的非文字资料往往涉及各种超出了已知文字材料和传世文献的问题——比方说,环境、适应、生存、定居、自然资源的开发、工艺、技术,以及贸易——那么,解放了的考古学将会大幅拓宽历史研究的范围。这在周代社会史的研究中尤其显著,因为文献记载实际仅局限于贵族成员,而考古学则是研究社会其他阶层的唯一可能的资料来源。所以,考古资料不仅能够让我们更加全面、更加可靠甚至更加缜密地看待周代的社会史,而且也可以给我们以启发,让我们重新并且更好地理解现有文

---

[1] 关于贝格立的意见,参唐际根《考古学·证史倾向·民族主义》,初刊《读书》2002年第1期,后收入夏含夷编《古史新声——〈剑桥中国上古史〉的编纂与反响》,第147—157页。

献(尽管考古学家不一定要关心它是否真的有如此作用)。①

可以看到,罗泰并不像贝格立那样完全排斥考古资料与历史文献的结合——譬如他以"分进合击(march separately to attack jointly)"描述自己的研究方法,②不过他也声称"考古学必须从文献历史学的束缚中解放出来",而解放出来的意义大约有二:其一,考古学可以避免受到历史文献的干扰;其二,考古学可以提供历史文献不能呈现的信息。前者保障了考古学的可靠性,后者维护了考古学的全面性——这也正是所谓考古学能让我们更加全面、更加可靠甚至更加缜密地看待周代历史的缘由所在。

受此影响,大致从新世纪始,类似呼吁在中国学者中也陆续传出。较早发声的为复旦大学陈淳教授。在 2001 年发表的《考古学的定位、视野与研究》一文中,陈氏已指出考古学依附于历史文献导致考古学家习惯于从历史学家的视角来思考问题,使得田野工作的视野变得十分狭窄,手段也乏善可陈。③ 这之后,陈淳继续申述此说,先后发表了《二里头、夏与中国早期国家研究》(与龚辛合撰,2004)、《疑古、考古与古史重建》(2006)、《考古学史首先是思想观念的发展史——布鲁斯·特里格〈考古学思想史〉第二版读后感》(2009)、《作为历史科学的考古学》(2009 年)、《从考古学理论方法进展谈古史重建》(2018)等。在 2006 年的文章中,陈氏激烈批评基于二重证据法的考古工作,认为:

① 罗泰《宗子维城——从考古材料的角度看公元前 1000 至前 250 年的中国社会》,吴长青等译,上海:上海古籍出版社,2017 年,第 12—13 页。
② 参张瀚墨《关于中国上古史研究的史料构成问题》,夏含夷编《古史新声——〈剑桥中国上古史〉的编纂与反响》,第 320 页。
③ 陈淳《考古学的定位、视野与研究》,初刊《中国文物报》2001 年 12 月 14 日,后收入氏著《沙发考古随笔》,北京:商务印书馆,2020 年,第 22—26 页。

虽然中国考古学的出土材料激增,但是具体研究还没有给古史重建带来一片灿烂的阳光。究其原因,在很大程度上应归咎于我国学界只把考古看作是掘地技术,是历史学的附庸,而不是一门独立提炼信息的学科。中国考古学的这个缺陷显然是在它被引入中国时的定位和期待所决定的,一些学者信奉王国维的"二重证据法",认为考古发掘为文献研究提供材料才应该是中国考古学的特色。殊不知,像甲骨和金文简帛这样的地下之材毕竟有限,大量无言的物质遗存如果无法转化为有意义的社会历史信息,中国的上古史将仍然是一片迷茫。①

在他看来,这样的定位导致中国考古学长期将原始材料的积累视为第一要务,忽视对材料信息的解读,且视野和探究能力亦受到传世文献的限制。在 2009 年发表的《作为历史科学的考古学》中,陈氏进一步意识到传世文献自身亦存在缺陷,指出:

文献典籍由于当时社会背景、传播过程、作者立场和时代偏见等因素,完全有可能传递残缺、片面、扭曲甚至错误的信息。如果考古学家不是采用严谨的科学态度和独立方法加以梳理和审视,执着地将其用来作为指导考古实践的科学依据,不免会有误入歧途的危险。②

这样的意识在 2018 年的文章中也进一步得到确认。③ 要之,在陈氏看来,依附传世文献、以证经补史为导向的考古研究,不仅视野受传

---

① 陈淳《疑古、考古与古史重建》,初刊《文史哲》2006 年第 6 期,后收入氏著《考古学前沿研究:理论与问题》,北京:北京师范大学出版社,2016 年,第 392 页。
② 陈淳《作为历史科学的考古学》,初刊《文化遗产研究集刊》第 4 辑,上海:复旦大学出版社,2009 年,后收入氏著《考古学前沿研究:理论与问题》,第 81 页。
③ 陈淳《从考古学理论方法进展谈古史重建》,《历史研究》2018 年第 6 期。

世文献限制,甚至具体解读也可能受到并非天然正确的传世文献的误导。这样的认识与前述罗泰观感大体吻合。

陈淳之外,另一位较多强调考古学主体性、独立性的学者是中国社会科学院考古研究所的许宏研究员。自2009年始,许宏先后发表《方法论视角下的夏商分界研究》(2009)、《从证经补史到独步史前:考古学对"中国"诞生史的探索》(2016)、《中国考古学界国家起源探索的心路历程与相关思考》(2016)、《考古学参与传说时代古史探索的论理》(2019)等,对古史研究中泛用将考古学与历史文献结合的二重证据法进行反思。在集中反映其立场的《方法论视角下的夏商分界研究》一文中,许氏指出:

> 考古学的学科特点,决定了其以长时段的、历史与文化发展进程的宏观考察见长,而拙于对精确年代和具体历史事件的把握。长期以来聚讼纷纭的对某一王朝都城具体地望的讨论,对某一考古学文化所属族别与朝代归属的论辩,对文献所载夏商王朝更替究竟对应于哪些考古学遗存的争论,至今久讼不决,莫衷一是,已很能说明问题。①

基于对考古学科的把握,许氏认为,对于历史文献,考古学应谨慎比附,尽量避免以后世文献提供的古史框架为认知前提,在没有决定性证据的情况下强行将考古遗存与历史文献所记国族或王朝对号入座。不过,许氏对结合考古学与历史文献的批评不像陈淳那样激烈,事实上他并不排斥结合,只是觉得应在各学科扎实做好本体研究的基础上慎重整合。这一点从他对徐旭生等在梳理文献基础上踏查"夏墟"、进而发现二里头遗址的肯定上也可窥知。此外值得一

---

① 许宏《方法论视角下的夏商分界研究》,《三代考古》(三),北京:科学出版社,2009年,第76页。

提的是,许氏不仅申诸理论,且付诸实践,所撰《何以中国》《东亚青铜潮》《最早的帝国》等,即是尝试排除历史文献所记古史传说的干扰,用考古学自己独特的"语言"讲述历史的著作。①

除了陈、许二氏外,对于将考古学与历史文献结合的古史研究取向,其他一些考古或历史学者也曾有反思。② 要之,对于传统上认为天然具有联系的考古学与历史文献,当下一些学者却呈现谨慎甚至完全拒斥的态度。他们还身体力行,尝试摆脱传世历史文献,完全或基本基于考古资料描摹古史,产生了一批饶有意味的著作。不过,上述反思并不意味着追求考古学的主体性、独立性即是考古学发展的唯一方向,事实上,对于考古学是否需要以及如何结合传世文献,学界仍存分歧——学者围绕夏文化探索的争议即为典型,基于考古资料与传世文献结合诞生的丰硕成果,彰显结合确有意义;③贝格立、罗泰参与撰述的《剑桥中国上古史》,其篇章亦呈现明显的二元结构:一部分坚决拒斥传世文献,一部分积极拥抱传世文献,还有一部分则对结合考古学与传世文献谨慎处理。④ 无论如何,学者

① 许宏《何以中国——公元前 2000 年的中原图景》,北京:生活·读书·新知三联书店,2014 年;《东亚青铜潮——前甲骨文时代的千年变局》,北京:生活·读书·新知三联书店,2021 年;《最早的帝国——二里岗文明冲击波》,郑州:大象出版社,2023 年。

② 较近的讨论如徐良高《由文献记载与考古发现关系再审视看二里头文化研究》,《中原文化研究》2020 年第 5 期;《考古学文化、文献文本与吴越早期历史的构建》,《考古》2020 年第 9 期;《以考古学构建中国上古史》,《中国社会科学》2021 年第 9 期;成祖明、赵亚婷《重新检视王国维的〈殷周制度论〉——走出王国维的"二重证据法"》,《社会科学战线》2018 年第 8 期;郭立新、郭静云《古史复原应遵从的史料学原则——以大禹治水在豫西晋南说为例》,《齐鲁学刊》2020 年第 3 期等。

③ 代表作如徐旭生《中国古史的传说时代》,重庆:中国文化服务社,1943 年,增订本,北京:文物出版社,1985 年。

④ 史嘉柏《文本与文物:〈剑桥中国上古史〉书评》,张瀚墨译,《古史新声——〈剑桥中国上古史〉的编纂与反响》,第 200—285 页。

对考古学结合历史文献的反思,表明包括考古学在内、传世文献以外的诸种资料在被视为探索古史的一重证据时,其主体性、独立性应被充分重视,至少应成为我们解读、利用各种证据时一个可能的思考方向。

　　附记:本文原是本科生课程《历史文献学》讲义的一部分,主体撰写于 2020 年,收入本书时略有增补。因本文并非严格学术论文,学界相关论述或有失检之处,特此说明,并请读者谅解。

第十章　古史辨的遗产

　　和二重证据法类似,以顾颉刚为旗帜的古史辨派同样是20世纪中国学术史不得不提的一股学术潮流。关于古史辨派的出现及成就,学者已多有论述,简言之,古史辨派是中国传统辨伪疑古思想在新形势下发展的一个高峰,极大地推动了对以先秦文献为中心的古书辨伪研究,打破了古人所习惯的以三皇五帝乃至盘古开天为基本构成的古史叙述模式,对古书、古史研究的贡献无论怎么高估都不为过。①

　　不过另一方面,由于古史辨派是在激烈抨击传统的文化氛围下诞生的,加之其基本态度是认定层累而成的历史出于有意伪造,对有意伪造与自然积累不作区分,②这种有罪推定式的研究立场——套用胡适的话即是"宁可疑而过,不可信而过"或者"宁疑古而失,不

① 所谓新形势,既包括五四运动之后激烈反传统与黄金古代观念的破灭,也包括清末今文学家的历史解释及胡适提倡的科学方法的影响。关于古史辨派兴起的社会文化背景,参王汎森《古史辨运动的兴起——一个思想史的分析》,台北:允晨文化实业股份有限公司,1987年,修订本,上海:上海人民出版社,2024年;吴少珉、赵金昭主编《二十世纪疑古思潮》,张利撰,北京:学苑出版社,2003年,第1—111页等。
② 王汎森《古史辨运动的兴起——一个思想史的分析(修订本)》,第37—43页。

可信古而失之",①辅以对默证法的无限度使用——所谓默证法,就是因某书或今存某时代之书无某史事之称述,遂断定某时代无此事,这是张荫麟在 1925 年发表的《评近人对中国古史之讨论》一文中对古史辨派的批评,也是迄今为止在方法论层面对古史辨派最有力的批评,导致古史辨派的辨伪疑古常常有怀疑过头的倾向——钱穆 1939 年撰《中国古史大纲》称之为"极端之怀疑论",造成不少"冤假错案"。② 譬如认为《左传》为刘歆伪造,即为多数学者所不认可;又如推测大禹是条虫——这是顾颉刚在 1923 年发表的《与钱玄同先生论古史书》里的意见,认为禹是九鼎上铸的一种动物,大约是蜥蜴之类,尽管顾颉刚很快就放弃了这一看法,③但"禹是一条虫"仍被视为把柄,用以抨击古史辨派。因此随着时代推移,尤其是得益于各种载体、各种流派的出土典籍大量问世,学者越来越倾向于以更为审慎、平和的态度看待古书、古史,"走出疑古"的声音或"古书年代学""古书形态学"的提法也就应运而出。

一、"走出疑古"与古书体例

"走出疑古"是李学勤在 1992 年出版的《中国文化》第 7 期上正式提出的,在那篇题为《走出"疑古时代"》的文章中,李先生指出:

---

① 胡适评顾颉刚《〈古今伪书考〉跋》,作于 1920 年;《自述古史观书》,作于 1921 年,二文均收入《古史辨》第 1 册,上海:上海古籍出版社,1982 年,第 12、23 页。

② 对于古史辨派辨伪理论和方法的批判,参陈力《二十世纪古籍辨伪学之检讨》,《文献》2004 年第 3 期。

③ 顾颉刚《答柳翼谋先生》,初刊《北京大学研究所国学门周刊》第 15、16 合期,1926 年 1 月 27 日;《古史辨第二册自序》,初刊《古史辨》第 2 册,北京:朴社,1930 年,二文均收入《顾颉刚古史论文集》卷一,北京:中华书局,2011 年,第 321、92—93 页。

　　　　从晚清以来的疑古思潮基本上是进步的,从思想来说是
　　冲决网罗,有很大进步意义,是要肯定的。因为它把当时古
　　史上的偶像一脚全都踢翻了,经书也没有权威性了,起了思想
　　解放的作用,当然很好。可是它也有副作用,在今天不能不平
　　心而论,它对古书搞了很多"冤假错案"。……在现在的条件
　　下,我看走出"疑古"的时代,不但是必要的,而且也是可能
　　的了。①

这篇文章后来又被作为"导论"收入 1994 年出版的论文集,且移作
书名,影响巨大。在这篇文章中,李先生在肯定疑古历史贡献的前
提下,立足考古学尤其是出土文献的巨大进展,正式提出在新形势
下应"走出疑古时代"。

　　"走出疑古"提出后,一石激起千层浪,响应者有之,批评者亦不
乏,孰对孰错,暂且不论。这里想指出的是,李先生提出"走出疑古"
并非凭空生发,而是以他对考古材料和出土文献的充分把握为基础
的,尤其是出土典籍所展示的古书形成和流传的复杂样态,更是直
接推动了他对辨伪疑古的反思。

　　在 1986 年发表的《对古书的反思》一文中,李先生总结了古书
产生和传流的十种情况:佚失无存、名亡实存、为今本一部、后人增
广、后人修改、经过重编、合编成卷、篇章单行、异本并存及改换文
字,在此基础上,他判断:

　　　　古书的形成每每要有很长的过程。总的说来,除了少数经
　　籍早已被立于学官,或有官本之外,古籍一般都要经过较大的
　　改动变化,才能定型。那些仅在民间流传的,变动自然更甚。

――――――――――――――
① 李学勤《走出"疑古时代"》,初刊《中国文化》第 7 期,1992 年,后收入氏著《走出疑
　古时代(修订本)》,沈阳:辽宁大学出版社,1997 年,第 9、19 页。

如果以静止的眼光看古书,不免有很大的误会。①

固然,古籍在流传过程中是否发生较大改动,立于学官、存在官本并非唯一因素,一些民间流传的典籍也可能较早定型(譬如《老子》),不过,文中指出古书的形成往往要经历漫长的过程,这一点毋庸置疑。正是基于此,李先生断言"我国古代大多数典籍是很难用'真'、'伪'二字来判断的",故我们需要超脱清代学者辨伪的局限性,对古书进行第二次反思。这里,李先生虽然没有将矛头对准古史辨派,但对清代学者辨伪的反思实际已隐含这一点,而构成这一反思起点的,正是李先生对古书形成和传流亦即古书体例的新认识。

将反思辨伪与古书体例相联系,在李先生《重新估价中国古代文明》一文中也有体现,云:

> 辨伪有时会过了头,每每是由于对古书的形成传流没有足够的理解。在印刷术发明以前,我国的书都是用简帛抄写甚至依靠口传的,经过若干世代的流传,编次的变化,文句的更改,后世词语的羼入,都是可能的,或者是不可避免的。不能由于发现了这一类现象,就斥为伪书。②

如上所见,李先生认为辨伪之所以有时会过了头,就是因为对古书的形成、传流没有足够理解。在他看来,古书生成、传布过程中,后

---

① 李学勤《对古书的反思》,初刊复旦大学历史系编《中国传统文化的再估计——首届国际中国文化学术讨论会(1986)文集》,上海:上海人民出版社,1987年,第548—553页,后收入氏著《简帛佚籍与学术史》,南昌:江西教育出版社,2001年,第28—33页。

② 李学勤《重新估价中国古代文明》,初刊《人文杂志》增刊《先秦史论文集》,1982年,后收入氏著《李学勤集——追溯·考据·古文明》,哈尔滨:黑龙江教育出版社,1989年,第24页。

人改动不可避免,若不能认识到这一点,抓住古书中一些非"原装"的内容便率尔定为伪书,就可能造成"冤假错案"。在这段论述中,对古书体例的认知同样被视为影响判定古书真伪的决定性因素。

对古书体例的重视不待李先生始。清人钱大昕即云:"读古人书,须识其义例。"①余嘉锡也明确宣称:"凡读古人之书,当通知当时之文体。"②所谓"文体",即指体例。余先生且身体力行,在20世纪30年代给学生上课时,专门讲述古书体例问题,如古书的作者、命名、编次,诸子造作故事的缘由、古书分别内外篇、刘向校雠编次等,后编为《古书通例》一书,为了解古书体例的必读之作。值得注意的是,余先生讲授古书,事实上即针对疑古辨伪而发。在《绪论》部分,余先生开宗明义,将古书体例研究的矛头直指辨伪,认为古书辨伪常用方法有三,但三法实际都不尽可靠,具体而言即是:

> 一曰:考之史志及目录以定其著述之人,及其书曾否著录。然周秦之书,不必手著。《汉志》所载之姓名,不尽属之著述之人。其他史志及目录所载书名撰人,皆不免有讹误。若其著录与否,则历代求书,不能举天下之载籍,尽藏之于秘府;况书有别称,史惟载其定名;篇有单行,志仅记其总会。又往往前代已亡,后来复出。或发自老屋,而登中秘;或献自外国,以效梯航。……是则据史志目录以分真伪之法,不尽可凭也。其难一矣。
>
> 二曰:考之本书以验其记载之合否。然古书本不出自一人,或竹帛著自后师,或记叙成于众手,或编次于诸侯之客,或

---

① 钱大昕《潜研堂文集》卷一六《秦三十六郡考》,《嘉定钱大昕全集》第9册,南京:江苏古籍出版社,1997年,第251页。

② 余嘉锡《古书通例》,北京:中华书局,2009年,第295页。

定著于写书之官。逸事遗闻，残篇断简，并登诸油素，积成卷帙。故学案与语录同编，说解与经言并载。又笺注标识，混入正文，批答评论，咸从附录；以此语不类其生平，事并及于身后。至于杜撰事实，造作语言，设为主客之辞，鸣其荒唐之说，既属寓言，难可庄论。故摘其纰缪，固自多端，校其因缘，由来非一。是则即本书记载以分真伪之法，容有未尽也。其难二矣。

　　三曰：考之群书之所引用，以证今本是否原书。然古书皆不免阙佚。盖传写之际，钞胥畏其繁难，则意为删并；校刻之时，手民恣其颟顸，则妄为刊落。又有《兔园》之册，本出节钞，坏壁之余，原非完帙。而类书之采用，笺注之援引，往往著者则署为前人，书名则冠以"又曰"；于是甲乙相淆，简篇互混。况订饾之学，固异专门，掇拾之时，不皆善本；乃欲借宾以定主，何异郢书而燕说。又有古书既亡，后人重辑，讥其疏漏，固所难辞，诋为伪造，则非其罪。是则援群书所引用，以分真伪之法，尚非其至也。其难三矣。

基于此三难，余先生进又指出辨伪生发四种错误：

　　其一，不知家法之口耳相传，而概斥为依托；

　　其二，不察传写之简篇讹脱，而并疑为赝本；

　　其三，不明古书之体例，而律以后人之科条；

　　其四，不知学术之流派，而绳以老生之常谈。

显而易见，无论是对辨伪三法困难之指摘，抑或对辨伪四误的批评，余先生的落脚点均置于古书体例，既包括生成时期的体例，也包括流传时期的体例。不明体例，遽断真伪，在余先生看来，即属"妄"矣！①

---

① 余嘉锡《古书通例》，"绪论"，北京：中华书局，2009 年，第 185—187 页。

将古书体例研究瞄准反思辨伪,这一取向基本贯彻于《古书通例》全书。书中多处论述均明确针对辨伪而发。譬如《辨附益》"古书不皆手著"条,即数次言及这一点,在是篇最末,余先生总结道:

> 古人作文,既不自署姓名,又不以后人之词杂入前人著述为嫌,故乍观之似无所分别。且其时文体不备,无所谓书序、题跋、行状、语录。复因竹简繁重,撰述不多,后师所作,即附先师以行……故凡其生平公牍之文,弟子记录之稿,皆聚而编之。亦以其宗旨一贯,自成一家之学故也。夫古书之伪作者多矣,当别为专篇以明之。若因其非一人之笔,而遂指全书为伪作,则不知古人言公之旨。①

不难看出,这里实际就是对《绪论》所谓辨伪三难之第二难所作的阐发。在以往的古书辨伪中,书中混杂他人或后世文字,常被视为判定伪作的重要依据。针对此,余先生基于"古书不皆手著"的体例,指明古书生成复杂而漫长的过程,强调仅以书是否出自一人之笔判定真伪,是失之草率的。要之,在余先生看来,古书辨伪固然有其意义,但辨伪并非读书的首要和唯一旨趣,一味疑古辨伪,尤其是在不明古书体例的情况下疑古辨伪,只会疑古过度,断案失当。由此可见,余先生是把古书体例放在辅助读书的首要位置,了解体例,才能更好地认识古书。这也是他为什么一再强调"凡读古人之书,当通知当时之文体"的缘故。

余先生的认识在当时并非孤例,一度与古史辨派联系密切、被视为该学派之一员的吕思勉也曾有类似呼吁。在写作于1930年代中期、1941年正式出版的《先秦史》一书中,吕思勉便说:

---

① 余嘉锡《古书通例》卷四《辨附益》"古书不皆手著"条,第296页。

　　　　近二十年来,所谓"疑古"之风大盛,学者每訾古书之不可信,其实古书自有其读法,今之疑古者,每援后世书籍之体例,訾议古书,适见其卤莽灭裂耳。①

所谓"古书自有其读法",就是强调古书有其体例,遵循其体例读书方不至"卤莽灭裂"。又在 1934 年写作的《读〈崔东壁遗书〉》一文中,吕思勉批评顾颉刚非常推崇的崔述考据辨伪之学"并无足称":

　　　　崔氏所疑,虽若精审,然皆以议后世之书则是,以议先秦之书则非。何者?先秦之书,本皆如是也。崔氏所疑,实甚浅显,前人岂皆见不及此? 所以不言者,以此为先秦古书之通例,不待言也。然则崔氏之多言,正由其未达古书义例耳。②

在吕思勉看来,崔述一些议论不过是因为不懂古书体例而生发的,若知晓古书体例,就不会发出此"实甚浅显"的辨伪言论。这里,吕氏也把古书体例置于读书的首要位置。

　　遗憾的是,在 20 世纪 20—40 年代疑古思潮的笼罩之下,余、吕等人的冷静思考并未引起时人重视。这一方面固然受制于疑古思潮的强大影响,另一方面恐怕也与彼时出土典籍较少,余先生等只能依据传世文献立论,不能充分呈现古书生成和流传的诸多细节相关。不过,这种对古书体例重视的声音并未消绝,在审视古书成书时间的研究中,学者仍不时会将古书体例视为考虑元素之一,譬如徐复观讨论《老子》一书时便注意到这一点。③ 值得注意的是,即便

① 吕思勉《先秦史》,上海:上海古籍出版社,2005 年,第 6 页。
② 吕思勉《读〈崔东壁遗书〉》,《吕思勉论学丛稿》,上海:上海古籍出版社,2006 年,第 708 页。
③ 徐复观《有关老子其人其书的再检讨》,《中国人性论史(先秦篇)》,上海:上海三联书店,2001 年,第 413—418 页。

从事辨伪的学者也注意到古书体例之于认识古书的重要性。譬如撰有《伪书通考》的张心澄即提示伪书存在程度差异,伪中亦不乏真的材料;讨论"辨伪律"时亦强调"不可以一斑概全体",书中一部分或有后人窜入、改动,字句间或有因传写产生的错误,并称书之真伪与书之价值、存废以及书之内容真伪应有区分。① 撰有《续伪书通考》的郑良树也指出古书中常有后世附益的现象,并以《管子》《庄子》为例,进一步区分为误编、附益两种情形,并对古书辨伪中的一些常用方法,如依据旧志著录,依据思想脉络,依据文章体裁、名词文法等进行辨伪,进行了反思。② 这些都建立在对古书生成和流传体例认识逐渐加深的基础之上。尽管这些理念在具体辨伪工作中未必都能贯彻,但其出现仍然表明,古书体例对于认识古书极为重要,即便志在辨伪的学者也无法忽视。

随着越来越多的先秦典籍及其不同抄本以正式或非正式的方式重新问世,此前传世文献无法展现的古书生成和流传的诸多细节越来越清晰地呈现于世人面前,学者对古书体例的认识也越来越丰富,越来越深刻。基于此,再回过头看20世纪上半叶一度席卷学界的疑古辨伪思潮,不得不说其中确有疑古过度之处,对古书真伪、成书年代、作者,乃至其中某些特定内容的史料价值以及各种古书资料之间的关系等,都存在简单化的缺陷。③ 正是在这种状况下,"走出疑古"的声音应运而出。李学勤曾自述:

> 最近这些年,学术界非常注意新出土的战国秦汉时期的简帛书籍。大量发现的这种真正的"珍本秘籍",使我们有可能对过去

① 张心澄《伪书通考》,上海:商务印书馆,1939年,第2、5—7页。
② 郑良树《古籍辨伪学》,台北:台湾学生书局,1986年,第19、141—159页。
③ 谢维扬《古书成书和流传情况研究的进展与古史史料学概念》,《文史哲》2007年第2期。

古书辨伪的成果进行客观的检验。事实证明,辨伪工作中造成的一些"冤假错案",有必要予以平反。更重要的是,通过整理、研究出土佚籍,能够进一步了解古书在历史上是怎样形成的。我们还体会到,汉晋时期的学者整理、传流先秦古书,会碰到怎样复杂的问题,作出多么艰辛的努力,后人所不满意的种种缺点和失误又是如何造成的。我曾经说过,"疑古思潮是对古书的一次大反思,今天我们应该摆脱疑古的若干局限,对古书进行第二次大反思"。

最后李先生宣称:"这就是我大胆提出'走出疑古时代'的原因。"①不难想见,如果没有出土典籍大量问世,没有对古书体例理解加深,李先生大约不会有充分自信倡言"走出疑古时代"。

二、古书年代学与古书形态学

与"走出疑古"声音大体同时蕴生的还有"古书年代学",这一概念最早由李零提出。在 1989 年写成的文字中,李先生提出:

> 近年来,通过对出土简帛书籍的研究,我们发现,所谓"辨伪"之学,从方法上就有问题。前人所论真伪,不但标准难以成立,作伪动机、诱因和手段的分析也多属误解。其实理应应用"古书年代学"去代替它。②

可以看到,同样是针对疑古辨伪的缺陷,李零主张以对古书年代的考察

---

① 李学勤《谈"信古、疑古、释古"》,初刊《原道》第 1 辑,北京:中国社会科学出版社,1994 年,后收入氏著《走出疑古时代(修订本)》,第 347—348 页。
② 李零《读〈孙子〉札记》,初刊《孙子新探:中外学者论孙子》,北京:解放军出版社,1990 年,后收入氏著《〈孙子〉古本研究》,北京:北京大学出版社,1995 年,第 291 页。

代替辨析真伪,在他看来,较之辨伪的简单粗暴,考察古书年代才是更合理的认识古书的途径。值得注意的是,这一主张是在"古书体例与《孙子》年代"条目下写就的,这也看出,和李学勤提出"走出疑古时代"类似,李零提出"古书年代学",同样植根于对古书体例认识的加深。

重视古书年代甚于辨伪,这一理念在李零此前一年发表的《出土发现与古书年代的再认识》一文中已有展现。文章在批评古史辨派的流弊时提到:

> 对上述流弊从方法上进行检讨,我们将不难发现,它往往是把古书本身的年代与古书内容的年代混为一谈,对古书形成的漫长过程也只取其晚而不取其早。

其中已然注意到古书年代的复杂性,以及古史辨派对于古书年代的简单处理。随后在列叙诸子的学派体系后,他又说:

> 根据以上所述,我们可以确认,先秦古书主要是春秋末以来,特别是战国中晚期的古书,并且它们的成书年代一般均晚于该书的学派代表人物。准此以核前人旧说,则信古者以题名作者定古书年代一般失之太早,而疑古者把这些古书拖后到汉代或汉以后,又失之太晚,是非正在二者之间。①

这里将古书年代在古书本身的年代与古书内容的年代外,又区分出学派代表人物的年代与最后成书的年代,进一步丰富了古书年代的多重面向。

对古书年代学最完整的表述见于 2004 年出版的《简帛古书与学术源流》,在"古书体例"下,李先生专门列出"古书的年代"一条

---

① 李零《出土发现与古书年代的再认识》,初刊《九州学刊》第 3 卷第 1 期,1988 年,后收入氏著《李零自选集》,桂林:广西师范大学出版社,1998 年,第 24、49 页。

予以阐释:

> 过去辨伪学家讲古书年代,总是说一本书不能有两个年代。这样的话,听起来很有道理,但实际上,"关公战秦琼",那是常有的事。因为古书的年代,虽然从表面上看,也就是作者的年代。但如上所说,"作者"是个大问题。古书的作者既不易确定,则其年代也势必模糊,从"作者"到"述者"到"撰著之人",时间可以拉得很长。

接下来,李先生又以一个形象比喻,阐释古书年代的丰富与复杂:

> 其情况就像"旧酒新杯",不但"酒"的年代可能和"杯"不同,而且"酒"本身也不一定是同一个时间,很可能像鸡尾酒,其实是用好几种酒勾兑起来。我们要讲古书的年代,就得问个明白,你说的年代究竟是哪一种年代?"酒"还是"杯"?"杯"是哪一种?"酒"是哪一种?

最后他提出主张:

> 过去辨伪学家讲古书年代,主要是讲"成书年代",所谓"成书年代"又主要是指"撰人"的年代("杯"的年代),或取全书下限为断,当然整个估计就偏晚(眼睛盯在汉代)。相反,现在讲"走出疑古",学者又往往"宁取其早不取其晚",所谓"年代"其实是"作者"的年代("酒"的年代),古书思想酝酿的"年代"(时间遂上延于西周或更早)。两种倾向,一种太早,一种太晚,过犹不及。是非疑在"两造"之间。①

---

① 李零《简帛古书与学术源流(修订本)》,北京:生活·读书·新知三联书店,2020年,第192—193页。

这样,李先生以酒为喻,展示了古书年代的多重特征,而所谓年代学,实际就是要在区分古书多重年代的基础上,探究从"杯"到"酒"(而且可能不止一种酒)的不同年代,由此彰显古书漫长而复杂的生成和流传过程。

关注古书年代并非古书年代学的"专利",辨析古书真伪,年代即是题中应有之义。[①] 不过在辨伪理念下,年代附属于辨伪,年代的讨论往往为辨伪所左右。这里值得注意的是,在 1931 年发表的《管子探源》一文中,罗根泽鉴于辨伪泛滥,"古籍几无可读",业已强调考察年代重于辨析真伪。

> 考年代与辨真伪不同：辨真伪,迹追依伪,摈斥不使厕于学术界,义主破坏;考年代,稽考作书时期,以还学术史上之时代价值,义主建设。考年代,则真伪亦因之而显;辨真伪,而年代或仍不得定。[②]

在罗先生看来,辨真伪重在破坏,考年代则重在建设,且年代一旦确定,真伪也就水落石出,故他主张"与其辨真伪,无宁考年代",只有这样,"始为有功于古人,有裨于今后之学术界也"。不得不说,在疑古思潮泛滥的 1930 年代,罗先生提出这样的见解,诚为卓识。而且从他对《管子》诸篇生成时间的具体考辨看,他已认识到古书年代复杂的一面,这较之轻率断言真伪,是一个创见。

当然,罗先生对古书年代的认识仍有不足,他对古书年代的判定只是由全书进入到具体篇章,古书年代的多重性仍没有充分意识

---

① 郑良树将成书年代与作者、附益并列,视为古籍辨伪学研究的三个层面。《古籍辨伪学》,第 13—17 页。
② 罗根泽《〈管子〉探源》,《罗根泽说诸子》,上海：上海古籍出版社,2001 年,第286 页。

到。而借助于古书年代学,我们对古书从代表性学者到思想,到具体篇章,再到最后成书的时间有了相对明确的划分,各类时间的厘清对深刻认识古书的成书与流传无疑多有裨益。①

古书年代学的研究还不是古书认识的终点,近年来,学者又提出"古书形态学",试图呈现古书生成、流传过程中更为复杂的生态。提出这一概念的是北京大学历史学系的韩巍,在《西汉竹书〈老子〉的文本特征和学术价值》一文中,韩氏指出:

> 二十世纪七十年代几批简帛古书的大发现,在上古文献和思想史研究领域产生了革命性的推动作用,尤其是解决了有关很多古书真伪的疑问,使"古书辨伪学"向"古书年代学"演进。但当时在简帛古本有限的情况下,学者仍然将很多注意力放在简帛本与传世本孰是孰非的争论上,实际上是把从简帛本向传世本的演变看做一种"单线进化"。近年来,随着上博简、清华简、北大简等新出简帛古书资料的面世,简帛文本得到极大的扩充,一种古书往往有多个同时或不同时代的版本可供比较,这就促使我们超越过去的"单线进化论"思维,更多的考虑古书文本演变的复杂性。对于一种古书乃至某一个文本特征,不仅要研究其产生的年代早晚以及与传世本的关系,更要将其放在当时的历史背景中,进一步追问其产生的具体原因和过程。这种我们称之为"古书形态学"的研究,其最终目的是要揭示古书是如何一步步从简帛古本的形态演变为今天我们所

---

① 李锐也使用"古书年代学",在他看来,关于先秦时期文献和人物的问题,包含了古书考辨学(包括年代、真伪和学派属性)和人物年代学,可统称为先秦古书年代学。参李锐《人物、文本、年代——出土文献与先秦古书年代学探索》,"前言",北京:中国人民大学出版社,2017 年,第 2 页。

看到的样子。①

在韩氏看来,古书年代学背后是以单线进化思维为支撑的,随着越来越多的古书资料出土,古书演变的复杂性也越来越多地呈现于世人面前,尤其是古书同时或不同时代多个版本并存的现象——如果仍以酒为喻,即古书演变不是一杯酒,而是多杯酒,且每杯酒都是以不同的勾兑方式酿制,盛于不同性质的酒杯之中,在此状况下,单线进化论已不能满足认识古书演变的需求。另一方面,古书年代学仍基本局限于文献学范畴,对于文本产生的具体原因和过程尚无从关注,因此不能凸显古书演变的一些具体细微之处。基于此,他提出古书形态学,希望一方面更能涵括古书曲折多歧的复杂演变面向,另一方面则试图在古书演变研究中引入历史学研究,将对文本产生具体原因和过程的探讨融入其中,由此呈现古书演变更为动态鲜活的历史图景。

三、古史辨派的学术遗产

随着"走出疑古""古书年代学""古书形态学"等学术主张的提出,以古史辨派为代表的疑古辨伪俨然已成明日黄花,学界甚至出现基本否定古史辨派的声音。不过,在多数严谨的学者看来,古史辨派虽然制造了一些"冤假错案",但也确实取得诸多成绩,提出许多很有价值的见解,尤其在古史辨伪层面,贡献尤著。② 时至今日,

---

① 韩巍《西汉竹书〈老子〉的文本特征和学术价值》,北京大学出土文献研究所编《北京大学藏西汉竹书》(二),上海:上海古籍出版社,2012年,第225页。

② 除前引李学勤论述外,又可参裘锡圭《中国古典学重建中应该注意的问题》,初刊"古典学の再構築"東京大学郭店楚簡研究会編《郭店楚簡の思想史的(转下页)

当我们重新审视古史辨派,或许还应思考,古史辨派留给我们的,除了在具体知识层面关于古书、古史真伪的论述外,在思维方式、研究取径上,是否也有值得借鉴的地方? 笔者认为,至少在以下两个方面,古史辨派给我们遗留了宝贵的学术遗产。

其一,对史料的批判怀疑态度。 古史辨派对史料的基本态度是"疑",由疑出发进而对传世古书进行批判性分析,乃至辨伪。固然,古史辨派的具体研究中常有怀疑过度的倾向,在研究方法上也不无可议之处——譬如较多使用默证法,但对史料坚持怀疑在先,审查必备,这无疑应被认可,这一点,即便主张"走出疑古"的李学勤先生也是赞成的。① 事实上,不仅对于传世古书,对于被一些学者视为否定古史辨派疑古成就的出土典籍,同样应持批判、怀疑的基本态度。② 即如池田知久在一次访谈中所说,"出土资料研究也完全需要疑古派学者的研究方法和科学精神"。池田先生进而将这种怀疑精神扩大至整个学术研究,云:

> 这种对历史资料的批判,不局限于历史学或思想史,不论人文学科或者自然科学,只要是学问,对于自己所使用的材料提出质疑之精神是绝对必要的。这是一种科学的、超越时代和超越国界的精神,使用或不使用"疑"这个词都无所谓。而且这

（接上页）研究》第4卷,东京:东京大学文学部中国思想文化学研究室,2000年,后收入氏著《裘锡圭学术文集》第2卷《简牍帛书卷》,上海:复旦大学出版社,2012年,第334—344页;《新出土先秦文献与古史传说》,初刊卢伟编著《李珍华纪念集》,北京:北京大学出版社,2003年,后收入氏著《裘锡圭学术文集》第5卷《古代历史、思想、民俗卷》,第254—270页;裘锡圭、曹峰《"古史辨"派、"二重证据法"及其相关问题——裘锡圭先生访谈录》,《文史哲》2007年第4期等。
① 李学勤《谈"信古、疑古、释古"》,《走出疑古时代(修订本)》,第347页。
② 类似论述还可参林沄《真该走出疑古时代吗? ——对当前中国古典学取向的看法》,《史学集刊》2007年第3期等。

种精神并不是仅仅针对古代文献,所有的历史书籍,它是否由
其自称的那个时代、那位作者、那种背景下形成的,对此一定要
反复吟味考究。所以,某人是疑古派之类的话,没有必要特意
标榜,做学问的人都应该遵循疑古的精神。①

由此可见,在池田先生看来,不仅历史学研究者,所有"做学问的人"
都应对作为自己立论基础的史料秉持质疑精神,只有坚持怀疑在
先,才不会盲从史料,进而对史料"反复吟味考究"亦即细致辨析,在
此基础上建立的学术研究也才不至空中楼阁,根基不稳。

进言之,不仅对于历史资料,对于同样构成研究基础的旧的历
史知识——既包括所谓"常识",也包括前人所作的典范研究,也应
保持基本的怀疑、批判态度。北京大学历史学系的罗新先生在 2019
年曾出版一册广受欢迎的书,书名是《有所不为的反叛者——批判、
怀疑与想象力》,其中有一篇文章,题为《历史学家的美德》。在这篇
文章中,罗先生提出历史学家有三大美德:批判、怀疑和想象力。批
判、怀疑实际是共通的,立足点都是"疑"。如罗先生所说:

我们熟悉的历史,包含着大量的神话与伪史,其中有些将
会被揭穿、剔除和取代,有些则因史料匮乏、证据单一而使质疑
者无可奈何。怀疑与批判的美德使我们不仅勇于揭破神话、创
造新知,而且有助于我们在那些暂时难以撼动的新老神话面前
保持警惕、保持距离。

他接着说道:

如果沉浸在已有论述中不加怀疑、不加批判,那就成了旧

---

① 池田知久、西山尚志《出土资料研究同样需要"古史辨"派的科学精神——池田知
久教授访谈录》,《文史哲》2006 年第 4 期。

历史的囚徒,就失去了选择的能力。没有选择能力,就不会有选择不同方式观察自己的能力,也就不可能生产出新的历史知识。①

笔者很赞成这一看法。尽管在传统历史学看来,旧的历史知识与历史资料在性质上大相径庭,但对历史研究来说,二者都不证自明地构成新研究的前提和基础。如果说对历史资料需要批判、怀疑,那么对出自学者建构的旧的历史知识进行批判、怀疑,更是不可或缺。要之,在笔者看来,历史研究乃是始于"疑"而非"信",怀疑才是一切研究的起点。而怀疑正是古史辨派留给我们的学术遗产之一。

其二,对史料生成过程的关注。在古史辨派诸多贡献之中,最重要的成就之一就是顾颉刚提出的"层累地造成的中国古史说"。关于此,在 1923 年发表的《与钱玄同先生论古史书》中,顾颉刚详细阐述道:

> 我很想做一篇《层累地造成的中国古史》,把传说中的古史的经历详细一说。这有三个意思。第一,可以说明"时代愈后,传说的古史期愈长"。如这封信里说的,周代人心目中最古的人是禹,到孔子时有尧、舜,到战国时有黄帝、神农,到秦有三皇,到汉以后有盘古等。第二,可以说明"时代愈后,传说中的中心人物愈放愈大"。如舜,在孔子时只是一个"无为而治"的圣君,到《尧典》就成了一个"家齐而后国治"的圣人,到孟子时就成了一个孝子的模范了。第三,我们在这上,即不能知道某一件事的真确的状况,但可以知道某一件事在传说中的最早的状况。我们即不能知道东周时的东周史,也至少能知道战国时

---

① 罗新《历史学家的美德》,《有所不为的反叛者——批判、怀疑与想象力》,上海:上海三联书店,2019 年,第 3 页。

的东周史；我们即不能知道夏、商时的夏、商史，也至少能知道东周时的夏、商史。①

在这篇不长的文字中，顾颉刚不仅旗帜鲜明地提出"层累地造成的中国古史"说的三层含义：时代愈后，传说的古史期愈长；时代愈后，传说中的中心人物愈放愈大；不能知道某一件事的真确的状况，但可以知道某一件事在传说中的最早的状况，并以尧、舜、五帝、三皇、盘古的出现，舜人物形象的演变及东周文献所见夏、商史的意义等为例，具体论证这一理论。

案顾颉刚所论"层累说"的三层含义，如果说前两层含义表现的是顾颉刚对古史层累结构的基本看法，那么第三点则指向另一面向，即不是古史的具体内容，而是古史记载的"当代史"意义。这一点实际也指明了古史辨派研究的落脚点，即较之难以证实的古史史实，古史辨派毋宁说更关心古史在不同时期文本中的流衍。

如果说这样的观念在上述文字中表现得还不够明显，再来看顾颉刚另外几处表述。在与上述文字同出的《与钱玄同先生论古史书》中，顾颉刚宣称古史辨之宗旨即是"辨明古史，看史迹的整理还轻，而看传说的经历却重"。② 所谓"传说的经历"，亦即指古史记载在不同文本中的流衍。又在 1925 年回复李玄伯（李宗侗）的信函中，针对李氏所谓解决古史问题的唯一方法是考古学之说，顾颉刚为古史辨派辩护，再次声明"我对于古史的主要观点，不在牠的真相而在牠的变化"，概括言之即是"不立一真，惟穷流变"。③ 所谓"变

① 顾颉刚《与钱玄同先生论古史书》，初刊《努力》增刊《读书杂志》第 9 期，1923 年 5 月 6 日，后收入氏著《顾颉刚古史论文集》卷一，第 181 页。
② 顾颉刚《与钱玄同先生论古史书》，《顾颉刚古史论文集》卷一，第 180 页。
③ 顾颉刚《答李玄伯先生》，初刊《现代评论》第 1 卷第 10 期，1925 年 2 月 14 日，后收入氏著《顾颉刚古史论文集》卷一，第 313—314 页。

化""流变",也就是古史记载的流衍。从"不立一真,惟穷流变"或可看出,古史辨派某种程度上已经放弃对古史史实的探求,古史记载在不同文本中的历时性流衍,不仅构成古史辨派研究的起点,甚至也是目标。①

顾颉刚不仅这么说,也是这么做的。譬如他对禹的研究。禹在《尚书》等文献中被作为史实来记载,但顾颉刚对于作为史实存在的禹并不十分关心,他所关心的是作为传说存在的禹。他从一开始就注意探讨,这位存在于故事中的禹,是什么时候、怎么被虚构出来的? 其形象及人物关系有怎样的变化? 变化的背景是什么? 这些故事本身有一个逐步展开的历史过程,而这个过程就是顾颉刚的关注所在。② 他对三皇、五帝的研究亦是如此,历史上三皇、五帝如何他不很关心,事实上也无从探究,他更关心三皇、五帝是如何被创建出来,以及在不同时期的文本中经历怎样的演变,二者从神到人的转化是他追寻的主要线索。③

顾颉刚不关心史实么? 那也不是。只不过关心的不是古史记载的史实,而是古史记载时期的史实。在他看来,一种记载的出现总是与特定的时代背景相关联,因此追踪记载的演变,"不但可以理出那时人的古史观念,并且可以用了那时人的古史观念去看出它的背景——那时的社会制度和思想潮流。这样的研究有两种用处,一

---

① 参王学典、李扬眉《"层累地造成的中国古史"——一个带有普遍意义的知识论命题》,《史学月刊》2003 年第 11 期。

② 顾颉刚、童书业《鲧禹的传说——夏史考第四章》,初刊《说文月刊》第 1 卷第 2—4 期,1939 年,后收入氏著《顾颉刚古史论文集》卷一,第 499—552 页。

③ 顾颉刚、杨向奎《三皇考》,初刊《燕京学报》专号之八,哈佛燕京学社,1936 年,后收入氏著《顾颉刚古史论文集》卷二,第 1—248 页;顾颉刚《五德终始说下的政治和历史》,初刊《清华学报》第 6 卷第 1 期,1930 年,后收入氏著《顾颉刚古史论文集》卷二,第 249—463 页。

是推翻伪史,二是帮助明瞭真史"。① 他还以伯夷形象的演变为例说明这一点。

> 譬如伯夷,他的人究竟如何,是否孤竹君的儿子,我们已无从知道。但我们知道春秋时人是欢喜讲修养的,人格的陶冶以君子为标的,所以《论语》中讲到他,便说不念旧恶,不肯降志辱身。我们又知道战国时的君相是专讲养士的,士人都是汲汲皇皇地寻求主人而为之用,所以《孟子》上说他听得文王有了势力,就兴起道:"盍归乎来,吾闻西伯善养老者!"我们又知道,自秦皇一统之后,君臣之义无所逃于天地之间,忠君的观念大盛,所以《史记》上也就说他叩马谏武王,义不食周粟,饿死于首阳山了。汉以后,向来流动的故事因书籍的普及而凝固了,他的人格才没有因时势的迁流而改变。②

可见在顾颉刚看来,伯夷形象的每次变化都是有特定的"时势"为支撑的,因此透过文本所见人物形象,自然就可以追踪其背后的历史事实。这就是他所谓的"帮助明瞭真史"。事实上,顾颉刚相当一部分研究的贡献都可以归结于此,譬如对五帝建构过程的探讨,某种意义上讲,他对秦汉政治文化演变之勾稽,价值或许还在五帝形象

---

① 顾颉刚《古史辨第一册自序》,初刊《古史辨》第 1 册,北京:朴社,1926 年,后收入氏著《顾颉刚古史论文集》卷一,第 57 页。又在《古史辨第二册自序》中,顾颉刚再次申明:"我也不是一个上古史专家,因为真实的上古史自有别人担任。我的理想中的成就,只是作成一个战国、秦、汉史家;但我所自任的也不是普通的战国、秦、汉史,乃是战国、秦、汉的思想史和学术史,要在这一时期的人们的思想和学术中寻出他们的上古史观念及其所造作的历史来。我希望真能作成一个'中古期的上古史说'的专门家,破坏假的上古史,建设真的中古史。"参顾颉刚《古史辨第二册自序》,初刊《古史辨》第 2 册,后收入氏著《顾颉刚古史论文集》卷一,第 95 页。

② 顾颉刚《古史辨第一册自序》,《顾颉刚古史论文集》卷一,第 57 页。

的演变之上。

古史辨派对史料生成过程的关注，与笔者所说史料批判研究有很多相通之处。史料批判研究也是立足于史料生成、流动的梳理，探讨影响和制约文本变动的历史图景。对于史料相对欠缺的唐以前历史，如果不依赖出土文献，对于学者熟悉并几乎都曾利用过的传世文献是否还有进一步发掘的可能？古史辨派向我们展示了文本分析的空间和魅力，借助于文本分析，我们不仅可以重新审视一些可能存在疑问的历史理解图式，同时还可以透过文本生成，建构新的历史图景。这是古史辨派留给我们的又一学术遗产。

附记：本文原是本科生课程《历史文献学》讲义的一部分，主体撰写于2020年，收入本书时略有增补。因本文并非严格学术论文，学界相关论述或有失检之处，特此说明，并请读者谅解。

第十一章　搁置历史理解的经典图式

　　单看表面景象,近20年来中国的历史研究无疑是一个繁荣甚至可以说是大爆发的时期。翻看《中国史研究动态》上的年度回顾,每年数以千计的论文发表,多达数百部的论著刊出,包括讲座、会议、研学、考察乃至夏令营在内的各类学术活动,"你方唱罢我登场",几乎不见间歇。不过,这幕由数字搭建的繁荣,其实质又如何呢? 李华瑞曾统计近50年的宋史研究状况,指出在多达1.5万篇的研究论著中,有三分之一到一半是完全没有学术价值的废品;①李伯重也坦陈国内学术著作中大多数作品是平庸之作;②葛兆光不止一次说到,当下九成的书可出可不出,学术杂志上九成的文章可看可不看。几位先生没有专门论及中古史研究,但后者大约不能例外,每年数以百计的研究成果中不少也是"卑之无甚高论"。为什么会出现这种景象? 原因有许多,其中一个重要原因就是不少研究属低水平简单重复,缺乏开拓创新,借用仇鹿鸣批评当前士族研究时所说,即出现

---

① 李华瑞在教育部社政司与杭州师范学院联合举办的学风建设会议上的讲话(2004年6月),转引自李伯重《论学术与学术标准》,《社会科学论坛》2005年第3期。
② 李伯重《论学术与学术标准》,《社会科学论坛》2005年第3期。

了"有增长而无发展"的学术内卷化倾向。①

　　走出学术内卷化,需要突破的自然许多,首当其冲的毋宁说是历史理解的经典图式。自20世纪初现代历史学在中国建立以来,中古史研究也与时俱进,获得长足进展,其突出表现之一就是建立了不少超越微观研究、把握中古历史演变的理解图式——这也是中古史研究被认为水准较高的原因之一。这些历史理解图式,既包括在历史分期大讨论背景下衍生和成熟的对中古史的宏观认识,如内藤湖南首倡、宫崎市定等发扬光大的中古贵族制论,尚钺、王仲荦、何兹全等主张的魏晋封建论;也包括围绕中古特定历史问题展开的中层理论概括,譬如中古政治文化的汉化、胡化说,陈寅恪提出的隋唐制度三渊源说、北周隋唐关中本位政策和关陇集团说,唐长孺首倡的南朝化理论,田余庆、阎步克主张的北朝主流论或北朝出口论等;此外还包括分析问题的思路和方法,譬如集团分析法,不论是依据地域、文化形成的集团,还是凭借种族、阶级形成的集团,都被视为理解复杂政治的"钥匙",用以阐释不同时期、不同层面政治、社会、文化的演变。这些经典图式从纷繁复杂的历史中抽绎、提炼而来,化繁为简,极大地便利了后世学人认识这段历史。

　　不过另一方面,随着时间的推移和研究的积累,这些历史理解的经典图式却意外地正成为新研究的"绊脚石"。之所以这么说,不是因为这些经典图式有多少"原罪",更大程度上毋宁说是一些学者对于它们的率尔甚至过度使用,一些具体问题被太过轻易地与经典图式关联,进而在后者的框架下进行解释。譬如中古贵族制或士族理论,虽然不无争议,甚至在日本学界曾引发长时间论战,但不得不

---

① 仇鹿鸣《士族研究中的问题与主义——以〈早期中华帝国的贵族家庭——博陵崔氏个案研究〉为中心》,《中华文史论丛》2013年第4期。

说迄今仍在世界范围内的中古史研究中影响巨大。于是一些学者面对具体问题时,不论其事实上是否与贵族制或士族理论相关,便不假思索地将二者进行关联。论及皇权低落,便是贵族政治,论及土地侵占,便是贵族经济,论及重文轻武,便是贵族文化,论及宫廷辞赋,便是贵族文学,仿佛彼时一切问题都与贵族制密不可分,都是作为政治形态的贵族制的外在表现。而由此衍生的唐宋变革论,同样也被视为理解唐宋历史变迁的关键,其使用之广,学界甚至有"唐宋变革是个筐,一切变化往里装"的戏言。又集团分析法,自陈寅恪首倡这一研究"利器"后,迄今仍在中古政治史研究中大行其道。①一些学者在处理中古政治问题时,也习惯于依据地域、文化、种族、阶级等划分集团,进而通过集团斗争、权力升降把握政局演进或政治文化的嬗变。汉化、胡化说亦是如此,一旦涉及族群问题,它们常常是首先被联想起的标签,轻易安插在各个与族群相关的具体问题上。在这些研究中,经典图式不仅构成不证自明的前提,还常常被视为"万能钥匙",用来开启中古时期或大或小的各类问题之锁。这样的研究不仅有以论代史的嫌疑,更糟糕的是,原本具有启发意义的经典图式事实上正变成一种束缚,钳制了学者的发散思维,阻止学者从其他可能的视角去思考中古历史。其结果便是,在这些经典图式基础上成立的新研究,绝大多数只是印证经典图式早已揭示的结论,并不能提供多少新知。

从认知心理学角度说,学者习惯于将新问题与耳熟能详的经典图式进行关联并不意外。现代认知心理学认为,知觉是个体对感觉信息的组织和解释,亦即获得感觉信息的意义的过程,这个过程相

---

① 关于集团分析法的影响及反思,参仇鹿鸣《陈寅恪范式及其挑战——以魏晋之际的政治史研究为中心》,《中国中古史研究》第 2 卷,北京:中华书局,2011 年,第199—220 页。

应地被看作是一系列连续阶段的信息加工过程,依赖于过去的知识和经验。因此,知觉是由感觉察觉的现实刺激和已贮存的知识经验相互作用的结果。而过去的知识经验参与知觉的方式,在持知觉的假设考验说的学者看来,主要是以假设、期望或图式的形式在知觉中起作用,即人在知觉时,接受感觉输入,在已有经验的基础上,形成关于当前刺激是什么的假设,或者激活一定的知识单元而形成对某种客体的期望。① 在此过程中,过去的知识经验发挥了极为关键的作用,而在此基础上生成的知识,势必既受个人先天倾向同时也受个人原先所获知识的影响,即受到个体知识结构的限制。② 概言之,即所知引导所见。明乎此,学者习惯于将新问题与耳熟能详的经典图式进行关联也就不难理解了。不过,所知引导所见虽然容易发生,但也未尝不是一种思维惰性,如果克服这种思维惰性,或许别有洞天。对于唐代中后期的唐廷与藩镇、宦官与朝臣之争,如果只是简单采取集团分析的方式,呈现的或只是权力争夺、暴力对抗,而诸如制度化的皇帝权威与合法性的历史意义、唐廷与藩镇的合作与共谋等诸多丰富真实的历史面向则被遮掩;③同样对于汉末以至魏晋的政局演进,如果遵循集团分析法,看到的极有可能只是不同出身、地域或文化的政治集团间的权力博弈和地位升降,历史现场更为复杂多歧的政治生态则不免受到忽视。④

贵族制或士族理论亦是如此,一些看似与其相关的具体历史问

---

① 王甦、汪安圣《认知心理学(重排本)》,北京:北京大学出版社,2016 年,第 20、25 页。
② 梁宁建《当代认知心理学(修订本)》,上海:上海教育出版社,2014 年,第 191 页。
③ 陆扬《清流文化与唐帝国》,北京:北京大学出版社,2016 年;仇鹿鸣《长安与河北之间——中晚唐的政治与文化》,北京:北京师范大学出版社,2018 年。
④ 仇鹿鸣《魏晋之际的政治权力与家族网络》,上海:上海古籍出版社,2012 年。值得一提的是,不仅在中古史,在其他断代史中,也可看到超越集团分析法的努力。参方诚峰《北宋晚期的政治体制与政治文化》,北京:北京大学出版社,2015 年。

题,事实上可能存在另外的解释方向。这一点前辈学者已经做了很好的示范。譬如对于九品中正制,一般认为这是贵族制的重要支撑,是保障贵族权力的制度基础,[1]唐长孺却敏锐地意识到,尽管九品中正制后来服务于门阀士族,但在制度建立伊始,却是以将选举权收归中央为初衷的。[2] 又如依据统计,截至李唐灭亡或黄巢之乱前,士族出身者仍是官僚阶层的主要构成,在进士科第中亦占据优势,故不少学者认为直至晚唐,仍属中古士族社会。[3] 不过按照陈寅恪和蒲立本(Edwin G. Pulleyblank)的意见,这些士族出身的官僚乃是凭借进士文词而非门第跻身统治阶层,这与士族社会内门第决定仕途显有不同;[4]陆扬则意识到唐后期政治文化精英中酝酿出另一种无关门第的文化认同——清流文化,并延续至五代及宋初,这一矛头对准唐宋变革论的认识,无疑也是对晚唐贵族社会说的消解。[5] 此外,被视为中古贵族制论证据的诸多事实,田余庆通过对东晋政治史的缜密分析,确认所谓门阀政治实际仅存在于东晋一朝。[6]

笔者自己的研究中也曾触及类似问题。譬如东晋南朝有东西

---

[1] 最具代表性的研究即宫崎市定《九品官人法研究——科举前史》,韩昇、刘建英译,北京:中华书局,2008年。

[2] 唐长孺《九品中正制度试释》,《魏晋南北朝史论丛》,北京:中华书局,2011年,第81—121页。

[3] 代表性研究如孙国栋《唐宋之际社会门第之消融——唐宋之际社会转变研究之一》,《唐宋史论丛》,上海:上海古籍出版社,2010年,第271—352页;毛汉光《中古统治阶层之社会成分》《唐代大士族的进士第》,《中国中古社会史论》,上海:上海书店出版社,2002年,第33—53、334—364页等。

[4] 陈寅恪《唐代政治史述论稿》中篇《政治革命及党派分野》,北京:生活·读书·新知三联书店,2001年,第259—294页;蒲立本《安禄山叛乱的背景》,丁俊译,上海:中西书局,2018年,第80页。

[5] 陆扬《唐代的清流文化——一个现象的概述》,《清流文化与唐帝国》,第213—263页。

[6] 田余庆《东晋门阀政治》,北京:北京大学出版社,1989年。

省,绝大多数都是没有固定行政职事的散官,多由官贵子弟起家出任,至陈朝时还形成明文规定。这样一种官制形式,很自然会被认为是贵族制的体现,毕竟与之类似、保障官贵子弟仕途的九品中正制就被视为贵族制的重要支撑之一。不过,如果放宽视野,可以发现这种荫子之制在中古以前的汉代业已出现,宋代以降也仍存在,甚至在被认为是君主高度集权的辽金元清等非华夏族群主导的政权,类似制度也依然不绝。明乎此,对于东西省与贵族制的关联,或许就有不一样的理解了。事实上,东西省密迩殿省,与皇帝存在超越官僚制的私人性亲近关系,故东西省不仅不是贵族制的支撑,相反却具有维系、伸张皇权的潜在机能。轻易将其与贵族制关联,即便成立,对于理解中古政治社会也无甚裨益,而彼时政治社会的其他一些面向却因此或被遮掩。①

又六朝皇帝效仿、学习士大夫,乘坐牛车,着白纱帽与进贤冠。考虑到贵族制论下贵族的强大影响力,这也很容易被理解为贵族制的产物。不过仔细追究,会发现皇帝乘坐牛车及着白纱帽、进贤冠,均出自皇帝自主选择,并未受到政治权力的限制。这就犹如唐代皇帝喜着幞头,爱好骑马,同样与权力因素无关。类似的表现在其他历史时期也存在,譬如清朝雍正、乾隆二帝喜欢将自己装扮成文士的形象;②南薰殿藏宋代皇帝画像所见宋代皇帝也未穿着彰显帝王威严的冕冠、通天冠,而是选择了和一般官僚没有什么差别的展脚幞头。要之,皇帝的舆服风尚大多只是个人喜好所致,与政治权力、社会形态无关,强行将之置于某个社会结构下予以解释,结果只能南

---

① 拙稿《东晋南朝的东西省》,《中国中古史研究》第 3 卷,北京:中华书局,2013 年,第 105—144 页。

② 巫鸿《清帝的假面舞会:雍正和乾隆的“变装肖像”》,梅玫译,《时空中的美术——巫鸿中国美术史文编二集》,北京:生活·读书·新知三联书店,2009 年,第 357—379 页。

辕北辙,适得其反。①

所谓历史理解的经典图式,均是在经历长时间的研究积淀、大浪淘沙之后被后世学人认可、接受并奉为经典的,其学术价值自不待言。而经典图式处理的都是中等层次以上的问题,具有一定的涵括性,其能辐射多数问题也不难理解。不过,经典图式并不具有普适性,不是所有具体问题都能在经典图式中找到合适位置,一味套用经典图式,只会束缚自己的思维,引导思考往经典图式靠拢,阻止自己从其他可能的视角观察问题,其结果只能导致研究无论证成还是证否经典图式,都只是在经典图式内打转,跳不出经典图式的"五指山"。事实上,如果深陷经典图式,一些问题甚至无法发现,更遑论解决。② 在此状况下,试图提出新知,无异天方夜谭。

进言之,经典图式不是历史事实,具有唯一性;也不是定律或真理,具有不可置疑的正当性。经典图式只是在特定历史时期、特定思考之下产生的一种历史理解方式,其既会受到学人认知水平的限制,也会受到时代状况的影响——贵族制论、魏晋封建论自不必说,陈寅恪提出关陇集团说、关中本位政策,以及解释安史之乱及乱后河北割据所指称的"河北的胡化",学者也疑心与所处时代不无关系。③ 而随着研究积累和时代变化,经典图式需要重新检讨是必然

---

① 拙稿《制造士人皇帝——牛车、白纱帽与进贤冠》,北京大学中国古代史研究中心编《田余庆先生九十华诞颂寿论文集》,北京:中华书局,2014 年,第 264—287 页,修订后收入《切偲集:首都师范大学历史学院史学沙龙论文集》第 1 辑,上海:上海古籍出版社,2016 年,第 126—155 页。

② 胡宝国提到田余庆在对门阀政治的研究中关注流民问题、皇权作用,即有赖突破前人研究思路的限制。胡宝国《读〈东晋门阀政治〉》,《虚实之间》,北京:社会科学文献出版社,2011 年,第 2 页。

③ 孟彦弘《木屑下的河流——谈关陇集团与关中本位》,《东方早报·上海书评》2014年 9 月 21 日。

的。事实上,对于一些或被奉为常识的经典图式,学者已有不少反思。集团分析法已如前说,①对于所谓北人南迁与六朝江南开发及民族大迁徙等问题,罗新发起质疑;②围绕汉武帝晚年政策更辙和东晋王与马共天下源自西晋司马越与王衍的联合的论断,辛德勇和侯旭东提出挑战;③又唐后期墓葬缩小、随葬品简陋,一般将其归结于中晚唐政局动荡、经济衰落,齐东方则认为其实乃是丧葬中丧、祭地位提升的结果;④而近百年俨然成为通论的隋唐佛教宗派模式叙述,近年来学者的冲击更是前赴后继;⑤此外对于将魏晋时期碑禁与薄葬相关联的习见认识,最近徐冲也尝试提出新解。⑥诸如此类还有许多,兹不赘举。尽管上述反思未必都能推翻经典图式,但这样的努力无疑值得鼓励。⑦ 这也提示我们,经典图式不是无远弗届的宇宙真理,并非任何具体问题都能在其羽翼庇护之下获得合理解释,面对既是宝贵遗产又可能构成思维束缚的经典图式,学者不妨做做抵抗者和反叛者,多一些批判,多一些怀疑,保持警惕,

---

① 除前引仇鹿鸣文外,侯旭东也曾质疑其有效性。参侯旭东《关于近年中国魏晋南北朝史研究的观察与思考》,《社会科学战线》2009 年第 2 期。

② 罗新《有所不为的反叛者》《走出民族主义史学》,《有所不为的反叛者——批判、怀疑与想象力》,上海:上海三联书店,2019 年,第 8—9、75—78 页。

③ 辛德勇《制造汉武帝》,北京:生活·读书·新知三联书店,2015 年;侯旭东《告别线性历史观》,《宠:信一任型君臣关系与西汉历史的展开》,"代序",北京:北京师范大学出版社,2018 年,第 2—5 页。

④ 齐东方《唐代的丧葬观念习俗与礼仪制度》,《考古学报》2006 年第 1 期。

⑤ 较近讨论参孙英刚《夸大的历史图景:宗派模式(Sectarian model)与西方隋唐佛教史书写》,朱政惠、崔丕主编《北美中国学的历史与现状》,上海:上海辞书出版社,2013 年,第 361—373 页。

⑥ 徐冲《"碑禁"与曹魏西晋的石碑文化》,《文史》2022 年第 3 辑。

⑦ 关于挑战经典图式的困难,美国学者 Christian K. Wedemeyer 曾有形象描述。参沈卫荣《说学术偶像崇拜和学术进步》,《寻找香格里拉》,北京:中国人民大学出版社,2010 年,第 50 页。

保持距离,①唯如此,才能克服思维惰性,摆脱对经典图式的路径依赖,引导自己多一点思考,多一点追问,从而摆脱平庸,走出内卷,在积累已丰的中古史研究中挖掘新知。

读过《倚天屠龙记》的人大约都记得,张三丰在大敌当前之际传授张无忌太极剑招式,众人苦恼张无忌无法记住,张三丰则说招式忘得越多越好,全忘了也就练成了。历史研究,固然不能也不必完全舍弃历史理解的经典图式,但至少在处理具体问题时,不妨先把经典图式搁置一边,寻求在问题自身的理路内解决问题。只有这样,我们才能突破既有知识的限制,一点一点获得关于具体问题的新知;在此基础上,聚沙成塔,集腋成裘,重绘中古史的愿景或可实现。

附记:本文原刊《文史哲》2020 年第 6 期,收入本书时个别注释略有调整。

---

① 罗新《历史学家的美德》《有所不为的反叛者》,《有所不为的反叛者——批判、怀疑与想象力》,第 1—5、7—11 页。

后 记

本书收录的十一篇文字，涉及中国古代官制研究、中古石刻文献研究、史料批判研究及历史研究整体。中国古代官制研究是我的"老本行"，自2002年准备本科学年论文始，我便在阎步克老师的指导下进入官制研究。阎老师的言传身教，以及诸多典范性的个案研究，帮助我很快度过最初的迷茫，在底蕴深厚的官制研究领域找到自己的小小领地。求学期间（包括博士后阶段），身边有幸可以经常问学的还有其他好几位在官制研究领域卓有建树的老师，譬如邓小南老师、王小甫老师、陈苏镇老师、罗新老师、王铿老师、侯旭东老师、赵冬梅老师、叶炜老师，等等。他们或以官制研究擅名学林，或官制研究只是他们诸多研究领域之一，无论如何，他们都以胜义迭出的精彩讨论，向我们这些学生展示了官制研究的独特魅力。更为难得的是，他们不仅致力于具体问题的探讨，还对官制研究的理论方法倾注心力，尤其是邓、阎、侯三位老师，先后明确揭举"活"的制度史、制度史观、技术原理、日常统治研究等概念，用以界定自己的研究理路。这些概念一方面吸引我们更为专注且兴奋地投入官制研究，另一方面也促使我思考不同概念下研究理路的异同。这样，在2018年上半年驻访北京大学人文社会科学研究院期间，我完成了本书第一章的初稿,尝试比较三位老师各自研究理路的理论阐释与研究实践,借以展示在不同学术兴趣和个人经历下学者研究理路的差异。当然,他们的工作都很成功,无论理论建构还是具体研究。

阎老师的制度史观,瞄准的是对中国历史长时段的整体思考,这对学殖尚浅的我们来说,自然难以模仿。那么,我们能否退而求其次、立足制度史观的字面意义——通过制度观察其他历史图景,发展较少受限制的中短射程的制度史观?本书第二章即是在此"不求上进"的想法下酝酿产生的。限制少了,自然海阔天空,不过面临的问题也随之增多。如何提升制度史观的效应以及避免陷入"观非所观"的陷阱,构成了本章重点讨论的内容。

制度史观是从制度观察其他历史,那么其他历史是否也有助于观察制度?在指导学生写作过程中,笔者最终将目光停留在语言、符号、礼仪等附着于官制的文化表征上,后者恰是新文化史研究的"宠儿",由此本书第三章尝试提出新文化史视角的官制研究。其实这样的做法,学界并不陌生,不少研究即循此展开。本章只是希望借助揭举概念,凝聚共识,以期更好地发展这一研究取径。当然,这一提法是狗尾续貂还是偶有一得,只能留待读者去评判了。

关于中古石刻文献研究,笔者虽然之前修习过碑志课程、参加过碑志整理,也写过两篇小文,但事实上并没有长期深入的积累。不过因为从 2018 年开始讲授中古碑刻文献研读的课程,迫使我思考对于初涉石刻文献的学生而言,什么内容是最需要的。我理想中的碑刻研读课程,除了碑志基础知识、碑志查检途径、碑志学源流这些常规内容外,还应包括如何利用碑志进行学术研究。碑志研究部分的三篇文章就是在此设想下陆续产生的,2018 年写作第一篇,2022年完成第二篇,2024 年完成第三篇。三篇文章均围绕中古碑志的研究视角展开,试图以对相关研究的梳理为基础,展示中古碑志研究丰富多元的发展方向。当然，这里仍想强调，虽然这些基于新视角的研究显示出碑志研究新的可能增长点，但这并不意味着所有碑志研究都需循此展开。正如阎步克老师时常提起的一个比喻："各种史观，好比从不同角度投向历史客体的一束束探照灯光，它们各自照亮了不同景象，也必然各有所见不及之处。学术进步，就在于不断探索、寻找新的角度。"碑志研究亦是如此。碑志所包含的信息是多元的，没有哪个视角可以"一网打尽"，好的研究者应根据碑志提供的信息及自己关切的问题，选择适合解读的研究路径。唯如此，才能尽可能提取碑志中的有效信息，充分实现碑志研究的价值。

史料批判研究是笔者近十多年另一致力较多的领域。大约在2007、2008年，在徐冲师兄从事历史书写研究的影响下，同时受到日本学者安田二郎、榎本あゆち、安部聪一郎、津田资久等的启示，笔者开始尝试在史料批判研究的名义下进入文本研究，着重关注史传书写模式和史志书写策略。2009年初自京都大学留学归来后，叶炜老师嘱我介绍一下日本学者的史料批判研究，第八章《魏晋南北朝史研究中的史料批判研究》即是在此因缘下产生的。文章写成后除呈请个别师友看过外，长期束之高阁，后蒙范学辉先生关照，发表在《文史哲》2016年第1期上。文章写得很粗疏，不过发表后反响意外不错，不仅被《人大报刊复印资料》全文转载，《文史哲》与《中华读书报》联合评选的"2015年度中国人文学术十大热点"也有提及，前些时间孙齐兄还告知小文是《文史哲》近年刊发文章中引用率较高的一篇。来自学界的这些肯定，对我固是莫大鼓舞，另一方面也未尝不是对不幸英年离世的范学辉先生的告慰。

2016年发表的第八章侧重介绍已有研究成果，同年发表于《中国史研究动态》上的《通往史料批判研究之途》，则尝试对传统概念史料批判研究重新定义，并着重提炼其研究取径。受篇幅限制，文中很多内容没有展开。至 2020 年,借着讲授《历史文献学》的机会,笔者对原文进行了大幅扩充,相关文字经修订后收入本书,是为第七章。本章的初衷是解决两个重点问题:其一,史料批判研究与其他文本分析诸概念间有什么异同;其二,史料批判研究该如何进行。本章虽尽力做了回答,但是否圆满解决这两个问题,对此笔者也没有十足信心。

和第七章一样,围绕历史整体研究的三篇文字中的前两篇,也出自《历史文献学》课程讲义。传统历史文献学大抵以版本、目录学知识及介绍各类历史文献为主,这些知识固然很重要,不过在我看来,历史文献学还应告诉学生如何研读文献。基于此,我在课程中安排了相当一部分内容介绍文献研读的理论与方法。二重证据法与古史辨派是 20 世纪文献研读理论方法的两座高山,课程各有一讲专论。讲义中原本有对两种文献研读理路基本内容、历史渊源等的系统讲解,考虑到这部分内容前人已多有论述,这里只收录了学者围绕两种研究理路的后续进展。当然,这两篇文字与其说陈述己见,更主要的毋宁说是展现学者在此问题上的思考。

本书最后一章《搁置历史理解的经典图式》,源自 2019 年举办的《文史哲》青年学者工作坊上孙齐兄的命题作文"重绘中古史的可能性",后经修改发表于《文史哲》2020 年第 6 期。文章因"离经叛道",发表后颇有些非议,不过山东大学刘玉峰老师专门致电鼓励,以及文章入选《文史哲》公众号 2020 年读者最喜爱推文前列并被多家公众号转载,让我相信我的思考是有价值的。故再次收入本书,祈请读者批评指正。

以上大致就是本书所收各篇文字的写作源起和主要内容,可以看到,这些文字大抵围绕历史研究的理论与方法展开。须得声明,我不是方法论主义者,不认为理论方法就是衡量文章好坏的绝对标准。不过,我也不赞成理论方法有什么"原罪",历史研究谈理论方法就是"不务正业"。事实上,即便对于注重实证的中国古代史研究而言,理论方法也有其意义。另一方面,本书不少篇章都是教学相长的产物,有的是在指导学生写作时萌生的想法,有的原本就是课程讲义的一部分。正如俗语所说,"授人以鱼,不如授人以渔",在传道授业过程中讨论一些理论方法,对于学生学习当不无助益。因此,尽管自己在历史学领域积累尚浅,不是谈论历史研究理论方法的最佳人选,但我还是愿意在这方面做一些努力。

与专业从事史学理论方法的研究者相比,书中的思考肯定"卑之无甚高论"。不过换个角度说,来自从事具体研究的学人的思考,或许也有其优势:一方面,可以避免外来理论应用于本土研究时的"水土不服";另一方面,相关思考或许也更贴合具体研究的需要。以此而言,本书对于有志于从事相关领域研究的同学而言,或许能提供些许启示。

案理论方法的阐述,最常见的方式有二,一是基于逻辑推理,一是结合具体研究。本书大抵取径后者,这也使得书中多列举学界相关研究,以致好友仇鹿鸣教授戏言我喜好总结。老实说,书中较多总结固是事实,但这并非我的初衷。孔子说"我欲载之空言,不如见诸行事之深切著明也",司马迁也说"网罗天下放失旧闻,考之行事,稽其成败兴坏之理",列举"行事"亦即具体事例原本就是阐述理论的最好方式。因此,本书力求"摆事实,讲道理",希望通过列举诸多具有典范意义的个案研究,展示某一课题的理论与方法。

当然,既然列举个案研究,就关乎是否完备的问题。"不幸"的是,书中所涉及课题,无一例外都正处于进行之中,有的还是学界热点,每年都有不少新作问世;加之部分篇章写作较早,对于后续进展关注不够,因此,本书无法覆盖相关课题的全部成果在所难免。稍稍可以作为托词的是，本书并非旨在总结，只是通过列举个案研究阐述理论方法，搜罗齐备、囊括无遗不是必备要求，遗憾和歉意得以略为减少。无论如何，本书不能提供相关课题的完整研究现状，这一点还请读者谅解。

本书部分内容曾刊于《文史哲》《中国史研究动态》《中国社会科学评价》《中国中古史研究》《史学月刊》《魏晋南北朝史研究》等刊物，一些内容也先后于数个学术会议或讲座上公开发表，蒙编辑、审稿人、评议人惠赐诸多宝贵意见。上海古籍出版社的老友胡文波兄为本书书名提示了很好的建议；责编乔颖丛女史严谨细致的编辑工作，保证了编校质量；高鑫、肖洋、施世泉、陈宇航、伍震宇、李凯旋、严雨頔等同学帮忙校核各章文字，纠正了不少讹误。当然，书中所余任何错误，概由笔者本人承担。又本书获得清华大学基础文科发展项目和清华大学人文学院历史系与首都师范大学历史学院共建经费的支持。对于以上帮助，谨此一并致谢。

本书涉及的领域较多，很多内容自己也是浅尝辄止，这里只是将学习的粗浅感受呈现给读者，一定存在诸多错误，敬请读者不吝赐正。

作者谨识

图书在版编目（CIP）数据

　　路径与技艺：中古官制、碑志、史料批判研究及其他／孙正军著. -- 上海：上海古籍出版社，2025. 5.
（2025.8重印）
　　ISBN 978-7-5732-1656-4
　Ⅰ. K220. 7
中国国家版本馆 CIP 数据核字第 2025PN0951 号

路径与技艺
——中古官制、碑志、史料批判研究及其他
孙正军　著

上海古籍出版社出版发行
（上海市闵行区号景路 159 弄 1－5 号 A 座 5F　邮政编码 201101）
（1）网址：www.guji.com.cn
（2）E-mail：guji1@guji.com.cn
（3）易文网网址：www.ewen.co
上海惠敦印务科技有限公司印刷
开本 890×1240　1/32　印张 13.875　插页 3　字数 324,000
2025 年 5 月第 1 版　2025 年 8 月第 2 次印刷
ISBN 978-7-5732-1656-4
K·3883　定价：82.00 元
如有质量问题,请与承印公司联系